Nicholas Murray

Mit einem Korkenzieher um die Welt

Nicholas Murray

Mit einem Korkenzieher um die Welt

Unterwegs mit den großen britischen
Reisenden des 19. Jahrhunderts

Aus dem Englischen
von Susann Urban

Mit 36 Schwarz-Weiß-Abbildungen

MALIK NATIONAL GEOGRAPHIC

Mehr über unsere Autoren und Bücher:
www.malik.de

Für S.

Bibliografische Information der Deutschen Bibliothek
Die Deutsche Nationalbibliothek verzeichnet diese Publikation in der
Deutschen Nationalbibliografie; detaillierte bibliografische Daten
sind im Internet über http://dnb.d-nb.de abrufbar.

MALIK NATIONAL GEOGRAPHIC

Deutsche Erstausgabe
Februar 2010
© Nicholas Murray 2008
© der deutschsprachigen Ausgabe:
Piper Verlag GmbH, München 2010
Titel der englischen Originalausgabe: »A Corkscrew is Most Useful.
The Travellers of the Empire«, erschienen 2008 bei Little, Brown, London
Umschlaggestaltung: Dorkenwald Grafik-Design, München
Umschlagfotos: Chris Hellier/Corbis (oben), Hein van den Heuvel/Zefa/Corbis
(Bildvordergrund unten)
Autorenfoto: Jerry Bauer
Redaktion: Dr. Andreas Wirthensohn, München
Satz: Büro Sieveking, München
Papier: Naturoffset ECF
Druck und Bindung: CPI – Clausen & Bosse, Leck
Printed in Germany   ISBN 978-3-492-40373-3

Das Papier wurde aus chlorfrei gebleichtem Zellstoff hergestellt.

Ein unwiderstehliches Verlangen, die weite Welt zu sehen, durch fremde Länder zu streifen und mit Barbaren zu verkehren, die weitab von Gedränge und Hast der Zivilisation leben, veranlasste mich im Alter von fünfzehn Jahren, meine englische Heimat zu verlassen und von steter Wanderlust getrieben das Abenteuer zu suchen, fernab von Freunden und Verwandten.

Herbert Ward, *Fünf Jahre unter den Stämmen des Kongo-Staates* (1890)

Inhalt

Eine große Attraktion
England im Auge des indischen Betrachters

Am 26. März 1838 setzte die *Buckinghamshire* flatternd ihre Segel und glitt langsam aus dem Hafen von Bombay. An Bord befanden sich sechzig Passagiere, darunter fünfzehn Kinder; die meisten Erwachsenen waren Staatsdiener und Angestellte der Ostindischen Kompanie, die auf Heimaturlaub nach England reisten. Als sie fünf Monate später Gravesend erreichten, war die neue Königin bereits offiziell gekrönt worden, am 28. Juni in der Westminster Abbey.

Ein Jahr zuvor, im Juni 1837, als König Wilhelm IV. starb und ihr bewusst wurde, dass sie ihrem Onkel auf dem Thron nachfolgen würde, hatte Victoria in ihrem Tagebuch vermerkt: »Da es der Vorsehung gefallen hat, mir diesen Rang zuzuweisen, werde ich mich bis zum Äußersten bemühen, meinem Land gegenüber meine Pflicht zu erfüllen. Ich bin sehr jung und vielleicht in vielen, aber nicht in allen Dingen unerfahren, doch ich bin mir sicher, nur sehr wenigen wohnt ein größerer Wille, ein wahrhaftigeres Verlangen inne, das Richtige zu tun.«

Der Ton der hehren moralischen Rechtschaffenheit erschallte, das viktorianische Zeitalter war eingeläutet.

An Bord der *Buckinghamshire* herrschte ob der Aussicht auf baldige Heimkehr gute Stimmung unter den Kolonialbeamten, und bis auf eine Ausnahme stimmte jedermann in den allgemeinen Jubel ein. Eine dreiköpfige Gruppe, indische Herren aus vornehmer Kaste und in parsische Gewänder gehüllt, teilte die allgemeine Freude nicht. Beim Gedanken, ihre Heimat für drei Jahre verlassen zu müssen, war den Männern »sehr melancholisch« zumute. »Jede Seele an Bord, uns und einige einheimische Matrosen ausgenommen, war von der Freude erfüllt, die Heimat und Freunde aus Jugendtagen wiederzusehen. Unser Fall lag freilich anders, wir verließen die Stätte unserer Geburt, um in ein fremdes Land zu reisen, und hatten heimische Annehmlichkeiten gegen die Beschwernisse einer langen Seereise getauscht. Wir starrten auf das Land zurück, das wir gerade verlassen hatten, bis es nicht mehr zu sehen war.«

Jehangeer Nowrojee, Hirjeebhoy Merwanjee, ihr Freund Dorabjee Muncherjee und zwei Bedienstete sollten beinahe drei Jahre fern von zu Hause verbringen. Nowrojee und Merwanjee waren angesehene Schiffbauingenieure, Sohn und Neffe von Jamjetsee Nowrojee, der die Werft der Ostindischen Kompanie im Hafen von Bombay erbaut hatte. Fünf Generationen Nowrojees hatten auf der 1735 gegründeten Werft seit mehr als hundert Jahren für die Kompanie gearbeitet, doch nun hatten sich die Zeiten geändert. Die wachsende Bedrohung durch die neuartigen Dampfschiffe war ihnen bewusst, und so gingen die Männer nach England, um die Kunst des Dampfschiffbaus zu erlernen. Würden sie mit den neuen technischen Errungenschaften nicht Schritt halten, wäre ihr Unternehmen dem Untergang geweiht, das war ihnen klar.

Als ihr Schiff endlich Mitte August in London landete, waren sie fasziniert von den unzähligen Schiffen auf der Themse,

die im Vergleich zu Ganges und Indus oder den noch größeren amerikanischen Flüssen lediglich ein Strömlein ist. Wir fanden es sehr verwunderlich, dass ein solch kleiner und unbedeutender Fleck wie England auf der Weltkarte eingezeichnet ist und eine derartig große Anziehungskraft auf viele Völker ausübt ... wir werden unseren Landsleuten mitteilen, der wahre Grund für diese Anziehungskraft liegt in der Beharrlichkeit der Engländer und in der Arbeit und den Fähigkeiten seiner Menschen ... nicht durch die Macht der Waffen, sondern allein durch die Macht des

Wissens zieht dieses Land die Welt an und sorgt so für die immer größere Verbreitung seiner Erzeugnisse.

Bei Gravesend betraten sie zum ersten Mal in ihrem Leben ein Dampfschiff, das sie in das dreißig Meilen entfernte London brachte. »An Bord befanden sich viele Menschen, und wir stellten eine große Attraktion dar.« Als sie die London Bridge erreichten, hatte sich eine beinahe tausendköpfige Menge versammelt, um diese seltsamen Männer in ihren ungewöhnlichen Gewändern zu bestaunen. Bei dieser ersten einer ganzen Reihe von Begegnungen kam es zu einer amüsanten Umkehrung des englischen Reiseberichts und seiner Klischees. Nowrojee und Merwanjee wurden wegen ihrer Erscheinung begafft und waren, wie Besucher, die heute Kalkutta oder Delhi bereisen, von den Menschenmassen überwältigt, die sich durch die Straßen drängten. Bei ihrer Ankunft in London wurden sie im Portland Hotel untergebracht und umgehend von ihrem Gastgeber, Sir Charles Forbes, zum Diorama im Hyde Park geschleppt. Anschließend besuchten sie den zoologischen Garten im Regent's Park und fanden dort mindestens so viel Beachtung wie die Tiere. »Es war amüsant zu hören, wie einer uns für Chinesen hielt; das sind Türken, sagte der nächste; nein, schrie ein anderer, es sind Spanier. So mühten sie sich irrend ab und hielten Bewohner Britisch-Indiens für Europäer.«

Ihre Beobachtungen, die später im *Journal of a Residence of Two Years and a Half in Great Britain* (1841) festgehalten wurden, waren höchst scharfsinnig. Über einen Empfang im Zentrum des britischen Empires, dem East India House in der Leadenhall Street in der City of London, ist vermerkt: »Das Gebäude beeindruckte uns sehr, und wir konnten nicht umhin festzustellen, wie sehr die Zukunft, sei sie glücklich oder nicht, der vielen Millionen Inder von den Geschäften abhing, die in den Mauern des India House getätigt werden.« Bei Madame Tussaud betrachteten sie die Krönung der Königin, eine erst kürzlich fertiggestellte Szene, interessierten sich aber mehr für radikale Denker wie Wilberforce* und Cobbett** und den Helden der Aufklärung, Voltaire. »Wir beäugten ihn ausgiebig, fanden, er müsse ein sehr mutiger Mann gewesen sein, der völlig zu Recht an seinem Glauben festhielt, der allen religiösen Wertesystemen seines Heimatlandes widersprach.«

Die Geschwindigkeit der Züge der Great Western Railway (von Paddington nach Slough in nur fünfzig Minuten) verblüffte sie ebenso wie der Anblick des British Museum und der Parks. Aber sie bedauerten, ihren Landsleuten mitteilen zu müssen, »dass die Mehrheit der Engländer sehr ungehobelte Manieren hat und sich unfreundlich gegenüber Fremden beträgt, welche sie gar nicht gern in ihrem Land sehen«. Sie besuchten wissenschaftliche Einrichtungen, Kaufhäuser und Märkte und sogar Thomas Flights Molkerei in Islington, vierzehn Morgen groß, wo hinter hohen Mauern vierhundert Kühe standen, die mit ihrer Milch die Hauptstadt versorgten, »schlank wie Rennpferde; sie werden täglich gestriegelt«.

Die indischen Besucher lauschten auf der Besucherempore im Unterhaus einer wichtigen Debatte über die irische Frage, bei der Daniel O'Connell, Robert Peel und Lord John Russell sprachen. »Das waren die spannendsten neun oder zehn Stunden, die wir jemals erlebt haben.« Sie besuchten in der Nähe von Guildhall ein Strafgericht: »In einer Art Grube sitzen dort unten eine Anzahl bleicher Männer; sie tragen schwarze Talare und gepuderte Perücken mit kleinen Zöpfchen und werden Anwälte genannt.« Auf Windsor wurden sie von der Königin bemerkt und grüßten ehrerbietig. »Wir

---

* William Wilberforce (1759–1833), englischer Gegner des Sklavenhandels.
** William Cobbett (1763–1835), englischer Schriftsteller und Demokrat, der die Reform des Parlaments unterstützte (Reform Act 1832).

fühlten uns höchst geehrt, dergestalt von unserer huldreichen Regentin, der mächtigsten der Welt, beachtet worden zu sein.« Sie amüsierten sich über den Hang der Engländer, ständig über das Wetter zu reden, und die außerordentliche Wichtigkeit, die sie ihren Zeitungen zumaßen. »Wir glauben, dass es für sehr viele das größte Vergnügen im Leben darstellt, zum Frühstück die Zeitung zu lesen; und es ist grotesk, wie die Leser einer bestimmten Schicht umgehend die Meinung ihrer jeweiligen Tageszeitung übernehmen.«

Der wahre Grund für ihre Reise war jedoch das Studium des Schiffbaus. Sie bekamen freien Zugang zur Flottenwerft in Chatham, unternahmen Streifzüge durch diverse Marinezeughäuser und besuchten die wichtigsten britischen Häfen. Besonders beeindruckt waren sie von der Tatsache, dass der Eisenbahntunnel der Lime Street Station in Liverpool unter der Stadt zu verlaufen schien: »Hier ist der erneute Beweis für unsere oftmals geäußerte Behauptung, dass die Engländer ein höchst wundersames Volk sind.«

Die Unterhaltsamkeit des *Journal of a Residence* liegt natürlich darin, dass hier Ausländer in eben jener Manier über Engländer schreiben, in der diese so wortreich über andere Länder berichtet haben. Die Fremdheit fremder Länder besteht letztlich also allein in der Tatsache, dass sie anders als das unsrige sind. Die Merkwürdigkeit des einen Menschen, so lässt sich daraus folgern, ist die Normalität des anderen. Auf diesem schwachen Fundament ruht der diskrete Charme der Reiseliteratur.

Dieses Buch handelt vom Reisen und von einigen der bemerkenswerten Männer und Frauen, die Reisen im Zeitalter der großen britischen Eroberungen unternommen haben. Vieles von dem, was sie berichteten – ethnologisch, kartografisch, geografisch, historisch –, ist schon lange von den verschiedenen Wissenschaften überholt worden, aber die Reisebeschreibungen selbst wirken immer noch frisch und lebendig. Dieses Buch handelt davon, *wie* diese Menschen reisten und wie sie ihre Eindrücke formulierten. Ihre Sprache – durch die sie sich so oft unfreiwillig entlarven und die uns häufig mehr über die Engländer und Engländerinnen des viktorianischen Zeitalters verrät als über die Menschen und Länder, die sie bereisten – bildet den Kern dieses Buches. Ich habe versucht, den typischen Tonfall der viktorianischen Reiseliteratur durch viele Zitate zu vermitteln.

Der Fundus ist gewaltig. In der topografischen Abteilung im Untergeschoss der London Library erstrecken sich die Regale mit Reiseliteratur des 19. Jahrhunderts ins schier Unendliche. Ich musste grausam wählerisch sein. Verschiedenen bedeutsamen Gästen konnte der Zutritt zu dieser Feierlichkeit natürlich nicht verwehrt werden – Richard Burton, Charles Doughty, Isabella Bird, Mary Kingsley, Charles Darwin, David Livingstone –, aber ich habe auch weitaus weniger bekannte Reisende teilnehmen lassen und dafür sogar einige Berühmtheiten ausgeladen. Schriftsteller, deren Hauptverdienst auf anderen literarischen Gebieten liegt, habe ich sehr unnachsichtig behandelt. Trollope in Amerika, Gissing am Ionischen Meer, Thackeray im Orient wurden zugunsten anderer Reisender vernachlässigt, die ebenfalls diese Gebiete besucht haben. In der Südsee zog ich den Missionar John Williams der offensichtlicheren Wahl Robert Louis Stevenson vor. Ich habe mich zwar bemüht, eine halbwegs erdumspannende Darstellung des Reisens zu präsentieren, muss aber gestehen, dass ich jene Teile der Weltkarte, die einst rot schattiert waren, weniger berücksichtigt habe.

Mein Ziel war es, die Atmosphäre und das Wesen bestimmter Reisen wiederzugeben; deshalb beziehe ich mich auf veröffentlichte Reiseberichte und habe jene Reisenden, die keine Berichte verfassten, ignoriert – auch wenn mir die Aussage von Paul Theroux bewusst war: »Einige der einfallsreichsten Reisenden, die ich kenne, schrieben kein einziges Wort nieder, wanderten einfach unausgesetzt durch die Welt.« Unverschämterweise habe ich auch die Kategorien »Reisender« und »Entdecker« vermischt, da mein Interesse schlicht all jenen galt, die ferne Länder bereisten und über ihre Erfahrungen berichteten, welches Ziel auch immer sie verfolgt haben mochten. Ich habe mich, weder aus Provinzialität noch aus selbstgefälliger Xenophobie, auf britische Reisende beschränkt. Die britische Reiseliteratur dieser Epoche stellt einen bestimmten Abschnitt in der Entwicklung der englischen Empfindsamkeit dar; sie verrät mindestens ebenso viel über den kulturellen Hintergrund der Reisenden selbst wie über die Länder, die Gegenstand ihrer Berichte waren.

Zweifellos vertraten viele viktorianische Reisende Ansichten – und äußerten sie auch ganz unverblümt –, die heute als beleidigend gelten (und es auch schon damals für die indigenen Völker waren). Letztendlich dienten die Reisen den Bedürfnissen einer Großmacht auf dem Höhepunkt ihrer Herrschaft und spiegelten deren Ziele und Werte wider. Karten stellten ebenso sehr einen Beleg für die Erweiterung des Herrschaftsgebiets wie für unvoreingenommene geografische Kenntnisse dar. Ethnografische Untersuchungen unterstützten die Herrschenden beim Herrschen. Ausdrücke wie »unzivilisiert« oder »wild« wurden allgemein angewendet, selbst in Zusammenhängen, die nicht abfällig gemeint waren. Sie zeigen, wie groß der Abstand zwischen dem Reisenden des britischen Imperiums, wie kenntnisreich und wohlmeinend auch immer er sein mochte, und den Einheimischen war, denen er oder sie begegnete. Die Ureinwohner waren nicht gleichgestellt und dienten den Bedürfnissen einer Macht, die sowohl eine »zivilisierende« Mission als auch ganz offen ihre eigenen Interessen verfolgte. Schlimmstenfalls war der Tonfall offen rassistisch, wie in Sir Richard Burtons abstoßender Abhandlung *On the Negro's Place in Nature*. Und genau derselbe Mann schrieb an anderer Stelle über die Briten: »Eine Nation von Fremden, die den Sitten und der Religion Indiens verständnislos gegenübersteht und selbst während ihrer Anwesenheit in diesem Land kein Interesse daran aufbringt. Wann hätte sich in der Geschichte der Menschheit eine derartige Fremdherrschaft jemals großer Beliebtheit erfreut?«

Wer also waren die viktorianischen Reisenden? Verallgemeinerungen über eine Gruppe äußerst individueller Männer und Frauen sind gefährlich, aber zugleich gibt es keinen Zweifel, dass diesen Menschen einige hervorstechende Eigenschaften gemeinsam waren. Sie waren Kinder ihrer Zeit, ihrer Kultur, die zum großen Teil die Art und Weise ihres Reisens bestimmte und Einfluss darauf hatte, wie sie die Dinge, die sie wahrnahmen, beschrieben, auf welche Fragen sie eine Antwort suchten. Sie reisten aus vielen unterschiedlichen Zwecken, angespornt von äußerst unterschiedlichen Gründen. Sie waren keine organisierte Gruppe, auch wenn manche der führenden Entdecker – Burton und Speke, Livingstone und Stanley – zusammenarbeiteten oder einander beeinflussten, entweder auf den Reisen selbst oder in den Versammlungsräumen der Royal Geographical Society in London. Damals wie heute war das ausgedehnte Reisen das Vorrecht jener, die sowohl über die dazu notwendigen Mittel als auch über die entsprechende freie Zeit verfügten. Viktorianische Reiseberichte stellen keine Literaturgattung dar, zu der die Unterschicht Beiträge lieferte. Auch wenn es gelegentlich zu Sympathie- und Verständnisbekundungen für die untergebenen Völker kommt, waren diese Autoren doch Viktorianer – zu einem Zeitpunkt, da sich das britische Weltreich auf dem Höhepunkt befand und nur selten an seinem Recht zweifelte, die Länder zu besetzen oder eine »zivilisatorische Mission« zu verfolgen.

Ungefähr seit 1830 war Großbritannien die führende Industrie- und Handelsmacht der Welt, und sein Überseeimperium dehnte sich aus und konsolidierte sich. Reisende und Entdecker waren Teil dieses Phänomens. Großbritannien brachte im 19. Jahrhundert mehr Entdecker und geografische Entdeckungen hervor als jede andere Führungsmacht. Manche Erkundungsreisen, wie beispielsweise jene, die unbedingt die Nilquelle aufspüren wollten, waren sowohl dem Nationalstolz als auch einem wissenschaftlichen Forschungsdrang geschuldet. Entdeckungen waren ein wichtiges Mittel, Großbritanniens Ansehen in der Welt zu festigen. Organisationen wie die Royal Geographical Society, die allmählich von der königlichen Marine das Amt des Hauptorganisators übernahm und zum Förderer von Entdeckungsreisen wurde, lenkten diese gewaltige Reisewelle.

Die Gründe, England zu verlassen, waren so unterschiedlich wie die Reisenden selbst. Manche suchten nach Wissen, andere wollten sich selbst finden, manche wurden von reiner Abenteuerlust getrieben, anderen gefiel es, wilde Tiere in großen Mengen zu erlegen, manche waren Soldaten, Seeleute, Spione, Gelehrte, Wissenschaftler, andere suchten ihre Gesundheit wiederzuerlangen, die in den stickigen Salons des muffigen viktorianischen Englands dahinwelkte, manche wollten archäologische Fundstücke und antike Kunstgegenstände erwerben, die oftmals zu Schleuderpreisen angeboten wurden, andere wollten die Heiden bekehren und das Evangelium verbreiten, manche wollten zeichnen und malen, andere suchten lediglich nach einer Beschäftigung, während sich die Ehepartner unter schwingenden *punkahs*★ von der »Last des weißen Mannes« erholten, manche wollten Ruhm erwerben, andere wollten als Erste einen Flecken Erde entdecken, einen See, den Ursprung eines Flusses, einen Korridor durch das Eis, einen unbekannten

---

★ An der Decke befestigter Fächer aus Palmblättern, der von einem Diener bewegt wird.

Binnensee, und manche reisen aus keinem anderen Grund als jenem, der Menschen schon immer angetrieben hat, der puren Wanderlust.

Auch wenn die Entwicklung der Verkehrsmittel – Eisenbahnen und Dampfschiffe – gewisse Fortschritte gemacht hatte, waren die Reisen oftmals sehr strapaziös und erforderten viel Mut. Äquatorialafrika erwies sich als besonders gefährlich für Europäer – das berüchtigte »Grab des weißen Mannes« –; in dieser Region machten tropische Krankheiten kurzen Prozess mit so manch abenteuerlustigem Entdecker. Kinder, Gatten, Freunde wurden dahingerafft, häufig mit erschreckender Geschwindigkeit. Schon das Vorankommen in unwegsamem Gelände stellte eine Schwierigkeit dar; einheimische Träger und Gehilfen, auf deren treue Ergebenheit der Reisende nicht in allen Fällen zählen konnte, mussten über längere Zeiträume im Zaum gehalten werden. Der Leiter einer Expedition befand sich in einer gefährlichen und einsamen Position: Er oder sie musste für die Wahrung der Moral sorgen (oftmals unter wahrlich entmutigenden Umständen), die Gesellschaft zur Weiterreise bewegen, selbst wenn die Route für den nächsten Tag nicht feststand und die Zukunft im Ungewissen lag, sowie einen Weg durch unbekanntes und oftmals feindliches Territorium schlagen. Sogar Reisende, die sich weniger gefährlichen Orten und Klimabedingungen aussetzten, hatten mit Herausforderungen und Entbehrungen zu kämpfen, die dem heutigen Reisenden auf dem globalen Spielplatz, dessen Annehmlichkeiten als selbstverständlich vorausgesetzt werden, unbekannt sind.

Reisende nutzten schon bald die Möglichkeiten, welche die Veränderungen in der viktorianischen Gesellschaft ihnen boten. Viele, wie Stanley, setzten sich in Szene, spielten sich und ihre Taten hoch, stilisierten sich zu Nationalhelden und gefeierten Persönlichkeiten, veröffentlichten Reiseberichte, die häufig zu einträglichen Bestsellern wurden. Verleger wie John Murray* befriedigten die Nachfrage des viktorianischen Lesepublikums nach immer neuen Reiseberichten. Zeitschriften wie *Edinburgh Quarterly*, *Westminster*, *Macmillan's* und *Athenaeum* veröffentlichten Artikel und Berichte. Die *Illustrated London News* versorgte eine breite Öffentlichkeit mit bebilderten Berichten von diversen Erkundungsreisen.

Ein besonders florierendes Genre stellten die Berichte von Missionaren dar, die in gefälliger Kombination Abenteuer mit sittlichem Duktus verquickten. Gegen Ende des 19. Jahrhunderts arbeiteten schätzungsweise zehntausend britische Missionare außerhalb Europas, und viele schrieben ihre Erlebnisse nieder. Diese Berichte entsprachen dem imperialen Imperativ (der den meisten weltlichen Beschreibungen der Reisen und Erkundungen dieser Epoche zugrunde lag), Licht ins Dunkel zu tragen, den Triumph von Weiß über Schwarz zu bezeugen, die Barbaren zu zivilisieren und die Wilden zu zähmen.

Der Historiker Robert Stafford kommt in *The Oxford History of the British Empire* zu folgendem Schluss: »Die Entdeckungen wurden so zu einem wichtigen Teil des imperialistischen Prozesses, denn selbst wenn sie nicht zur direkten Annektierung führten, wurden große Randgebiete samt ihren Bewohnern und Rohstoffen der europäischen Nutzung erschlossen. Die Reiseberichte stellten, ebenso wie die Entdeckungen, die sie beschrieben, Inbesitznahmen dar, die territoriale Kontrolle legitimierten und ermutigten.«

In diesen Reiseberichten wird man also vergebens nach Unschuld suchen, dafür aber Vielfalt, Farbigkeit, Überraschung, Spannung und sogar Humor finden.

---

* Brachte die ersten englischen Reiseführer heraus, z. B. *A Hand-Book for Travellers on the Continent* (1836) – der Baedeker Englands sozusagen –, verlegte aber auch Charles Darwins *The Origin of Species* (1859).

INDIEN

FRATERNITY FEDERATION

MAP OF THE WORLD
SHOWING THE EXTENT OF THE BRITISH TERRITORIES IN 1786.

WORLD

FEDERATION.—MAP OF THE WORLD SHOWING THE EXTENT OF THE BRITISH EMPIRE IN 1886.—
INFORMATION FURNISHED BY CAPTAIN J.C.R. COLOMB, M.P. FORMERLY R.M.A. ── BRITISH TERRITORIES COLOURED RED.

NOTES

OF

AN OVERLAND JOURNEY

THROUGH

FRANCE AND EGYPT

TO

BOMBAY.

BY THE LATE

MISS EMMA ROBERTS.

WITH A MEMOIR.

LONDON:

WM. H. ALLEN & Co., 7, LEADENHALL STREET.

1841.

Titelblatt von Emma Roberts' indischen Memoiren

Ecken und Enden erforschen

Emma Roberts

Um 10 Uhr vormittags am 1. September 1839 ging eine rundliche Frau mittleren Alters an Bord des französischen Dampfschiffs *Phénix*. Der Hunderttonner, der auf der Themse an den Tower Stairs angelegt hatte, fuhr nach Le Havre. Das eigentliche Reiseziel der Dame aber war Bombay.

»In diesen Zeiten der allgemeinen Reiselust«, vermerkte Emma Roberts in ihren Aufzeichnungen, »ist es überflüssig, ein Dampfschiff zu beschreiben.« Trotzdem war es nach vielen Segelschifffahrten ihre erste Reise mit einem derartigen Wasserfahrzeug, »und obwohl die vibrierende Bewegung und das Stampfen der Maschine alles andere als angenehm sind, ziehe ich einen Dampfer dem heftigen Schlingern und Rollen eines Segelschiffes vor«.

Roberts, eine der interessanteren und lebhafteren Reisenden, die Anfang des 19. Jahrhunderts nach Indien fuhren, war der Überzeugung, Indien sei ihren Zeitgenossen nur unzureichend bekannt, und betrachtete es als ihre Aufgabe, diesen Missstand zu beheben. In ihrem schmalen Ratgeber *The East India Voyager or Ten Minutes Advice to the Outward Bound* (1839), der sich an jene richtete, die ihrem Beispiel folgen wollten, behauptete Emma Roberts, dieses »große und äußerst wichtige Hoheitsgebiet Großbritanniens im Orient wird vergleichsweise stark vernachlässigt«. Ihrer Ansicht nach sollten unternehmungslustige Frauen wie sie die Möglichkeit ergreifen und »eine Laufbahn als Abenteuerin in den Gebieten der Ostindischen Kompanie« einschlagen. Unzufrieden mit den Berichten und Ratgebern, die von Soldaten und Beamten der Krone verfasst worden waren, erklärte sie: »Der Mangel an Mitgefühl, sofern er nicht auf einer bösartigen Veranlagung beruht, entspringt der Unkenntnis des wahren Charakters der Einheimischen und der Verleugnung ihres Anspruchs auf mehr Achtung. Allein dass derartige Unkenntnis herrscht, ist sehr beklagenswert, vor allem, da es so viele edle Beispiele gibt, die zeigen, dass sie vollständig aus Desinteresse und Gleichgültigkeit herrührt.«

Roberts' Schriften sind mit Aussagen dieser Art gespickt, in denen der (meist männliche) angloindische Kolonist für seine Unkenntnis der einheimischen Kultur oder die Feindseligkeit, die er ihr entgegenbringt, gerügt wird. Ihre scharfe Zunge verhinderte allerdings nicht, dass sie selbst gelegentlich Vorurteilen freien Lauf ließ.

Es war nur zu natürlich, dass Indien, dieses strahlende Juwel in der Krone des britischen Weltreichs, das Interesse der britischen Reiseschriftsteller und ihrer Leserschaft auf sich zog. In ihren Berichten wurden meist Begegnungen mit Wilden im Dschungel und heldenhafte Vorstöße ins dunkle Landesinnere ausgespart, wie sie für die Beschreibungen der Afrikaforscher charakteristisch sind. Die Indienreisenden neigten dazu, sich mehr mit den sozialen Gebräuchen und Sitten, der Landschaft und selbstverständlich dem kolonialen Leben zu befassen. Bei vielen der Reisenden handelte es sich um Verwaltungsbeamte, Staatsdiener oder deren Ehefrauen. Sie betrachteten Wissenserwerb als Mittel zum Machterhalt, sammelten Fakten und Zahlen, um die Herrschaft der britischen Krone zu festigen und auszubauen. Ihre Sichtweise spiegelte die Haltung des viktorianischen Großbritanniens gegenüber Indien wider, die zwischen Anglisierung der Einheimischen und der Anerkennung ihrer Andersartigkeit schwankte. Beispielhaft für Erstere steht die berüchtigte Abhandlung *Minute on Education,* die Lord Macaulay 1835 verfasste: »Ein einziges Regalbrett einer guten europäischen Bibliothek wiegt die gesamte Eingeborenenliteratur Indiens und Arabiens auf.« Diese Einstellung wurde auch von den früheren Missionaren geteilt, die einheimische Bräuche ausrotten und durch das Christentum ersetzen wollten. Nach dem Schock des indischen Aufstands 1857 dämmerte es den Briten allerdings, dass sie sich vielleicht ein wenig mehr mit der Denkweise der Einheimischen befassen sollten. Die in diesem Buch vorgestellten Reiseberichte enthalten zwar mitunter europäische Vorurteile zuhauf, lassen in ihren besten Passagen aber doch den Versuch erkennen, Land und Leute zu verstehen.

Emma Roberts wurde am 27. März 1791 in London geboren, entstammte aber, wie ihr erster Biograf es nannte, »einer hoch angesehenen walisischen Familie«. Ihr Großvater hatte das Amt des Landvogts von Denbighshire innegehabt. Seine drei Söhne waren alle dem Heer beigetreten, der Älteste hatte seinerzeit der Leibwache Georgs III. angehört. Emmas Vater William, der jüngste Sohn, starb während seiner Dienstzeit. Nach dem Tod ihres Vaters lebte sie mit ihrer Mutter in Bath. Emmas erstes Buch, eine Geschichte der verfeindeten Königshäuser York und Lancaster, wurde 1827 veröffentlicht und, wie ihr anonymer Biograf taktvoll formulierte, »fesselte die Aufmerksamkeit der Öffentlichkeit nicht«. Bald nach dem Tod ihrer Mutter befand sie sich mit ihrer Schwester an Bord der *Sir David Scott,* die im Februar 1828 nach Indien segelte. Ihre Schwester hatte kurz zuvor Captain MacNaghten geheiratet, der nun seinen Dienst bei der Bengal Army antreten sollte. »Es gibt wohl kaum eine kläglichere Lage«, schrieb sie später, »als die einer jungen Frau, welche ihrer verheirateten Schwester nach Indien folgt, in der trügerischen Erwartung, die Entbehrungen, die ein Leben mit beschränkten Mitteln in England mit sich bringt, gegen den berühmten Luxus des Orients einzutauschen.«

Roberts nutzte ihre missliche Lage, um die angloindische Gesellschaft aus einem bestimmten Blickwinkel zu betrachten. 1829 und 1830 lebte sie in den Garnisonen von Agra, Kanpur und Etawah im

Norden Indiens. Als sie nach dem Tod ihrer Schwester im Oktober 1830 nach Kalkutta zurückkehrte, begann ihre literarische Laufbahn. Sie war eine fleißige Autorin, schrieb Gedichte, Artikel, Reiseberichte, Essays und gab in Kalkutta die Zeitung *Oriental Observer* heraus sowie später die *Bombay United Service Gazette.* Überlastung veranlasste sie, nach London zurückzukehren, wo sie über so unterschiedliche Themen wie Geschichte, Biografie, Topografie und Kochkunst schrieb. Sie behauptete, ihr Gedichtband *Oriental Scenes* sei der erste, der jemals von einer Britin, die in Indien gelebt hatte, verfasst worden sei.

Roberts' erstes Buch über Indien, *Scenes and Characteristics of Hindostan,* erschien 1835 und versammelte verschiedene Artikel, die bereits in britischen Zeitschriften erschienen waren und sich großer Beliebtheit erfreut hatten. Sie beschrieb das Leben in Kalkutta mit scharfem Blick für Details; ihre instinktive Zuneigung hinderte sie freilich nicht daran, Kritik an der sozialen Unbeweglichkeit und den steifen Konventionen des angloindischen Lebensstils zu äußern. Eine Frau, lautete ihre Ansicht, »musste den Mut einer Amazone besitzen, um den Versuch zu wagen, frischen Wind in die verknöcherten Sitten zu bringen, die bei derart bigotten Menschen wie den Engländern und Indern herrschten«. Selbst dem *punkah,* diesem Inbild tropischer Trägheit, blieb ihr bissiges Urteil nicht erspart.

Der *punkah* ist Beschäftigungen sehr abträglich; aber außerhalb der Reichweite dieses riesigen Fächers ist auf Dauer das Leben unmöglich, und während er hin- und herschwingt, werden Gewichte benötigt, um jeden leichten Gegenstand auf dem Tisch zu beschweren. Sollten diese unvorsichtigerweise entfernt werden, fliegt alles, wusch, in verschiedene Ecken des Zimmers. Dieser an sich unbedeutende Sachverhalt sowie die extreme Hitze und das ständige Gesumme und Gesteche der Moskitos verursachen ein derartiges Ausmaß an Gereiztheit, das von jenen, die niemals unter derart störenden Voraussetzungen einer Arbeit nachgehen mussten, nicht nachvollzogen werden kann.

Roberts beschloss schon bald, diese starre Gesellschaft für eine Reise zu einer entlegenen Garnison zu verlassen, wo sie die Regenzeit verbringen wollte. Viktorianern lag das Reisen mit leichtem Gepäck fern, und so waren zwölf Kamele nötig, um Emma, ihre Reisebegleiterin und das Gepäck zu transportieren. »Unser Zug bestand aus einem *khansamah* [Oberdiener], der die Reiseleitung übernahm, drei *khidmutghars* [Gehilfen], einem *sirdar-bearer* [Kammerdiener], dem Schneider, dem Wäscher, dem Wasserträger, dem Koch und seinen *mussaulchees* [Küchenjungen], zwölf Trägern für jede Sänfte und *claishees* [Männern, die die Zelte aufschlugen], *banghiebearers* [Lastenträgern] und beinahe unzähligen Kulis.« Sie sprach kaum Hindustani, sodass sie sich mit ihren Bediensteten so gut wie gar nicht unterhalten konnte. Einige der Diener gingen voran, damit der Rest der Gesellschaft das – oftmals opulente – Mittagessen unter aufgespannten Segeltüchern einnehmen konnte und am Ende des Tages die Zelte aufgeschlagen vorfand. Roberts pries diese »zivilisierte« Art des Reisens gebührend. Viele Angestellte der Ostindischen Kompanie entfernten sich kaum von ihrem Einsatzort, aber die Beamten der Krone waren ständig unterwegs. Sie nutzten dabei entlang der Reiseroute *dáks,* eine Art Poststation, wo eine Gruppe von Trägern gegen die nächste ausgetauscht wurde. Roberts, die, wie ihr Biograf erklärte, in jungen Jahren hübsch gewesen war, wenn auch »ihre Figur später eine gewisse Fülle aufwies«, reiste in einer Sänfte, die von Einheimischen getragen wurde. Mit ihrem gewohnten Sinn für Details beschreibt sie dieses Transportmittel, das von den kolonialen Reisenden in Indien so häufig benutzt wurde.

Eine rechteckige Kiste kommt der Vorstellung, die man sich von dem Beförderungsmittel zu machen hat, am nächsten. Die Wände bestehen aus doppeltem Lackleinen, die Außenseite ist bemalt, die Innenseite mit Chintz oder Seide abgefüttert. Auf jeder Seite befinden sich hölzerne Schiebetüren, die sich in Laufrillen bewegen und in geöffnetem Zustand in den Leinenwänden verschwinden. Das Dach ragt rundum etwa einen Zoll über die Kiste hinaus und besteht manchmal aus zwei Lagen, um die Hitze besser abzuhalten. An der Vorderseite befinden sich zwei kleine, mit Jalousien versehene Fenster, unter denen ein Regalbrett und eine nicht sehr tiefe Schublade angebracht sind. Der Boden besteht aus Schilfrohrgeflecht, ähnlich wie man das von Stühlen kennt, darauf liegen eine Matratze, ein Polster und ein Kissen, die ebenfalls entweder mit Chintz oder mit Seide bezogen sind. Manche Sänften sind auch mit einer beweglichen Rückenstütze ausgestattet, falls der Reisende aufrechtes Sitzen dem Liegen vorzieht. An jeder Ecke springen oben die leicht geschwungenen Stangen hervor, jede von ihnen ist lang genug, um auf den Schultern zweier Männer zu ruhen, von denen sich je einer vor und hinter der Sänfte befindet. Während des Laufens verlagern sie das Gewicht von einer Schulter auf die andere. Wäre die Sänfte mit Federn versehen, könnte man sich kein besseres und angenehmeres Fortbewegungsmittel vorstellen; aber die Handwerkskunst ist in Indien nicht besonders weit gediehen und noch wurde kein Verfahren ersonnen, das dieses Gefährt am Ruckeln hindert.

Für jede Sänfte wurden acht Männer benötigt, die einander abwechselten, vier trugen, vier ruhten sich aus. Nachts begleiteten zwei *mussaulchees* die Gruppe als Fackelträger. Pro Stunde wurden weniger als vier Meilen bewältigt; die Träger wurden alle zehn bis vierzehn Meilen ausgetauscht. Obwohl dies eine kostspielige Art des Reisens darstellte – pro Meile ein Shilling –, blieben die Träger dennoch sehr arm. Nachmittags wurde wegen der Hitze selten gereist, und so bequem die Sänften im Vergleich zu anderen Transportmitteln gewesen sein mögen, die Notwendigkeit, die Türen wegen des Sonnenlichts immer wieder schließen zu müssen, schränkte die Sicht doch ziemlich ein: »Aber das Auge kann sich dennoch immer wieder an der Betrachtung der Umwelt erfreuen. Besonders in Bengalen, wo die Affen oben zwischen den Ästen herumtollen und die Libellen ganze Gehölze zum Glänzen bringen, wenn sie in smaragdenen Blitzen hin und her schießen, wird der Anblick jenen Vergnügen bereiten, die sich erfreuen lassen wollen.«

Die nächste Etappe der Reise, den Ganges entlang, wurde mit dem Boot bewältigt, und Roberts beobachtete von diesem Aussichtspunkt »die Pracht des angloindischen Lebensstils«. Die berühmten Bungalows waren jedoch nicht nach ihrem Geschmack. »Von den zahllosen Bungalows, die Britisch-Indien verschandeln, sind die wenigsten malerisch, und dann auch nur in geringem Maße. Es handelt sich dabei um jene, die teilweise aus Stein erbaut wurden und beinahe von Gehölz überwuchert sind.«

Im Allgemeinen plädierte Roberts dafür, Verständnis für die einheimischen Sitten aufzubringen, vor allem nachdem ihr Berichte über einen Vorfall zu Ohren kamen, bei dem einige »rohe junge Männer« britischer Herkunft ihren Trägern einen grausamen Streich gespielt hatten – nur um dann festzustellen, dass diese sich rächten. Aus diesem Ereignis folgerte sie, dass »Anstand und Menschlichkeit die Europäer veranlassen sollten, die Einwohner Indiens freundlich zu behandeln«. Dennoch war sie nicht immer bereit, die einheimischen Gebräuche wie etwa *sati,* die Witwenverbrennung, zu billigen. Die offizielle Ächtung dieser Sitte durch die britische Regierung werde, so hoffte sie, »den Weg zu einer fortschrittlicheren Einstellung gegenüber den Rechten der Frau ebnen«.

Das mangelnde Interesse so vieler Anglo-Inder an der Schönheit des Landes irritierte Roberts. »In diesem Zeitalter des Tourismus«, erklärte sie, »ist es ziemlich verwunderlich, dass sich die Reisewut nicht bis zu den Besitztümern der britischen Regierung in Indien erstreckt und nur so wenige Menschen dazu verleitet werden, die Landschaften und Länder des Orients zu bereisen, die mit den herrlichsten Erzeugnissen, die Natur und Kunst hervorzubringen vermögen, geschmückt sind.« Agra beispielsweise erschien ihr unvergleichlich – auch wenn sich ihr Lob in konventionellem Orientalismus ausdrückte: »Der Leser eines orientalischen Romans sieht hier am Taj Mahal seinen Traum vom Märchenland wahr werden und denkt an diese wundersamen Geschichten, die so meisterlich auf den Seiten von *Tausendundeiner Nacht* geschildert werden.« In Vorausahnung von Thomas Cook und seinen Pauschalreisen sann sie über die Auswirkungen einer verbesserten Infrastruktur nach: »Menschen, die Cheltenham, Baden, Spa und andere schicke Kurorte leid sind, könnten zum Himalaya reisen und zur Abwechslung den Ganges besuchen.«

Roberts suchte auf ihren Reisen durch Indien stets nach aufschlussreichen Details – die wichtigste Fähigkeit eines guten Reiseschriftstellers –, und ihre Sezierung der angloindischen Gesellschaft war besonders scharfsinnig. So stellte sie zum Beispiel fest, diese Gesellschaft sei weniger von Rang und Statussymbolen besessen, als dies im Mutterland der Fall sei. »Es genügt, dass der Gesellschaft das Entrée zum Haus des Gouverneurs gewährt wird, diese wichtige Prüfung der Zugehörigkeit zur Oberschicht in Indien ... Ränge werden hier nicht anerkannt, es sei denn, sie beziehen sich auf die Militärgrade der Angehörigen der Ostindischen Kompanie.« Sie betonte, wie wichtig es sei, die einheimischen Sitten zu achten, und prophezeite, Großbritanniens Herrschaft über Indien hänge davon ab, »einen bestimmten Personenkreis versöhnlich zu stimmen, der bisher unterdrückt und vernachlässigt, wenn nicht gar beleidigt wurde«. Sie kritisierte den Widerwillen der kolonialen Gesellschaftsschicht, sich der einheimischen Kultur anzupassen: »Ein Engländer findet es stets sehr schwierig, ausländischen Sitten und Gebräuchen Rechnung zu tragen.« Sie war frustriert vom strengen Protokoll und der fehlenden Wärme im Verhalten der Angehörigen der Ostindischen Kompanie gegenüber den Einheimischen. »Es spricht sehr für den britischen Charakter, dass trotz seines Mangels an Gewandtheit und der daraus resultierenden geringen Sympathie seine Rechtschaffenheit und Beständigkeit für die Treue einer gewaltigen, einer fremden Regierung verpflichteten Völkervielfalt gesorgt haben. Und zwar durch die Verbreitung der Rechtsprechung sowie der Besitzsicherung. Es ist bedauerlich, dass wir die liebenswerteren Eigenschaften nicht mit den moralischen Vorzügen verbinden können, für die wir bekannt sind.«

Aber sie bemerkte auch, wie schnell eine Anpassung möglich war, wenn man diese zuließ. So werde beispielsweise in Britisch-Indien den Kindern »bis zu ihrem fünften oder sechsten Lebensjahr nur selten ein Wort Englisch beigebracht. In vielen Fällen können sie sich nicht mit ihren Eltern verständigen, da es nicht selten vorkommt, dass diese die einheimische Sprache fast nicht verstehen, und die Kinder nur diese sprechen.«

Eine der bemerkenswerteren Begegnungen auf dieser Reise hatte sie mit einem Engländer, der teilweise die einheimischen Sitten angenommen hatte, nämlich mit Colonel Gardner, einem der berühmten »weißen Moguln«. Ursprünglich war er mit der britischen Armee nach Indien gekommen, gehörte dann aber zu denen, »die der Fahne der einheimischen Fürsten folgten«. Er hatte »eine mohammedanische Prinzessin« geheiratet; und als Roberts Gardner traf, fand sie, dass »ihn seine große, gebieterische Gestalt, der soldatische Gesichtsausdruck und sein militärisches Auftreten zu einer beeindruckenden Erscheinung machten«. Sie war von seiner »romantischen Geschichte« gefesselt, die in so deutlichem Gegensatz zu der Muffigkeit der ihr bekannten angloindischen Gesellschaft stand. »So wenig Abenteuergeist herrscht derzeit in Indien, dass die Misses Gardner oder die jungen Begumen oder wie auch immer die passende Bezeichnung für sie lauten mag, bei dem unternehmungslustigeren Teil der europäischen Gemeinde keinerlei Aufmerksamkeit erregt haben.« Roberts fand Gardners Lebensstil, der auch mit einschloss, dass seine Töchter in der *zenana* wohnten (die Gemächer, in denen die Frauen der höheren Kasten zurückgezogen vom übrigen Haushalt wohnten), »halb asiatisch«. Aber das Leben des Colonel Gardner war eintönig verglichen mit dem der Begum Samru. Diese Frau hatte einen deutschen Abenteurer geheiratet, der von den Einheimischen Samru genannt wurde. Er war aus der britischen Armee desertiert und hatte den Befehl über die Streitmacht eines bengalischen Fürsten übernommen; während dieses Kommandos hatte er in Patna einige englische Einwohner abschlachten lassen. Die Begum, seit langer Zeit verwitwet, bot Roberts ein beeindruckendes Bild: »Sie ist weniger als mittelgroß, zartgliedrig, besitzt feingeschnittene Gesichtszüge, strahlende Haselnussaugen, einen Teint, der nur ein klein wenig dunkler ist als der einer Italienerin, und Hände, Füße und Arme, die der Maler Zoffani* zum Inbild der Schönheit erklärt hat. Darauf ist sie, nun fett und verrunzelt, mit Recht stolz.«

Nach dem Tod des deutschen Ehemannes heiratete die Begum einen französischen Abenteurer, der Monsieur L'Oiseaux genannt wurde und sie nach Europa schleppen wollte. Sie gab vor, mit seinem Plan einverstanden zu sein, veranlasste aber insgeheim, dass

---

★ Johann Zoffani (1733–1810), deutscher Maler, der in England, Italien und Indien tätig war.

ihre Sänfte von ihr ergebenen Soldaten angegriffen und sie für tot erklärt wurde. Als Monsieur L'Oiseaux diese Nachricht erhielt, erschoss er sich in seiner Verzweiflung. Die Begum wurde von ihren Männern »unter Schreien und Beifallsbekundungen« zurück ins Lager getragen. Wie sehr sich Roberts von diesen farbigen Persönlichkeiten auch angezogen fühlen mochte, so hielt sie die Begum doch für eine Art Monster, und die »Hochachtung vor ihren Talenten mischte sich mit der Abscheu vor ihren Untaten«. Die grausigste dieser Missetaten hatte die Begum aus Eifersucht auf eine der Frauen, die in ihrem Haushalt lebten, begangen. »Das unglückliche Mädchen wurde lebendig unter dem Zimmer begraben, das ihre Herrin bewohnte. Diese legte sich genau an dieser Stelle zum Schlaf nieder, um sich an dem ersterbenden Stöhnen ihres Opfers zu berauschen und die Möglichkeit einer Flucht zu verhindern.«

Nach diesen Erlebnissen war Roberts' nächstes Reiseziel, Delhi, zwangsläufig eine Enttäuschung. Erneut ärgerte sie sich über die unsensible Hochnäsigkeit der Briten. »Die Meinung der Einheimischen wird von den europäischen Bewohnern Indiens mit großer Missachtung gestraft. Mit der Ausnahme weniger, die sich aus Respekt vor der herrschenden Sitte weigern, Schweinefleisch zu essen, frönen sie eben jener Sache, die den meisten Menschen in ihrem Umfeld die hassenswerteste ist.« Roberts war, wie schon erwähnt, keineswegs eine unkritische Verehrerin der einheimischen Bräuche, schon gar nicht der religiösen. So fand sie die Prozession zu Ehren des Gottes Jagannatha,* bei der sich die Pilger unter den »monströsen Wagen« warfen und zu Tode gequetscht wurden, abstoßend. »Beim Fest Jagannathas herrscht der blanke Schrecken … ein Schauspiel, das alles vereinigt, was am religiösen Irrglauben furchtbar und widerwärtig ist.« Sie drückte die Hoffnung aus, dass

---

★ Jagannahta (Herr der Welt, Sanskrit), Erscheinungsform des Gottes Krishna.

»auf den Trümmern dieses monströsen Aberglaubens, der so lange den Geist der indischen Welt tyrannisiert hat, ein reinerer Glaube errichtet werden wird.« Am Ende des Berichts über ihre erste Entdeckungsreise bedauerte sie die ästhetische Differenz zwischen Briten und Einheimischen. »Die außerordentliche Hässlichkeit der Kleidung, die von den meisten kultivierten Völkern Europas getragen wird, ist nirgendwo offensichtlicher als in Indien, wo sie im Gegensatz zu den fließenden Gewändern der Einheimischen steht.«

1832 kehrte Roberts erschöpft und krank von ihrer literarischen Entdeckungsreise nach England zurück und schrieb ihre Erfahrungen nieder. Doch ganz offensichtlich sehnte sie sich nach einer Wiederkehr und wartete nur auf die passende Gelegenheit. Im September 1839 entschloss sie sich schließlich, nach Indien zurückzukehren, und wählte diesmal eine andere Reiseroute. Sie fuhr mit der *Phénix* nach Le Havre und nahm den Landweg über Frankreich und Ägypten – eine Reise, die sie später in *Notes of an Overland Journey through France and Egypt to Bombay* (1841) beschrieb.

Schlechtes Wetter verzögerte ihre Ankunft in Le Havre, und so verpasste sie den Dampfer nach Rouen und sah sich gemeinsam mit ihrer Reisegefährtin (die lediglich »Miss E.« genannt wird) gezwungen, den üblichen Touristenwegen zu folgen – »wie alle englischen Reisenden spazierten wir ausgiebig durch die Stadt, lugten in Kirchen, erwarben Sachen, die wir gebrauchen, und solche, die wir nicht gebrauchen konnten, und tauschten einen Teil unseres Goldes in französische Währung um« – und Tee zu trinken. Sie nahm den nächstmöglichen Dampfer nach Rouen, bestieg dort die *L'Etoile,* ebenfalls ein Dampfschiff, die auf der Seine Richtung Paris fuhr. In Meulan benutzte sie für die letzte Wegstrecke bis in die französische Hauptstadt die Eisenbahn. Wie üblich schilderte sie detailliert Reiseumstände und Gepäck.

Ich hatte mich auf vier Gepäckstücke beschränkt, als da waren zwei große Koffer, eine Hutschachtel und eine Ledertasche, welche die Reiseapotheke, einen Wasserkessel und eine Lampe, Schwefelhölzer &c. beherbergte. Die Hutschachtel war in zwei Fächer unterteilt, eines davon enthielt meine Schreibunterlagen und einen Spiegel. Da ich beabsichtigte, lediglich einen kleinen Teil unserer britischen Besitzungen in Indien zu bereisen und nach dem Oktobermonsun 1841 zurückzukehren, wollte ich alles, was meiner Bequemlichkeit diente, mit mir führen.

An Paris fand Roberts lediglich den »schlechten Geruch« bemerkenswert und setzte sich am 13. September in eine Nachtpostkutsche; das schwere Gepäck war bereits in einem anderen Wagen nach Marseille spediert worden. Nach einem wenig beeindruckenden Nachtmahl in Auxerre (»ein schlechtes englisches Abendessen ist schon schlimm genug, aber ein schlechtes französisches Abendessen ist unendlich viel schlimmer«) und einer Nacht in einer düsteren Lyoner Provinzherberge wurde der nächste Reiseabschnitt, der nach Marseille führte, mit dem Rhône-Dampfer bewältigt. Sie nahm wahr, was Touristen für gewöhnlich so wahrnehmen – in Avignon war dies »eine halbfertige Brücke, offensichtlich historischen Datums, die vorlaut bis in die Mitte des Flusses hineinragt«. Als sie endlich das Mittelmeer erreichten, war Roberts entzückt vom Kontrast zwischen dem blauen Meer und dem grünen Wasser der Rhône. Ein deutscher Tourist, der aufgeregt sein Gewehr auf einen Schwarm springender Fische richtete, welcher das Schiff begleitete, gefiel ihr weit weniger: »Ein bewusster Akt der Barbarei.«

Von Marseille war Roberts angetan, »der hübschesten und saubersten Stadt, die wir bisher in Frankreich gesehen haben«, und sie hatte eine sehr gemütliche Unterkunft im Hôtel des Ambassadeurs gefunden. »Die kitzlige Sachlage in Ägypten« ließ ihr allerdings keine andere Wahl, als auf der *Megara,* einem am nächsten Morgen auslaufenden französischen Schiff, zwei Damenkabinen für sich selbst und Miss E. zu buchen. Mehmet Ali, der ägyptische Pascha, erklärte sie ihren Lesern, sei »so hartnäckig entschlossen, weiterhin die Kontrolle über die türkische Flotte zu behalten, dass die britische Regierung Frankreich drängte, ihm keinen Zugang zur Hohen Pforte zu gewähren.«

Glücklich den lästigen Fragen der Passbeamten in Marseille entronnen, segelte Roberts am 21. September nach Malta, wo sie die *Volcano,* ein Regierungspostschiff, nach Alexandria bestieg. Roberts blieb lange genug auf Malta, um mit üblicher Gründlichkeit die dort ansässige Gesellschaft, ihre Hackordnung und Streitigkeiten zu observieren sowie die Oper und einige Kirchen, »in denen der Mummenschanz des Katholizismus den Liebhabern des Grotesken Belustigung bietet«, zu besuchen. Die unvergesslichste Begegnung auf Malta trug sich mit einem jungen Ägypter zu, der sie beeindruckte – trotz der Herablassung, mit der ihn die Malteser behandelten, die sein Verhalten anmaßend fanden. Sie hielt ihn für einen Angehörigen jener neuen ägyptischen Gesellschaftsschicht, die von Mehmet Ali zur Europäisierung ermutigt wurden: »Sehr den europäischen Sitten, Gebräuchen und Einrichtungen zugetan, wird er keine Möglichkeit versäumen, die Situation seiner Landsleute zu verbessern und sie anzuleiten, jene Vorurteile abzustreifen, die den Fortschritt der Zivilisation behindern.« Dies ist ein vertrauter Ton in der viktorianischen Reiseliteratur, die häufig die Hoffnung äußert, die einheimische Bevölkerung möge sich so entzückt von der Zivilisierungsmission der britischen Herrschaft zeigen, dass sie ihrem althergebrachten Aberglauben abschwören und Teil des modernen Zeitalters werden würde (dessen vortreffliche Werte, wie sich zeigte, mehr oder weniger identisch mit denen der Kolonialmacht waren).

Bei ihrer Ankunft in Alexandria am 25. September stellte Roberts fest, dass die türkischen und ägyptischen Flotten das Bild doch sehr beherrschten. Obwohl Alexandria vom Meer aus einen beeindruckenden Anblick bot, war die Landungsbrücke »ein einziger Wirrwarr von Kamelen, Eseln und ihren Treibern, der sich inmitten von Unratbergen tummelte«. Aber sie konnten sich einen Weg durch diesen Pöbel bahnen und fanden Zuflucht in den zivilisierten Räumlichkeiten von Rey's Hotel. »Tagsüber«, notierte sie am nächsten Morgen, »ist das vordringlichste Geräusch Alexandrias das Eselsgeschrei, das sich mit den Grunz- und Jammerlauten fast ebenso vieler Kamele mischt.« Sie fand Zeit, ihren ersten Ritt auf einem Esel zu unternehmen, war aber leicht aus der Fassung gebracht, als ein Diener seine Hand auf ihre Taille legte, damit sie an einigen Straßenunebenheiten nicht das Gleichgewicht verlor. »Ich zuckte unwillkürlich vor der Berührung mit einem Angehörigen jener Schicht zurück, die nicht besonders bekannt für ihre Reinlichkeit ist, weder hinsichtlich der Kleidung noch des Leibes.« Der Eselsritt brachte sie zu einer schmutzigen Kanalfähre in Atfih, auf der es von Kakerlaken, Ratten und Fliegen nur so wimmelte. Hier sah sie zum ersten Mal den Nil und war »fürchterlich enttäuscht«, da die Alleen raschelnder Palmen, die sie erwartet hatte, durch Abwesenheit glänzten. Sie versuchte aber das Beste daraus zu machen. »Wir hielten eifrig Ausschau und freuten uns, wenn wir den einen oder anderen altertümlichen Brauch sahen, der uns von der Bibellektüre vertraut war.« Miss E. bildete sich ein, ein Krokodil erspäht zu haben; sie kamen aber letztendlich zu dem Schluss, es sei nur ein gähnender Wasserbüffel gewesen.

Die Reise hatte gewisse Längen, und manchmal musste Roberts ihre Wordsworth-Gedichte zur Hand nehmen, um sich die Zeit zu vertreiben. Dann endlich bekamen sie die Pyramiden zu Gesicht – deren Anblick sie nicht enttäuschte. »Als ich erfuhr, wir seien in der

Nähe, schlug mein Herz hörbar. Ich stieß die Kabinentür auf und sah sie in der Sonne glänzen, rein und strahlend wie die silbernen Wolken, die über sie hinwegzogen ... Wir wurden nicht müde, diese edlen Denkmäler eines unendlich rätselhaften Zeitalters zu betrachten.«

Nach drei unruhigen Nächten auf dem Nil kamen sie endlich am 4. Oktober in Bulaq an. Die Stadttore waren geschlossen, da es spät am Abend war, aber schließlich fanden sie doch ein offenes Tor und erregten großes Aufsehen. Roberts war entschlossen, die Wüste zu erkunden. Die Märchen aus *Tausendundeiner Nacht,* die sie in ihrer Kindheit verschlungen hatte, und die Lektüre der neuen, erst vor Kurzem erschienenen Übersetzung dieses Werkes aus der Feder des großen Orientalisten Edward William Lane hatten ihre Phantasien über die Wüste beflügelt. »Dieses Buch hat in mir das Interesse für alles geweckt, was mit dem Orient, insbesondere mit Arabien, zusammenhängt. Ich hoffe, ich bin mit den Schriften des Alten und Neuen Testaments gleichermaßen vertraut, und so kann man sich leicht vorstellen, dass mir drei Tage in der Wüste keinesfalls langweilig erschienen. Ich war fest entschlossen, die traumhaften Erlebnisse, die dieser Ausflug versprach, bis zum Äußersten zu genießen.«

Sie brach in einem Eselsstuhl genannten Transportmittel auf. »Nichts könnte bequemer sein als dieses Gefährt; ein gewöhnlicher Sessel wurde auf einer Art hölzernem Tablett befestigt, das vorn ungefähr einen Fuß überstand und so dem Passagier erlaubte, einen kleinen Korb oder ein anderes Gepäckstück mitzunehmen. Lange Bambusstöcke, einer auf jeder Seite, wurden um die Sessellehnen gewunden und dann mittels Seilen oder Gurten auf dem Rücken eines Esels befestigt.« Sie kam gelegentlich an Gruppen »grimmiger« Beduinen vorbei, erreichte Suez am 9. Oktober und genoss die Annehmlichkeiten von Hill's Hotel. Dort traf sie einen jungen

Schotten, »der den Versuch unternehmen wollte, die Nilquellen zu entdecken« – die Hauptbeschäftigung so vieler viktorianischer Reisenden.

Als Nächstes brachte sie der Dampfer *Bérénice* nach Aden, wo sie die jammernden Briten deprimierten, die über das Dienstbotenproblem klagten (»an diesem wasserarmen Ort gibt es nur wenig, was das Interesse der europäischen Bewohner erregt«). Roberts ertrug das rüde Verhalten, das ihre Landsleute gegenüber der einheimischen Bevölkerung an den Tag legten, stets nur sehr schlecht und war empört über ihren Hang, Bootsführer, Eseltreiber »und andere Angehörige der ärmeren Schichten« zu schlagen. »Kaum wird uns erlaubt, ein Land zu durchqueren, in welchem es einstmals gefährlich war, offen als Christ aufzutreten, missbrauchen wir dieses Recht, um Schandtaten an den friedfertigsten seiner Bewohner zu begehen.« Die britische Verwaltung von Aden hielt sie für nicht besonders fähig, und vom Verhalten der ausgewanderten Engländer, die sie auf ihrer Reise durch Ägypten getroffen hatte, war sie nicht wirklich angetan.

Ein kurzer Aufenthalt in Kairo ist für viele Engländer sehr bestrickend; der unabhängige Lebensstil, die völlige Befreiung von jenen Einschränkungen, die ihnen zu Hause von der Gesellschaft auferlegt werden. Sind sie es müde, das Leben in träger orientalischer Manier zu verträumen, stürzen sie sich in die Wüsten der Umgebung und erfreuen sich an der erregenden Gefahr. Mir wurden zahlreiche Anekdoten erzählt, die von den Notlagen handelten, in die junge englische Reisende geraten waren, welche sich von Abenteuergeist getrieben in die Hände von Beduinen begeben hatten. Obwohl sie mit dem Leben davongekommen waren, hatten sie sehr unter Hunger, Durst und großer Erschöpfung gelitten.

Einer dieser »unternehmungslustigen Touristen« erzählte ihr sogar, er habe die berühmte Heldentat Sir Richard Francis Burtons vorweggenommen, indem er verkleidet Mekka betreten hatte.

Von Aden segelte Roberts nach Makallah und weiter nach Bombay, wo sie am 29. Oktober landete. Sie stürzte sich in neue Beschreibungen des indischen Alltagslebens, die bewiesen, dass sie ihre Fähigkeit, soziale Feinheiten wahrzunehmen, nicht verloren hatte. Sie bedauerte die mangelnde Neugier der Briten in dieser aufstrebenden Residentur. »Nur wenige angloindische Bewohner Bombays teilen meine Vorliebe, die Ecken und Enden der von den Einheimischen bewohnten Stadtviertel zu erforschen. Die meisten von ihnen ziehen es vor, zur Promenade zu fahren, um dem Orchester zu lauschen oder am Meer eine Stelle namens ›The Breach‹ aufzusuchen.« Die weitschweifigen Untersuchungsberichte der Regierung über die Lage in Indien beeindruckten Roberts wenig (»Papierkram ist ein gewichtiges Übel«). Sie bemängelte, »die intellektuelle Schicht Indiens« habe es versäumt, der britischen Öffentlichkeit jene Informationen zukommen zu lassen, die es »den für die Gesetzgebung in unseren Hoheitsgebieten Zuständigen« erlaubt hätten, »sich näher mit den Themen auseinanderzusetzen, die so entscheidend für das politische, sittliche und wirtschaftliche Gedeihen dieses Landes sind«.

Diese Öffentlichkeit wurde allerdings bald ihrer weiteren Erleuchtung durch Roberts beraubt. Sie hatte vor, zu statistischen Zwecken Gujarat und weitere Orte zu besuchen, und hegte verschiedene Pläne, die zur Verbesserung der sozialen Lage der Inderinnen beitragen sollten. Während eines Besuchs in Satara bei Colonel Ovans, dem britischen Residenten, im April 1840 erkrankte sie, wahrscheinlich waren wieder Überarbeitung und große Belastung die Ursache. Der Wunsch nach Luftveränderung führte sie nach Pune, wo sie am 17. September starb, nur einen Tag nach ihrer Ankunft. Ihr letztes Buch erschien postum. Laut zeitgenössischen Nachrufen versetzte ihr Tod die Inder in tiefe Trauer; so sehr hatten sie ihr Mitgefühl und ihr Bemühen, die indische Kultur zu verstehen, geschätzt.

Grasschneider und Frau beim Mahlen des Kichererbsenmehls – Zeichnung
aus Fanny Parks' *Wanderings of a Pilgrim in Search of the Picturesque
during Four-and-Twenty-Years in the East*, 1850

Ein höchst bezauberndes Land

Fanny Parks

»Wie ich dieses Leben in der Wildnis liebe! Ich werde mich niemals damit begnügen, an einem ruhigen Ort auf dem englischen Lande dahinzuvegetieren.« Frances »Fanny« Susanna Parks trieb im Dezember 1844 auf dem Ganges in Richtung Allahabad. Sie befand sich in Gesellschaft ihres Ehemanns Charles Crawford Parks, eines Zollbeamten der Ostindischen Kompanie.

Fanny war von allem, was sie auf dieser Reise sah, bezaubert und fasziniert. »Oh das Vergnügen, Indien zu durchstreifen!«, rief sie aus. Charles, der eine der seltenen Gelegenheiten ergriffen hatte, seinem Schreibtisch entfliehen zu können, geriet einmal mehr in ihr Kielwasser. »Mein Mann lehnt es ab, mich zu den Basaren zu begleiten, da mir immer eine Menschentraube folgt. Er geht ungestört einher, aber bei mir ist das anders: Sobald ich anhalte, um eine Skizze anzufertigen, kommt es zu einem Auflauf, und die Diener sind gezwungen, die Menschen zu verscheuchen, um mir freien Blick auf den Gegenstand zu gewähren, den ich zeichnen möchte«, vermerkte Fanny in einem ihrer zahlreichen Tagebücher, die ihre Reisen in Indien zwischen 1822 und 1845 dokumentieren. Dass diese ungewöhnliche Frau überall Aufsehen erregte, ist unschwer verständlich. Der Titel ihres Reiseberichts *Wanderings of a Pilgrim in Search of the Picturesque during Four-and-Twenty Years in the East; with Revelations of Life in the Zenana* (1850) spielt ebenso auf ihren Zeichenfimmel wie auf die einzigartige Verheißung eines intimen Berichts über das Leben in einem Harem an. Das Interesse des viktorianischen Lesepublikums war angesichts der möglichen Enthüllungen geweckt.

Wie Emma Roberts war Fanny Parks leidenschaftlich an ihrer Umgebung interessiert und ignorierte die Apartheid zwischen Briten und Einheimischen, so bezeichnend sie für viele angloindische Kreise war. Sie verfügte über ein ungeheures Maß an Energie und Enthusiasmus, war reiselustig und besaß wie Roberts eine präzise Beobachtungsgabe – eine Fähigkeit, über die viele berühmtere Reisende nicht verfügten. Sie brachte sich selbst Hindustani bei und benutzte die persische Schrift, um ihre Zeichnungen zu signieren – auch auf dem Titelblatt des prachtvoll ausgestatteten zweibändigen Berichts über ihre Streifzüge erscheint Parks' Name auf Farsi. Sie spielte sogar Sitar. Ihre Begeisterung wurde von ihren Landsleuten zuweilen als unschicklich empfunden.

Lady Emily Eden und Lady Frances Eden, die in den 1830er Jahren jeweils Berichte über ihre eigenen indischen Reisen veröffentlichten, rümpften die Nase über diesen höchst ungeziemenden und unenglischen Mangel an Zurückhaltung. »Soeben befinden wir uns in den Fängen einer Dame, Mrs. Parks«, vermerkte Frances Eden in ihrem Tagebuch, »die darauf besteht, unseren Kreisen anzugehören ... Ihr Ehemann fällt in der kühlen Jahreszeit immer dem Wahnsinn anheim, und sie sagt, sie habe sich selbst gegenüber die Pflicht, ihn zu verlassen und herumzureisen. Sie zeigt Spuren früherer Schönheit, ist äußerst fett und lebhaft. In Benares, wo wir in ihre Falle gerieten, teilte sie uns mit, sie sei eine unabhängige Frau.« In ihrer eigenen Schilderung dieser Begegnung mit den »Misses Eden« ließ Fanny Parks allerdings sorgfältige Höflichkeit walten.

Frances Susanna Archer wurde am 8. Dezember 1794 bei Conwy in Nordwales geboren. Als sie 1834 die Festung am Zusammenfluss von Yamuna und Chambal in Indien erblickte, zog sie als Vergleich Conwy Castle heran; die Landschaft des nördlichen Wales behielt stets einen Platz in ihrem Herzen. Als sie zum ersten Mal im Dezember 1839 dorthin zurückkehrte, entdeckte sie

William Thomas, einen alten Diener, der früher bei meiner Großmutter gelebt hatte und nun einen kleinen Gasthof betreibt. Er freute sich sehr, jemanden aus unserer Familie zu sehen, und begleitete mich zu meinem Geburtshaus, das von meinem Vater verkauft worden war und nun zum Schlossgasthof gehört ... in meinem ehemaligen Kinderzimmer spielte ein Zwillingspaar ... Mit großem Vergnügen stattete ich dem alten Schloss wieder einen Besuch ab, bewunderte die große Empfangshalle und den Bergfried. Die Reisende, die zu diesem Ort pilgerte, wurde nicht im Schloss geboren, sondern »in den Mauern, die es umranken«, das heißt in den Mauern von Conwy ...

Ihr Vater, Captain William Archer, zog nach seinem Ausscheiden aus dem 16. Lancers Regiment mit seiner Familie nach Lymington in Hampshire. Dort heiratete Fanny den drei Jahre jüngeren Charles Parks. Schon wenige Wochen später schiffte sich das Paar nach Indien ein. Charles arbeitete bereits als Schreiber, wie es im Jargon der Ostindischen Kompanie hieß, und sollte sein Leben als Zollbeamter verbringen, zuerst in Kalkutta, dann in Allahabad. Während er zweiundzwanzig Jahre an seinen Schreibtisch gefesselt war, reiste Fanny umher, zeichnete und beobachtete. »Seit vierundzwanzig Jahren durchstreife ich die Welt«, verkündete sie in der Einleitung ihres Buches.

Am 19. Juni 1822 verließ das Paar England auf der *Marchioness of Ely* Richtung Bengalen. Fanny war »mit ihrem Herrn und Meister glücklich«, wie sie geschmeidig formulierte, und als sie schließlich die Nikobaren streiften, bot sich ihr der erste exotische Anblick – in Form nackter Männer (»wie Adam, ehe er die verbotene Frucht kostete«), die das Schiff umschwärmten. Schockiert eilte sie in ihre Kabine zurück, befand später aber, die Einheimischen seien »von schöner Gestalt, die an antike Statuen erinnert«. Das von den Einheimischen angebotene Obst, das sie mit Messingringen bezahlte, welche sie von den Vorhängen ihrer Schiffskabine geschnitten hatte, besänftigte sie wieder. Ihre Neugier wuchs beständig, sodass sie an Land ging, da es sie danach verlangte, »die Frauen zu sehen und zu erfahren, wie sie behandelt werden«. Als sie weitersegelten, war Fanny »völlig inselsüchtig«.

Die Seereise von England nach Indien dauerte damals rund fünf Monate, und so erreichten sie erst am 13. November 1822 Kalkutta, wo sie sich für monatlich 325 Rupien in einem Haus in der Park Street im Stadtteil Chowringhee einmieteten. Mit einer Metapher, die höchst treffend für diese äußerst zielstrebige Frau war, erklärte sie: »Und hiermit eröffneten wir unseren indischen Feldzug.«

Der erste Monat war faszinierend für Fanny. »Ich fand Indien ein höchst bezauberndes Land.« Das Dezemberklima war angenehm, Pferde wollten geritten, Bälle besucht werden, darunter ein prunkvoller Abschiedsball für den scheidenden Generalgouverneur Marquis of Hastings. Neuankömmlinge wie Fanny wurden in ihrem ersten Jahr von den alteingesessenen Briten *griffins* genannt, was sie aber wenig störte; sie machte sich umgehend ans Erkunden und Beobachten. »Ich fand es abstoßend, aber überaus interessant«, erklärte sie, nachdem sie einem Fest zu Ehren der Göttin Kali beigewohnt hatte, bei dem die Gläubigen Spieße durch ihre Zungen bohrten.

Die ersten vier Jahre ihres Indienaufenthalts verbrachte Fanny hauptsächlich in Kalkutta, das sie mit einer Akribie beschreibt, die an Emma Roberts erinnert. Sie war sehr damit beschäftigt, den Haushalt mit seinen unzähligen Bediensteten zu führen, aber im Frühjahr 1826 wurde sie unruhig. »Die Lektüre von Lady Mary Wortley Montagues* Werk hat mich äußerst begierig gemacht, eine

---

* Englische Schriftstellerin (1689–1762), besonders berühmt für ihre Briefe, in denen sie das türkische Leben beschreibt.

zenana zu besuchen und mich mit den Damen des Orients bekannt zu machen. Ich bin jetzt beinahe vier Jahre in Indien und habe bis auf Dienerinnen, Krämerehefrauen, die den niederen Kasten angehören, und *nautch*-Mädchen [Tänzerinnen] noch keine Frauen gesehen.« Fannys Neugier geriet mit dem angloindischem Snobismus und dem verbreiteten Bedürfnis, die gesellschaftliche Distanz zwischen Indern und Briten zu wahren, in Konflikt, aber schließlich wurde ihr Wunsch erfüllt.

Ich wurde zu einem *nautch* in das Haus eines wohlhabenden Hindus in Kalkutta eingeladen und ergötzte mich an einer Jongleurtruppe, deren Schwertkunststücke recht ausgefallen waren. Im Anschluss fragte mich der *babu* [Herr], ob ich seine Frau und seine weiblichen Verwandten begrüßen wolle. Er führte mich vor einen langen Vorhang, hinter dem mich fast vollständige Dunkelheit umfing. Zwei Frauen fassten mich bei den Händen und führten mich über eine lange Treppe in einen gut beleuchteten Raum empor, in dem mich die Frauen und Verwandten empfingen. Zwei der Damen waren hübsch; angesichts ihrer Kleidung verwunderte es mich nicht länger, dass keinem anderen Mann außer dem Ehemann der Zutritt in die *zenana* gestattet war. Das Kleid bestand aus einem langen, goldverbrämten Streifen aus Benares-Gaze, der zweimal um den Körper geschlungen war; eines der Stoffenden wurde über die Schulter drapiert. Das Kleid war ziemlich durchsichtig, beinahe so nutzlos wie ein Schleier; die Hälse und Arme der Frauen waren juwelenbedeckt. Der Teint einiger Damen war blasses Mahagoni, und einige der Dienerinnen waren von dunkler Farbe, fast schwarz. Wir betraten einen dunklen Balkon, vor dem sich ein feinmaschiger Sichtschutz aus Bambus befand, der zwar den Blick nach drinnen verwehrte, uns aber erlaubte, die Gäste in der Eingangshalle in allen Einzelheiten zu betrachten. Die Damen in der *zenana* schienen alle Herren vom Sehen zu kennen und nannten mir ihre Namen. Sie waren sehr neugierig, baten mich, auf meinen Ehemann zu deuten, erkundigten sich, wie viele Kinder ich hätte [Fanny blieb kinderlos], und stellten tausend Fragen. Ich war froh, eine *zenana* gesehen zu haben, aber auch sehr enttäuscht: die Frauen waren nicht damenhaft; aber man möge sich in Erinnerung rufen, dass es sich lediglich um das Haus eines reichen eingeborenen Herrn in Kalkutta handelte. Bald darauf verließ ich die Gemächer und den *nautch*.

Im August 1826 konnte sich Fanny, dank der Versetzung von Charles nach Allahabad, endlich zu einer richtigen Reise rüsten, 800 Meilen Wasserweg und 500 Meilen über Land. Nachdem sie ihre Möbel und Pferde verkauft hatten, brachen sie am 22. November auf. Beide fühlten sich nach hundert Meilen ziemlich verjüngt. »Die Luftveränderung und der Szenenwechsel haben bei uns Wunder bewirkt. Mein Mann hat sich, seit er England verließ, niemals so gesund oder so wenig gelangweilt gefühlt. Ich bin stark wie Diana Vernon[*] und reite ohne jede Ermüdung vor dem Frühstück meine acht oder zehn Meilen.« Fanny war nicht die erste Viktorianerin, die feststellte, dass eine Reise viele jener Krankheiten heilte, die durch den sesshaften Lebenswandel der englischen Mittelschicht verursacht wurden. Sie legten täglich ungefähr fünfzehn Meilen zurück, erreichten Allahabad am 1. Januar 1827, nahmen ein neues Haus in Besitz, »das sehr hübsch am Ufer des Yamuna gelegen ist, etwas außerhalb des Festungsgeländes«. Auf ihrer Reise hatten sie bei Benares den Ganges überquert, wo sich Fanny die erste Gelegenheit geboten hatte, religiöse Feierlichkeiten ausgiebig zu betrachten. Eine Mischung aus Neugier und Vorurteil erfüllte sie: »Obwohl ich

[*] Weibliche Hauptperson in Walter Scotts Roman *Rob Roy* (1817).

so lange in Kalkutta gelebt habe, sind mir Lebensweise und *pudscha* [religiöse Feierlichkeiten] der Eingeborenen fast unbekannt. Die heilige Stadt Benares ist die Kultstätte des Aberglaubens. Ich wohnte in einem hinduistischen Tempel einem religiösen Ritual bei und fand, das Leichtgläubigkeitsorgan der Hindus müsse besonders gut entwickelt sein.« Sie erwähnte auch die »zahllosen flegelhaften Götzenbilder im Tempel«. Sie bestieg die Minarette, um einen Blick auf Benares und den Ganges zu werfen, und bemerkte süffisant: »Die jungen Männer bevorzugen den Aufstieg zu Sonnenaufgang, da sich ihnen dann vielleicht die Aussicht auf die Bewohnerinnen der *zenanas* bietet, die oftmals auf den flachen, von einer hohen Mauer umgebenen Hausdächern schlafen.«

Das Leben in Allahabad bestand aus den für die koloniale Gesellschaft so charakteristischen Besuchen und Abendessen, aber immerhin behagte Fanny das Januarklima: »Wir haben hier das beste aller Klimas, von dem Sie, die Sie in Ihrem verstaubten, klammen, dumpf-düsteren England leben, sich keine Vorstellung machen.« Doch im Juni wurde die Hitze in Allahabad – auch als »Ofen Indiens« bekannt – zu viel für sie. »Ein Roman auf dem Sofa, zu mehr ist man während so großer Hitze nicht fähig, das Leben ist beinahe unerträglich.« In den folgenden Monaten fuhr sie mit ihren Aufzeichnungen über das Leben in Indien fort. Der umstrittene Brauch der *sati* wurde zu jener Zeit häufig diskutiert, und sie hatte die Gelegenheit, vor den Toren ihres Grundstücks eine derartige Zeremonie mitzuerleben. Trotz des Widerstands des örtlichen Richters bestand die Frau eines verstorbenen Kornhändlers darauf, sich vor den Augen einer fünftausendköpfigen Menge den Flammen zu übergeben. »Nachdem sie im Fluss gebadet hatte, entzündete die Witwe eine Fackel, schritt um den Scheiterhaufen, setzte diesen in Brand und bestieg ihn fröhlich.« Aber sie hielt nicht bis zum Ende durch, sondern flüchtete, als die Flammen sie ergriffen. Der Richter, der gemeinsam mit Charles dem Ereignis zugeschaut hatte, erklärte, die Witwe sei nun als Ausgestoßene gebrandmarkt, und die Ostindische Kompanie müsse sich um sie kümmern. 1830, kurze Zeit nach diesem Erlebnis, wurde der Brauch verboten, was Fanny begrüßte: »In allen Ländern werden Frauen als bloßes Stäubchen in der Waagschale betrachtet, wenn ihre Interessen gegen die der Männer stehen. Deshalb freut es mich sehr, dass keine Witwen mehr gebraten werden müssen, um den Söhnen des Verstorbenen das vollständige Erbe zu sichern.«

Zu Beginn des Jahres 1830 wurde Charles für acht Monate nach Kanpur versetzt. Sie wohnten dort in einem Bungalow, der auf einer steinernen Plattform aus dem Ganges ragte. Fanny hatte alle Hände voll zu tun, den neuen Haushalt zu ordnen. »Die Räume sind hoch und schön. Das Speisezimmer misst vierzig auf achtzig Fuß, das Badezimmer dreißig auf einundzwanzig Fuß, und auch die anderen Räume sind von angemessener Größe. Es gibt einen hübschen Garten ... In Indien sind wegen der Hitze die Küche und die Unterkünfte der Diener nicht Teil des Hauses. Momentan haben wir nur vierundfünfzig Diener, doch ich finde es bereits jetzt schwierig, sie im Zaum zu halten. Sie geraten sich in die Haare, und wenn sie in besonders unverschämter Stimmung sind, verlangen sie ihre Entlassung.« Abends beobachtete sie die einheimischen Jungen, wie sie im Fluss schwammen und Kräfte maßen, und fand, sie »haben es besser als die armen Leute in England«. Sie hegte aber auch ein wenig Mitgefühl für die weniger begünstigten Schichten der angloindischen Gesellschaft.

Was ist erbarmungswürdiger als das Leben eines einfachen Soldaten im Orient? Sein Beruf nimmt nur wenig von seiner Zeit in Anspruch. Während der Hitze des Tages ist er gezwungen, in der brütend heißen Kaserne zu bleiben. Hitze verursacht Durst und

Müßiggang Unzufriedenheit. Er trinkt Arrak wie ein Fisch und empfindet das Leben bald als beinahe unerträgliche Last ... Die Hauptquellen dieses Elends sind der billige Arrak, dem Datura [ein Narkotikum] beigemischt wird, und die Ruhelosigkeit, die aus Mangel an Beschäftigung entspringt, auch wenn für gewöhnlich vom Regiment eine Bibliothek gestellt wird.

Ein weiteres Problem stellte das Fieber dar, das damals viele europäische Soldaten dahinraffte. Die Angaben zur Todesursache bei britischen Soldaten und ihren Familien sind bemerkenswert ausführlich und vermitteln ein sehr deutliches Bild der Krankheiten, mit denen Europäer konfrontiert waren. Reisende waren diesen Gefahren selbstverständlich ebenso ausgesetzt wie die Armeeangehörigen. Die Haupttodesursache war Malaria, doch auch Gelbfieber, Cholera, Typhus und Beriberi verliefen tödlich. Bengalens Gesundheitsinspektor schätzte 1889, die Malaria sei für 75 Prozent aller Todesfälle in der Provinz verantwortlich, also für beinahe eine Million Tote pro Jahr. Zwischen 1817 und 1865 raffte die Cholera in Indien fünfzehn Millionen Menschen dahin, wobei die britische Armee besonders schwer betroffen war. Zwischen 1818 und 1854 starben an dieser Krankheit mehr als 8500 britische Truppenangehörige. Durchschnittlich starben jährlich von 1000 europäischen Soldaten 69. Bei einer schweren Epidemie in Nordindien waren 1861 beinahe 2000 britische Soldaten und ihre Angehörigen betroffen, zwei Drittel von ihnen starben. Ungeheure Anstrengungen, die Cholera zu bekämpfen, wurden unternommen. Der Vizekönig von Indien, Lord Curzon, erklärte 1899 bei einer Ärztetagung, die einzige Rechtfertigung der britischen Herrschaft liege auf dem Gebiet der Medizin. Die Medizin sei »auf dem Fundament reiner, unwiderlegbarer Wissenschaft erbaut ... ein Segen ... der allen zuteilwird, ob arm oder reich, Hindu oder Mohammedaner, Frau oder Mann.«

Die Fakten schienen Curzon recht zu geben. Die Todesrate von Briten und Indern sank von 31,85 je 1000 im Jahr 1860 auf 13,03 im Jahr 1900. Dank eines königlichen Komitees, das 1859 ins Leben gerufen wurde, um den Gesundheitszustand der Armee in Indien zu untersuchen, sanken die Sterblichkeitsraten. So wurden in der Provinz Madras zwischen 1840 und 1860 60 Prozent weniger Malariatodesfälle registriert – dank des zunehmenden Einsatzes von Chinin, das 1823 in den USA zum ersten Mal gewerblich produziert worden war. Ab den 1870er Jahren entwickelte sich die Tropenmedizin durch die Krankheitserregertheorie von Pasteur, Koch und anderen Mikrobiologen rasant. Auch die Gründung von Instituten für Tropenmedizin in London und Liverpool trug ihren Teil zur Forschung bei.

Die britischen Toten erhielten aber zumindest ein anständiges Begräbnis – im Gegensatz zu der armen Leiche, die Fanny, vom Fenster des Bungalows in Kanpur aus, den Ganges hinabtreiben sah. »Heute ekelte mir mehr, als ich sagen kann – die Ursache ist zu indischer Natur, um sie nicht in meinem Tagebuch festzuhalten ... Ich erblickte die größte Abscheulichkeit, die man sich vorstellen kann.« Der Leichnam des armen Mannes, der den Fluss hinabtrieb, war auf einen mit *ghee* (geklärter Butter) getränkten Scheiterhaufen gelegt worden, »und das Feuer hatte die Haut von Körper und Kopf gefressen, was der Leiche ein weißliches Aussehen verlieh. Kein Anblick kann schrecklicher und gespenstischer sein als jene vom Feuer benagten Gliedmaßen. Der Leichnam ragte fast vollständig aus dem Wasser, und die Krähen hockten auf ihm und hackten ihm die Augen aus.«

Fanny nutzte weiterhin jede Reisegelegenheit, die sich ihr bot, besuchte Lakhnau, wo sie abends auf einem Elefanten ausritt, um die Altstadt zu besichtigen. »Das gefällt mir ... ein fürstliches Leben; bei momentan so schönem Wetter [Januar 1831] ist das Leben herrlich.« Wieder zurück in Allahabad, wo Charles endlich eine dauerhafte Stellung als Zollbeamter bekommen hatte, genoss sie das gesellschaftliche Leben. »Allahabad ist jetzt eine der fröhlichsten und hübschesten Garnisonen in Indien. Wir haben mehr als genug Abendgesellschaften, den einen oder anderen Ball, einen Buchklub, fünf oder sechs Billardtische, ein Rudel Hunde, darunter etliche Jagdhunde, und (wie könnte ich das nur vergessen!) vierzehn unverheiratete Fräulein.« Aber diese Fräulein machten sich über Fannys Reisen und die unermüdlichen Erkundungen des indischen Lebens lustig. »Ich studiere so eifrig die Sitten und den Aberglauben der Hindus, dass meine Freunde lachend sagen: ›Wir rechnen damit, dich eines Tages beim Morgengebet im Fluss zu ertappen.‹«

Ende 1834 erwarb Fanny eine kleine Pinasse namens *Seagull*. Am 9. Dezember brach sie damit nach Agra auf, um das Taj Mahal zu besichtigen. Mittlerweile war es kalt geworden, und das Boot wurde auf dem Yamuna von Winden gebeutelt und während Gewittern durchnässt, doch es gab viel Interessantes zu beobachten. »Auf einer Sandbank bei Bilaspur sah ich, wie sich zehn Krokodile in der Sonne aalten ... am Flussufer lagen drei riesige Alligatoren, große wilde Monster, mit geöffnetem Maul und beäugten die Boote ... Ich hätte die Reise allein um dieses Anblicks willen unternommen: Alligatoren und Krokodile in ihrer natürlichen Umgebung – dieses Bild war so ungewöhnlich, so wild, so ursprünglich.« Diese exotische Episode sowie ihre etwas gefährliche Position als weiße Frau, die ohne Ehemann reiste, verstärkten zweifellos ihr Vergnügen (und befeuerten ihren Sprachstil). Beim Blick auf ihre Mannschaft bemerkte sie: »So habe ich mir in meiner Jugend Kannibalen vorgestellt. So wild und fremdländisch aussehend; ihr langes, schwarzes struppiges Haar hing ihnen verfilzt bis auf die Schultern. Dunkelbraun waren ihre Leiber, vollständig nackt bis auf ein Tuch, das zwischen den Beinen durchgeschlungen und um die Taille gewickelt wurde.«

Kurz vor dem Aufbruch zu ihrer nächsten Reiseetappe mit der *Seagull* bekam Fanny Besuch von einem adligen Herrn, der soeben aus England eingetroffen war. Sie verscheuchte dessen Bedenken und erklärte, auf diesen einsamen Flussreisen »habe ich Bücher und Beschäftigung allerlei Art, um die Einsamkeit zu vertreiben. Die Abenteuer, die ich erlebe, gestalten das eintönige Leben auf dem Fluss abwechslungsreich und interessant. Könnte ich meinen Neigungen nachgeben, würde ich nach Delhi weiterfahren, dann in die Berge und zur Quelle des Yamuna – das wäre ein wirklich schönes Unterfangen.« Sie vertrieb sich die Zeit überdies damit, kleine Tempel und Ghats zu zeichnen und aus Speckstein zu modellieren, und notierte die Dutzenden von Vogelarten, die ihr auf der Fahrt nach Agra begegneten. Während ihres Aufenthaltes in Indien sammelte sie viele Vögel, die mit arsenhaltiger Seife konserviert wurden.

Nach einundfünfzig Tagen Flussfahrt erreichte sie Agra, krank vor Erschöpfung und von heftigen Kopfschmerzen geplagt. Als sie endlich beim Taj Mahal anlangte, war sie tief beeindruckt von seinen prachtvollen Ausmaßen, aber angewidert vom Verhalten der Touristen. »Können Sie sich etwas Abscheulicheres vorstellen? Europäische Damen und Herren lassen auf der marmornen Terrasse eine Kapelle aufspielen und tanzen vor dem Grab Quadrille.«

In der zweiten Hälfte des 19. Jahrhunderts begann sich der Tourismus in Indien langsam zu entwickeln. Meilensteine waren Murrays *Hand-Book*★ von 1859, ein Reiseführer für einige indischen Regionen (ein Buch, das hauptsächlich vor Gefahren und Unannehmlichkeiten warnte, sodass sich nur die Risikofreudigsten zur Reise entschlossen), und die Entscheidung von Thomas Cook, 1881 ein Büro in Bombay zu eröffnen. 1870 wurde die Eisenbahnlinie zwischen

---

★ *Murray's Guide to India for 1859 for Madras and Bombay Presidencies,* verfasst von Edward Eastwick, verlegt von John Murray.

Bombay und Kalkutta eingeweiht, und 1860 waren in Kalkutta und Bombay einige sehr luxuriöse Hotels nach europäischem Vorbild eröffnet worden. 1872 wurde Indien zu einer der Stationen von Cooks Weltreise, doch das Geschäft kam erst in den 1880er Jahren richtig in Schwung. Bis zu diesem Zeitpunkt entschuldigte sich Cook bei seinen Kunden immer noch für das Niveau der indischen Hotels, das im Gegensatz zu dem Prunk der großen Passagierschiffe *Great Western* und *Great Eastern* stand. Der Preis eines Erste-Klasse-Tickets von London nach Bombay über Brindisi mit Cook betrug £ 74.

Bald nach Fannys Besuch des Taj Mahal schloss sich ihr Charles kurzfristig an, und sie besuchten gemeinsam Colonel Gardner, einen der »weißen Moguln« (dessen Bekanntschaft auch Emma Roberts gemacht hatte). Charles reiste allein nach Allahabad zurück, und Fanny nahm an der Hochzeit von Susan, der Enkelin des Colonels, mit einem der Fürsten von Delhi teil. Es herrschte offensichtlich große gegenseitige Bewunderung zwischen ihr und dem Colonel, der jedoch kurz nach dieser Begegnung starb. Die Einladung zu den Feierlichkeiten stellte die einmalige Gelegenheit für eine Europäerin dar, Augenzeugin einer derartigen Zeremonie zu werden. »Ich hätte fünfzig Jahre in Indien leben können, ohne eine Eingeborenenhochzeit mitzuerleben. Es ist einer europäischen Dame kaum möglich, daran teilzunehmen.« Die »Eingeborenendamen« waren entsetzt, dass Fanny ihr Gesicht nicht verhüllte und mit Männern speiste, die nicht ihre direkten Verwandten waren. Was ihre Reisen im Alleingang betraf, lautete deren Urteil: »Eine Dame zu Pferde ist eine Ungeheuerlichkeit.«

Zenanas und das Leben der einheimischen Frauen faszinierten Fanny auch weiterhin. Sie zeigte ausgesprochenes Mitgefühl mit den abgeschotteten Bewohnerinnen dieser Gemächer. Als sie erfuhr, dass ein Ehemann seine beiden Frauen umbrachte, nachdem er in der *zenana* einen anderen Mann angetroffen hatte, war sie zutiefst empört: »Ein Mann kann so viele Frauen haben, wie er mag, und zahllose Geliebte obendrein – das erhöht nur sein Ansehen! Wenn sich eine Frau einen Liebhaber nimmt, wird sie ermordet und wie ein Hund in einen Graben geworfen. Es ist doch überall auf der Welt das Gleiche: die Frauen, weil sie dem schwächeren Geschlecht angehören, sind die Spielzeuge, die Arbeitstiere oder die Opfer der Männer. Eine Frau ist von Geburt an Sklavin, und je mehr ich von der Welt sehe, desto mehr bedauere ich die Lebensumstände der Frauen.«

Trotz all dieser wechselnden Schauplätze war Fanny oftmals von der Untätigkeit, die ihr aufgezwungen wurde, frustriert und neigte zu gelegentlichen Heimwehanfällen. »Wie ermüdend und schwierig ist das Leben in Indien, wenn man an einem Ort verweilen muss. Durch das Land zu reisen ist sehr kurzweilig, aber während der Hitze der Regenzeit, ans Haus gefesselt, fühlen sich Körper und Seele gleichermaßen geschwächt. Ich sehne mich nach einer kräftigen Seebrise und einem gesundheitsfördernden Spaziergang durch die grünen Wiesen Englands; die lieblichen Wildblumen – ihre Schönheit spukt durch meine Gedanken.«

Im August zerstörte ein heftiger Sturm die *Seagull* endgültig (sie war bereits von Termiten befallen), und diese Phase des Reisens war nun für Fanny zu Ende. »Ach! meine schöne *Seagull;* ihre Flügel sind endgültig gebrochen, und sie ist zur Ruhe gesunken.« Aber schon wenige Monate später ankerte eine Gruppe von Freunden mit ihren Booten vor dem Bungalow der Parks. »Der Anblick ihrer kleinen Flotte belebte meine Reiselust«, und sie machte sich ein weiteres Mal auf in Richtung Kalkutta. Einmal meinte sie vom Boot aus eines der Wunder des Orients gesehen zu haben: einen übers Wasser gehenden Mann. Doch plötzlich tauchte der Elefantenrücken, auf dem er stand, aus dem Wasser auf.

Die kleine Gesellschaft erreichte im Dezember 1836 die Rajmahalberge; sie verließen die Boote, um auf die Jagd zu gehen, und

Fanny erlebte ein Abenteuer, »das mir zu meinem großen Vergnügen zum zweiten Mal in meinem Leben unzivilisierte Wesen vorführte«. Selbst die einfühlsamsten viktorianischen Reisenden benutzten Begriffe wie »wild« und »unzivilisiert«; Fannys Sprache dürfte ihren damaligen Lesern keinesfalls unangemessen erschienen sein. Auf einem Fußpfad, der von den Bergen herabführte, traf sie »die köstlichste Gruppe, eine Familie von Wilden, die durch ihre Eigentümlichkeiten meine Aufmerksamkeit erregte. Ihre Körper waren zierlich und biegsam, ihre Haare hatten sie zu einem Knoten geschlungen, der oben auf dem Kopf thronte, und ihre Bogen und Pfeile sahen gefährlich aus.« Sie waren gekommen, um bei der Reisernte zu helfen. Nur ein Meter fünfzig groß, besaßen sie »das durchdringende und ruhelose Auge, das als typisch für den Wilden gilt«. Nachdem sie über Fannys Abschussmethode »ausgiebig gelacht hatten«, die so völlig anders als die des Bergvolkes war, zeigten sie ihr, wie ein Pfeil korrekt vom Bogen abgeschossen wurde. Fanny, die über diese Begegnung entzückt war, überreichte dem Anführer ein rosafarbenes Seidentaschentuch »für seine Ehefrau in den Bergen«.

Im Sommer 1837 befand sich Fanny wieder in Allahabad, langweilte sich und wurde krank. Sie sehnte sich nach dem Heilmittel des Reisens. »Warum sollte ich Tagebuch führen? Es gibt nichts zu berichten aus der Eintönigkeit eines indischen Lebens, das im Haus verbracht wird. Die Tage sind beschwerlich, drückend ... die Nerven leiden unter den fünfzehn Jahren Aufenthalt in Indien; alles lastet schwer auf mir, ich muss entweder nach England zurückkehren oder in die Berge fahren, um meinen ermatteten Körper wieder aufzurichten.« Es dauerte nicht lang, bis sie wieder unterwegs war; sie besuchte Delhi und traf dort eine Fürstin, »Begum Hyat-ool-Nissa«, die James Garner adoptiert hatte, den Sohn des Colonels, dessen Grab sie kurz zuvor besucht hatte.

Als Nächstes reiste sie in die Berge von Saharanpur und machte dort die Bekanntschaft einiger Bergbewohner, die sie auf einem *jampan,* einer Art Sänfte, beförderten. »Acht dieser lustigen, kleinen schwarzen Bergburschen wurden auf einheimische Art und Weise zwischen die Stangen gespannt und trugen mich den Berg hinauf.« Nach sieben Meilen Aufstieg ließ sie die köstliche Bergluft ihre Fieberanfälle vergessen. «Ich fühlte eine kindliche Beschwingtheit.« Sie verbrachte dort einige Zeit in einem Bungalow, erholte sich und bestaunte die Gipfel des Himalaya. Hier erfuhr sie auch vom Tod ihres Vaters – es war Zeit, nach Hause zu reisen und ihre Mutter zu besuchen.

Fanny verließ Indien Anfang 1839, und ihre Ankunft in Plymouth an einem nassen, kalten, düsteren Tag im Mai erfüllte sie »mit Abscheu.« Sie fand ihre Mutter gramgebeugt und verhärmt. »Kein Wunder, Zeit und Sorgen haben ihren Tribut gefordert.« Von England war Fanny alles andere als beeindruckt. Selbst das Erscheinungsbild der Menschen schnitt im Vergleich zu der Anmut und Leichtigkeit der indischen Kleidung ungünstig ab. »Was könnte hässlicher sein als die Kleidung der Engländer?«, fragte sie. Doch nach siebzehn Jahren Abwesenheit war viel Neues zu registrieren. »Von all den Veränderungen, die ich seit meiner Rückkunft gesehen habe, ist die Eisenbahn die erstaunlichste und vermittelt mir am besten ein Bild vom Stand der Wissenschaft in diesem Jahrhundert. So ein langer, schwarzer rauchender Zug bewegt sich mit unglaublicher Geschwindigkeit, und darin an einem anderen Zug vorbeizufahren ist ein erstaunliches Erlebnis.«

Als sie in das geliebte Conwy ihrer Jugend zurückkehrte, verspeiste sie dort »eine köstliche walisische Hammelkeule« und bewunderte die Landschaft von Nordwales. Nach einem Abstecher nach Irland fuhr sie über Liverpool zurück und wurde dort am 10. Januar 1840 Zeugin eines weiteren Meilensteins des viktorianischen

Fortschritts. »Heute wurde die Briefmarke eingeführt; eine große Menge versammelte sich vor dem Postamt und gab Briefe ab, sehr viele Briefe. Die Menschen waren in letzter Zeit sehr zurückhaltend mit Briefeschreiben, da sie auf die Einführung der Briefmarke gewartet haben. Vor dem Postamt spielte eine Kapelle.«

Zurück in Plymouth bestieg Fanny den Dampfer *Wilberforce,* der nach dem Sklavereigegner benannt war, dessen Andenken sie mit einer gewissen Strenge bedachte. »An Bord wird den Besucherinnen das Schiffsgeschirr vorgeführt, und die Damen haben beim Anblick der passenden Bemalung gefälligst in Tränen auszubrechen: ein tanzender Neger, in seinen Händen die geborstenen Ketten! Ich musste lachen, weil so viel Schwindel mit dieser Sache betrieben wird – aber momentan ist das eben in Mode.«

Trotz ihrer Streifzüge durch Großbritannien und Europa (sie besuchte Frankreich, Belgien und Deutschland) stand Fannys Zwischenspiel in der Heimat unter keinem besonders glücklichen Stern. 1841 trug sie ihre Mutter zu Grabe und war danach drei Monate lang ernsthaft krank. »Einer nach dem anderen sanken die Menschen, die ich liebe, ins Grab. Meine Seele litt, hinzu kamen Angstgefühle und körperliche Strapazen, ich wurde schwer krank. Meine Beschwingtheit, die mir bisher Stärke verliehen hatte, war verschwunden.« Wahrscheinlich war Fanny deshalb von einer gewissen Erleichterung erfüllt, als sie von Portsmouth aus am 8. Februar 1843 auf der *Carnatic* Richtung Kapstadt segelte. Charles, der sich ebenfalls gerade von einer schweren Krankheit erholte, würde sie dort am 26. April treffen. Den Einheimischen am Kap brachte Fanny freilich nicht die gleiche Sympathie entgegen, die sie für die Inder empfunden hatte. »Die Afrikaner sind sehr schmutzig, und sie reiben ihre Körper mit einem übel riechenden Öl ein. Die Anwesenheit einer Bisamratte im Zimmer ist angenehmer als die eines Hottentotten.«

Anfang 1844 verließen Fanny und Charles Kapstadt, um nach Kalkutta zurückzukehren, wo sie am 1. April ein neues Haus in Chowringhee bezogen. Sie blieben dort bis zum Oktober und brachen dann nach Allahabad auf. »Es ist wunderbar, wieder in diesem Land zu sein.« Unterwegs besuchten sie die *sati*-Gräber bei Ghazipur, wo Fanny über das schwere Los der Frauen in aller Welt nachdachte, und diese Empfindungen wurden durch den Verlust ihrer Mutter zweifellos noch verstärkt.

Es ist sehr bestürzend, zu sehen, wie sehr die Schwächeren ausgenutzt werden; es ist überall auf der Welt das Gleiche, seien es zivilisierte oder unzivilisierte Länder. Vielleicht wurden einige dieser frisch verheirateten Frauen, die zwischen elf und zwanzig Jahre alt waren, bei lebendigem Leibe verbrannt, in der Blüte ihrer Jugend ...

Die englischen Gesetze verdammen verheiratete Frauen zur Sklaverei. Sie machen das Leben einiger Frauen der Oberschicht und Tausender Frauen der unteren Schichten zu einer einzigen *sati* oder Verbrennung des Herzens, aus der ihnen kein anderer Ausweg als das Grab oder die Haube der Freiheit, d. h. die Witwenschaft, bleibt, und beides ist nur von geringem Trost.

Am 17. Dezember erreichten sie Allahabad. »Es tut mir recht leid, meine Reise zu beenden, und ich fühle das größte Widerstreben, erneut in die hiesige Gesellschaft zurückzukehren.« Sie erhielten Besuch von all ihren Freunden, doch schon Ende Januar fühlte sich Fanny gelangweilt und wurde krank. »Das Leben ist sehr eintönig, und die einzige Abwechslung ist das Nervenfieber, das mich hin und wieder befällt.« Bald bekam Charles Heimaturlaub bewilligt, und man traf Vorbereitungen für die Heimkehr. Am 19. August verließen sie Kalkutta mit der *Essex*. Es war eine bedrückte Reise –

sogar der Kapitän starb und wurde auf See bestattet –, und alle möglichen Vorahnungen überkamen sie. »Ich dachte an die faulige Luft der Londoner Friedhöfe, und daran, wie sehr ich ein Seemannsgrab vorzöge.« Am 2. Januar 1846 landeten sie in Folkestone »und suchten Zuflucht im Pavilion Hotel, wo ein gutes Abendessen und der Luxus einheimischer Austern und frischer Butter uns alle Erkrankungen, die den Menschen befallen können, vergessen ließen«.

Als Fanny in London ankam, wusste sie, dass ihre Reisejahre vorüber waren. »Ihre Streifzüge waren beendet – sie hat den Orient verlassen, vielleicht für immer. In ihrem stillen Heimatland, umgeben von den Kuriositäten, Ungetümen und Götterbildern, die sie aus Indien mitbrachte, träumt sie von vergangenen Tagen.«

Charles erhielt nun seine Pension, und das Paar zog sich nach St. Leonards-on-Sea in Sussex zurück. Dort bereitete Fanny ihre Aufzeichnungen zur Veröffentlichung vor. Es wurde eine prachtvolle zweibändige Ausgabe, die sich eines gewissen Erfolges erfreute. Sie war mit Fannys Zeichnungen und kolorierten Illustrationen ausgestattet, und auch die Zeichnungen anderer Reisender fanden Eingang. Charles starb am 22. August 1854 in London an der Bright'schen Krankheit. Fanny überlebte ihn um mehr als zwanzig Jahre und starb schließlich am 21. Dezember 1875 in ihrem Haus in London an Gürtelrose. Am 28. Dezember wurde sie auf dem Friedhof von Kensal Green neben Charles beigesetzt.

Studioporträt von Richard Francis Burton

Eine teuflische Anziehungskraft

Richard Burton in Goa

Die Geschichte endet auf einem verwinkelten, verwilderten Friedhof in Surrey. Inmitten der schiefen und bröckelnden Grabsteine der St. Mary Magdalen Catholic Church in Mortlake erhebt sich eines der skurrilsten Mausoleen des 19. Jahrhunderts. Es hat die Form eines Wüstenzeltes, wie es von Orientreisenden benutzt wurde; der Sandstein ist so bearbeitet, dass er aussieht wie die Falten der Zeltleinwand. Es ist das Grab von Sir Richard Francis Burton: Reisender, Soldat, Linguist, Übersetzer, Schwertkämpfer, Anthropologe, Sexualforscher, Dichter und vieles andere mehr. Zwischen der Rückseite des Grabes und der Friedhofsmauer findet sich eine Leiter, die man emporklettern kann, um durch ein kleines Fenster in das Grabmal zu blicken. Zwei Särge, welche die sterblichen Überreste von Burton und seiner Frau Isabel enthalten, stehen Seite an Seite. An jeder der beiden Seitenwände hängt ein frommes Gemälde, und eine Sammlung von Metallgegenständen aus Nordafrika ist dick mit Staub bedeckt. Sie stammen wahrscheinlich aus Burtons berühmtem »marokkanischen Zimmer« in Triest, wo der Entdecker als britischer Konsul 1890 starb. Die Entscheidung, Burton ein katholisches Begräbnis zuteilwerden zu lassen, war ziemlich seltsam. Es war Isabels Wille – sie entstammte einem Zweig der Arundells, einer bekannten englischen Katholikenfamilie. Dieser Entschluss war seinerzeit durchaus umstritten, da manche von Burtons Zeitgenossen der Meinung waren, er habe eine so enge Verbindung zum Islam gehabt, dass er sogar heimlich konvertiert sei. Der Dekan von Westminster hatte es bereits abgelehnt, diesen spöttischen Atheisten neben dem frommen David Livingstone in der Westminster

Abbey beisetzen zu lassen; die meisten von Burtons Freunden blieben der Begräbniszeremonie in Mortlake fern. Sein enger Freund und Trinkkumpan, der Dichter Algernon Swinburne, war wütend auf Isabel, er warf ihr vor, »Richard Burtons Andenken« mit ihrer »papistischen Verlogenheit wie eine Harpyie zu besudeln«. Unbeeindruckt besuchte Isabel regelmäßig das Grab und ließ dort sogar vier Séancen abhalten, um mit ihrem im Jenseits befindlichen Ehemann Kontakt aufzunehmen.

Richard Burton war einer der berühmtesten viktorianischen Reisenden und Entdecker – ganz bestimmt aber der umstrittenste und schillerndste. Von kühner und fesselnder Gestalt, über 1,80 m groß, mit dunkelglänzenden Augen, die das Porträt beherrschen, das Sir Frederick Leighton von ihm anfertigte und das in der National Portrait Gallery von London hängt. Laut Swinburne besaß Burton den Kiefer eines Teufels und die Stirn eines Gottes; er verband, mit typisch englischer Gewandtheit, die Rolle des Rebellen mit der des königlichen Ritters. Zeit seines Lebens streifte er durch die Welt, auf der Suche nach Erfahrung und Wissen. Fawn Brodie, eine seiner Biografinnen, behauptete: »Burtons wahre Leidenschaft galt nicht der geografischen Entdeckung, sondern den Untiefen des Menschen, dem Unbekannten und zwangsläufig dem Undenkbaren.« Manchmal spürten seine Zeitgenossen, dass ihn etwas Dunkles umgab. Der Dichter und Kritiker Arthur Symons sprach von »einer gewaltigen Sinnlichkeit, einem Hauch unterdrückter Bösartigkeit, einer teuflischen Anziehungskraft«. Der Wissenschaftler Francis Galton bemerkte allerdings spöttisch, Burton habe die Angewohnheit gehabt, »sich sozusagen in einen Wolfspelz zu hüllen, um sich den Anschein zu geben, er sei verdorbener, als er wirklich war.« Trotz Burtons leidenschaftlicher Auseinandersetzung mit der arabischen Kultur, Literatur und Religion behauptet der Autor Frank Harris, dass »tief in ihm die verzweifelte Düsternis des Unglaubens wurzelte«.

So einzigartig Richard Burton auch war, so repräsentierte er doch einen keineswegs seltenen Typus des englischen Reisenden: ein Mann, der sowohl rastlos vor seiner eigenen Kultur auf der Flucht ist als auch geschickt an der eigenen Legende bastelt. »England ist das einzige Land, in dem ich mich nicht zu Hause fühle«, sagte er einmal, und dies könnte das Motto vieler englischer Reisender sein. Im 20. Jahrhundert ließ sich bei Bruce Chatwin, einem anderen großen Selbststilisierer, beobachten, wie er sich in eine sehr burtoneske Schablone presste. Wie so viele Reisende war Burton der Hauptarchitekt seines eigenen Mythos. In den britischen Reiseberichten hat der Reisende die Fäden in der Hand, unabhängige Zeugen gibt es wenige, seine Erlebnisse müssen ohne fremde Bestätigung akzeptiert werden. Die Versuchung, Erlebnisse zu dramatisieren, die Fakten neu zu ordnen, Hoheit über ihre Deutung zu haben, ist deshalb unwiderstehlich. Im Ausdruck »Reiseerzählung« schwingt sowohl Exotismus als auch kunstvolle Verlogenheit mit.

Ein typisches Beispiel ist Burtons legendäre Sprachbegabung – er soll neunundzwanzig Sprachen beherrscht haben, zuzüglich verwandter Dialekte insgesamt vierzig. Er war zweifellos sprachbegabt, bestand diverse Sprachprüfungen der Armee und übersetzte die Klassiker der orientalischen Literatur. Letztendlich aber haben wir für diese und zahllose andere Fähigkeiten nur Burtons Wort, das eines fröhlichen und zugleich verschlossenen Mannes, der prahlte, er sei als Kind »ein hartnäckiger und schamloser Lügner« gewesen. Burton ist ein sehr frühes Beispiel für den reflektierten Reisenden, der sich seines wachsenden Ruhmes sehr wohl bewusst ist, der sich der Förderung seiner Legende widmet und seine Auftritte entsprechend gestaltet. »Bitte stellen Sie mich nicht hässlich dar«, bat er Leighton, als er ihm Porträt saß.

Burtons Stil ist so abwechslungsreich wie der Mann selbst. Manieriert, bemüht witzig, gespickt mit Zitaten in verschiedenen Sprachen, manchmal hoffnungslos überfrachtet, kann die Lektüre sehr anstrengend sein. Seine Bücher sind oftmals nicht sehr geschickt aufgebaut, überladen wie ein Lastkamel, bei dem der Reiter befürchten muss, würde dem Tier nur noch ein weiteres Gepäckstück aufgebürdet, bräche es zusammen. Gewissenhaft häufte er Details sowie anthropologische, politische und geschichtliche Fakten an – viele seiner Reisen hatte er im Auftrag des militärischen Nachrichtendienstes und der Kolonialverwaltung unternommen. Oftmals vermisst der Leser deshalb eine vertrauliche Note, das Gespür für den einzelnen Einheimischen, einen unnachahmlichen Tonfall. Häufig ist der britische Reisende eine einsame Figur in der Landschaft. Doch bei allen Schwächen, die Burton auch gehabt haben mag – es ist unmöglich, ihn zu übergehen.

Burton wurde am 19. März 1821 in Torquay geboren. Joseph Burton, der Vater, war ein harter Soldat mit irischen Vorfahren; die Nachsicht der Mutter, Martha Baker, gegenüber mancherlei Ungezogenheiten trug zweifellos wenig dazu bei, dass der rauflustige Richard in seiner Jugend eine disziplinierte Erziehung erhielt. Noch ehe Burton ein Jahr alt war, stand seine erste Reise an. Die Familie zog nach Frankreich und ließ sich in Tours nieder, wo sich eine große englische Kolonie gebildet hatte, »eine angelsächsische Oase in der kontinentaleuropäischen Wüste«, wie Burton es später formulierte. Es war schön, im Schlösschen Beauséjour am Ufer der Loire aufzuwachsen; die Kinder spielten, und der Vater konnte sich dank des Erbes seiner Frau ins Privatleben zurückziehen und Wildschweine jagen. Als Richard neun Jahre alt war, wurde die Familie aus ihrer gewohnten Umgebung herausgerissen und begann ein Nomadenleben – vierzehn Umzüge in zehn Jahren. Allmählich wurde selbst Joseph Burton klar, dass er etwas unternehmen musste, sollte seinen beiden Söhnen eine geordnete Erziehung zuteilwerden. In England war dies gleichbedeutend mit den Schrecken eines grausam strengen englischen Internats. In Frankreich an ein gewisses Maß an Freiheit gewöhnt, waren die Jungen bestürzt, wieder in England zu sein. »Alles erschien so klein, so etepetete, so schäbig, die kleinen Einfamilienhäuser standen in solch deprimierendem Gegensatz zu den großen Gebäuden von Tours und Paris. Wir begehrten gegen das minderwertige, halbgare Essen auf; wir waren an den exzellenten französischen Bordeaux gewöhnt, und deshalb schmeckten Port, Bier und Sherry wie starke Medizin. Das halbgebackene Brot bestand aus Krümeln mit Kruste und die Milch aus mit Kreide gefärbtem Wasser.«

Burton war auf der »Puddinginsel« gelandet, wie Lawrence Durrell das später nannte, ein anderer zwanghaft Reisender. Diese Hassliebe zu England, das ständige Bedürfnis, der Insel zu entfliehen und zugleich einen gewissen Abstand zu dem Land der Zuflucht zu halten, ist ein beherrschendes Thema der britischen Reiseliteratur. Die Wanderjahre seiner Kindheit hatten Burton einer eindeutig englischen Identität beraubt, und so bezeichnete er sich als »Heimatlosen, Streuner ... ein Feuer ohne Mittelpunkt«.

Diesen Internatsschüler habe seine Schwester Maria, schrieb er später, als »kleinen, dünnen, finsteren Jungen mit feinen Gesichtszügen und großen schwarzen Augen« beschrieben, »äußerst stolz, sensibel, scheu, nervös und von melancholischem, anhänglichem Wesen«. Diese Darstellung fängt die Widersprüchlichkeit Burtons gut ein, die kämpferische und aufbrausende Haltung, die ein sensibles und verletzliches Innenleben verbirgt. Die Internatszeit in Richmond verstärkte wahrscheinlich seine aggressive Ader – eine Selbstschutzmaßnahme.

Aber Joseph Burton verzehrte sich bald nach seinen wildschweinreichen Wäldern, und so kehrte die Familie nach Frankreich zurück – die Jungen waren begeistert. »Wir kreischten, wir jauchzten, wir führten Freudentänze auf. Unsere Fäuste drohten den weißen Klippen von Dover, und wir verkündeten lautstark unsere Hoffnung, sie niemals wiederzusehen.« Sie landeten in Orléans, zogen weiter nach Blois, und dann plötzlich – die Legende besagt, Burton Senior wünschte mit seiner italienischen Geliebten wiedervereint zu sein – steuerte die Familie nach Italien. In Perugia und Florenz wurde Burtons Liebe zur Kunst entfacht. Er lernte das Fechten – eine lebenslange Leidenschaft –, doch in Gestalt von H. R. DuPré, einem englischen Erzieher, lauerte schon das nächste Unheil. Joseph hatte den Mann angestellt, um die Erziehung des zehnjährigen Richard und seines jüngeren Bruders Edward zu übernehmen. DuPré war »ein seltsam aussehendes englisches Gewächs«; sein bevorzugtes Lehrmittel war eine Reitpeitsche, die er reichlich benutzte, bis die Jungen groß genug waren, um zurückzuschlagen. »Wir waren völlig Herr unseres Tutors und warfen die Bücher aus dem Fenster, wenn er versuchte, eine Griechisch- oder Lateinstunde abzuhalten«, erinnerte sich Burton als Achtzehnjähriger. Auch wenn Burtons Erziehung also ziemlich wahllos und von zahlreichen Unterbrechungen geprägt war, so besaß er doch eine große und gut entwickelte Sprachbegabung. Er soll während der Reisen durch Frankreich und Italien in seiner Kindheit verschiedene Dialekte erlernt haben, was ihn, so behauptete er, bei den Leuten sehr beliebt gemacht habe. »Nichts erfreut das Herz eines Menschen mehr, als wenn man mit ihm in seiner Mundart spricht.« Ein tollkühner Ausflug führte ihn und Edward in ein neapolitanisches Bordell, wo sich weitere Gelegenheit bot, vertrauliche Gespräche zu führen. Beide erwartete zu Hause »ein gehöriges Donnerwetter«, nachdem die Eltern ihnen auf die Schliche gekommen waren.

1840 schickte der Vater den Neunzehnjährigen nach Oxford, Burton sollte eine geistliche Laufbahn einschlagen. Dies bedeutete eine unwillkommene Wiederbegegnung mit dem »schäbigen« und »hässlichen« England, doch als ziemlich unkonventioneller Studienanfänger, der bereits einige sehr bemerkenswerte Erfahrungen gemacht hatte, wurde Burton zumindest häufig zum Abendessen eingeladen. Er traf berühmte Gelehrte wie Thomas Arnold, John Henry Newman und Benjamin Jowett.* In einer biografischen Notiz von 1852 beschreibt Burton seine Karriere am Trinity College als »höchst unbefriedigend«.

Ich begann als fleißiger Student, arbeitete regelmäßig zwölf Stunden am Tag, fiel durch alle Prüfungen – hauptsächlich, so redete ich mir ein, weil lateinische Hexameter und griechische Jamben nicht auf meiner Arbeitsliste gestanden hatten. Ich gab die Klassiker auf und kehrte zu den alten Gewohnheiten zurück: Fechten, Boxen und Stockfechten, »Zügel« handhaben und Damen ausführen. Des Weiteren verfertigte ich unklugerweise humorvolle Zeichnungen der ehrwürdigen Gesichtszüge und Gestalten gewisser halbreformierter Mönche, die sich selbst Verbindungsbrüder nannten.

Burton behauptete, der Ausbruch des Afghanistankrieges 1841 habe ihn dazu bewegt, Oxford zu verlassen und in die Armee einzutreten. Er beschönigte dabei den wahren Grund: Er hatte kein Stipendium für das Trinity College bekommen (auf das sein Vater sehr gehofft hatte), nachdem er darauf bestanden hatte, Griechisch so zu sprechen, wie er es von den Griechen in Marseille gehört hatte und nicht die eigenartige Aussprache zu verwenden, die in Oxford gepflegt wurde. »Ich fühlte, wie der Teufel mich packte«, gab er später zu, »er ließ mich jenes umgangssprachliche Griechisch reden, das sie einst

---

* Thomas Arnold (1795–1842), engl. Theologe; John Henry Newman (1801–1890), Pfarrer der Universitätskirche St. Mary's in Oxford; Benjamin Jowett (1817–1893), engl. Theologe.

und sogar heute noch in Athen sprechen.« Burton beschloss deshalb, Oxford ohne Abschluss zu verlassen und sich im Selbststudium der arabischen Sprache zu widmen. Er sorgte dafür, dass er der Universität verwiesen wurde, indem er, statt an einem Seminar teilzunehmen, mit einer Gruppe Studenten ein Pferderennen besuchte. Das hatte zur Folge, dass Burton, der ganz klar der Anführer dieses Streiches war, relegiert wurde. Der fehlende Abschluss wurmte ihn jedoch und veranlasste ihn, auf anderen Gebieten seine Spuren zu hinterlassen.

Und so geschah es also, dass Burton am 28. Oktober 1842 in Bombay tatendurstig von Bord der *John Knox* ging, um sogleich zu erfahren, dass der Krieg vorüber war und seine Hoffnungen, sich in der Schlacht auszuzeichnen, sich somit zerschlagen hatten. Dieser Krieg hatte jedoch seinen Vater veranlasst, den Widerstand gegen eine Militärlaufbahn seines Sohnes aufzugeben und die 500 britischen Pfund zu berappen, die notwendig waren, um ein Offizierspatent der Bombay Army zu erwerben. Die Streitmacht unterstand der Ostindischen Kompanie, und Fähnrich Burton wurde dem 18. Bombay Native Infantry Regiment zugeteilt. Für einen Fähnrich ohne größere Ambitionen hätte das ein bequemer Posten sein können: »Er hat ein oder zwei Pferde und eine Wohnung, eine anständige Offiziersmesse, jede Menge Bier und ab und an eine Einladung zum Tanz, wo zweiunddreißig Kavaliere auf drei Damen kommen, oder zu einem Abendessen, sollte unerwartet ein Stuhl leer bleiben. Aber manche sind eitel genug, mehr zu wollen, und einer dieser Dummköpfe war ich.«

Burton fand heraus, dass es in Indien zwei Wege gab, um befördert zu werden. »Die direkte Route ist der militärische Einsatz: eine Fleischwunde zu erhalten, zwei Eingeborene niederzustrecken und eine exzentrische Tat zu begehen, damit dein Name lobend in den Berichten erwähnt wird.« Der andere Weg war das Studium der einheimischen Sprachen, aber dieser war »steinig und schwer«; Burton schlug ihn trotzdem ein. Bereits an Bord der *John Knox* hatte er bei Professor Duncan Forbes vom Londoner King's College so gut Hindustani gelernt, dass »die Scharen von Sänftenträgern, die auf der Landungsbrücke an mir zogen und zerrten, über die Lebendigkeit und Aufgeregtheit meiner Ausdrucksweise erstaunt waren«.

Nach seiner Ankunft nahm Burton bei dem weißbärtigen Parsen Dosabhai Sorabjee Unterricht, der Generationen von britischen Armeeangehörigen unterrichtet hatte. »Ich blieb mit dem alten Mann bis zum Ende seiner Tage befreundet«, schrieb Burton später. Er wurde in Baroda im Gujarat stationiert und hatte sich nach sechs Monaten – und täglich zwölf Stunden Studium, wie er behauptete – als Hindustani-Dolmetscher qualifiziert. Die Prüfung bestand er als bester von zwölf Kandidaten. Als Nächstes lernte er Gujarati und etwas Sanskrit sowie später noch viele andere Sprachen und Dialekte. Alles war den Beschäftigungen der von ihm verabscheuten anglo-indischen Gesellschaft vorzuziehen – Militärkonzerte, Billard und Picknicks; aber immerhin hatte er wahrscheinlich, wie viele der britischen Soldaten, in Baroda eine einheimische Geliebte.

Im Oktober 1844 wurde Burtons Regiment in die weiter nördlich liegende Provinz Sindh verlegt. Dort setzte ihn Sir Charles Napier, der von seinen sprachlichen Fähigkeiten erfahren hatte, beim Nachrichtendienst ein. Burton reiste auf der *Semiramis,* einem Regierungsdampfer, nach Karatschi (»die Stadt ist eine Ansammlung armseliger Bruchbuden«). Auf der Reise begegnete er einem weiteren Menschen, der Einfluss auf sein Leben haben sollte: Lieutenant-Colonel Walter Scott (ein Neffe des Schriftstellers) von den Bombay Engineers. Nach neun Monaten Dolmetschertätigkeit für das Kriegsgericht wurde Burton zu Scotts Einheit versetzt, um bei den Vermessungsarbeiten zum Wiederaufbau des Indus-Bewässerungssystems mitzuwirken. »Meine neuen Pflichten zwingen mich, in der kalten Jahreszeit die Distrikte zu durchwandern, die Kanäle zu ebnen und Pläne für die endgültige Vermessung anzufertigen.«

Gegen Ende des ersten Jahres konnte er »Persisch nur so aus dem Handgelenk schütteln«, er beherrschte ausreichend Arabisch, um lesen, schreiben und Konversation betreiben zu können, und besaß »eine oberflächliche Kenntnis jenes Pandschabi-Dialekts, wie er in den wilderen Gebieten der Provinz gesprochen wird«. Als Nächstes widmete er sich den Menschen des Sindh, studierte ihre Sprache und Gebräuche, fand aber, »als Orientale durchzugehen« sei die einzige Möglichkeit, dieser Aufgabe wirklich gerecht zu werden – Burton liebäugelte zum ersten Mal mit dem Gedanken der Verkleidung. Dies sei notwendig, behauptete er, da die britischen Kolonialoffiziere in dieser Gegend einen schlechten Ruf hatten.

Der europäische Amtsträger in Indien sieht selten, wenn überhaupt, die Dinge im richtigen Licht, so dicht ist der Schleier aus Angst, Doppelzüngigkeit, Vorurteilen und Aberglauben, den ihm die Einheimischen vor die Augen halten. Und das Leben des weißen Mannes unterscheidet sich so sehr von dem des Schwarzen, dass Hunderte von Weißen ihre »Zeit im Exil« ableisten, wie sie es nennen, ohne ein einziges Mal einem Beschneidungsfest, einer Hochzeit oder einem Begräbnis beizuwohnen. Dies gilt besonders für die heutige Generation, die sich durch Heimaturlaub, durch die Möglichkeit, in Damengesellschaft zu verkehren, und, um der Wahrheit die Ehre zu geben, durch den größeren Wert, der Äußerlichkeiten oder dem mittlerweile strengeren Moralkodex zugemessen wird, den dunklen Untertanen Ihrer Majestät täglich mehr entfremdet.

Burton stellte sich als Menschen dar, dessen Verbindung zur einheimischen Bevölkerung enger sei, da er sich mit ihr unterhalten könne; der eigentliche Grund, warum er tiefer in die Kultur des Sindh eindringen wollte, war aber, Informationen zu gewinnen, die der britischen Herrschaft eine Festigung ihrer Position ermöglichen sollten. Nachdem er verschiedene Verkleidungen ausprobiert hatte, entschied er sich für eine halb arabische, halb iranische Figur, da er wusste, dass die Bewohner des Sindh ihn aufgrund seines Akzents nicht für einen der Ihren halten würden, aber einer Person aus der Golfregion würde man zugestehen, mit fremdem Zungenschlag zu sprechen. Für Burton, der sich selbst gern in Szene setzte, war das ganze Unterfangen wie maßgeschneidert. Er nannte sich Mirza Abdullah, stellte einen Handelsreisenden in feinen Leinen-, Kaliko- und Musselinstoffen dar, und sein Gewerbe ermöglichte ihm den Zugang zu vielen Privathaushalten und, so behauptete er, ließ ihn viele Herzen erobern. Er ließ sich das Haar wachsen, trug einen langen Bart und färbte sein Gesicht, seine Hände, Arme und Füße mit Henna. Tagsüber wurde er wahrscheinlich für »eine Art Franke in orientalischem Gewand« gehalten, aber wenn er abends die Lager und Ansiedlungen auskundschaftete, gab er, um seine Darstellung glaubwürdiger zu gestalten, vor, einem ausländischen Herrn zu dienen. Diese unorthodoxe Technik der Informationsgewinnung – normalerweise verließen sich die britischen Offiziere auf einheimische Spione – führte Burton an Orte, wohin sich vor ihm wahrscheinlich nur wenige gewagt hatten.

Manch einen Abend verbrachte der Mirza in einer Moschee, hörte den zerlumpten Studenten zu, die bäuchlings ausgestreckt auf dem staubigen Boden lagen, den Kopf mit den Armen abstützend, und arabisch nuschelnd aus den zerlesenen und zerfledderten Theologiebüchern deklamierten, auf die eine schwache Öllampe einen spärlichen Schein warf, oder er disputierte mit einem langbärtigen, glattgeschorenen, triefäugigen und sturgesichtigen *genius loci,* dem Mullah, über die Feinheiten des Glaubens.

Er spielte Schach oder verkehrte mit »Hanftrinkern und Opiumessern« in am Wegrand liegenden Spelunken und erhielt von einer alten Kupplerin bei Hyderabad, Khanum Jan, und ihrem Ehemann jede Menge Informationen. »Aus diesen Quellen«, behauptete Burton, »speist sich das Bild, das ich mir vom Charakter der Eingeborenen machte.« Er glaubte diesen Charakter folgendermaßen zusammenfassen zu können: »Das orientalische Gemüt ... kennt nur das Extrem, es missachtet das ›goldene Mittelmaß‹ und ergötzt sich an Höhenflügen diverser Art, denen nur von der Natur selbst Einhalt geboten werden kann.« Die Ausgaben für diese Erkenntnis, gewonnen in viermonatigem Verkleidungsstreifzug, beliefen sich nach seiner Schätzung auf sechs Schilling.

In seinem Bericht über die Sindh-Reise, *Scinde; or The Unhappy Valley* (1851), präsentierte Burton John Bull, dem Durchschnittsengländer, auf bemüht witzige Art seine deftigen und farbenfrohen Vorurteile über alles, was ihm begegnet war. In Karatschi gab es zum Zeitpunkt seiner Ankunft fünftausend britische und einheimische Soldaten; die Sepoy-Regimenter kamen ihm »grotesk« vor, da es »völlig unpassend und unangebracht ist, wenn erzeuropäische Kleidung von einem erzasiatischen Individuum getragen wird« (die eigenen Verkleidungsabenteuer übersah er dabei geflissentlich). Aber er räumte ein, dass diese Männer für seine britischen Leser eine wichtige Rolle spielten. »So manches Jahr haben sie für Eure Baumwolle und Euren Pfeffer gekämpft, und Ihr könnt immer noch auf ihre Treue und Zuverlässigkeit zählen.« Auch wenn die offizielle »Gesellschaft von Damen« nicht nach Burtons Geschmack war, schienen ihm Liebschaften doch sehr zu liegen. Außerhalb Karatschis sah er in einem persischen Lager, wie »eines der hübschesten Mädchen, das ich jemals erblickt habe, zum Haus seines Vaters begleitet« wurde. Der entzückte Burton verfasste umgehend »auf leuchtend gelbem Briefpapier« ein Billet-doux in blumiger Sprache, versiegelte dieses mit Wachs von ebenfalls gelber Farbe und ließ es von einem Sklavenjungen überbringen. Das Mädchen besaß »Gesichtszüge gleich einer griechischen Statue, die edle, gedankenreiche Stirn der Italienerin, das tiefe, schimmernde Auge der Andalusierin und die zierliche, graziöse Gestalt, mit welcher Mohammed, unseren Poeten zufolge, die Frauen in seinem Paradies bedacht hat«.

Liebestrunken erwartete Burton die Antwort, aber er sollte nur sehen, wie das Mädchen in seiner Burka aus dem Haus trat und wartete, bis sein Dromedar niederkniete. Als sie das Tier bestieg, »drehte sie uns ihr vergittertes Gesicht zu« und entschwand mit einem »kleinen Kichern«. Dieser Zwischenfall könnte Burtons späteres Urteil über die Burka und weiblichen Schmuck im Allgemeinen beeinflusst haben. »Unzivilisierte und halb barbarische Völker können sich nicht einfach mit dem Werk der Natur zufriedengeben; sie müssen Gold vergolden, eine zarte Haut tätowieren oder bräunen, bemalen oder mit Schönheitspflästerchen versehen, Perlenzähne färben oder feilen und ›Hyazinthenlocken‹ versengen oder pudern.«

Die Bereitwilligkeit, mit der viktorianische Reisende Wörter wie »barbarisch« oder »wild« verwendeten, ist bekannt, aber gelegentlich wurden die so offensichtlich verachteten Völker um manche Eigenschaften wehmütig beneidet. »Als Erstes fällt dem Orientreisenden auf«, notierte Burton, »wie offensichtlich wir den halb barbarischen Völkern, mit denen wir es zu tun haben, immer noch unterlegen sind, wenn es um Scharfsinnigkeit im Allgemeinen, Ränkespiele und Diplomatie geht – trotz all unserer Kenntnisse und unserer Wissenschaft, mit der wir uns brüsten.« Gelegentlich übernahmen er und seine Reisegefährten die einheimische Kleidung weniger aus Gründen der Verkleidung denn der Bequemlichkeit; und John Bull erfährt, wie ein Turban zu binden und dass der englische Kragen zu verschmähen ist: »Erinnert Euch, Sir, wir befinden uns in einem unzivilisierten Land.«

Die ziemlich weitschweifige Erzählung über die Reise durch den Sindh, die durchsetzt ist mit langen Passagen über die Geschichte und Ethnografie der Provinz, verrät wenig über Richard Burton selbst. Eine Ausnahme bildet der Abschnitt über die Liebe der Sindh-Frauen zu ihren Kindern, die er »die große weibliche Tugend des Orients« nennt, »eine alles verschlingende Leidenschaft, grandios trotz ihres Übermaßes ... zumindest in dieser Hinsicht stellt die Zivilisation gegenüber der Barbarei keinen Fortschritt dar, da die Eltern während der Kindheit ihrer Nachkommen von anderen Sorgen in Beschlag genommen sind, der Jagd nach Geld oder Vergnügen.« Er spielt damit auf die englischen Gewohnheiten sowie auf die fehlende Mutterliebe im seinem Leben an. Er gesteht auch seine Drogenexperimente ein: »Ich habe die Droge [Haschisch] meist mehr aus Neugierde, was ihren Reiz ausmachen könnte, denn aus Vergnügen genommen – dieses blieb mir stets verwehrt ... Ich erinnere mich daran, dass ich einmal davon überzeugt war, mein Bein würde ständig um mein Knie rotieren, und deutlich fühlte und hörte, wie es bei jeder Umdrehung gegen die Leiste schlug.«

Es entsteht das Bild eines Mannes mit festen Überzeugungen, die in anmaßendem Ton geäußert wurden, obwohl er behauptete, an Politik kein Interesse zu haben und »nichts mehr zu verabscheuen als politische Diskussionen«. Er war der Ansicht, der Widerstand der Einheimischen erfordere hartes Durchgreifen. »Die zentralasiatischen Eingeborenen können nur mit absonderlichen und schrecklichen Strafen in Zaum gehalten werden« – eine Ansicht, die der liberale John Bull zweifellos missbilligte. »Stets wird irgendein geschwätziger Journalist eine Geschichte aufschnappen und für die

Daheimgebliebenen entsprechend herausputzen – über die Schrecken der letzten Belagerung oder die wenigen Gewalttaten, die von Soldaten nach einem Gefecht verübt werden.«

Burton verließ den Sindh schließlich im Mai 1849 auf der *Eliza* – am Ende seines Buches wird er wieder zum imperialen Reisenden und schließt sein ausgedehntes Zwiegespräch mit dem schwer geprüften Zuhörer John Bull mit den launigen Worten:

Zwei Tage den Indus hinab, drei weitere nach Bombay, von dort aus die letzte indische Reiseetappe in den Kohlenkeller des Orients* und zur angloeuropäischen Kinderkrippe. Als Nächstes die kleinen Unannehmlichkeiten der Wüste und des alten Ägyptens, die für den Heimkehrenden so erquicklich sind. Dann der edle P&O-Dampfer. Und schließlich, um das Panorama zu vollenden, das vor meinem geistigen Auge abläuft, der freudige Sprung auf englischen Boden – das Zugabteil zweiter Klasse – die Kutsche – das Klopfen an die Tür – das Treppenhinaufstolpern, ungeachtet des Gepäcks – das Hineinfallen in Mrs. Bulls weit geöffnete Arme – der stolzgeschwellte Blick auf Billy, der in den letzten neun Monaten erstaunlich gewachsen ist – das Umarmen all der lieben, kleinen Wesen, die verzückt auf deinen Zehen tanzen – das erste Glas Stout!

In Wahrheit war Burton im Sommer 1849 so schwer erkrankt, dass er bei Antritt der Rückreise dachte, seine Tage seien gezählt. Es war nicht seine erste schwere Krankheit; im Februar 1847 waren ihm nach einem Choleraanfall, den er während der Epidemie im Sindh 1846 erlitten hatte, zwei Jahre Genesungsurlaub zugestanden wor-

---

★ Die Stadt Aden (heute im Jemen) wurde ab den 1840er Jahren von Großbritannien, das die Stadt erobert hatte, als wichtiges Kohlendepot für Schiffe benutzt.

den. In dieser Lebensphase entstand ein weiteres Buch, *Goa and the Blue Mountains; or Six Months of Sick Leave,* das ebenso wie sein Bericht über die Sindh-Reise 1851 erschien. Das Buch, seiner Cousine Elizabeth Sisted gewidmet, um die er zur Zeit der Niederschrift warb, beschreibt eine angenehme, sechsmonatige Reisephase (er nahm die zwei Jahre nicht vollständig in Anspruch), die ihn in die Gegend südlich von Bombay führte. Nachdem Burton die Sanitätskommission – »eine Versammlung alter Herren, die dich niemals für so todgeweiht halten, dass sie deinen Wünschen nachkämen« – von der Notwendigkeit eines Genesungsurlaubs überzeugt hatte, brach er mit der *Durrya Prashad* (Freude des Ozeans) auf.

Der Berichtsstil ist leicht und humorvoll, Burton zeigt sich von seiner beschwingtesten Seite. Dem Leser werden Boot und Kapitän vorgestellt; Letzterer wird unausgesetzt von einem »grimmig aussehenden, wildbärtigen Moslem« beobachtet, »der die Hälfte des Tages um die Auslöschung der Ungläubigen betet, sich niemals zur Ruhe bettet, ohne über die Verdorbenheit der Welt zu stöhnen, und sich nach den guten alten Tagen des Islam verzehrt, als die Gläubigen ausschließlich damit beschäftigt waren, die Ungläubigen anzugreifen, niederzuschlagen, auszurauben und umzubringen«. Die erste Etappe, südwärts die »Piratenküste« entlang, verlief ereignislos, und Burton befürchtete bereits, er würde sich langweilen, da erreichten sie nach dreitägiger Segelfahrt New Goa, und es kehrte wieder Leben ein.

Nachdem Burton gelandet und einen Führer namens John Thomas ausfindig gemacht hatte, der versprach, er werde »den Herren aus Bombay Goa zeigen«, führte einer der ersten Erkundungsgänge zu den Baracken, in denen Phonde Sawunt gefangen gehalten wurde. Sawunt hatte einen Aufstand gegen die indische Regierung angeführt und saß nun inmitten »eines Dutzends getreuer Anhänger«. Burton entschied, es handle sich dabei um »Neger-Robin-

Hoods und schwarze Dick Turpins«,[*] Volkshelden, die sich der britischen Herrschaft verweigerten. Er gab häufig Kommentare von sich, die darauf schließen lassen, dass er trotz seiner rassistischen Sprache kein Imperialist war. Er bewunderte Sir Charles Napier, der bei aller militärischen Unbarmherzigkeit versuchte, Reformen durchzuführen, und in seinem Tagebuch Zweifel an der kolonialen Mission gestand: »Die gesamte Regierung in unserem indischen Herrschaftsbereich ist auf Raub und Plünderung, nicht auf Eroberung angelegt, sie dient nicht dem Wohl der Masse, nicht der Gerechtigkeit!« Burton hatte die Feindseligkeit der einfachen Sindh-Bevölkerung gegenüber der Kolonialmacht miterlebt. »Jedermann ist bewusst, sollten sich alle Inder für einen Tag zusammenraufen, könnten sie uns aus ihrem Land fegen, wie ein Wirbelsturm den Staub vor sich her treibt.« Beim Blick auf die Männer in den Baracken von Goa befand er, dass sie »eine klare Vorstellung haben, was Patriotismus bedeutet, und unter dem echten oder eingebildeten Unrecht durch die Fremdherrschaft so laut ächzen wie in Großbritannien die Iren oder Gälen«.

Old Goa war in Burtons Augen »eine Totenstadt«, die alten portugiesischen Gebäude voller Wehmut ob der vergangenen Größe. Burton hasste die katholische Sakralkunst der Kirchenfresken, »gekochte, gebratene, geröstete und gehackte Missionare, die eher Robben als Menschen ähneln, starren dich mit einem Dauerlächeln an«. Das Nonnenkloster von Santa Monaca jedoch war Schauplatz seines vielleicht romantischsten Abenteuers. Als ihn die Äbtissin herumführte, fiel sein Blick auf ein »sehr hübsches weißes Mädchen« – die Lateinlehrerin der Nonnen. Burton erzählte dann eine Geschichte, die angeblich von einem anderen Mann berichtet, in Wahrheit aber, so bestätigten andere Quellen später, war der Vorfall

[*] Englischer Wegelagerer (1705–1739).

autobiografisch. Nachdem er sich der Bereitschaft des Mädchens zur Flucht versichert hatte, kehrte er des Nachts zurück, gekleidet in einheimische Gewänder und in Begleitung eines Komplizen, »eines afghanischen Schurken« namens Khudadad. Burtons goanischer Dolmetscher, Salvador, gestand beim Anblick der beiden: »Ich habe niemals einen englischen Herrn zu Gesicht bekommen, der so sehr einem muselmanischen Dieb glich.«

Mit Messern bewaffnet langten die Männer kurz nach Mitternacht bei dem Kloster an, das Fluchtboot lag bereit, und positionierten sich vor der kleinen Tür, die in den hinteren Garten führte. Mit einem Dietrich öffneten sie die Tür, betraten das Gebäude – das Mädchen hatte den Wachen Datura unter den Tabak gemischt – und betraten die Zelle, in der sie schlief. Im Triumph wurde sie davongetragen. Sie warfen den Dietrich fort und rannten zum vereinbarten Treffpunkt, wo sie jedoch merkten, dass sie einen grauenvollen Fehler begangen hatten. Sie hielten nicht die junge Frau in ihren Armen, sondern die Priorin des Klosters. »Statt wie erwartet große schwarze Augen und einen hübschen kleinen Rosenmund zu erblicken, wurde er von einem Paar rollender, gelber Bälle feindselig-furchtsam angestarrt, und zwei wulstige, schwarze Lippen, anfänglich angstvoll zusammengepresst, begannen zu schreien und zu kreischen und ihn mit aller Macht zu beschimpfen.« Geknebelt und gefesselt wurde die Priorin an Ort und Stelle zurückgelassen, und die beiden Männer flohen.

Im Sindh hatte sich Burton bereits als versierter Spaßvogel erwiesen, und diese Episode beinhaltete alle Komponenten, die er so schätzte: etwas Schauspielerei, ein wenig Verkleidung und ein Stelldichein. Nach diesem Intermezzo wandte er sich wieder etwas sachlicheren Beschäftigungen zu; er erforschte die goanische Gesellschaft, die sich in seinen Augen durch die von den Portugiesen erlaubten Mischehen selbst zerstörte, »eine äußerst trügerische und heimtückische politische Tagträumerei. Sie hat die Portugiesen ihre Gebiete sowohl in Afrika als auch in Asien gekostet.« Er glaubte, die Sprösslinge dieser Ehen seien »in einfachen Worten Bastarde«, und verwendete einen Gutteil Tinte, um gegen diese »hässliche« und »entartete« Rasse zu wettern, die in seinen üppigen Schmähreden »einen Zug von Wollust und Durchtriebenheit in der Mundgegend« aufwies. Burton scheint besonders über die »schwarzen Christen« verärgert gewesen zu sein, die sich ebenbürtig fühlten. Sein Gefühl für Anstand war verletzt, da sie »bevorzugt ein so wenig unterwürfiges Auftreten« an den Tag legten, »das sich vollständig von unserer angloindischen Vorstellung unterscheidet, wie das angemessene Verhalten eines Eingeborenen gegenüber einem Europäer auszusehen hat«.

Burton ruderte die fünfzehn Meilen von Old Goa nach Seroda, wo mehr als zwanzig Etablissements voller Tanzmädchen angesiedelt waren. Er besuchte das Grab eines pensionierten britischen Majors, der seinen Abschied von einem Sepoy-Regiment genommen hatte, als das *nautch*-Mädchen, das er heiraten wollte, sagte, sie werde einen Ungläubigen erst zum Mann nehmen, wenn er aus der Armee ausgetreten sei. Dieser »Major G« war Hindu geworden, ein Fachmann für esoterische Lehren, und beim Anblick seines Grabes war Burton tief gerührt. »Die letzte Ruhestätte eines Landsmannes in einem abgeschiedenen Winkel eines fremden Landes ist ein wehmütiger Anblick ... Schwermut ergreift das Herz des Vagabunden. Wie bald schon könnte auch ihm dies Schicksal zuteilwerden?«

Später wurde Burton, durch seine Mitgliedschaft in der Anthropological Society, in den zeitgenössischen Wahn des sogenannten »wissenschaftlichen Rassismus« verstrickt. Angesichts seiner Leidenschaft für Rassenstereotypen war es unvermeidbar, dass Burton sich mit dieser »Lehre« beschäftigte; Goa bot ihm reichlich Gelegenheit, sich über sein Lieblingsthema auszulassen. Er war der Ansicht, nach einer gewissen Zeit in den Tropen würden Europäer zwangsläufig »verkümmern«, und Mischehen mit Einheimischen seien verhängnisvoll. »Weder Britisch- noch Portugiesisch-Indien«, behauptete er, »haben jemals einen Mischling hervorgebracht, der es verdient, in die Reihen der Menschen aufgenommen zu werden.« Burton glaubte, die imperiale Herrschaft hänge von einem zerbrechlichen Fundament gegenseitiger Ehrfurcht oder gegenseitigen Respekts ab, davon, dass der Abstand zwischen den Rassen gewahrt bleibe. »Unser Imperium im Orient ist berechtigterweise als ein Imperium der Meinungen beschrieben worden, will heißen, es gründet auf der guten Meinung der Eingeborenen von uns und ihrer schlechten Meinung über sich selbst.«

Er betrachtete die missionarischen Anstrengungen, die von den Portugiesen so eifrig betrieben wurden, mit Misstrauen. »Einige in Westindien verbrachte Jahre haben uns überzeugt, dass die bisher erzielten Ergebnisse in keinem Verhältnis zu den Konvertierungsbemühungen stehen.« Diese Meinung äußerte er im vollen Bewusstsein, dass seine Offenheit eventuell von dem gesetzten viktorianischen Lesepublikum »nicht geschätzt werden könnte«. Burton ritt sein Steckenpferd tief in einige befremdliche Dickichte. Er glaubte, die Missionare hätten versäumt anzuerkennen, dass der Christ im Orient den einheimischen Stämmen tatsächlich in Bezug auf »Stärke, Mut und Prinzipien« unterlegen sei, und dass diese »fehlende Vitalität« auf »den Genuss unreinen Fleisches sowie die alkoholischen Getränke, denen er sich hingibt«, zurückzuführen sei. Goa, folgerte Burton, erteile dem britischen Herrschaftsdenken deshalb eine Lektion. »Es zwang oder veranlasste gute Hindus und Moslems, schlechte Christen zu werden. Die vollständige Entartung der Rasse ist die Folge.«

Burton segelte weiter nach Calicut, verließ Goa bei Nacht und silbernem Mondschein auf der *San Ignacio,* und sinnierte, als die

Altstadt hinter ihm lag: »Diese Abschiede von Orten oder Gesichtern, die wir verehren, sind Epochen im Leben eines Reisenden.« Vom Schiff aus sah er die Blauen Berge, die Neilgherry Hills; er fuhr nach Malabar und füllte dort Seite um Seite mit detaillierten anthropologischen Beschreibungen der Hindubevölkerung. Er reiste weiter in südlicher Richtung, über Land die Küste entlang, zog dabei das Pferd der Sänfte oder dem *mancheel* vor (»das nur aus einem Stab besteht, an dem ein Segeltuch wie eine Hängematte befestigt ist, darüber befindet sich ein beweglicher quadratischer Vorhang, den Sie je nach Bedarf auf die sonnige oder windige Seite schieben können«). »Mitten im tiefsten 19. Jahrhundert mag es Ihnen vorkommen, als ähnelte dieses Fortbewegungsmittel ein wenig denen des 9. Jahrhunderts, aber vertrauen Sie unserer Erfahrung, Sie werden hier kein besseres finden.« Er übernachtete in Bungalows, die speziell für Reisende errichtet worden waren, auch wenn es nur »schmutzige, schlecht gebaute Ruinen am Wegesrand« waren, »bewohnt von Wespen und Hornissen, ausgestattet mit zerbrochenen Stühlen, wackligen Tischen und reich bevölkerten Betten, für deren Benutzung Ihnen überdies eine Rupie pro Tag abgeknöpft wird«. Schließlich mietete er zur Beförderung des Gepäcks einige Ochsen und stellte »zwanzig nackte Wilde« ein. »Was für ein Anblick menschlicher und tierischer Bösartigkeit, welch ein Stechen und Brüllen, Antreiben und Schwanzzucken!«

Die Landschaft wurde außerordentlich schön, als er den Fuß der Neilgherry Hills erreicht hatte, auf die Ebene zurückblickte, die viertausend Fuß unter ihm lag, und den blauen Nebel sah, der die fernen Berge von Malabar bedeckte. Sein Reiseziel war das Militärsanatorium in Ootacamund oder »Ooty«, wie es die Briten nannten. Ootacamund war eine wachsende europäische Siedlung, wo die Invaliden in diversen Beförderungsmitteln von Einheimischen herumgetragen wurden und »die Luft aßen«, wie es im lokalen Jargon hieß. Neben der Sänfte gab es hier ein weiteres Beförderungsmittel, das *tonjon*. Es handelte sich um »ein leichtgewichtiges Transportmittel, offen und luftig, das aufs Haar dem Oberteil eines Bath chair★ gleicht und durch das eine lange Stange führt, die auf den Schultern von vier *hammals* oder Trägern ruht«.

Die meisten Bewohner stammten aus dem Regierungsbezirk Madras oder aus Bombay; sie verbrachten ihren Urlaub hier oder waren Rekonvaleszenten, hinzu kamen noch ein paar Kaffeeplantagenbesitzer im Ruhestand. Militäruniformen waren, außer bei Bällen, verpönt – eine erfrischende Veränderung für Burton, der das Armeeleben satthatte. Für die Europäer gab es eine Freimaurerloge, eine protestantische Kirche, eine Bücherei und andere Einrichtungen. »Du kleidest dich wie ein Engländer und führst ein ruhiges weltmännisches Leben – und tust nichts ... Du bleibst die halbe Nacht auf [es gab keine frühmorgendlichen Paraden] ... Zugleich sagen dir die monatlichen Rechnungen für Ale und Currys, für schwere Mittagessen und zahllose Zigarren so deutlich, wie dies unbelebten Dingen möglich ist, dass du den Sumpf des angloindischen Lebens noch nicht überwunden hast.«

Burton fand Gefallen daran, die kleine Welt zu sezieren, die in zwei Kategorien zerfiel: die Menschen aus dem Regierungsbezirk Madras, bekannt als »Mulls« wegen ihrer Vorliebe für Mulligatawny-Suppe, und die Menschen aus dem Regierungsbezirk Bombay, die selbstverständlich »Ducks«★★ genannt wurden. Die Bewohner aus Madras wurden nochmals in drei Klassen unterteilt: »1. Die sehr

★ Ein Rollstuhl mit Faltdach, in dem Kranke zu den Anwendungen oder Bädern gefahren wurden, erfunden ca. 1750 von James Heath in Bath, dem berühmten englischen Kurort.
★★ Bombay Duck (*Harpadon nehereus*), Eidechsenfischart, die in den Gewässern zwischen Bombay und Kachchh heimisch ist; verbreitet in getrocknetem Zustand einen bestialischen Gestank.

Ernsthaften, 2. die *pétit-sérieux* und 3. die Unheiligen.« Es gab einen britischen Klub mit Zeitungen und Zeitschriften, Billardtischen, Mittagessen, Zigarren und Ale. Wurde das Leben in der Siedlung zu langweilig, sorgten Exkursionen oder Jagdausflüge für Abwechslung; es gab Wildschweine, Bisons, Waldschnepfen, Leoparden, Steinböcke, Elefanten, Wölfe, Bären und Ameisenbären zu erlegen. Die Regierung zahlte für jeden abgeschlachteten Elefanten sieben Pfund, und Elfenbein fand reißenden Absatz.

Gleichzeitig erforschte Burton die einheimische Bevölkerung der umliegenden Bergdörfer und registrierte erneut die negativen Folgen, die der Kontakt mit den Europäern hatte, denn durch die Berührung »mit halb zivilisiertem oder zivilisiertem Leben« verschwinde »die Glückseligkeit der Wilden«. Die Bewohner der Blauen Berge waren nach Burtons Meinung »durch den Zusammenstoß mit Europäern und ihren lasterhaften Dienern moralisch verdorben. Sie haben ihre Ehrlichkeit verloren: die Wahrheit ist ein nahezu unbekanntes Gut geworden. Sittsamkeit, Enthaltsamkeit und Mäßigung fielen der starken Versuchung durch Rupien, fremden Luxus und geistige Getränke zum Opfer. Begierde ist nun die vorrangige Leidenschaft des Bergbewohners.«

Also verkürzte Burton seinen Aufenthalt und reiste weiter, obwohl er das Anrecht auf einen längeren Genesungsurlaub hatte. »Aber ist dem Menschen nicht die Liebe zur Abwechslung angeboren – dem Engländer die Unzufriedenheit – dem Anglo-Inder das Murren?« Als er, nicht lange nach seiner Rückkehr nach Bombay, an Bord der *Eliza* ging, befand er, seine indische Periode sei vorbei. Zweifellos war er erfreut, andere Pläne verfolgen und weitere Reisen unternehmen zu können, aber ein Vorfall sollte ihn verfolgen, ein eigenartiger Geruch an seiner indischen Laufbahn haften bleiben.

1845 hatte Napier Burton, den einzigen Offizier, der fließend Sindhi sprach, gebeten, einen Skandal in Karatschi zu untersuchen, der den aufrechten Soldaten mit Abscheu erfüllte – die Existenz von Bordellen, in denen Männer ihre Dienste anboten. Burton warf sich mit der ihm eigenen Gründlichkeit und Vitalität auf diese Arbeit, verkleidete sich abermals und ließ in seinem Bericht keine Einzelheit aus – sexuelle Phänomene waren stets von besonderem Interesse für ihn. Die Details in diesem Bericht erlaubten die Interpretation, Burton habe die männlichen Prostituierten sowohl observiert als auch ihre Dienste in Anspruch genommen. Der Bericht wurde zwar zu den Akten gelegt, aber 1848 ließen die Nachfolger Napiers einige Informationen durchsickern. Diese Männer fühlten sich aus nicht ersichtlichem Grund von dem freimütigen Captain Burton verspottet oder beleidigt und wollten seine Karriere hintertreiben. Sie leiteten die Akte nach Bombay weiter und strengten eine unehrenhafte Entlassung an. Dieser Versuch schlug fehl, aber Burtons Ruf war beschädigt, und der Ruch des Skandals haftete für den Rest seiner Laufbahn an ihm.

Im Sommer 1849 kam Burton in London an und stieß bald darauf in Pisa zu seiner Familie, folgte ihr kurze Zeit später nach Boulogne, wo er die nächsten vier Jahre mit emsigem Schreiben und der (erfolgreichen) Suche nach einer Ehefrau beschäftigt war. Danach nahm er seine Reisen wieder auf. Neben den beiden Büchern über den Sindh und Goa verfasste er in dieser französischen Erholungsphase einen weiteren, etwas drögen, aber beeindruckend recherchierten und detaillierten Wälzer über den Sindh sowie *Falconry in the Valley of the Indus* (1851), einen schmalen Band, der hauptsächlich wegen seines autobiografischen Anhangs von Interesse ist. Burton fand im Sindh Gefallen an der Falkenjagd, wohlwissend, dass sie als zutiefst altmodisch galt und er für ein mittelalterliches Relikt gehalten würde, ginge er Mitte des 19. Jahrhunderts, im Zeitalter der Dampfschiffe und Eisenbahnen, dieser Beschäftigung nach. »Der Ritter reitet nicht länger mit dem Falken auf der Faust aus, hinter ihm ein Tross

Falkner mit Käfigen und Windhunden, und jagt den schnellen Brachvogel oder streckt den aufsteigenden Reiher nieder. In diesen seligen Tagen des Friedens und der Zivilisation ... befindet die Herzensdame des Ritters, eine Fahrt durch den Hyde Park oder ein leichter Galopp die Rotten Row* hinunter sei für ihre höchst reizbare und durch und durch zivilisierte Konstitution völlig ausreichend.«

---

* Eine breite Straße durch den Hyde Park, auf der im 18. und 19. Jahrhundert die oberen Zehntausend paradierten – sehen und gesehen werden.

DAS MORGENLAND

»Die Königin der Städte lag vor mir«: Julia Pardoe bei ihrer Ankunft 1835 in der osmanischen Hauptstadt, die damals den Namen Konstantinopel trug.

Königliches Stambul
Julia Pardoe in Konstantinopel

Als der Historiker und Staatsmann Alexander Kinglake 1844 sein Buch über seine Reise durch Teile des Osmanischen Reiches und das Gebiet, das heutzutage der Nahe Osten genannt wird (ein Kunstwort des 20. Jahrhunderts), veröffentlichte, gab er ihm den Titel *Eothen* oder »aus dem Morgenland«. Das Osmanische Reich ist schon lange untergegangen. Ein weiterer beliebter Begriff, der von Reisenden durch dieses Gebiet verwandt wurde, »die Levante«, ist gleichfalls veraltet. Die politische Geografie dieser Region, welche die nächste Gruppe von Reisenden durchwanderte (und die, da es sich um Reisende handelt, die Angewohnheit hat, Grenzen wahllos zu überschreiten, und unbequemerweise aus jenen Schubladen klettert, in die ein Autor sie einzusperren sucht), hat sich so sehr verändert, dass die Bezeichnung »Morgenland« als Oberbegriff so tauglich wie jede andere scheint.

Die Länder des niedergehenden Osmanischen Reiches wurden erstmals 1902 von dem amerikanischen Marinehistoriker Alfred Thayer Mahan als Naher Osten bezeichnet. Bereits 1838 hatte ein englisch-türkisches Abkommen die allmähliche Einführung des freien Handels und den Abbau der Schutzzölle beschlossen. Auch wenn die Neuerungen im Verkehrswesen sich hier nur langsam durchsetzten und das Kamel seine Vormachtstellung behielt, wagten sich Reisende zusehends mehr in den Nahen und Mittleren Osten, in vielen Fällen angelockt durch die Phantasien, die der Orient entfachte. Die Gründe waren die üblichen und oftmals miteinander vermengt: Handel, Archäologie, Spionage, Diplomatie, missionarische Tätigkeit, Wissenschaft, Botanik, Ornithologie und reine Abenteuerlust, für die exemplarisch Richard Burtons berühmte Reise steht, die er verkleidet in die heilige Stadt Mekka unternahm.

Burton bemerkte in seinem Vorwort zu seiner Übersetzung von *Tausendundeiner Nacht:* »England hat offensichtlich vergessen, dass es zurzeit das größte mohammedanische Reich der Welt ist. In den Prüfungen des Verwaltungsdienstes wird weiterhin größerer Wert auf eine oberflächliche Beherrschung der griechischen und lateinischen Sprache gelegt als auf Arabischkenntnisse.« Ein Meilenstein der modernen Nahostforschung ist Edward William Lanes *Manners and Customs of the Modern Egyptians** (1836). Das Buch erfreute sich großer Beliebtheit und ermutigte Burton zwischen 1838 und 1841, mit seiner Übersetzung von *Tausendundeiner Nacht* fortzufahren und ein *Arabic-English Lexicon* zusammenzustellen (das allerdings nie vollendet wurde). Die viktorianische Vorliebe für den Nahen Osten, von der so viele Bücher aus dieser Zeit zeugen, wurde nun bedient. Die Erschließung Ägyptens als touristisches Reiseziel und Ort antiker Überreste sowie die Anziehungskraft, die biblische Schauplätze auf gläubige Christen ausübten, sorgten dafür, dass mehr und mehr Reisende diese Landstriche besuchten. Auch Thomas Cook trug sein Scherflein zum Anstieg der britischen Touristenzahlen bei.

Julia Pardoe hatte Mitte der 1830er Jahre in der damals Konstantinopel genannten Hauptstadt des Osmanischen Reichs geraume Zeit verbracht. Sie entschloss sich, einen Bericht über ihren Aufenthalt zu verfassen, um die parfümierten Nebel des Orientalismus zu vertreiben und die Wirklichkeit dahinter zu zeigen. *The City of the Sultan; and Domestic Manners of the Turks* erschien 1837, und Pardoe beschrieb darin detailliert eine Stadt und eine Kultur, die in

---

* Die deutsche Übersetzung *Sitten und Gebräuche der heutigen Egypter* erschien 1852.

ihren Augen von den europäischen Reisenden missverstanden worden waren. Pardoes Verzückung, als sie am 30. Dezember 1835 erstmals am Goldenen Horn anlegte, war jedoch äußerst konventionell: »Meine langgehegten Hoffnungen wurden endlich wahr – die Königin aller Städte lag vor mir, thronte auf ihren bevölkerten Hügeln, und der silberne, von Palästen gesäumte Bosporus floss zu ihren Füßen dahin.« Obwohl Schnee die Stadt bedeckte, war sie »von reinem Entzücken« ergriffen. »Wie konnte es auch anders sein? Ich schien auf ein Märchenland zu blicken, erlebte die Verwirklichung meiner kühnsten Träume: ich war Bewohnerin einer neuen Welt.«

Julia Pardoe wurde 1804 in Beverly, Yorkshire, als jüngere Tochter von Thomas Pardoe, einem Armeeoffizier (der sie auf der Istanbulreise begleitete), und seiner Frau Elizabeth geboren. Sie konnte früh mit einer Erfolgsbilanz auf dem Gebiet romantischer Literatur aufwarten; in ihren Jugendjahren hatte sie *The Nun: A Poetical Romance* und dann den anonym erschienenen Roman *Lord Morcar of Hereward* (1829) veröffentlicht. Die Suche nach Luftveränderung – sie befürchtete, an Schwindsucht zu erkranken – führte Pardoe nach Portugal, und ehe sie am Bosporus eintraf, hatte sie 1833 bereits einen Bericht über diese vorhergehende Reise verfasst. Ihr erklärtes Ziel war es, die sprachlichen und kulturellen Hindernisse zu überwinden, um ein wahrheitsgetreues Bild des Lebens in der osmanischen Hauptstadt zu zeichnen. Sie erkannte, dass auf beiden Seiten das Vorurteil regierte, sowohl bei den »Franken«, wie die Europäer genannt wurden, als auch bei den Türken selbst, »besonders bei den türkischen Frauen«. Sie verstand allerdings, dass Letztgenannte nur unwillig den Versuch unternehmen würden, ihre antieuropäischen Vorurteile zu überwinden, wenn man bedachte, »wie lächerlich und sogar grausam sie von manch einem eiligen Reisenden dargestellt wurden, der weder die Zeit noch die Gelegenheit gehabt hatte, sich ein profunderes Urteil zu bilden«. Pardoe war entschlossen, sowohl die erforderliche Zeit aufzuwenden als auch die notwendigen Gelegenheiten zu schaffen, um einen tieferen Einblick in das türkische Leben zu erhalten, und so ihrem Leben inmitten der engstirnigen sozialen Elite des eleganten Bezirks Pera einen entsprechenden Kontrast entgegenzusetzen. Pera erinnerte »mich mit seinem Gewusel, seiner Betriebsamkeit, der Jagd nach Nebensächlichkeiten immer an einen Ameisenhügel; dieses unaufhörliche, rastlose Treiben und Streben führte allerdings nur zu sehr ungenügenden Resultaten.«

Ursprünglich hatten Julia Pardoe und ihr Vater England verlassen, um die Türkei, Griechenland und Ägypten zu besuchen, doch nach drei Monaten in Konstantinopel beschloss sie, länger zu bleiben. Sie wollte ein Buch schreiben, das dem Leser »einen genaueren und umfassenderen Einblick in das türkische Alltagsleben« erlaubte, »als ihm bisher vergönnt war«. Ihre ersten Eindrücke vom »königlichen Stambul« waren allerdings die einer ganz gewöhnlichen Reisenden. Sie war beeindruckt, wie nah die Häuser am Meer standen, »sie ragen direkt auf das Wasser hinaus«, und vermerkte: »Die Sprachen vieler Länder wurden von den Winden in den Hafen getragen.« Als sie darauf warteten, an Land gehen zu können, fuhren Kaiks★ am Schiff vorbei, meist besetzt »mit einem bärtigen, Turban tragenden Türken, der auf dem teppichbedeckten Boden seines Boots hockte, Pfeife in der Hand, fest in seinen pelzbesetzten Mantel gehüllt – das Inbild feudalen Müßiggangs. Sein Domestike – manchmal war es ein dicklippiger Neger –, mit rotem Käppi und blauem Mantel, wartete ihm auf.« Die verschleierten Frauen »wirkten wie lebende Mumien«.

Diese Schilderungen schienen bei einer selbsterklärten objektiven Beobachterin nichts Gutes zu verheißen, aber Pardoe war eine Romantikerin und fasziniert vom nächtlich funkelnden Istanbul

★ Für die Levante und das Schwarze Meer typisches Schiff.

und seinen Moscheen, die für Ramadan erleuchtet waren. Sie hatte »in diesen Tagen des Utilitarismus« wenig übrig für nüchterne Beschreibungen der Wunder, die sie erblickte. »Ich verabscheue den Geist, der alles auf das Offensichtliche reduziert und sich darin gefällt, nur jene Eindrücke aufzuzeichnen, die zur völligen Negierung alles Romantischen und der Auslöschung aller Wunder führen.«

Pardoe widmete sich ihrer Forscherrolle, seit sie »inmitten eines ausgewachsenen Schneesturms« am Neujahrstag 1836 beim Zollhaus von Galata an Land gegangen war. Ihr erstes Ziel war es, Zugang zu einer türkischen Familie zu erhalten, auch wenn das »schwierig und in den meisten Fällen für einen Europäer ein unmögliches Unterfangen« sei; sehr schnell jedoch öffnete ihr ein geachteter türkischer Kaufmann sein Haus. Sie besuchte in Begleitung einer griechischen Dolmetscherin seinen Harem und beschrieb die Schönheit der Tochter, »deren tiefblaue Augen und goldbraunes Haar sich völlig von dem unterschieden, was ich in einem türkischen Harem zu sehen erwartete«.

Bald wurde es Nacht, und damit kam die Stunde, zu der an Ramadan mit einem opulenten Mahl das Fasten gebrochen wurde. »Neunzehn Gerichte, darunter Fisch, Fleisch, Geflügel, Pasteten und Desserts, wurden in höchst eigenwilliger Reihenfolge aufgetischt – Salziges folgte auf Süßes, vor dem Vanillepudding wurde der Eintopf gereicht – und fanden in einer Pilaw-Pyramide den krönenden Abschluss.« Trotz dieses Überflusses war Pardoe der Meinung, die Gastronomie sei »im Morgenland keine besonders ausgeprägte Kunst«, denn »die Osmanen essen, um zu leben, und leben nicht, um zu essen«. Aber sie zollte der »schnörkellosen und herzlichen Gastfreundschaft der Türken« ihre Anerkennung, »die an ihrer Tafel jeden Landsmann, sei er arm oder reich, willkommen heißen, sofern er es für angebracht hält, sich der Gesellschaft anzuschließen«. Sie zog sich mit »den Damen« in den Harem zurück, wo sie von einem

Geschichtenerzähler unterhalten wurden und die älteste der Frauen ihre Pfeife anzündete, was bei Pardoe einen heftigen Hustenanfall auslöste. Sie war von der offensichtlichen Toleranz der osmanischen Religion beeindruckt. »Die Türken sind in Bezug auf religiöse Ansichten überaus tolerant; ihr Glaube ist in ebenso viele Sekten gespalten wie jener der anglikanischen Kirche. Jedem steht es gleichermaßen frei, den Weisungen seines eigenen Gewissens zu folgen, ganz wie er es für richtig hält.«

Da sie im eleganten europäischen Viertel Pera wohnte, fand Pardoe die Zeit für *soirées dansantes* im russischen Palast, Maskenbälle und andere Amüsements, aber auch für Streifzüge durch die Stadt, zum Beispiel nach Fanar, in das griechische Viertel. Dort war »unter diesem strahlenden Sonnenlicht, das den Bosporus wie eine polierte Stahlplatte glänzen lässt«, der griechische Karneval in vollem Gange. Die Wärme, mit der sie empfangen wurde, rührte sie: »Nirgendwo fühlt man sich mehr zu Hause als unter den Bewohnern des Morgenlandes – *mögen* sie auch, wie wir zu sagen pflegen, halbe Barbaren sein. Sollte dies tatsächlich der Fall sein, wurde der Aphorismus einer gefeierten Schriftstellerin, wonach ›äußerste Höflichkeit und einfachste Manieren nahe beieinanderliegen‹, allerdings nie gründlicher bestätigt.«

Namentlich ein Grieche, Nicholas Aristarchi, den sie »Großen Logotheti [geistliches Oberhaupt] und diplomatischen Geschäftsträger der Walachei« nennt, war für sie »von überwältigendem Reiz ... seine strahlenden und ruhelosen Augen scheinen in Momenten der Erregung beinahe Feuer zu schlagen.« Die Anziehung beruhte auf Gegenseitigkeit, und Aristarchi war eindeutig fasziniert von der lebhaften Einunddreißigjährigen und bestand darauf, beinahe den ganzen Abend mit ihr zu tanzen und die noch verbleibende Zeit mit ihr zu plaudern. Sie wiederum war von seiner Redekunst gefesselt, »und ich vernahm mit großer Freude, dass er am nächsten

Abend spontan einen Ball veranstalten wollte.« Letztlich verbrachte sie »drei Tage voller Erfüllung« mit dem Großen Logotheti und seinem Kreis.

Als Pardoe zu ihrer selbstauferlegten Tätigkeit zurückkehrte, die häuslichen Sitten der modernen Türkei zu durchleuchten, stieß sie auf Schwierigkeiten, die zunächst den Einblick in den türkischen Charakter verwehrten, allen voran die Sprachbarriere. Sie war sich zudem der verzerrenden Linse des Orientalismus sowie der exotischen Schleier bewusst, die europäische Schriftsteller diesem Teil der Welt übergeworfen hatten.

Der Reisende gibt unreflektierte und irrige Urteile über die wichtigsten Fakten von sich – führt Auswirkungen auf die falschen Ursachen zurück – und verdammt vieles, das seinem persönlichen Empfinden widerstrebt, dem er aber, verstünde er Natur und Absicht in vollem Umfang, wahrscheinlich Beifall zollen würde. Aus diesen Fehlurteilen entstehen Missverständnisse über die Gefühle und Angelegenheiten des Morgenlandes, die der europäischen Öffentlichkeit ein so falsches Bild von diesem Lebensraum vermittelt haben. Ich kann nur bedauern, dass es wahrscheinlich nicht in meiner Macht liegt, diese Missverständnisse aufzulösen, da ich eine Frau bin. Diese Fehlurteile über das Morgenland, die in Europa so verbreitet sind, müssen durch eine geschickte und kräftige Hand getilgt werden. Kein von Frauenhand geführter Stift wird wohl einflussreich genug sein, die Eindrücke und Vorurteile auszumerzen, die endlose Stapel Papier voller irriger Meinungen verursacht haben.

Hier wird ein nahezu unbekannter Ton angeschlagen, der in den vorigen Reiseberichten kaum zu vernehmen war. Pardoe war sich der tiefen Kluft bewusst, die zwischen dem auswärtigen Besucher und der einheimischen Kultur bestand, und betrachtete es als ihre Aufgabe, diese zu schließen. Sie bemerkte schneidend, es gebe Menschen, die seit fünfzehn Jahren in Konstantinopel lebten und trotzdem so wenig von dieser Stadt wüssten, »als ob sie ihr Heimatland nie verlassen hätten«. Selbst in den höchsten diplomatischen Kreisen, zu denen sie Zutritt hatte, »wird das große Thema der Orientpolitik nie erörtert«. Damit nahm sie die richtungsweisende Kritik von Edward Saids *Orientalism*★ (1978) an der westlichen Haltung um 150 Jahre vorweg.

Es ist eine wohlbekannte Tatsache, dass es für Europäer in den meisten Fällen nicht nur schwierig, sondern unmöglich ist, Zugang zu den Privathäusern der Einheimischen zu erhalten. Auch stehen sie zu selten auf so innigem Fuße mit den einheimischen Familien, als dass sie das Wesen des Morgenlandes begreifen könnten. Der fehlende Einblick bildet den Stoff für jene Märchen, die in jedem Bericht über das Morgenland zu finden sind. In diesen Darstellungen wimmelt es, wie in den Erzählungen von Scheherazade, nur so von Dschinns und Hexenmeistern. Der europäische Geist ist durchtränkt mit den Vorstellungen von orientalischer Rätselhaftigkeit, Mystik und Pracht und hat sich seit Langem angewöhnt, dem Erstaunen und den Metaphern der Touristen zu vertrauen. Es darf bezweifelt werden, dass Europa sein bestehendes Bild des Morgenlandes bereitwillig verwirft und es erträgt, diesen Täuschungen zu entsagen.

Sie merkte an, wie einfach es war, die offensichtlichen Untugenden wie etwa die allgegenwärtigen Bestechungen zu verdammen, aber dies sei eben »die andere Seite der Medaille, die so gern übersehen

★ Die deutsche Übersetzung, *Orientalismus,* erschien 1981.

und vernachlässigt wird«. Vorurteilsbehaftete Augen übersähen gern »den moralischen Zustand der Türkei«, in der es, so behauptete sie, keine Straftaten gebe und der soziale Zusammenhalt erstaunlich sei. »Bei den unteren Schichten« seien »Zufriedenheit, ja Stolz« zu beobachten, »bei den höheren Schichten ein völliger Mangel an Anmaßung und Hochmut«. Es gebe keine Ausschreitungen, keine Morde oder Glücksspielhäuser, die Straßen seien ruhig und lediglich 150 Polizisten für die 600 000 Einwohner zuständig. Diese größere Gleichberechtigung in den sozialen Beziehungen, so glaubte sie, sei der Tatsache zu verdanken, dass im ganzen Osmanischen Reich »fast jeder ein Stück Land besitzt, seinen eigenen Wein anbauen und im Schatten seines Feigenbaums sitzen kann – für alle ist die türkische Erde von Belang. Obwohl es häufig zu Tumulten kommt, ereifern sich die Menschen, ohne die Gefühle der anderen zu verletzen.« In ihren Augen gingen die Türken mit Tieren freundlicher um als die Engländer (die offenbar auf alles schießen wollten, was sich bewegte); die Eltern brächten ihren Kindern tiefe Liebe entgegen und den Müttern werde große Hochachtung erwiesen. »Dies sind gute Wesenszüge, wunderbare Weiterentwicklungen der menschlichen Natur. Sollten dies die gesellschaftlichen Merkmale der ›Barbarei‹ sein, dann möge das zivilisierte Europa zugeben, dass es zumindest auf diesem Gebiet von den nicht so hochbegabten Muselmanen überflügelt wird.«

Pardoe nahm überdies eine positivere Einstellung gegenüber dem Tod sowie eine stärkere Religiosität wahr und bestritt rundweg die Unterstellung, moslemische Frauen würden unterdrückt. Sie behauptete vielmehr, diese seien »die freiesten Geschöpfe im Reich ... In Europa ist es Mode, die Frauen des Morgenlandes zu bemitleiden; aber diese unangebrachte Rührseligkeit ist allein auf die Unkenntnis ihrer wahren Stellung zurückzuführen.« Diese positive Einschätzung wurde freilich ein wenig widerlegt durch ihre Einschätzung, die Zufriedenheit der Türkinnen speise sich vor allem aus ihrer fast vollständigen Ungebildetheit. »Sie haben keine unnatürlichen Bedürfnisse, wie sie aus übergroßer Kultiviertheit entstehen. Sie quälen sich demzufolge nicht mit Myriaden von Ängsten, Zweifeln und Einbildungen, die den Geist gebildeterer Frauen verdunkeln und beschweren ... Äußerlich eine Frau, im Herzen aber immer noch Kind ... Wäre ich ein Mann und zu einem Leben in Knechtschaft verdammt, wählte ich ohne Zögern das Los eines türkischen Haussklaven.«

Trotz ihrer wiederholten Beteuerungen, sich des orientalistischen Vorurteils zu enthalten und »das Wahrhaftige dem Unterhaltsamen vorzuziehen«, war sich Pardoe bewusst, dass ihr Lesepublikum Genaueres über Harems und türkische Bäder erfahren wollte. Und sie tat ihm den Gefallen:

Im ersten Augenblick war ich befremdet; der schwere, dichte, schwefelgesättigte Dampf, der den Ort erfüllte und mich beinahe erstickte – die wilden, schrillen Schreie der Sklaven, die durch die widerhallenden Kuppeln der Badesäle schallten und laut genug waren, um den Marmor, mit dem diese Gewölbe ausgekleidet waren, zum Leben zu erwecken – das unterdrückte Gelächter und die geflüsterten Gespräche ihrer Herrinnen, die den Unterstrom des Lärms bildeten – der Anblick von beinahe dreihundert, nur teilweise bekleideten Frauen – das feine Leinengewebe, das so feuchtigkeitssatt war, dass sich darunter die gesamte Gestalt abzeichnete – die geschäftigen Sklaven, die hin und her eilten, nackt von der Hüfte aufwärts, mit vor der Brust verschränkten Armen, auf ihren Köpfen Stapel fransenbesetzter und bestickter Tücher balancierend – Grüppchen lieblreizender Mädchen, die lachten, plauderten und sich an Konfekt, Scherbett und Limonade labten – Scharen ausgelassener Kinder, denen die stickige Atmosphäre, die mich nach Luft ringen ließ, nichts auszumachen schien – und als Krönung der unvermittelte Ausbruch eines Chores, der die wildeste und schrillste aller türkischen Melodien intonierte, welche von dem Echo der riesigen Halle aufgegriffen und zurückgeworfen wurde; der dabei verursachte Lärm wäre den Saturnalien von Dämonen würdig gewesen – alle Ingredienzen fügten sich zu einem Bild zusammen, das einer Phantasmagorie ähnelte und mich beinahe zweifeln ließ, ob dies die Wirklichkeit oder doch die Ausgeburt eines verwirrten Verstandes war.

Ihre Beziehungen, ihre Kühnheit und Lebhaftigkeit sowie die einfache Tatsache, dass sie eine junge Europäerin mit einem großen Interesse an ihrer Umgebung war, öffneten Julia Pardoe viele Türen und ermöglichten es ihr, jenen Menschen zu begegnen, die im Konstantinopel der 1830er Jahre von Bedeutung waren. Beim Opferfest Kurban Bairam* am 28. März 1836 hielt der Sultan Mahmud** an, um zu fragen, wer sie sei; sie besuchte auch Mustafa Pascha,*** der ihr bohrende Fragen über den Themsetunnel und die Tätigkeit von Feuerversicherungsgesellschaften stellte. Sie segelte auf das Marmarameer hinaus, wo »Europa neben und hinter uns lag – Europa mit seinen Palästen, seiner Staatskunst und seiner Macht – und die schattige Küste Asiens, mit ihren von Zypressen gekrönten Hügeln, ihren dunklen Bergen, uns zum Näherkommen verlocken wollte«.

Pardoe wagte es sogar, die Hagia Sophia zu betreten, was zur damaligen Zeit Christen verboten war. Sie bewies, dass nicht nur abenteuerlustige Männer wie Richard Burton das Spiel der Verwandlung

---

* Höchstes islamisches Fest; am selben Tag endet auch die Hauptpilgerfahrt nach Mekka.
** Mahmud II. (1785–1839) war von 1808 bis 1839 Sultan des Osmanischen Reichs.
*** Mustafa Reşit Pascha, ein osmanischer Staatsmann und Diplomat, der unter anderem auch in London tätig war.

beherrschten, und kostümierte sich, um unter der großen Kuppel stehen zu können. »Ich färbte meine Augenbrauen mit einem Mittel, das in den Harems verwendet wird, verhüllte meine Frauenkleidung unter einem prächtigen, zobelverbrämten Mantel, der vom Kinn bis zu den Füßen zugeknöpft wurde, und zog einen Fes tief in die Stirn. Um halb elf abends brach ich, begleitet vom Bey, zu meinem Abenteuer auf, ein Diener mit Laterne ging voraus, der *kiara* [Haushofmeister] und ein Pfeifenträger bildeten die Nachhut.« Der *kiara* wies sie warnend darauf hin, dass sie im Falle der Entdeckung in Stücke gerissen würde. »Diese Aussage ließ mich taumeln, und für einen Augenblick verzagte mein weiblicher Mut.« Aber die Hagia Sophia war das Risiko wert:

Mir erschien sie wie ein Zauberwerk – das Licht – die klangvollen Stimmen – die unergründlichen Ausmaße, die mein angerührter Blick nicht fassen konnte – die zehntausend Turban tragenden Moslems, die alle knieten, ihre Gesichter gen Mekka gewandt, und immer wieder mit ihrer Stirn den Boden berührten – die leuchtenden und vielfarbigen Gewänder – und die satten, kräftigen Farbtöne der Teppiche, die den Marmorboden bedeckten. Es war ein Anblick von so unirdischer Herrlichkeit, dass ich zu spüren meinte, dies alles stünde jenseits der Wirklichkeit und auf einen jähen Wink hin wären die hochaufragenden Säulen nicht mehr fähig, die Lichtkuppel zu tragen, und alles würde öd und leer.

Sie hatte die Hagia Sophia gesehen »zu einem Zeitpunkt, da sie noch kein Christenauge zuvor erblickt und Entdeckung den sofortigen Tod bedeutet hätte«.

Im Sommer wurden weitere Ausflüge unternommen; Ende Mai ging es in die alte osmanische Hauptstadt Bursa und im Juni zum

Olymp; sie besuchte Irrenanstalten, Fesfabriken, Friedhöfe, bis der Herbst nahte und die Zeit kam, tränenreich Abschied zu nehmen. Der Dampfer *Ferdinando Primo* brachte Pardoe und ihren Vater (sowie einen preußischen Freiherrn, einen deutschen Adligen, einen Colonel der Coldstream Guards,[*] einen ungarischen Ritter und einen russisch-griechischen Künstler, von einem Deck voller »Türken, Griechen und Juden« ganz zu schweigen) zur Donaumündung. Die Fahrt führte durch Bulgarien und Ungarn, wo sie ihren Bericht in Budapest enden lässt. Über Wien reiste sie nach London zurück.

Pardoes Reisebeschreibung wurde 1837 veröffentlicht, erfreute sich umgehend großer Beliebtheit und erreichte drei Auflagen. Sie verfasste ein weiteres Werk, *The Beauties of the Bosphorus* (1838), sowie später Reiseberichte über Frankreich und Ungarn. Das Buch über die Ungarnreise wurde von Elizabeth Barrett Browning für seine »Wortmalerei« sehr gelobt. 1842 zwang sie ihr schlechter Gesundheitszustand, London zu verlassen und zu ihren Eltern nach Kent zu ziehen (sie blieb unverheiratet). Dort verfasste Pardoe mittelmäßige Romane, Artikel für *Frazer's* und andere Zeitschriften sowie Bücher über französische Geschichte. Diese literarische Plackerei verschaffte ihr 1860 eine Staatsrente; sie starb am 26. November 1862 in der Londoner Upper Montagu Street 24 an den Folgen einer chronischen Lebererkrankung.

»Ich scheide von dem Leser, der mit mir in fremden Landen weilte, nicht ohne Bedauern«, schrieb Julia Pardoe am Ende von *The City of the Sultans,* »und schaue ich auf die von mir geschriebenen Seiten und die Zeichnungen, die ich angefertigt habe, wird mir das Herz schwer, als ob ich in das Gesicht eines toten Freundes schaute.«

---

[*] Ein englisches Gardegrenadierregiment, das älteste Regiment der britischen Armee.

Robert Curzon, umgeben von Einheimischen, im Kloster Suriani am Natronsee (im heutigen Nordtansania).

Haarige Heilige

Robert Curzon auf der Suche nach Handschriften

Es ist nicht schwer, sich für einen Schriftsteller zu erwärmen, der sein Buch mit folgenden Worten beginnt: »Der Öffentlichkeit einen weiteren Bericht über Reisen in das Morgenland vorzulegen, wo sie doch bereits von kleinen Büchern über Palmen, Kamele und Betrachtungen über die Pyramiden überwältigt ist, dazu bedarf es, dessen bin ich mir bewusst, einer besseren Ausrede als der meinigen, warum die Geduld des Lesers mit einer so unverantwortlichen Inanspruchnahme seiner Aufmerksamkeit strapaziert wird.« Dieser langatmige patrizische Tonfall fiel Robert Curzon, vierzehnter Baron Zouche of Harringworth und erster Viscount Curzon, leicht. Sein meistverkauftes Buch *Visits to Monasteries in the Levant*★ (1849) beschreibt seine Reisen in den 1830er Jahren durch Ägypten, das Heilige Land und Griechenland auf der Suche nach seltenen Manuskripten, die er aus den Beständen verschiedener orthodoxer Klöster erwarb – nach heutigen Maßstäben ein moralisch zweifelhaftes Unterfangen. Er verkörperte einen bestimmten Typus des englischen Reisenden – zwanglos, geist- und kenntnisreich, keinem Spaß abgeneigt und im steten Bewusstsein, aber ohne besondere Selbstgefälligkeit und mit viel Taktgefühl, ein überlegener Engländer in einem fremden Land zu sein. Er besaß nichts von der zielstrebigen, manchmal selbstgerechten Ernsthaftigkeit, die den wissenschaftlichen Forscher auszeichnet; und er hatte das Talent, Vorfälle höchst lebhaft schildern zu können, eine Fähigkeit, die unter den

---

★ Die deutsche Übersetzung *Besuche in den Klöstern der Levante. Reise durch Aegypten, Palästina, Albanien und die Halbinsel Athos* erschien 1851.

viktorianischen Reiseschriftstellern seltener anzutreffen ist als gedacht.

Robert Curzon wurde 1810 geboren und erhielt seine Ausbildung in Charterhaus und am Christ Church College in Oxford. Er verließ die Universität, ohne einen Abschluss zu erwerben, und wurde 1831 für die winzige Gemeinde Clitheroe Mitglied des Parlaments. Bei der großen Reform des Parlaments im Jahr darauf wurde Clitheroe das Wahlrecht entzogen, und Curzon begab sich zusammen mit seinem guten Freund Walter Sneyd auf Reisen.

Die Idee zu seinem Buch kam ihm während des Aufenthalts »in einem Landhaus, das meiner Familie gehörte«, als er gelangweilt uralte Handschriften durchblätterte – die meisten hatte er selbst erworben (sie befinden sich heute im Besitz des British Museum). Ihm schwebte »ein Bericht über die sonderbarsten dieser Handschriften« vor, »die Orte, an denen sie gefunden worden waren, und einige der Abenteuer, die ich bei dieser ehrwürdigen Suche erlebt habe«. Er besaß damit den geeigneten Vorwand – wie ihn jeder Reiseschriftsteller benötigt –, seine zufälligen Abenteuer aneinanderzureihen. Curzon glaubte, die Klöster »des Morgenlandes« seien deshalb besonders interessant, weil sie nach den Ruinen von Pompeji »die ältesten noch vorhandenen Beispiele antiker Wohnarchitektur sind. Die Refektorien, Küchen und Mönchszellen übertreffen hinsichtlich ihres Alters alle anderen noch vorhandenen Bauten in Europa.« Die Bauweise der Kirchen hingegen war nach Curzons Meinung weniger bemerkenswert, auch wenn ihre wehrhafte Konstruktion auffällig war. »Ich saß friedlich in einem Kloster beim Abendessen, als Schreie zu hören waren und Schüsse gegen das dicke Bollwerk der Außenmauern abgefeuert wurden. Dank dieses schützenden Mauerwerks hatten die Schüsse wenig Wirkung, und der Bissen zwischen meinen Fingern erreichte nur mit geringer Verspätung die von der Natur dazu vorgesehene, empfangsbereite Öffnung.«

Man kann Curzon vorwerfen, orthodoxen Klöstern ihr Erbe abspenstig gemacht zu haben, aber die Handschriften, die er erwarb, erfuhren häufig eine ausgesprochen schlechte Behandlung, und manch eine wäre ohne sein Eingreifen nicht erhalten geblieben. Manchmal beispielsweise stellten sich die Mönche auf alte illuminierte Bände, um die Kälte des Bodens von ihren Füßen fernzuhalten, und Curzon war beeindruckt, wie »ungebildet und abergläubisch« viele von ihnen waren.

Ende Juli 1833, als die Ära schneller Beförderungsmittel noch nicht angebrochen war, segelte Curzon auf einem Handelsschiff, der *Fortuna,* von Malta nach Alexandria, »denn in jenen Tagen gab es noch keine Postschiffe, die mit ähnlicher Geschwindigkeit und Zuverlässigkeit die Meere befuhren, wie dies die Eisenbahnen an Land taten«. In einem Vorwort zu einer der zahlreichen Neuauflagen seines Buches stimmte er 1865 eine Wehklage an, die das ganze 19. Jahrhundert lang ertönen sollte, eine Sehnsucht nach dem verlorenen Arkadien des wahren Reisens, bevor der Massentourismus alles zugänglich gemacht und vereinheitlicht hat.

Diese Länder waren damals viel sehenswerter, als sie es jetzt sind; sie befanden sich in ihrem Originalzustand, jede Nation bewahrte sich ihren besonderen Charakter, der noch nicht durch den gleichmacherischen Umgang mit Europäern verfälscht war, der immer, und in sehr kurzer Zeit, einen starken Einfluss ausübt. Malerische Gewänder und romantische Abenteuer verschwinden, wohingegen bestimmte Zweckmäßigkeiten und ein beinahe einheitliches Erscheinungsbild so verbreitet sind, dass in wenigen Jahren ein Land wie das andere sein wird. Reisende werden erkennen, dass es bei den fremden Sitten und Gebräuchen nichts zu entdecken gibt, was sie nicht in größerer Behaglichkeit auch in ihren eigenen Häusern in London vorfänden.

Als Curzon Alexandria erreichte und seinen ersten arabischen Seemann erblickte, gab er eine reichlich konventionelle Betrachtung von sich: »So wie ihn hatte ich mir Sindbad den Seefahrer vorgestellt.« Er stieg in dem, wie er glaubte, einzigen Hotel Afrikas ab, dem Tre Anchore, und betrachtete bald darauf prüfend einige »grausam aussehende Beduinen«, erstaunt, dass »es wilde Tiere gab, die eine menschliche Gestalt angenommen hatten«. Er war sich des Unterschieds zwischen einem korrekt gekleideten englischen Aristokraten und den ungezwungenen Manieren der Beduinen bewusst. »Ein englischer Herr mit Hut, einer engen Halsbinde, Stiefeln, weißen Handschuhen und einem Gehstock in der Hand stellte einen so völlig anderen Menschentypus dar als ein arabischer Beduine; ich konnte kaum glauben, dass es sich dabei lediglich um unterschiedliche Gattungen derselben Rasse handelte.«

Am nächsten Tag zog dieser Herr seinen Hut in Anwesenheit von Boghos Bey, dem armenischen Premierminister des ägyptischen Herrschers Ali Pascha – die erste von vielen Begegnungen, die Curzon auf dieser Reise mit bedeutenden Persönlichkeiten hatte. Er entdeckte auch jenen Berufsstand, der für Orientreisende im 19. Jahrhundert so wichtig war, den Dragoman – Führer, Dolmetscher und vieles andere mehr. »Der frisch eingetroffene Europäer isst und trinkt, was immer sein Dragoman für ihn auswählt, sieht durch die Augen seines Dragomans, hört durch die Ohren seines Dragomans. Auch wenn der Europäer glaubt, er wäre der Herr, ist er lediglich eine Habseligkeit dieses Dieners aus dem Morgenland, der ihn benutzt, wie er es für richtig befindet, und aus ihm den größtmöglichen Gewinn zieht wie aus jedem anderen Besitz auch.«

Als Curzon zum ersten Mal den Nil sah, kniete er nieder und trank von seinem »schlammigen Wasser«. In Kairo wohnte er natürlich »in der gastfreundlichen Villa des Generalkonsuls« und stattete gemeinsam mit diesem Ali Pascha einen Besuch ab, der mit seinem

»wachen und scharfen Auge« wie »ein alter grauer Löwe« aussah. Curzon hatte seine Freude an den Sehenswürdigkeiten Kairos. »Nichts wirkt eindrucksvoller als eine große orientalische Menschenmenge. Die verschiedenfarbigen Kleider und die vielen weißen Turbane verleihen ihr ein Aussehen, das sich vollständig von dem einer schwarzen und düsteren europäischen Ansammlung unterscheidet. Ihre Dichter fanden dafür den treffenden Vergleich des Tulpengartens.« Ihm fiel auf, wie rasch die Anwesenheit von Europäern bei den Einheimischen ein betrügerisches und aufdringliches Verhalten hervorgerufen hatte, ganz im Gegensatz zu »jenen lauteren Tagen, ehe die Dampfer Alexandria erreichten und die sogenannte Überlandreise nach Indien ins Leben gerufen wurde«. Curzon bevorzugte die geruhsamere Art des Reisens und war entzückt, als der Finanzminister ihm eine prächtige *dahabieh* lieh, ein großes Segelboot, mit dem er den Nil hinabglitt. »Ich lasse mir gern Zeit und schaue mich um, lasse mich an einem hübschen Fleckchen auf einem kleinen Teppich unter einem Baum nieder und habe es mit dem Aufbruch nicht eilig. Die Schwerfälligkeit des Schiffes behagte mir deshalb außerordentlich – wir taten nichts anderes, als überall anzuhalten.«

Nach dieser kurzen Stippvisite reiste Curzon nach England zurück, kehrte aber bald wieder, um sich ausgiebig den koptischen Klöstern Ägyptens zu widmen. Im Kloster von Baramus gaben ihm die Mönche eine »halbzerfallene Zelle«, in der er auf einem Teppich schlief und von »einer Schar ausgehungerter Flöhe« überfallen wurde. Er reiste zu einem weiteren Kloster, Suriani (auf dem Gebiet des heutigen Nordtansania am Natronsee gelegen), wo er entsetzt beobachten musste, dass einige koptische Pergamenthandschriften – die er »zu den ältesten noch existierenden Handschriften« zählte – zur Abdeckung von Einmachgefäßen benutzt wurden. Um den Widerstand des Abts zu brechen, umgarnte Curzon ihn mit Rosoglio,

Rosenlikör. Der Abt behauptete beharrlich, kein Fünkchen Wahrheit sei an dem Gerücht, es gebe in einem Keller ein geheimes Bücherlager. Aber Curzon überredete den Mönch, ihn einen Vorratsraum voll leerer Einmachgefäße betreten zu lassen. »Ich nahm einem der Brüder die Kerze aus der Hand (sie waren uns alle gefolgt, da sie nichts anderes zu tun hatten) und entdeckte eine schmale, niedrige Tür, drückte sie auf und betrat ein Kämmerchen, dessen Steingewölbe zwei oder mehr Fuß hoch mit losen Blättern jener syrischen Handschriften gefüllt war, die nun einen der Hauptschätze des British Museum darstellen.«

Als Curzon seine Klostertour fortsetzte, tauschte er Halstuch und Gehstock gegen »die langen Gewänder eines orientalischen Kaufmanns«, gab sich aber nicht der Illusion hin, dass seine Verkleidung ihm eine gewisse Unauffälligkeit verlieh. »Da waren meine Diener, bis an die Zähne bewaffnet und mit alten Büchern beladen, und allesamt waren wir von Kopf bis Fuß mit Schmutz und Wachs bedeckt, sodass wir weniger friedlichen Menschen glichen, die sich dem Studium der Literatur widmeten, sondern eher wie Schornsteinfeger aussahen.« In einem abessinischen Kloster betrat er die Bibliothek: »Die seltsame Tracht, die ungebärdige Erscheinung dieser schwarzen Mönche und die eigenartige Anordnung ihrer Bibliothek, ihr grober, heulender Gesang und das Scheppern ihrer Zimbeln in einem antiken Kloster am Natronsee stellten ein Schauspiel dar, wie es wahrscheinlich nur wenige Europäer erlebt haben.«

Nach dieser Handschriftenerwerbungstour machte sich Curzon zu Pferd auf nach Jerusalem. »Es ist nicht leicht, die Gefühle zu beschreiben, welche die Brust eines Christen erfüllen, wenn er nach einer langen und mühsamen Reise als Erstes diesen interessantesten und verehrtesten Ort des gesamten Erdenrunds erblickt ... Ich glaube nicht, dass irgendetwas, was wir danach sahen, einen tieferen Eindruck auf unser Gemüt machte als dieser erste Blick aus der

Ferne.« Äußerlich bewahrte Curzon allerdings inmitten des Freudentaumels seine Fassung. »Wir, die wir uns für zivilisierte und höhergestellte Wesen halten, unterdrückten unsere Ergriffenheit. Wir zeigten nicht, dass wir von ähnlichen Gefühlen bewegt wurden wie unsere barbarischen Begleiter.« Er misstraute freilich den Behauptungen der Tourismusindustrie, die rund um die heiligen Stätten entstanden war.

Ob all die geheiligten Stätten innerhalb dieser Mauern wirklich jene Orte sind, von denen die Kirchenhüter behaupten, sie wären es, oder ob sie willkürlich festgelegt wurden, um den Auffassungen einer listigen Priesterschaft zu dienen, ist eine Frage, deren Beantwortung ich anderen überlasse ... Der Hauptfehler seitens der heutigen Priester in Jerusalem entsteht aus dem Bemühen, die tatsächliche Existenz aller Dinge zu beweisen, die von Bibelforschern erwähnt werden. Sie vergessen dabei, dass durch die Jahrhunderte und die Kriegsverwüstungen viele der Stätten zerstört und verändert wurden, welche die frühen Christen ohne jegliche Schwierigkeiten wiedererkannt hätten.

Curzon verbrachte mehrere Wochen in Jerusalem, auch weil er die griechischen Osterfeierlichkeiten miterleben wollte. Er unternahm viele Ausflüge und sinnierte über die verfügbaren Reiseführer:

Zusätzlich zur Bibel, die uns in diesen heiligen Gegenden als Reiseführer beinahe genügte, führten wir einige Reiseberichte mit uns, und ich war von der Überlegenheit des Berichts des alten Maundrell* beeindruckt, denn er erzählt uns einfach, was er sah,

---

* Henry Maundrell (1665–1701) beschrieb in *Journey from Aleppo to Jerusalem at Easter A.D. 1697* seine Osterpilgerreise; der Bericht wurde 1703 veröffentlicht.

während andere Reisende ihre Erzählungen mit Ansichten und Abhandlungen beladen; statt das Land zu beschreiben, beschreiben sie lediglich, was sie davon halten. Demzufolge kann nur wenig echte Information über das, was zu sehen und zu erleben war, aus diesen Werken gewonnen werden, so eloquent und gut geschrieben manche von ihnen sind. Wir kehrten ständig zu Maundrells anheimelnden Seiten zurück, um eine klare Darstellung dessen zu erhalten, was für uns von Interesse war.

Curzon verließ Jerusalem am 6. Mai 1834, musste zuvor aber noch einen entsetzlichen Vorfall bei der Grabeskirche miterleben, bei dem eine große Menge während einer Panik niedergetrampelt wurde. »Ich sah vierhundert bemitleidenswerte Menschen, lebende und tote, die wahllos aufeinandergehäuft wurden, an manchen Stellen mehr als fünf Fuß hoch. Als die Körper davongeschafft wurden, entdeckte man viele der Toten in aufrecht stehendem Zustand.« Mitten in der Nacht sah er auf den Hof hinaus, in dem die Leichen aufgebahrt wurden. »Am Morgen war ich noch neben ihnen gegangen, lebendigen Menschen, wie ich es einer bin, und wie verändert sie nun waren! ... Wie wenig Unterschied besteht zwischen einem schlafenden und einem toten Menschen!«

Am 31. Oktober 1834 erreichte Curzon Korfu, von dort aus wurde er zum griechischen Festland, nach Igoumenitsa, gerudert; eine Gruppe Albaner (»protzten schwer mit ihren Waffen«) begleitete ihn zum Schutz gegen Piraten. Bei seiner Ankunft mietete er Packpferde, heuerte Reiseführer an und machte sich dann auf den Weg zu den Felsenklöstern von Meteora. Im Pindhosgebirge wurde die Gruppe bei Metsovo von Räubern angegriffen, die schließlich ihre Dienste als Reiseführer anboten, eine Offerte, die unter diesen Umständen höflich angenommen wurde. Als Curzon endlich Meteora erreichte, war er überwältigt. »Nichts könnte seltsamer und wunderbarer sein als diese romantische Gegend, die so anders ist als alles, was ich zuvor oder danach gesehen habe.« Die diversen Eremiten hingegen, die in den umliegenden Höhlen hausten, beeindruckten ihn weniger. »Es ist schwer verständlich, durch welche Gedankengänge sie zur Überzeugung gelangten, mittels dieses nutz- und tatenlosen Zustands ein heiliges Leben zu führen ... Sie taten rein gar nichts, was ihren Mitmenschen zugutekommen könnte.«

Curzons räuberische Reiseführer weckten die Mönche des ersten Klosters, Varlaam, mit ihren Schüssen auf. Bald darauf zeigten sich, hundert Fuß über ihnen, »Gesicht und Bart eines alten Mönchs«, der wissen wollte, um wen es sich bei diesen wilden Gestalten handele. Eine Schnur wurde herabgelassen, an der Curzon sein Empfehlungsschreiben befestigte, und dann »sahen wir ein viel dickeres Seil herabschweben, an dessen Ende sich ein Haken befand, an dem ein stabiles Netz befestigt war«. Zwei Diener wurden in dieses Netz gesetzt, »das sich ständig um sich selbst drehte, wie eine Hammelkeule auf dem Bratspieß«. Der Anblick schreckte Curzon ab, und er beschloss, stattdessen lieber die Hängeleitern hinaufzuklettern, die mit Holzpflöcken im Felshang verankert waren. Nachdem er »in der Luft gehangen hatte wie eine Fliege an der Wand«, kletterte er durch eine kleine Eisentür und süffelte bald darauf mit dem Abt Rosoglio.

Später wurde Curzon an einer Seilwinde hinabgelassen und schickte sein Gepäck zum Megálo Meteoro, dem größten Kloster, voraus. Dort wurde er in ein Netz gepackt und »langsam zum Kloster hinaufgezogen, wo mich zwei der kräftigsten Brüder durch ein Fenster hereinhievten. Nachdem ich über den Boden geschleift und entpackt worden war, wurde ich dem bewundernden Blick der gesamten ehrwürdigen Gemeinschaft dargeboten, die sich um den Kaplan versammelt hatte.« Bald darauf begann er mit der Besichtigung des Klosters und seiner Fresken, war aber von den Abbildungen »kleiner, hässlicher Heiliger, sehr haarig und sehr heilig«, nicht besonders angetan. »Diese griechischen Mönche haben eine beson-dere Vorliebe für den Teufel sowie alles Abscheuliche und Häss-liche. Ich habe nirgendwo auch nur einen einzigen gut aussehenden griechischen Heiligen gesehen.«

Nachdem Curzon mit den Mönchen zu Abend gegessen hatte – man saß auf dem Boden und benutzte die Finger –, begann er mit seinen Verhandlungen. Er bezahlte in Gold für zwei seltene byzan-tinische Evangeliare. »Bücher wie diese wären die Krönung vieler europäischer Nationalsammlungen.« Alles schien glattzulaufen, bis zwischen dem *agoumenos,* dem Abt, und dem Bibliothekar ein Streit über die Verteilung des Verkaufserlöses ausbrach. Bald »zankte sich jeder mit seinem Nachbarn, die ganze Gemeinschaft zerfiel in wü-tende Grüppchen, sie schwatzten, gestikulierten und wackelten mit ihren langen Bärten«. Schließlich setzte sich der Abt durch und ver-kündete, der Verkauf müsse rückgängig gemacht werden. Mit die-ser Entscheidung hatten die Mönche nicht gerechnet. »Sie sahen alle sehr niedergeschlagen aus ob dieser unerwarteten Beendigung des hehren Grundsatzstreits.«

Als Curzon wieder zu seinen Räubern stieß, boten sie ihm be-geistert an, zurückzueilen und die Bücher zu stehlen, aber er hielt sie davon ab. Auf dem Rückweg trennte er sich in Metsovo. Am Ende »der gefährlichsten und kürzesten Expedition, die mir das Schick-sal je beschert hatte«, langte er wieder bei der nach Korfu überset-zenden Fähre an.

Drei Jahre später, im Frühjahr 1837, kehrte Curzon zurück. Er wurde in der Empfangshalle des Palastes des Patriarchen von Kon-stantinopel vorstellig, in seiner Hand ein persönliches Schreiben des Erzbischofs von Canterbury, das ihn als geeignete Person, die Bibliotheken der Klöster von Athos aufzusuchen, empfahl. »Wer ist der Erzbischof von Canterbury?«, wollte der Patriarch wissen. Nach-dem die beiden einige Male miteinander Kaffee getrunken hatten, zeigte er sich besänftigt und stattete Curzon mit einem *firman* aus, einem offiziellen Schreiben, das sich während der gesamten Reise als sehr nützlich erweisen sollte, da es ihn hochtrabend als »Lord Robert Curzon, Mitglied eines englischen Adelsgeschlechts« vorstellte und ihm viele Türen öffnete.

Curzon stellte einen Griechen als Faktotum und Dolmetscher an (»ein hässliches, dünnes Kerlchen«), dessen rechtes Auge »auf eine seltsame Weise schief stand, die nicht dazu angetan war, Vertrauen zu erwecken«. Curzon ließ sich einen Ledergurt mit mehreren Fächern anfertigen, in denen sich Goldstücke verbergen ließen, ohne dass ihr Geklimper sie verriet. Danach war er bereit, seine Gastgeber, Lord und Lady Ponsonby von der britischen Botschaft in Therapia, zu verlassen und einen Dampfer zu besteigen, der durch die Dardanellen fuhr. Anschließend wechselte er auf ein Segelschiff, das ihn durch die Ägäis nach Limnos brachte. »Wie wenig sich doch hier in diesen Breitengraden geändert hat, seit der wackere Kapitän Iason hier auf seinem braven Schiff Argo durchfuhr.«

Nach einer kurzen, aber unangenehmen Erfahrung mit den flohreichen Betten in Limnos landete Curzon in der Nähe des größten Klosters von Athos, St. Laura, und begann seine Handschriftenjagd. Während sich sein Diener für »den berühmten Milordos Inglesis, Freund des obersten Patriarchen«, auf die Suche nach Maultieren machte, besuchte Curzon einen ehrwürdigen Eremiten, der in einem nahe gelegenen byzantinischen Turm hauste und ihm das Gefühl vermittelte, für kurze Zeit ins 12. Jahrhundert zurückversetzt worden zu sein. Die Mönche von St. Laura, von denen die meisten noch nie zuvor einen Fremden gesehen hatten, brachten ihn im Kloster unter und erlaubten ihm, die Fresken zu besichtigen, auf denen weitere haarige Heilige dargestellt waren, »alles alte Männer mit Bärten ... Diese Gestalten sind ernst und von grimmigem Antlitz, sie sehen keinesfalls so aus, als fühlten sie sich hier wohl oder heimisch. Jeder von ihnen hält ein großes Buch und vermittelt den Eindruck, dass er sich, wenn man von der Ehre, die ihm mit dieser Bürde zuteil wird, absieht, in Gesellschaft der verruchten Sünderlein und fröhlichen Schelme unten am blutroten See viel wohler fühlen würde.« Curzon genoss die Gesellschaft der Mönche, die zwar auf Fleischgerichte verzichteten, dafür aber »famose« Zecher waren. Obwohl Athos für seinen Ausschluss des Weiblichen bekannt war, der bis hinunter zu den Haustieren galt, entdeckte Curzon, als er einzuschlafen versuchte, dass dieses eherne Gesetz »von gewissen kleinen und sehr regen Kreaturen gebrochen wird, welche die Kühnheit besitzen, ihre Ehefrauen und Großfamilien in den Bereich des Klosters einzuschleusen«.

Nach dem Frühstück, das aus einer weißen Paste aus zerdrückten Knoblauchzehen, Zucker, Öl, Käsestücken »und allerlei weiteren netten kleinen Zutaten« bestand, machte sich Curzon daran, die fünftausend Bände und neuntausend Handschriften der Bibliothek von St. Laura zu inspizieren. In seinen Augen fand sich allerdings nichts Wertvolles, und so zog er weiter zum Kloster Karakallou, entdeckte dort ein loses Blatt eines Matthäus-Evangeliars und fragte den *agoumenos,* ob er weitere Handschriften erwerben könne. Der Abt wollte wissen, was um alles in der Welt er damit anfangen wolle, und Curzons Diener schaltete sich mit dem Vorschlag ein, sie wären bestimmt nützlich, um damit Marmeladetöpfe oder andere Einmachgefäße abzudecken. »›Oh!‹, sagte der *agoumenos,* ›nehmen Sie sich doch noch ein paar‹, griff ohne Umstände nach einer bedauernswerten Handschrift in Quartformat – sie enthielt die letzten Bücher des Neuen Testaments –, zückte ein Messer und schnitt damit am Ende ein Zollbreit Blätter heraus, ehe ich ihn davon abhalten konnte. Wie sich herausstellte, handelte es sich dabei um die Offenbarung des Johannes aus dem 11. Jahrhundert, die nur sehr selten in frühen griechischen Handschriften zu finden ist.«

Curzon versprach wiederzukommen, um noch einige weitere Objekte zu erwerben, und setzte seine Rundreise durch die Athos-Klöster fort. Im Kloster Xenofontos stieß er auf »ein gewaltiges Evangeliar, Quartformat sechzehn auf sechzehn Zoll, in verblassten grünen oder blauen Samt gebunden, von dem es hieß, Kaiser Alexios I. persönlich habe diese Abschrift angefertigt ... es gehörte zu den schönsten griechischen Handschriften, die ich je gesehen habe.« Fünf Stunden lang feilschte er mit den Mönchen, »am Schluss bekam ich das große Buch von Alexios I. für den Gegenwert von zweiundzwanzig Pfund ... und ertrug das Lächeln und den Spott der drei Brüder mit vollkommener Fassung; sie konnten ihr Lachen über den dummen Reisenden, den sie so übers Ohr gehauen hatten, kaum unterdrücken.« Im Kloster St. Paul entdeckte er eine illuminierte bulgarische Handschrift. »Ich hatte in der Levante kein Buch wie dieses gesehen. Ich fiel angesichts der Entdeckung eines so außergewöhnlichen Bandes beinahe die Stufen hinunter, auf denen ich hockte.« Die Mönche sagten, sie hätten keine Verwendung für alte Bücher, und fragten, ob er irgendetwas haben wollte, also bat er schüchtern um das bulgarische Manuskript. »Vielleicht die größte Unverfrorenheit, derer ich mich je schuldig gemacht habe ... ich schämte mich beinahe ... um mein Gewissen zu beruhigen, spendete ich der Kirche Geld.«

Später wurde Curzon zum Attaché der Botschaft in Konstantinopel ernannt, wo er den Posten des Privatsekretärs von Sir Stratford Canning innehatte und weiterhin Handschriften ausfindig machte und erwarb. Im Anschluss an diverse diplomatische Missionen, die zu einem Buch über Armenien führten, kehrte er nach England zurück und heiratete im Alter von vierzig Jahren. Er beschäftigte sich weiterhin mit Handschriften und wurde zum Experten auf dem Gebiet der Paläografie. Nachdem die Baronswürde auf ihn übergegangen war, galt seine Aufmerksamkeit bis zu seinem Tod im August 1873 den Familienbesitzen in Sussex und Staffordshire.

Burton als Mekka-Pilger verkleidet.

Anverwandlung

Richard Burton auf dem Weg nach Mekka

Im Jahr 1853 besuchte Richard Burton als Pilger verkleidet die heiligen Stätten des Islam, Mekka und Medina; bei seiner berühmtesten Heldentat konnte er sich seiner Vorliebe für Maskierung und Anverwandlung nach Herzenslust hingeben. Er war freilich nicht der erste englische Reisende, der diese Fahrt zu dem »geheimnisvollen *penetralia** des mohammedanischen Aberglaubens« unternahm. William Pitts aus Exeter war ihm Ende des 17. Jahrhunderts zuvorgekommen, und der Schweizer Johann Ludwig Burckhardt vollbrachte 1811 das gleiche Kunststück.

Der besondere Zauber von Burtons Entdeckungsreise liegt in der Überwindung der Gefahr mit den Mitteln der Verkleidung, allerdings haben wir nur sein Wort, dass die Täuschung ein Erfolg war. Eine Verkleidung war unbedingt notwendig, denn einem Ungläubigen, der in der heiligen Stadt angetroffen wurde, drohte der Tod. Doch das Rätsel namens Orient ist ein zweischneidiges Schwert, und so kann nicht ausgeschlossen werden, dass sein Überleben der höflichen Diskretion seiner arabischen Gastgeber zu verdanken war, die nicht verraten wollten, dass sie seinen Betrug durchschaut hatten. In späteren Ausgaben von *Personal Narrative of a Pilgrimage to Al-Madinah and Meccah*** (1855) sah sich Burton gezwungen, seine Gründe für diese Reise zu verteidigen – die Angriffe kamen allerdings meist von Christen, die darin eine Art Gotteslästerung sahen, und weniger von empörten Moslems.

★ Das Innerste eines Gebäudes, besonders bei religiösen Stätten.
★★ Die deutsche Übersetzung *Meine Wallfahrt nach Medina und Mekka* erschien 1924.

Die volle Wahrheit wird jedenfalls nie ans Licht kommen, und wir haben kaum eine andere Möglichkeit, als uns in die Hände von Burton selbst zu begeben, der Herr über seinen Reisebericht ist.

In der Einleitung zu einem postumen Nachdruck betonte seine Witwe Isabel, welch großen Wert Burton darauf gelegt habe, eine neue Persönlichkeit zu erschaffen.

Mein Ehemann hatte als Derwisch im Sindh gelebt, und diese Erfahrung war ihm sehr von Nutzen. Er befasste sich mit jedem Detail der Riten, bis er sie beherrschte, auch allen anderen Belangen schenkte er Beachtung, er ging sogar bei einem Schmied in die Lehre und lernte, Hufeisen anzufertigen und seine Pferde selbst zu beschlagen. Unter den seltsamsten und wildesten Gesellen, deren fremde Sitten er sich aneignete, lag sein Leben ausschließlich in seiner Hand; neun Monate lebte er im heißesten und ungesündesten Klima, ernährte sich von widerwärtigen Speisen. Diese Reise bedeutete die vollständige Trennung von allem, was das Leben erträglich macht, die Abwendung von jeglicher Zivilisation, von seinen üblichen Gewohnheiten – das Gehirn unter höchster Anspannung, aber er behielt stets die übernommene Rolle bei. Er liebte sie, er war glücklich in ihr, er ging darin auf. In diesem Buch erzählt er, was er tat und was er sah.

Isabel Burtons Beschreibung liefert eine Antwort auf die Frage: Warum ist er in diese Rolle geschlüpft? »Er war glücklich in ihr, er ging darin auf.« Burton war nicht der erste und sollte auch nicht der letzte Reisende sein, der tiefe Befriedigung darüber empfand, sich in einem fremden Land neu zu erfinden.

Burtons Vorbereitungen für diese Reise begannen im Herbst 1852, als er der Royal Geographical Society seine Dienste anbot, die sich nun im dritten Jahrzehnt ihres Bestehens befand und ihre Rolle als maßgebliche Koordinatorin der großen viktorianischen Expeditionen festigte. Mit typischer Überschwänglichkeit beschrieb er sein Ziel, das darin bestand, »diese Schmach des modernen Abenteurers zu tilgen, diesen riesigen weißen Fleck, der in unseren Karten immer noch Ost- und Zentralarabien kennzeichnet«. Die Ostindische Kompanie, sein damaliger Arbeitgeber, gewährte ihm keine dreijährige Freistellung für ein Unterfangen, das sie für zu gefährlich hielt. Er wurde jedoch für ein Jahr beurlaubt, um in jener Gegend seine Arabischkenntnisse zu vervollständigen, und nutzte diese Zeit auch für seine Pilgerreise nach Mekka, unterstützt von der Royal Geographical Society. Seine eigene Beschreibung zeigt, wie vielschichtig seine Beweggründe waren:

> Von der Royal Geographical Society großzügig mit Reisemitteln versehen; des »Fortschritts« und der »Zivilisation« müde; von Neugier geplagt, mit eigenen Augen zu schauen, was anderen zu hören genügt, namentlich das Seelenleben eines Moslems in einem moslemischen Land; von Sehnsucht durchdrungen, diesen geheimnisvollen Ort zu betreten, den noch kein Tourist beschrieben, vermessen, gezeichnet oder daguerreotypiert hat, habe ich mich entschlossen, in meine alte Rolle als persischer Kaufmann zu schlüpfen und den Versuch zu wagen.

Geografisch ausgedrückt lautete sein Ziel: »Die unbekannte Arabische Halbinsel durchqueren, von Medina geradewegs nach Maskat oder quer von Mekka nach Makallah am Indischen Ozean.« Es gab noch weitere, weniger vorrangige Ziele, unter anderem einen Pferdehandel zwischen Zentralarabien und Indien aufzubauen und Kenntnisse über das berühmte Leere Viertel zu erwerben, »die riesige Fläche, die auf unseren Karten als Rub al-Khali (das leere Viertel) bezeichnet wird«. Er wollte zudem einige ethnologische Hypothesen über die Herkunft der arabischen Völker überprüfen. Trotz der Unterstützung durch die Royal Geographical Society und der offiziellen Vorhaben nannte Burton sein Buch resolut *Personal Narrative,* denn »die Menschheit ist an persönlichen Erlebnissen interessiert«, und wolle gewiss erfahren, »welche Maßnahmen ich ergriffen habe, um unversehens als Orientale auf der Bühne morgenländischen Lebens aufzutauchen«. Er bemühte sich nicht, den theatralischen Aspekt der ganzen Darbietung zu verschleiern, und schloss: »Ich entschuldige mich nicht für den egoistischen Anstrich dieser Reiseerzählung.« Denn er war überzeugt, das viktorianische Lesepublikum wolle für diese Vorstellung ganz vorn im Parkett Platz nehmen.

Und so brach Richard Burton, der auf dem Titelblatt seiner Erzählung als »Lieutenant Bombay Army« firmiert, am 3. April 1853 von London nach Southampton auf. Als er sich am nächsten Tag an Bord des »prächtigen Schraubendampfers« *Bengal* der Peninsular and Oriental Company begab (er hatte seine Tirade gegen den Fortschritt bereits vergessen), war er schon in seine Rolle als »persischer Prinz« geschlüpft – die erste Verkleidung, die er vor dem Aufbruch zu seiner Pilgerreise erprobt hatte. Nach dreizehntägiger Übung war es also der persische Prinz, der in Alexandria eintraf; Burton stellte umgehend fest, dass die Verkleidung funktionierte, denn er wurde nicht wie die anderen Touristen belästigt: »Die einheimischen Knirpse verschonten mich mit den Komplimenten, mit denen Hutträger normalerweise bedacht werden.«

Burton ging unverzüglich zum Haus seines Freundes John Larking, wo er, auf einem breiten Diwan hingestreckt, zum ersten Mal die exotische Trägheit dieser neuen Welt schmeckte und versuchte, deren besondere Beschaffenheit zu beschreiben, die, so meinte er, im Wort *kaif* oder *khif* zum Ausdruck kam. Seine Definition dieses Wortes ist wichtig, denn sie zeigt, dass Burton in der arabischen Welt mit einer bereits vorgefertigten Meinung und einander widersprechenden Ansichten eintraf – Anschauungen, die das seinem Bericht zugrunde liegende Gerüst bildeten. Er gebärdete sich als Europäer, der in ein Ideal verliebt war, welches das Gegenteil der ernsthaften viktorianischen Zielstrebigkeit darstellte.

Und das ist das *kaif* des Arabers: Die Hingabe an die Sinnlichkeit, der passive Genuss bloßer Sinnesempfindungen, der angenehme Müßiggang, die träumerische Gelassenheit, das Bauen von Luftschlössern – all dies ersetzt in Asien die Lebhaftigkeit, Intensität und Leidenschaftlichkeit eines europäischen Lebens. *Kaif* entsteht aus einer munteren, beeindruckbaren, reizbaren Natur, aus erlesener Empfindsamkeit, aus einer Veranlagung zur Wollust, die den nördlichen Regionen unbekannt ist, wo das Glück an der Ausübung geistiger und körperlicher Kraft festgemacht wird. Kein Wunder, dass *kaif* ein Wort ist, das nicht in unsere Muttersprache übersetzt werden kann.

Burtons Interesse an »der Veranlagung zur Wollust« sollte ihn schließlich zum Studium und zur Übersetzung klassischer arabischer Erotika führen.

Während des einmonatigen Aufenthalts in Alexandria besuchte er Badeanstalten und Kaffeehäuser, Basare und Moscheen und verfeinerte seine Verkleidung als indischer Arzt (ein sehr erfolgreicher obendrein, hatte Burton sich doch schon immer gern auf dem Gebiet der Medizin betätigt). Am Ende seines Aufenthalts entschloss er sich schließlich, einen Wanderderwisch namens Scheich Abdullah zu verkörpern. »Keine Figur der moslemischen Welt eignet sich so gut als Tarnung wie der Derwisch ... niemand fragt ihn – den privilegierten Vagabunden – Was bringt ihn her? oder Weshalb begibt er sich dorthin?« Im britischen Konsulat bezahlte er einen Dollar für einen Pass, der ihn als »indisch-britischen Untertanen namens Abdullah« auswies, »von Beruf Arzt, dreißig Jahre alt und ohne – dies zumindest legten die vielen leeren Seiten nahe – besondere Auffälligkeiten hinsichtlich der Form von Augen, Nase und Wangen«. Der Pass wurde von den ägyptischen Behörden bestätigt. Dr. Abdullah war geboren.

Burton/Abdullah bereitete es große Freude, das Kostüm und die Habseligkeiten zu beschreiben, mit denen er für die Eröffnungsszene auf die Bühne trat.

Das silberbeschlagene Reisenecessaire wird hier durch ein Lumpenbündel ersetzt, das ein *miswak* [ein Zweig des Miswakbaums wird an einem Ende so lange gekaut, bis dieses ausgefranst ist und als Zahnbürste verwendet werden kann], ein Stückchen Seife und einen (hölzernen) Kamm enthielt, denn Knochen oder Schildpatt wären aus religiöser Sicht nicht korrekt. Meine Garderobe war ebenso schlicht, ein, zwei Garnituren zum Wechseln. Das einzige Stück Geschirr stellte ein *zemzemiyah* dar, ein Wasserbeutel aus Ziegenhaut, der, besonders in neuem Zustand, seinem Inhalt eine rostige Farbe und einen gesunden, wenn auch nicht sehr verführerischen Geschmack gegerbter Gelatine verleiht ... Ein grober Teppich verkörperte Bett und Möbelbestand und diente neben seiner Funktion als Liegestatt auch als Stuhl, Tisch und Kapelle –; ein baumwollgefülltes Chintzkissen, eine Decke gegen die Kälte und ein Laken, das als Zelt und in heißen Nächten als Moskitonetz verwendet wurde ... ein riesiger Baumwollschirm orientalischer Machart, in leuchtendem Gelb, erinnerte an eine übergroße Butterblume ... ein umfangreiches Nähetui ... es bestand aus einer sorgsam beschmutzten kleinen Segeltuchrolle, ausstaffiert mit Nadel und Faden, Schusterwachs, Knöpfen und ähnlichen Dingen ... Ein Dolch, ein Messingtintenfass, ein am Gürtel getragener Federhalter und eine gewaltige Gebetskette, die im Notfall auch als Verteidigungswaffe eingesetzt werden konnte, vervollständigten meine Ausstattung.

Eine baumwollene Geldbörse enthielt Silberstücke und Kleingeld (Letzteres war wichtig, um einen gewissen Wohlstand zu signalisieren). »Mein Gold, ich trug fünfundzwanzig Sovereigns bei mir, und meine Papiere befanden sich in einem breiten Ledergurt, der zu einer maghrebinischen Tracht gehörte und unter der Kleidung um die Taille gebunden wurde ... Ein Paar gewöhnlicher arabischer *khurjin,* Satteltaschen, enthielt meine Garderobe, das zusammengerollte ›Bett‹ und die Reiseapotheke, eine erbsengrüne, mit roten und gelben Blumen bemalte Truhe, die stabil genug war, um täglich zwei Stürze vom Kamelrücken zu überstehen.«

Ende Mai bestieg der gut gerüstete Dr. Abdullah einen Nildampfer Richtung Kairo. Er reiste Deckklasse, und als Moslem war ihm das höchst ansprechende Essen der Ungläubigen verwehrt. »Also hockte der Derwisch abseits, paffte unausgesetzt ... er trank das schlammige Kanalwasser aus einem Ledereimer, und er mampfte sein Brot und seinen Knoblauch mit verzweifelter Scheinheiligkeit.« Die ägyptische Landschaft, die ihn an den Sindh erinnerte, langweilte Burton; zudem hatte eine Vielzahl von Reisebeschreibungen »uns mit allem bereits vertraut gemacht« und verwehrte so einen frischen, unvoreingenommenen Blick. Selbst die Pyramiden »rufen nur die Bemerkung hervor, wie bemerkenswert gut sie auf den Zeichnungen getroffen sind«.

An Bord traf Burton einen Inder namens Miyan Khudabakhsh, der ihn einlud, nach der Ankunft in Kairo, die in drei Tagen anstand, bei ihm zu wohnen. »Mein Gastgeber«, berichtete er, »war ein zivilisierter Mann geworden, der auf Stühlen saß, mit der Gabel aß, sich über europäische Politik unterhielt und Unabhängigkeit, das Konzept der Unabhängigkeit! bewunderte, wenn nicht gar verstand

– und war ich nicht genau vor all diesen Dingen geflüchtet?« Und weiter: »Von allen Orientalen ist der Inder der unangenehmste Begleiter für den Engländer. Wie der Fuchs in der Fabel schmeichelt er zu Beginn im Übermaß, dann geht er allmählich zu ungezwungener Freundschaft, zu lästiger Vertraulichkeit und schließlich zu beleidigender Unhöflichkeit über, was schlussendlich dazu führt, dass der ›Zorn des britischen Löwen‹ geweckt wird.«

Diese Betrachtungen regten Burton an, über die Lage der britischen Großmacht in Indien nachzudenken. Er schätzte, die britische Herrschaft sei zwar in den drei Regierungsbezirken Bombay, Madras und Bengalen beliebt, aber andernorts würde die Bevölkerung eine Veränderung begrüßen, »und wie könnten wir auch hoffen, dass es anders wäre – wir, eine Nation von Fremden, die den Sitten und der Religion Indiens verständnislos gegenübersteht und selbst während ihrer Anwesenheit in diesem Land kein Interesse daran aufbringt. Wann hätte sich in der Geschichte der Menschheit eine derartige Fremdherrschaft jemals großer Beliebtheit erfreut?« Derartige Kommentare zeigen die tiefe Gespaltenheit Burtons, die eigenartige Mischung aus Fortschrittlichkeit und Rückwärtsgewandtheit, Einfühlsamkeit und Begriffsstutzigkeit; teilweise öffnete er sich dem Gesehenen, doch gleichzeitig war er in seiner Dauerrolle als Angehöriger der viktorianischen Herrschaftsschicht gefangen. Er war sich bewusst, dass er als Brite eine den anderen Erdbewohnern überlegene Stellung innehatte, fühlte aber zugleich die damit verbundene Distanz zum Rest der Welt, seine Andersartigkeit. »Ich bin überzeugt, die indischen Eingeborenen bringen einem Europäer, der freundschaftlich mit ihnen verkehrt, ihre Sitten, Gebräuche und ihren Kleidungsstil annimmt, keinen Respekt entgegen.«

Als Nächstes zog Burton in eine *wakalah*, Karawanserei, wo er auf einen anderen Bekannten von der Nilfahrt traf, einen Händler aus Alexandria namens Hadschi Wali, der ihm einige wertvolle Ratschläge zur Vervollkommnung seiner Verkleidung gab: weg mit der weiten blauen Hose, dem kurzen Hemd und dem Umhang, die ihn als Perser kennzeichneten, und hinein in das Gewand eines Afghanen oder Paschtunen. Er gab nun vor, seine afghanischen Eltern hätten sich in Indien niedergelassen, wo er auch geboren sei, seine Ausbildung habe er in Rangun erhalten und sei nun angehalten, ein wenig durch die Welt zu streifen. »Um die Figur überzeugend darstellen zu können, waren Kenntnisse des Persischen und Arabischen sowie Hindustani nötig, alle drei Sprachen beherrschte ich ausreichend genug, um keinen Verdacht zu erregen. Jede Ungenauigkeit würde auf meinen langen Aufenthalt in Rangun zurückgeführt werden ... Ich nahm die geschmeidige Art eines indischen Arztes an, kleidete mich wie ein nicht ganz so bedeutender Effendi, ließ aber immer noch den Derwisch durchschimmern und besuchte häufig die Versammlungsorte der Derwische.«

Er übte rund um die Karawanserei seine ärztliche Tätigkeit aus, suchte sich unter dem Vorwand, als indischer Arzt müsse er arabische Texte über Heilkunde lesen können, einen Arabischlehrer. Als Ende Juni Ramadan vorüber war, erwarb er ein Pilgergewand, besorgte sich Vorräte und Reisedokumente und machte sich mit seinem Diener auf zwei gemieteten Dromedaren auf nach Suez. Nach dem lebhaften Treiben von Kairo waren die Kargheit und die Stille der Wüste, die »traumhafte Einsamkeit dieses Ortes«, wunderbar erholsam.

Die Wildheit und Erhabenheit der umliegenden Landschaft wecken alle Seelenkräfte ... Dein Verhalten wendet sich zum Besseren: du wirst offen und herzlich, gastfreundlich und zielstrebig; die scheinheilige Höflichkeit und Sklaverei der Zivilisation wurden in der Stadt zurückgelassen. Die Sinne sind geschärft ... Du wirst von leidenschaftlicher Freude am bloßen Dasein ergriffen ...

Und glaubt mir, edle Leser, wenn Eure Sinne erst einmal von der Beschaulichkeit einer solchen Reise erfüllt sind, wird die Rückkehr in das Getümmel der Zivilisation voll schmerzlicher Pein sein. Die Luft der Stadt wird Euch ersticken, und die verhärmte und leichenblasse Erscheinung der Einwohner wird Euch wie ein Vorgeschmack des Jüngsten Gerichts erscheinen.

Bei der Ankunft in Suez am nächsten Abend schmerzten Burtons Knochen von dem vierundachtzig Meilen langen Ritt auf dem Kamel, und er beklagte »meine Degeneration und die üblen Auswirkungen eines vierjährigen Aufenthalts in Europa«, ein weiterer Beleg dafür, dass diese Pilgerreise hauptsächlich als Suche nach einem Gegenmittel zu den Übeln der modernen Zivilisation zu begreifen ist. Nach langwierigen Verhandlungen in Suez, bei denen Abdullah der Derwisch sich beinahe verraten hätte, weil seine Reisebegleiter einen Blick auf seinen Sextanten – ein westliches Instrument – erhaschen konnten, und George West, ein britischer Konsularbeamter, Burtons Verkleidung durchschaute und seine Reisedokumente diskret in Ordnung brachte, bestieg Burtons Gruppe am 6. Juli 1853 die *Golden Thread.* Auf dem Schiff wimmelte es nur so von nordafrikanischen Pilgern, die an Bord kletterten »wie Ameisen in eine indische Zuckerschale« und einander den Platz streitig machten. Burton gab einem Matrosen Geld und erhielt die Erlaubnis, ein an der Schiffsseite befestigtes Bettgestell zu benutzen, und vermied somit die Hölle der überfüllten Kabine.

Als das Schiff lossegelte, dachte er wehmütig über die britische Fahne nach, die auf dem Dach des Konsulats von Suez wehte.

Doch das momentane Bedauern wurde von dem Herzklopfen, das ein bevorstehendes Abenteuer hervorruft, und der echten Freude, Ägypten zu verlassen, erstickt. Ich hatte wie ein Fremder in diesem Land gelebt, und es war ein unglückliches Leben gewesen: In den Straßen war jedes Gesicht, das den Perser anblickte, ein feindliches Gesicht. Wann immer ich mit eingeborenen Beamten zu tun hatte, prägte Anmaßung die Begegnung, und der Umstand, in Rufnähe meiner Landsleute zu leben und trotzdem nicht ihre Gesellschaft genießen zu können, wirft immer noch einen Schatten auf die Erinnerung an meine erste Reise durch Ägypten.

Nach zwölf Tagen auf See erreichte Burton Yanbu al-Bahr, den Hafen von Medina, und begann sogleich, um Kamele zu feilschen. Die Pilger trugen stets einen *hamail,* einen kleinen Koran, bei sich, der mit roten Schnüren auf der linken Schulter befestigt wurde. Burton trug eine Nachahmung dieses Behältnisses, das drei Fächer aufwies, eines für Uhr und Kompass, das zweite für Bargeld und das dritte enthielt Federmesser, Bleistifte und Papierstücke, die klein genug waren, dass er sie in der Handfläche verbergen konnte. Es empfahl sich nicht, beim Zeichnen erwischt zu werden, vor allem nicht in Gegenwart von Beduinen, die den Zeichner verdächtigen würden, »ein Spion oder Zauberer« zu sein. In Kairo hatte Burton sich ein Notizbuch anfertigen lassen, eine schmale, lange Kladde, die er in seiner Brusttasche verstecken konnte und in die er seine Notizen eintrug, zuerst auf Arabisch und später, als diese Vorsichtsmaßnahme nicht notwendig erschien, auf Englisch. Er führte ein ägyptisches Messingtintenfass und englische Tinte – diese war wasserresistenter – mit sich. »Aus Gründen der Umsicht schnitt ich, wenn die Zeichnungen fertig waren, das Papier in Quadrate, nummerierte diese, damit sie später wieder zusammengesetzt werden konnten, und verbarg sie in den Blechbüchsen, die meine Arzneien enthielten.«
    Bewaffnet setzte sich Burtons Gruppe in der Abenddämmerung auf zwölf Kamelen in Bewegung, die zwei Meilen pro Stunde bewältigten; die Sorge, angegriffen zu werden, machte die Männer ner-

vös. Die erste Etappe ihrer Reise in Richtung Osten ging über Bir Abbas, sie erlebten den Angriff bewaffneter Beduinen sowie extreme Hitze und erreichten am 25. Juli Medina, wo sie, nach Tagen in der erbarmungslosen Wüstenlandschaft, die Gärten und Obstplantagen der Stadt besonders genossen. Burton war in dem Haus von Scheich Hamid untergebracht, der sich der Gruppe in Suez angeschlossen hatte, und begann vorsichtig seine religiösen Beobachtungen. Zuvor hatte er sich am Fuß verletzt, und die Wunde verursachte große Schmerzen. Auf einem Esel – »der Rücken war wundgescheuert, ein Bein war lahm und ein Ohr fehlte« – ritt er zum Grab des Propheten. Von der Moschee, einer der drei heiligsten Stätten des Islam, war er freilich nicht sonderlich beeindruckt, er fand sie »gewöhnlich und geschmacklos«. Auch wurde ihm der Zutritt zum Grab verweigert. »Es ist so anders als die Moschee von Mekka, die gewaltig, schlicht und der Ausdruck einer erhabenen Idee ist. Je länger ich das Grab betrachtete, desto mehr kam es mir wie ein zweitklassiges Museum vor, ein Antiquitätenladen, voller Ornamente, die sich in den Vordergrund drängen, ausgestattet mit armseligem Prunk.«

Am 28. August, einem Sonntag, traf eine große Karawane aus Damaskus ein, und Burton war von »der Lebhaftigkeit, der Vielfalt und dem höchst malerischen Anblick« der rasch entstehenden Zeltstadt gefesselt. »Edle alte Araberscheiche aus der Sippe der Hamidah ... führten den *arzah,* einen Kriegstanz, auf ... schossen mit ihren Entenflinten in die Luft oder bliesen das Schießpulver in die Waden der vor ihnen Stehenden, schwenkten ihre Schwerter, sprangen wie wild hin und her, während ihre leuchtenden Gewänder im Wind flatterten, warfen ihre langen, mit Straußenfedern geschmückten Speere in die Höhe, und es war ihnen völlig gleichgültig, wo diese wieder herunterkamen.« Burton war beeindruckt von der religiösen Inbrunst der Pilger, und nachdem er das nahegelegene Schlachtfeld von Uhud besucht hatte, wo der Aufseher heftig mit seinem Schlüsselbund rasselte, »um die Seelen der Märtyrer, die sich gerade in ›spirituellem Austausch‹ befanden, vor den herannahenden weltlichen Augen« zu warnen, erklärte er bewundernd: »Welche grandiosen Vorstellungen diese phantasievollen Araber haben!« Im Gegensatz dazu erschienen ihm der europäische Aberglauben und »Kindereien wie Hellseherei und Tischrücken« geradezu banal.

Burton hatte ursprünglich gehofft, nach Maskat weiterzureisen, doch seine einjährige Beurlaubung neigte sich ihrem Ende zu – er sollte vor Ende März 1854 wieder bei der Bombay Army antreten –, und deshalb machte er sich mit der Damaszener Karawane am 28. August auf den Weg nach Mekka. »Ich hatte Grund, mir zur Überwindung der ersten Gefahrenhürde zu gratulieren. Mekka liegt so nahe an der Küste, dass der Reisende im Falle einer Entlarvung in ein paar Stunden nach Dschidda fliehen könnte, wo er einen englischen Vizekonsul, Schutz durch die türkischen Behörden und wahrscheinlich einen britischen Kreuzer im Hafen vorfände. Aber in Medina hätte eine Entdeckung weitaus ernstere Folgen. Das nächste Risiko stellte die Reise zwischen diesen beiden Städten dar, während derer es den örtlichen Beamten ein Leichtes wäre, eine verdächtige Person loszuwerden – indem sie einem Beduinen einen Dollar in die Hand drückten.«

Burton benutzte die »östliche Straße«, die Darb al-Sharki, eine Route, die seiner Meinung nach noch kein Europäer zuvor eingeschlagen hatte. »Der Anblick der über die glatte Fläche der *khabt* [Ebene] kriechenden Karawane war eindrucksvoll. Das Auge erblickte mindestens 7000 Seelen, zu Fuß, zu Pferd, in Sänften oder rittlings auf prächtigen syrischen Kamelen.« Die Pilger teilten sich in acht verschiedene Abstufungen auf: »Die Niedrigsten von ihnen humpelten an schweren Stöcken ... nur die Reichen und Vornehmen sah man in *takhtrawans* (Sänften), die von Kamelen oder Maultieren getragen wurden ... Die Morgenstrahlen fielen hell ... auf die scharlachroten und vergoldeten Sänften der Granden. Die wundersame Vielfalt der Einzelheiten machte keinen geringen Teil der Schönheit des Anblicks aus: Kein Mann war wie sein Nachbar gewandet, kein Kamel, kein Pferd trug die gleiche Schabracke.«

Zu seiner großen Enttäuschung musste er in der Kühle der Nacht reisen, was bedeutete, dass er nicht sehr viel zu sehen bekam. Auch wenn Burton die Beduininnen unattraktiv fand, bewunderte er doch die edle Schlichtheit dieses Volkes, die einen so großen Kontrast zu den Übeln des dekadenten Westens darstellte.

Die Sitten der Beduinen sind freizügig und schlicht; »Vulgarität« und Geziertheit, Verlegenheit und Betretenheit sind Unkräuter der zivilisierten Vegetation, dem Volk der Wüste unbekannt ... Der wahre Beduine ist ein mäßiger Mensch, fähig, sechs Monate lang täglich nur von zehn Unzen Nahrung zu leben. Die Milch eines einzigen Kamels, eine Handvoll getrockneter oder in geklärter Butter gerösteter Datteln genügen seinen Bedürfnissen. Er verachtet die Korpulenten und alle, die regelmäßige und reichliche Mahlzeiten benötigen, schläft auf einer Matte und kennt weder Luxus noch Bequemlichkeit, friert ein Viertel des Jahres und wird während der restlichen drei geröstet.

Überdies war die Erfahrung des Wüstenlebens notwendig, um das Wesen der arabischen Kunst und Kultur zu verstehen. »Ich kann die Wirkung der arabischen Poesie nur schlecht jenen vermitteln, welche die Wüste noch nicht bereist haben. Neben der Pracht der Worte und ihrem musikalischen Klang schwingt darin noch eine Verträumtheit, verhüllt ein Nebel den besungenen Gegenstand – alles unendlich reizvoll, aber unbeschreiblich.« Doch die Wüste war ein Ort, der »nur von Echos bevölkert ist – eine Wildnis, in der, um die Worte meines

Begleiters zu gebrauchen, nichts existiert außer Ihm. Die Natur, skalpiert, gehäutet, bot dem Auge des Betrachters ihre Anatomie dar.«

Burton näherte sich nun seinem letzten Reiseziel, El Zaribah.

Nachdem wir das Zelt aufgeschlagen, gegessen und geschlafen hatten, bereiteten wir uns auf die Zeremonie des *ihram* (das Anlegen des Pilgergewandes) vor, da El Zaribah der *mikat,* der dafür vorgesehene Ort ist. Zwischen Mittags- und Nachmittagsgebet besuchten wir einen Barbier, der unsere Köpfe rasierte, unsere Nägel und Schnurrbärte schnitt. Nachdem wir gebadet und uns parfümiert hatten – Letzteres eine fragwürdige Handlung –, legten wir das Gewand an, das lediglich aus zwei neuen Baumwolltüchern besteht, jedes sechs Fuß lang, dreieinhalb breit, weiß, mit schmalen roten Streifen und Fransen ... wir hatten uns mit dem Gesicht gen Mekka aufzustellen und laut zu sagen, »ich bringe diesen Hadsch (Pilgerreise) und diese *umrah* (kleine Pilgerreise) Allah dem Allmächtigen dar.«

Dann erhielten die Pilger Anweisungen. »Wir hatten das Leben zu ehren, indem wir vermieden, Tiere zu töten, sie in die Flucht zu schlagen oder sie selbst vernichten zu wollen; wir sollten uns nur mit der Handfläche kratzen, außer es galt, Ungeziefer zu vernichten oder ein Haar auszureißen. Wir hatten diesen heiligen Ort zu achten, indem wir die Bäume verschonten und keinen einzigen Grashalm ausrupften ... Für jede Verletzung dieser Gesetze hatten wir ein Schaf zu opfern.«

Kurze Zeit später, um ein Uhr morgens, wurde Burton von »Mekka, Mekka!«-Schreien geweckt, und er betrat die Stadt am Morgen des 11. September 1853, einem Sonntag, einen Tag vor dem offiziellen Beginn der Pilgerreise. »Das Haus Allahs ist von meinen Vorgängern so hinreichend beschrieben worden«, teilt er seinen Lesern ziemlich entwaffnend mit, »dass nur wenig Anlass besteht, ein weiteres Porträt anzufertigen.« Freilich beschreibt er, wie er in der Morgendämmerung sein Pilgergewand anlegt und das Heiligtum durch den nördlichen Haupteingang betritt, um das letzte und wichtigste Objekt dieser Sinnsuche zu betrachten.

Dort schließlich lag es, das Ziel meiner langen und ermüdenden Pilgerfahrt, an welchem sich die Pläne und Sehnsüchte von so manchem Jahr verwirklichten. Ein eigentümlicher Zauber umhüllte den riesigen Katafalk und sein dunkles Leichentuch. Hier gab es keine gewaltigen und ehrwürdigen altertümlichen Ruinen wie in Ägypten, keine Überreste anmutiger und harmonischer Schönheit wie in Griechenland und Italien, keine barbarische Pracht wie bei den Gebäuden Indiens, und doch war der Anblick ungewöhnlich, einmalig – wie wenige haben den berühmten Schrein geschaut! Ich kann wirklich behaupten, dass von den vielen Andächtigen, die sich weinend an den Vorhang schmiegten oder ihre pochenden Herzen an den Stein drückten, keiner in diesem Augenblick tiefere Gefühle empfand als der Hadschi aus dem fernen Norden. Es war, als ob die poetischen Legenden der Araber die Wahrheit gesprochen hätten, als ob rauschende Engelsflügel und nicht die linde Morgenbrise die schwarze Bedeckung des Schreines flattern ließen. Doch, um in aller Demut die Wahrheit zu gestehen, das Gefühl der anderen Pilger war eines der höchsten religiösen Verzückung, meines jedoch die Ekstase eines befriedigten Stolzes.

Burton gab unumwunden zu, dass sich seine Motive von denen der echten Pilger unterschieden, und seine Aussage, dass diesen umvölkerten Schrein nur »wenige geschaut« hätten, unterstreicht seinen eurozentrischen Blick auf das Ganze – solange ein Gegenstand nicht von einem britischen Reisenden geschaut (»entdeckt«) wurde, existierte er nicht wirklich.

Pflichtbewusst absolvierte Burton seine Pilgerrituale wie etwa das siebenmalige Umkreisen der Kaaba, obwohl es ihm erst gelang, sich durch die Menschenmassen zu dem schwarzen Stein zu drängen, um diesen zu berühren, als sein Diener ihm den Weg freischlug. Am Ende dieser Pilgerstation, bekannte Burton, habe er die Moschee »völlig ausgelaugt mit verschmorten Füßen und glühend heißem Kopf« verlassen. Als er später im Mondlicht zum »Nabel der Welt« zurückkehrte, beeindruckte ihn die ernste Feierlichkeit. »Vor uns erhob sich ein einmaliges Gebilde – der Tempel des Einen, des Gottes von Abraham, von Ismael und ihren Nachkommen. Erhaben war dieses Gebäude und drückte jenseits aller Beredsamkeit und Phantasie die Großartigkeit der einen Idee aus, die al-Islam belebt und seine Anhänger stark und standhaft hält.«

Burton besuchte die verschiedenen Schreine und vollzog die notwendigen Rituale, wie die Steinigung des Teufels (wo er von einer schönen achtzehnjährigen Pilgerin, die er »Flirtilla« taufte, abgelenkt wurde). Er hatte seine Heldentat vollbracht, und es war Zeit, nach Indien zurückzukehren (obwohl er lieber noch länger durch diese Gegend gereist wäre). Er bewältigte die sechsundvierzig Meilen von Mekka nach Dschidda in einem elfstündigen Eselsritt, schoss über die Ebene »wie ein aus seinem Kerker befreiter Gefangener«. In Dschidda fühlte er sich wohl, »denn die britische Fahne und der Anblick des Meeres wirkten wie ein Stärkungsmittel«, und hier »endeten meine Wallfahrten«. Erschöpft ging er an Bord der nach Suez fahrenden *Dwarka*.

Burton hatte mit seinen Verkleidungen jedoch noch nicht abgeschlossen, und in seinem Kopf formte sich bereits der Gedanke, in eine andere verbotene Stadt einzudringen.

Phantastische Geschichten

William Palgrave in Arabien

Die Vermutung vieler Menschen rund um den Erdball, der viktorianische Reisende, der ihnen einen Besuch abstattete, sei ein Spion gewesen, ist auf den ersten Blick nicht ganz unbegründet. Reisende wie Richard Burton gaben den militärischen Nutzen ihrer Reisen recht freimütig zu, und die Kenntnisse, die von manch einem Reisenden in entlegenen und politisch stürmischen Ecken der Welt gesammelt wurden, kamen der Maschinerie des Imperialismus zugute. Ohne diese unterschwellige Erwartung, an fremden Orten auf Ränkespiele zu stoßen, würde zum Beispiel Kiplings *Kim* viel von seinem Reiz einbüßen – jedem gefällt die Vorstellung von einem Spion im heißen Wüstensand. Jedoch waren nicht alle Reisende Spione, und ein Mann oder eine Frau mit einem Notizbuch konnte genauso gut einfach nur die Zeichnung einer assyrischen Ruine oder einer Gruppe Bauern anfertigen.

Ein Reisender, der als Agent (ursprünglich der Franzosen) in Ägypten und später offiziell als britischer Diplomat tätig war, war William Gifford Palgrave. In den frühen 1860er Jahren unternahm Palgrave in Verkleidung eine gefährliche und bahnbrechende Reise durch die arabische Wüste und veröffentlichte seine Erlebnisse 1865 unter dem Titel *Narrative of a Year's Journey through Central and Eastern Arabia.** Die Wahrhaftigkeit seines Werkes ist von einigen angezweifelt worden, aber es bleibt einer der ersten wichtigen britischen Reiseberichte des 19. Jahrhunderts über diese Region.

---

* Die deutsche Übersetzung *William Palgrave's Reise in Arabien* erschien 1867.

Palgrave wurde 1826 in London geboren und erhielt seine Ausbildung in Charterhouse und am Oxforder Trinity College. Nach Abschluss des Studiums ging er 1846 nach Indien und wurde 1847 Lieutenant im 8. Bombay Native Infantry Regiment. Zwei Jahre später konvertierte er zum Katholizismus (seine Vorfahren gehörten dem jüdischen Glauben an) und trat in das Jesuitenkolleg in Madras ein, arbeitete bis 1853 als Jesuitenmissionar und ging dann zum Studium nach Rom. Zwei Jahre später wurde er nach Syrien versetzt, arbeitete dort als Missionar und zeichnete für viele Konversionen verantwortlich – ein Erfolg, der viktorianischen Missionaren nicht immer beschieden war. Er war in Zahlé stationiert und kam bei den Massakern, welche die Drusen unter den Christen 1860/61 anrichteten, beinahe ums Leben; über diese Vorkommnisse verfasste er 1861 sein erstes Buch. Er wurde dann französischer Spion und versuchte von Ägypten aus, eine französische Invasion Syriens vorzubereiten; 1862 unternahm er seine Reise nach Arabien. Palgraves langer Aufenthalt in dieser Gegend trug ebenso wie seine Verkleidung zu dem Erfolg der riskanten Unternehmung bei.

Im Vorwort zu *Narrative of a Year's Journey* behauptete Palgrave, seine Reise habe er »eher zu Zwecken der Beobachtung« unternommen »denn mit dem Ziel, einen Bericht zu veröffentlichen«. Er gab zu, die »Verkleidung als Eingeborener« sei bei der Durchführung wissenschaftlicher Recherchen von Nachteil, da er keinesfalls beim Hantieren mit Messinstrumenten ertappt werden durfte. Schlimmer noch: »Manchmal konnte ich mir keine einzige Notiz machen, geschweige denn einen Zeichenblock oder eine Fotokamera zücken, wie lieblich die Landschaft oder verlockend die Sonne auch war.« So wurde hauptsächlich das Wort zum Dokumentationsmittel.

Auf der anderen Seite verhalfen mir viele Jahre im Orient, in der Tat die besten meines Lebens, zu einer derartigen Vertrautheit mit dem Arabischen, bis es mir beinahe zur Muttersprache wurde, und zu großem Wissen über die Gewohnheiten und Gebräuche der »semitischen« Völker, und so wurden zu einem gewissen Grad die zuvor aufgezählten Nachteile aufgewogen. Zudem waren eher die Menschen denn das Land mein hauptsächliches Forschungsobjekt. Meine Aufmerksamkeit richtete sich mehr auf die moralischen, intellektuellen und politischen Gegebenheiten Arabiens als auf die landschaftlichen Besonderheiten, die von großem, für mich allerdings geringem Interesse waren.

Palgrave war ein nachdenklicher Analytiker. Sein eigene komplexe Persönlichkeit (nach seiner Konversion zum Katholizismus nahm er wieder den Familiennamen Cohen an) half ihm bei der Bewältigung der Schwierigkeiten, mit denen er in dieser Region konfrontiert wurde, einer Region, die in seinen Augen von anderen Schriftstellern nicht angemessen verstanden worden war – nicht zuletzt weil sie den romantischen Verzerrungen des Orientalismus erlegen waren. Für seine Erforschung Arabiens hatte er sich ein sehr ehrgeiziges Ziel gesetzt.

Die Hoffnung, irgendetwas zu dem dauerhaften sozialen Wohlergehen dieser weiten Regionen beitragen zu können, der Wunsch, die stagnierenden Gewässer des orientalischen Lebens mit dem belebenden Strom des europäischen Fortschritts in Berührung zu bringen, vielleicht die natürliche Neugier, dem Unbekannten zu begegnen, und ein bei Engländern nicht selten vorkommender Unternehmungsgeist waren die hauptsächlichen Beweggründe. Der Autor könnte noch hinzufügen, dass er zu jener Zeit, als er die Reise unternahm, in Verbindung mit dem Jesuiten-Orden stand, der in den Annalen philanthropischer Unternehmungen eine wichtige Stelle einnimmt, und er gesteht dankbar, die für die

Reise unentbehrlichen Geldmittel von dem gegenwärtigen Kaiser der Franzosen erhalten zu haben. Es ist eine Sache von höchster Wichtigkeit, dass wir uns von jenen Nationen eine zutreffende Vorstellung machen, mit denen der Lauf der Geschichte uns mehr und mehr in Berührung bringen wird und deren künftige Geschicke die Vorsehung selbst anscheinend in keinem geringen Maße in unsere Hände gelegt hat. Über unsere Mitmenschen im Morgenland herrschen im Westen bedauerlicherweise noch immer sehr irrige Vorstellungen, an denen zum Teil falsche Beobachtungen und vielleicht auch Vorurteile jener Reisenden schuld sind, die zu sehr mit ihren eigenen Gedanken und Einbildungen beschäftigt waren, um die Geisteshaltung und die Sitten anderer Völker als des eigenen würdigen oder gar verstehen zu können; zudem warf zuweilen eine erregte Phantasie ein schillerndes Licht auf den verwelkten Orient. Mein Bestreben ist also darauf gerichtet, in diesem Werk eine einigermaßen treffende Darstellung der arabischen Rasse zu zeichnen – von ihren geistigen und politischen, sozialen und religiösen Verhältnissen, wie ich sie erlebt habe; sollte mir dies glücken, bin ich vollständig zufrieden.

Am östlichen Stadttor von Ma'an, heute in Jordanien gelegen, wandten am Abend des 16. Juni 1862 Palgrave und sein »junger, zäher und unternehmungslustiger«, aber nicht identifizierbarer Begleiter auf ihren langhalsigen »mageren« Kamelen ihre Gesichter gen Westen und versicherten einander: »Es ist Zeit, diese Lücke in der Karte Asiens zu füllen, und dieser Aufgabe stellen wir uns nun, entweder wird uns dieses Land, das vor uns liegt, zum Grab, oder wir werden seine gesamte Breite durchschreiten und es von Ufer zu Ufer erkunden.« Vor ihnen dehnte sich eine große Ebene aus, »geschwärzt von zahllosen Basalt- und Feuersteinen, nur an manchen Stellen glitzerten die Mondstrahlen weiß auf dem feinen Sand«. Ihr erstes Ziel war das zweihundert Meilen entfernte al-Dschauf; die Reise dorthin war gefährlich, es drohten Raubüberfälle und Wassermangel. Salim al-Atneh, der Anführer der Beduinengruppe, die sie begleitete, war eigentlich nichts anderes als ein Bandit. »Er besaß einen mageren Körper und ein dunkles Gesicht, seine schmalen, zusammengepressten Lippen ließen auf Entschlossenheit und Mut schließen, während die Ruhe seines grauen Auges eine kühle und überlegte Wesensart verriet, hinter der möglicherweise Verrat lauerte.« Diese Art der sparsamen, aber treffenden Charakterzeichnung gelang Schriftstellern wie Burton, der gern in verbalem Bombast schwelgte, oftmals nicht. Palgraves Prosa war knapper, präziser, ohne manierierte Schnörkel, und er hinterfragte gleich zu Beginn seines Berichts den sentimentalen Blick des Orientalisten auf die Beduinen. »Beispiele der kaltblütigsten Treulosigkeit sind bei diesen Nomaden durchaus nichts Ungewöhnliches ... Reisende in der Wildnis irrezuführen, bis sie von Durst und Müdigkeit erschöpft niedersinken, sie dann auszuplündern und ihrem Todesschicksal zu überlassen ist eine häufig angewandte beduinische Vorgehensweise.«

Salims Begleiter Ali und Dschordi waren ebenfalls »völlige Barbaren, sowohl hinsichtlich ihres Äußeren als auch charakterlich«, ungepflegt und schwer bewaffnet. Palgrave und sein Kompagnon waren, seit sie Gaza verlassen hatten, wie »gewöhnliche Reisende der syrischen Mittelschicht« gekleidet. »Unsere Kleidung bestand aus einer langen, robusten Bluse aus ägyptischem Hanfleinen, unter dieser trugen wir, anders als unsere beduinischen Mitreisenden, die im Orient üblichen weiten bequemen Baumwollbeinkleider; unsere schlichten bunten Kopftücher wurden mit *akkals,* Kopfbändern, befestigt, die eine gewisse Eleganz vortäuschten, die landesüblichen weiten roten Lederstiefel vervollständigten unsere Garderobe.« In den von Kamelen getragenen Reisesäcken befanden sich »weitaus elegantere Anzüge, die sorgfältig vor den Blicken der Beduinen verborgen wurden und die in bewohnteren und zivilisierteren Gegenden zum Vorschein kommen sollten«. Wie Burton gab Palgrave vor, ein reisender Arzt zu sein und behauptete zu seiner Verteidigung, eine Verkleidung sei nötig, damit der Leser »die wie auch immer geartete Befriedigung hat, unsere Reise durch diese große Halbinsel mit dem Buch in der Hand vor dem anheimelnden Kaminfeuer unternehmen zu können, und dabei weniger Gefahren ausgesetzt ist, als wir es seinerzeit waren«.

Palgrave und seine Gruppe marschierten täglich fünfzehn bis sechzehn Stunden unter der »fast senkrecht stehenden Sonne«, lediglich unterbrochen von zwei- bis dreistündigen Schlafpausen, und bald erlitt er einen Malariaanfall, der ihn drei Tage lang delirieren ließ. Ein normaler Tag begann vor dem Morgengrauen; im Laufe des Vormittags nahmen sie ein Frühstück ein, das aus einer Art Mehlkuchen bestand, der über einem offenen Feuer »halb geknetet, halb roh, halb gebacken wurde, bis er in mehr als halb verbranntem Zustand herausgenommen und von der hungrigen Bande gebrochen und in brühend heißem Zustand verspeist wurde, ehe er auskühlen und sich in eine unbeschreiblich zähe Substanz verwandeln konnte, vor der auch der begierigste Appetit zurückschreckte«. Dann setzten sie sich wieder in Bewegung, bis eine Stunde vor der Abenddämmerung das gleiche Mahl verzehrt wurde, ergänzt um ein paar getrocknete Datteln. Um Mitternacht legten sie sich »zu einem kurzen Schlummer nieder, der nur Qual, aber keine Stärkung brachte«, und machten sich dann erneut auf den Weg.

Am 23. Juni kam der Samum auf, der »tödliche Wüstenwind«, doch glücklicherweise befanden sie sich in der Nähe einiger schwarzer Nomadenzelte und drängten alle in eines dieser Zelte, was Entsetzensschreie der einzigen Bewohnerin zur Folge hatte. Bald erreichte Palgrave Wadi Sirhan, einen Landstrich, der von sehr armen Arabern bewohnt wurde. Obwohl er gastfreundlich empfangen wurde, war er nicht sehr beeindruckt. »Hier zeigte sich die menschliche Natur in ihrer beinahe niedrigsten Form.« Trotzdem, fand er, seien die Araber zumindest zur Weiterentwicklung fähig, denn er erspähte »das Fundament eines menschlichen und großzügigen Charakters, der bei Persern oder Türken höchst selten anzutreffen ist« und der unter dem »Wankelmut der an keine moralische oder physische Schranken gewöhnten Menschen« zu ahnen war. Palgrave fuhr mit seiner typisch viktorianischen Rassenspekulation fort: »Ich wünschte, dass diejenigen, die in Träumereien über das Wüstenleben schwelgen und die Beduinen und deren Lebensweise für bewunderungswürdig oder beneidenswert halten, nur drei Tage in einem Lager der Scherarat zubringen könnten und nicht durch das Medium romantischer, sozusagen a priori geschriebener Erzählungen, sondern mit eigenen Augen sehen könnten, auf welche Stufe der Entartung eine der edelsten Rassen, welche die Erde hervorgebracht hatte, unter dem Jahrhunderte währenden Einfluss des Nomadenlebens sinken konnte.«

Er behauptete, der echte Araber sei, anders als diese »entarteten« Nomadenkreaturen, von edler Rasse. »Nachdem ich auf meinen Reisen sehr verschiedene Rassen kennengelernt habe, afrikanische, asiatische und europäische, möchte ich keiner den Vorrang über die echten reinrassigen Stämme Zentral- und Ostarabiens zugestehen.« Sie hatten zwar Blut und Sprache mit den Beduinen gemeinsam: »Doch wie unendlich höher stehen sie! Der Unterschied zwischen einem groben schottischen Hochlandbewohner und einem englischen Gentleman ... kann kaum größer sein.« Wieder einmal bewahrten selbst umfangreiche Kenntnisse der arabischen Sprache und Kultur den Reisenden nicht davor, Menschen zwanghaft in Rassen und Gesellschaftsklassen einzuteilen.

Palgrave reiste weiter durch die Wüste nach al-Dschauf – »unser erster Wechsel von Wüste zu arabischen Siedlungen« –, eine Art

Oase, die sich zwischen der nördlichen Wüste und der südlichen Sandöde befand. Einmal mehr erfüllten die Einheimischen seine Vorstellungen nicht. »Sowohl hinsichtlich der Manieren als auch der Lebensform bilden die Honoratioren von al-Dschauf eine Kategorie, die zwischen den Beduinen und den Bewohnern zivilisierter Landstriche steht. Folglich teilen sie die Abneigung des Nomaden gegen handwerkliche Tätigkeiten, seine Gleichgültigkeit gegenüber Gelehrsamkeit, seinen Wankelmut und auch seine Hinterlist.« Palgrave betonte die Großzügigkeit der Araber und erklärte sie in ihrer edelsten Erscheinungsform aufgrund der Freiheitsliebe, des Handelsgeschicks und der Verachtung aller engstirnigen Gesetze und Regularien zu den »Engländern der orientalischen Welt«. Er gab allerdings düster zu bedenken, dass durch das mangelnde westliche Verständnis für diese Weltregion Probleme entstehen könnten. »So wenig werden das Morgenland und seine Bewohner vom Westen verstanden ... dass ich es nicht für wahrscheinlich halte, ein tief greifender moralischer oder religiöser Wandel in Arabien oder irgendwo sonst in Asien, der durch europäische Kräfte herbeigeführt wird, könnte anderes als eine Wendung zum Schlechteren bedeuten.«

Nach dreiwöchigem Aufenthalt in al-Dschauf reiste Palgrave weiter, nicht ohne vorher eine kurze Entschuldigung abzugeben. »Meine Leser werden bereits bemerkt haben, dass meine Erzählung der Reise, die sie beschreibt, ähnelt – sie ist voller Abzweigungen und Umwege.« Palgrave betrat die Wüste Nefud zur falschen Jahreszeit – im Hochsommer –, und selbst die Beduinen verloren ihre übliche »wilde Fröhlichkeit«, als sie immer tiefer in das Gebiet eindrangen.

Wir durchquerten nun ein ungeheures Meer aus lockerem, rötlichem Sand – weiter, als das Auge sehen konnte –, der zu riesigen Bergen aufgehäuft war, welche parallel zueinander von Norden nach Süden laufen, ein Wellenkamm nach dem anderen, jeder im

Durchschnitt zwei- bis dreihundert Fuß hoch, mit schrägen Seitenflächen und abgerundeten Rücken, die kreuz und quer von den unsteten Windstößen der Wüste durchfurcht waren. In den Tiefen zwischen diesen Hügeln kommt es dem Reisenden vor, als wäre er in einer erstickenden Sandgrube gefangen; dann wieder scheint er ein weites Feuermeer zu überblicken, das unter einem starken Monsun anschwillt und durch seitliche Windstöße in kleine rotglühende Wellen geteilt wird. Keine Zuflucht, keine Ruhe für Auge oder Glieder gibt es in den Licht- und Hitzeströmen, die sich von oben auf die reflektierende Sandfläche ergießen ... Dazu den ganzen langen Sommertag ein mühsames Waten durch lockeren, brennenden Sand auf verschmachteten, halb betäubten Tieren, mit wenigen, oftmals unterbrochenen Stunden des Schlafs bei Nacht, und bei Tag keine Rast, denn nirgends findet sich Schatten, wenig zu essen und noch weniger zu trinken, das lauwarme, verfärbte Wasser in den Schläuchen nimmt schnell ab, mehr noch durch Verdunstung als durch Verbrauch. Eine im Zenit stehende Sonne, und was für eine Sonne, brennt auf Kleider, Gepäck, Unterkunft; alles riecht verbrannt und ist so heiß, dass es kaum berührt werden kann.

Palgrave fand später heraus, dass einige seiner beduinischen Reiseführer geplant hatten, die Reisenden auszurauben und sie im Wüstensand dem sicheren Tod zu überlassen.

Schließlich erreichte er die Berge von Dschebel Schomer. Bei ihrer Ankunft in Ha'il verursachte die Gruppe sogleich einen kleinen Auflauf und wurde vom Oberhofmeister des Monarchen Telal begrüßt. Damit aber bestand die Gefahr, dass die Verkleidung von Palgrave und seinem Begleiter als Damaszener Ärzte – ohne die »jeglicher Zugang und ernsthafter Austausch mit den Menschen dieses Landes erfolglos gewesen und unsere Weiterreise nach Nesched gar unmöglich wäre« – aufflog. Zu seinem Entsetzen wurde Palgrave von einem Damaszener Kaufmann erkannt, der ihn freudig begrüßte, sowie von zwei weiteren Personen, die drohten, seine wahre Identität zu verraten. Glücklicherweise jedoch befand der Oberhofmeister diese Zeugen für unzuverlässig, und Palgrave wurde eine Audienz beim Monarchen gewährt, einem gewitzten und blankäugigen Herrscher, der von seinen Höflingen umringt war.

Wie viele von meinen Bekannten würden ihr halbes Vermögen darum geben, dass sie bei einem solchen Vorgang zugegen sein dürften, dachte ich, fast verwundert darüber, wie ungefährdet wir uns inmitten dieser Menge bewegen konnten; denn, um die Wahrheit zu sagen, wie wenig ist bis jetzt von arabischer Regentschaft oder arabischem Leben durch Europäer bezeugt, wie selten wahrheitsgetreu darüber berichtet worden? Romantische und immer in zu grellen Farben gezeichnete Bilder wilder Beduinen, die als eine Art ritterlicher Abenteurer oder Repräsentanten einer ungezügelten Freiheit dargestellt werden; die strengen und leeren Förmlichkeiten eines kleinen Hofes an der Küste oder an einer Grenze, der zum großen Teil von osmanischen Einflüssen geprägt ist; falsche Legenden, wie Lamartine sie kolportiert, und andere sentimentale Oberflächlichkeiten seiner Epigonen – das ist fast unser gesamtes Wissen, aus dem wir uns ein Urteil über Arabien und sein Volk bilden sollen.

Palgrave sah sich somit als wahrhaft objektiven Betrachter, dessen Urteil nicht durch romantische Orientphantasien verzerrt ist. Telal und seine Regentschaft beeindruckten ihn. »Schließlich ist Selbstverwaltung eine gute Sache und Fremdherrschaft nur ein armseliger Ersatz dafür. Hier herrschte ein Araber über Araber nach arabischen Regeln.« Palgrave fand, das gleiche Recht auf Selbstverwaltung gelte auch für Asien. »Ich würde ohne Zögern behaupten, dass dieses besondere Heilmittel … zuerst und vor allem in der Wiederherstellung eines eigenständigen Staates besteht.«

Um seine Tarnung wiederherzustellen, praktizierte Palgrave am nächsten Tag als Arzt, auch wenn ihm bewusst war, dass dies »eine schreckliche, höchst skandalöse Hochstapelei, ein unverzeihlicher Betrug war … Ich saß im Schneidersitz da, vor mir eine Waage, ein Messingmörser, ein Glasmörser und fünfzig bis sechzig Arzneibehälter, von einer kleinen Reihe Flaschen flankiert.« Völlig unmaskiert war die Heftigkeit von Palgraves Vorurteilen, und wie einige andere berühmte Arabienreisende war er von der einheimischen Kultur alles andere als entzückt. Die Wurzel aller Probleme in dieser Region, erklärte er ohne Zögern, sei der Islam. »Wenn Koran und Mekka aus Arabien verschwunden sind, dann und nur dann werden wir erleben, dass der Araber seinen Platz innerhalb der Zivilisation einnimmt, von dem ihn Mohammed und sein Buch mehr als alles andere so lange ferngehalten haben.«

Die Türken waren kaum besser und »tauchten auf der Bühne der Welt nur auf, um zu zerstören, nicht um zu erschaffen; auf Literatur und bildende Künste haben die Türken lediglich einen mindernden und zersetzenden Einfluss ausgeübt.« Die Perser schienen ihm »in ihrem Nationalcharakter hauptsächlich und unwiederbringlich verdorben«; sie waren »reichlich extravagant in ihren Ansichten«, besaßen »schlechten Literaturgeschmack«, und ihre »Kunst war widernatürlich«. Palgrave praktizierte den ganzen Sommer über als Arzt, und Telal versuchte weiterhin, seine Gäste über ihre wahren Absichten auszuforschen. »Würde, was zwischen uns besprochen wird, bekannt«, bemerkte Telal weise, »könnte das sowohl Euch als auch mich das Leben kosten.«

Endlich reiste Palgrave, oder Selim al-Eys Abur Mahmud, wie sein neuer Pass lautete, mit seinem Partner Barakat weiter – »zwei

Ärzte, die ihr Auskommen als Wanderdoktoren suchten« –, und zwar über die Hochebene Zentralarabiens in Richtung Riad, der Hauptstadt der Wahhabiten, vor denen laut Telal Vorsicht geboten war. Dieser Reiseabschnitt verlief nahe der Pilgerroute nach Medina, und die Gefahr eines Raubüberfalls nahm rapide zu. Derwische aus Kabul schlossen sich ihnen an, und Palgrave dachte über die Abendländer nach, die sich verkleidet hatten, um die heiligen Stätten zu besuchen. Ohne Richard Burton namentlich zu erwähnen, stellte er fest: »Sich als Wanderderwisch auszugeben, wie dies einige europäische Forschungsreisende im Orient getan haben, ist aus mehreren Gründen ein sehr schlechter Plan ... Die Vortäuschung einer Religionszugehörigkeit ... scheint sich kaum mit dem Charakter eines europäischen Gentlemans, geschweige denn mit dem eines Christen, vereinbaren zu lassen.« Palgrave hielt es angesichts der theologischen Feinheiten für nicht sehr wahrscheinlich, dass ein Europäer als Derwisch durchgehen könne. Auch hinterfragte er die Motive jener, welche die Pilgerreise unternommen hatten, und meinte, »sich zu rühmen, ungestraft mit der orientalischen Religion Scherz getrieben zu haben«, sei ihr eigentliches Ziel gewesen. Er bestand darauf – und diese Aussage ist für die Bewertung von Burtons Behauptungen, sein Bericht entspreche der Wahrheit, sehr wichtig –, dass ihm Einheimische erzählt hätten, diverse »vermeintliche Derwische« seien enttarnt worden, auch wenn sie sich in seliger Unwissenheit über ihre Entlarvung befunden hätten.

Anfang Oktober erreichte Palgrave endlich Riad, »das eigentliche Ziel unserer langen Reise, die Hauptstadt von Nesched und beinahe halb Arabiens, das innerste Herz dieser Region«. Er verbrachte fünfzig Tage in der Stadt, wo er und sein Begleiter Quartier in der Nähe von König Feisals Palast bezogen und abermals als Ärzte praktizierten; ihr erster Patient war der Schatzmeister des Königs, ein prächtig gekleideter Schwarzer, der ein Schwert mit goldenem Griff trug.

Der Hof misstraute diesen beiden Medizinern und glaubte, es handele sich um Spione der ägyptischen Regierung. Als die beiden schließlich versuchten, Riad zu verlassen, mussten sie feststellen, dass es beinahe ebenso schwierig war, aus Riad hinaus- wie hineinzukommen. Abdullah, Feisals Sohn, beschuldigte sie zu guter Letzt der Spionage und drohte mit Hinrichtung. Palgrave argumentierte, dies würde die Gastfreundschaft seines Vaters verletzen, und nach langer Diskussion, in deren Verlauf er ähnliche Argumente aufbieten musste, wurde die Drohung zurückgenommen. »Was mich nicht wenig belustigte, war, dass der wahhabitische Prinz beinahe den richtigen Nagel auf den Kopf getroffen hatte und ich ihn nur deshalb rüffelte, weil er der Wahrheit zu nahe gekommen war.«

Kurz vor seiner Abreise wurde Palgrave Zeuge einer der seltenen öffentlichen Audienzen König Feisals. »Es war ein Anblick, der eines Malers würdig war. Da saß der blinde, alte Tyrann, korpulent, hinfällig und doch imposant, mit breiter Stirn, weißem Bart und nachdenklichem Auftreten, gekleidet mit der ganzen Schlichtheit der Wahhabiten, das goldgeschäftete Schwert an seiner Hüfte das einzige Zeichen seiner Vornehmheit.« Während der Abendgebete brach Palgrave heimlich mit einer Gruppe Reisender auf; die Kamele waren am Nachmittag unauffällig beladen worden. Nachdem er und sein Begleiter das unbewachte Tor passiert hatten, stießen sie Seufzer der Erleichterung aus – »Männer, die geradewegs dem Kerker entronnen waren« –, aber die Stadt warf weiterhin ihren schrecklichen Schatten auf sie.

Ich schlief in dieser Nacht nur wenig … blickte zurück auf diesen riesigen dunklen Umriss von Mauer und Turm zwischen den Schatten des Tales. Wir erinnerten uns an jene, die davon umgeben waren; wir dachten, welchen Einfluss diese Stadt bereits auf die ganze Halbinsel ausgeübt hatte und vielleicht weiterhin ausüben würde; welch gestrenge und doch kindische Gewaltherrschaft; welch verhängnisvolles Entfachen eines erloschenen Fanatismus – ein weiterer Brunnen für das bittere Wasser des Islam. Wieviel fehlgeleiteter Eifer; welch geballte, wenn auch falsch eingesetzte Tapferkeit; welche Beharrlichkeit. Wohin das alles führen mochte?

In der Angst, als Spione enttarnt zu werden – denn nichts anderes waren sie schließlich –, hasteten sie durch die rote Wüste nach al-Hufuf am Persischen Golf, wo die Küstenbewohner Palgrave mit ihrer Offenheit beeindruckten, die vom regelmäßigen Austausch mit Fremden herrührte.

Am 23. Dezember segelten sie von al-Qatif ab, erreichten am 2. Weihnachtsfeiertag Bahrain, wo Palgrave einige Zeit warten musste, bis sich sein Diener Abu Eysa zu ihm gesellte. Die neue Gruppe reiste dann weiter, Palgrave ein weiteres Mal »in Gestalt eines äußerst belesenen Mediziners, auf der Suche nach was-weiß-ich-welchen Kräutern und Heilmitteln, die ich in den südöstlichen Regionen zu finden hoffte«. Die ersten Monate des Jahres 1863 verbrachte er mit der Erforschung der Küste Omans, »hauptsächlich ein Land der Vergnügungen, der Zerstreuung, des Tanzes und Gesanges, der Darbietungen und des Wohllebens«. Zu diesem sonst so harmonischen Bild gehörte zwar auch die Sklaverei, doch da sie von Arabern betrieben wurde, nahm er an, sie »habe nur wenig mit dem abendländischen System höllischer Grausamkeiten gemein, dessen Ende sich mit Gottes Hilfe nun abzeichnet«. Palgraves Ansicht war eine Variante der traditionellen imperialistischen These, wonach die Zivilisation im rechten Augenblick zu den Barbaren gebracht worden sei und die schwarzen Völker dankbar sein sollten, »einer Existenz entrissen worden zu sein, die sich nur für Wildschweine und Tiger im Dschungel ziemt, um nun ein Leben zu führen, das ein wenig mehr dem vernünftiger Zweibeiner ähnelt«. Aber er wollte diesen Gegenstand nicht weiter erörtern, da »die starke sinnliche Veranlagung der afrikanischen Rasse« für ihn ein »unliebsames Thema« war.

In der ersten Märzwoche geriet Palgrave auf dem Weg nach Maskat in einen heftigen Sturm, in dessen Verlauf das Boot leckschlug und er über Bord springen und zum Rettungsboot schwimmen musste, »das wie eine leere Nussschale auf dem Ozean tanzte«. Er befand sich in einer verzweifelten Lage, seine Mitpassagiere zitierten unausgesetzt Koransuren, bis der Sturm zurückkehrte und ihm keine andere Wahl blieb, als erneut über Bord in den »weißen Schaum der tobenden Wasser« zu springen und sich ans Ufer treiben zu lassen. Er überlebte, doch seine Notizen, Geld und Geschenke waren dahin. Dank der Gastfreundlichkeit der einheimischen Bevölkerung gelang es ihm immerhin, ein Boot nach Maskat zu nehmen, wo »ein alter Bekannter aus Bombay« ihm finanzielle Unterstützung gewährte. Seine Gesundheit hatte jedoch gelitten, und auf einem Boot nach Abu Schar erkrankte er an Typhus – seine Reise war damit zwangsläufig beendet. Am 10. April ging er an Bord eines Dampfers, der nach Basra fuhr; nach sieben Tagen tigrisaufwärts erreichte er Bagdad, und von dort reiste er über Aleppo nach Syrien zurück.

Palgrave kehrte heim nach England, um *Narrative of a Year's Journey* zu schreiben, dann begab er sich – obwohl nur bedingt als Befehlsempfänger geeignet – in den diplomatischen Dienst, der ihn nach Abessinien und Kleinasien führte. Er wurde britischer Konsul auf der Karibikinsel St. Thomas und in Manila und dann Generalkonsul von Bulgarien. Im Anschluss an diesen Posten wurde er nach Bangkok geschickt und entwickelte dort, nachdem er dem Katholizismus entsagt hatte, ein Interesse an östlichen Religionen. 1884 wurde er zum Regierungsvertreter in Uruguay ernannte, wo er, der sich wieder in die Arme des Katholizismus begeben hatte, am 30. September 1888 in Montevideo an einer Bronchitis starb.

Map shewing Mr Mounsey's Routes through the Caucasus and Persia

Feringhistan

Augustus Mounsey in Persien

Als der britische Diplomat Augustus Henry Mounsey im November 1865 nach Persien aufbrach, tat er dies in der Rolle des typischen viktorianischen Reisenden. Er gab freimütig zu, sein Wissen über das Land sei »äußerst mager«, und selbst das wenige stamme fast vollständig aus romantisierenden literarischen Quellen. Mounsey vermied immerhin den rituellen Kniefall vor *Tausendundeiner Nacht* und führte stattdessen James Moriers *The Adventures of Hajji Baba of Ispahan* (1828)* und *Journal of a Diplomate's Three Years' Residence in Persia* von Edward Backhouse Eastwick an. Ansonsten hatte er »nur diese verschwommene güldene, aber ach! falsche Vorstellung über den Orient, wie man sie aus Phantasiewerken wie *Vathek* und *The Veiled Prophet* gewinnt«.

Nützliche Ratgeber für eine Reise nach Persien gab es damals nicht. »Es wird der Tag kommen, an dem wir Murrays Handbücher für Zentralasien und die weiten Landschaften, welche die Herausgeber englischer Atlanten als Unabhängige Tartarei bezeichnen, haben werden. Bis jetzt aber ... ist nichts im Stile jener wohlbekannten roten Bände vorhanden, die das Vademekum des britischen Kontinentaltouristen sind.« Mounsey musste sich auf die Erfahrungen von Freunden verlassen, die schlimmer als unbrauchbar waren.

Als Ausrüstung empfahl mir ein Herr, der einige Jugendjahre im Iran verbracht hatte, einen Vorrat an Uhrengläsern und Kristall-

---

★ Die *Abenteuer des Hadschi Baba aus Ispahan,* dt. 1829; ein Schelmenroman, der lange Zeit das englische Bild des Orients prägte.

weinkühlern mitzunehmen. Ein anderer, der vor Kurzem aus dieser Gegend zurückgekehrt war, meinte, ein englischer Sattel und ein tragbares Bett wären alles, was ich benötigte, und ein Dritter, der das Land für vier oder fünf Jahre bereist hatte, zögerte, mir den Ratschlag zu geben, mich mit einem Vorrat an Brandy und Sherry zu versehen, erklärte aber, ein Pelzmantel sei für diese Reise völlig überflüssig.

Als er seinen Reisebericht niederschrieb, konnte Mounsey auf seine eigene Ausrüstungsliste, die auf mühevollen Erfahrungen basierte, zurückgreifen.

Vogelflinte, Revolver und Munition; leichtes Bettgestell (die leichtesten, die mir bekannt sind, werden in Russland angefertigt und benötigen nur wenig mehr Platz als ein normaler Gewehrkoffer); Laken, Decken etc. und wasserdichte Abdeckung; tragbare Gummibadewanne, eisernes, mit Japanlack überzogenes Handwaschbecken, Teller und Tassen; mehrere Messer (ein großes Taschenmesser mit Korkenzieher ist höchst nützlich), Gabeln und Löffel; englischer Sattel mit Pistolenhalftern, Satteltaschen und Zaumzeug; tragbarer Arzneikasten; ein kleiner Brandyvorrat; Dörrfleisch und Suppenkonzentrat. Der Reisende sollte sich auf extreme Hitze und Kälte vorbereiten und sich dementsprechend mit einem Tropenhut, stabilen Reitstiefeln und Reithosen ausstatten; Schleier und Brille zum Schutz der Augen; mehrere Leinenanzüge für den Sommer; Pelzmantel, Pelzstiefel (kniehoch) und eine reichliche Ausstattung an Woll- und Flanellkleidungsstücken für den Winter.

Mounsey, eine »einigermaßen undurchsichtige Persönlichkeit«, wie die sonst recht wenig empfindsame biografische Quelle, Frederic

Boases *Modern English Biography,* einräumen muss, begann seine Diplomatenlaufbahn 1857 an der Lissaboner Botschaft, wurde 1861 nach Hannover und 1862 nach Wien gesandt. Er bekleidete verschiedene Posten in Mitteleuropa, war 1873 in Budapest und 1875 in Paris als stellvertretender Generalkonsul tätig. Später war er Sekretär der britischen Gesandtschaft in Tokio und Athen sowie Regierungsvertreter und Generalkonsul in Bogotá, wo er am 10. April 1882 starb. Er gehört zu jener Gruppe viktorianischer Reiseschriftsteller, die entspannte und vergnügliche Berichte verfasste, und er war ein frühes Beispiel jener Reisenden, die mit der Botschaft an ihre Landsleute zurückkehrten, den überseeischen Gebieten müsse Hilfe zuteilwerden. Die Dürrewinter der Jahre 1870 und 1871 hatten zu einer achtzehn Monate dauernden Hungersnot in Persien geführt, und er hoffte, die Bemühungen des Persian Relief Fund, eines »sich abrackernden Zirkels von Gentlemen«, Spendengelder aufzutreiben, würde durch die Publikation von *A Journey through the Caucasus and the Interior of Persia* (1872) unterstützt. Mounsey verfasste seinen Bericht mit der leisen Besorgnis, er habe ein wenig zu sehr »die Unredlichkeit« des persischen Charakters betont, der »zum größten Teil durch das Regierungssystem, unter dem er seit so langer Zeit lebt, geformt wird«, denn eigentlich sei der Perser »freundlich, intelligent, phantasievoll und fügsam« veranlagt.

»An einem kalten, regnerischen Novembermorgen 1865 verließ ich die angemessen nebelumhüllte Metropole und rollte mit der Postkutsche nach Dover.« In Calais nahm er den Zug nach Köln, stieg dort nach Passau um, nicht ohne die »demokratische und gleichmacherische Haltung« des französischen und belgischen Bahnpersonals zu missbilligen, die in so auffälligem Gegensatz zu den förmlichen Umgangsformen ihrer deutschen und österreichischen Kollegen stand. Von Wien reiste er mit dem Zug nach Triest, dann mit einem Dampfer des österreichischen Lloyd nach Istanbul, wo er am 7. Dezember am Goldenen Horn Anker warf und »ein exzellentes Abendessen an der Botschaftstafel« einnahm. Am 17. Dezember dampfte er den Bosporus hinauf, hinaus auf »das gefürchtete Schwarze Meer« und einer zusehends »streng und ungastlich« wirkenden asiatischen Küste entgegen. Das Wetter verschlechterte sich, und der Damaszener Kapitän suchte in Sinop vor dem heftigen Sturm Schutz – Mounsey bekam so wenigstens die Gelegenheit, ein paar Lappentaucher zu schießen.

Kurze Zeit später verließ er das Schiff in Samsun mit der Absicht, auf einer schlecht instand gehaltenen Poststraße nach Mosul und Bagdad (»mögen der Makadam-Belag und die Arbeitserfolge der Gemeindeaufseher und Bezirksausschüsse in Vergessenheit geraten«) zu gelangen. Das Wetter klarte jedoch auf, und so begab er sich wieder an Bord des Schiffes und fuhr nach Trabzon, wo bei seiner Ankunft ein weiteres »formidables *dinner*« auf ihn wartete, diesmal im Haus des russischen Generalkonsuls, denn seit Wien wurde Mounsey von »Graf L.«, dem Hauptadjutanten von Großfürst Michail Nikolajewitsch, begleitet. Nach einer Nachtreise kam Mounsey am nächsten Morgen in der Bucht von Batumi an (im heutigen Georgien gelegen) und erhaschte bald darauf einen ersten Blick auf den »Großen Kaukasus; seine hohen schneebedeckten Gipfel hoben sich scharf von dem klaren blauen Himmel ab«.

Am 23. Dezember wurde an der Mündung des Rionis geankert, und Mounsey fuhr mit einem Kahn, der zum Schiff gehörte, flussaufwärts nach Poti, wo er sich im Hôtel Colchide einquartierte. Am nächsten Tag mietete er für 400 Francs ein Dampfschiff, das ihn weiter flussaufwärts bringen sollte, doch auf halber Strecke stieg er in eine große, von sechs Pferden gezogene Kutsche um, die ihn und den Grafen L. nach Kutaissi brachte, wo Iason angeblich das goldene Vlies gefunden hatte. Es sei ein schweres Los, beklagte sich Mounsey, durch ein »halb zivilisiertes« Land wie Russland zu reisen, vor allem in der unbequemen *telega,* der Postkutsche. »Im Kaukasus besteht diese aus einem rechteckigen Holzkasten gröbster Art, ohne Federn, auf vier Rädern, der einen Reisenden und seine Habseligkeiten aufs Unbequemste befördert.«

Die nächste Reiseetappe führte über das Suramigebirge nach Tiflis, die georgische Hauptstadt, »eine seltsame Mischung aus asiatischer und europäischer Architektur, und dennoch sehr uneuropäisch«. Die Anwesenheit von Graf L. ermöglichte den Zugang zu höheren Kreisen und zu weiteren großartigen Abendessen, denn der Vorgesetzte des Grafen, der Großfürst Michail, Bruder des russischen Zaren, hatte seinen Wohnsitz in der Stadt. Mounsey speiste gut und amüsierte sich prächtig, trotz »meiner völligen Unkenntnis der russischen und der georgischen Sprache«, und er gelangte mehr und mehr zu der Überzeugung, dass die Georgier »faul, gleichgültig, teilnahmslos und ungebildet« seien, »ohne Ehrgeiz, es in der Welt zu etwas zu bringen, zufrieden damit, träge vor sich hinzuleben«. Am 12. Januar 1866 feierte er das orthodoxe Neujahrsfest mit einem Schlittschuhlauf auf der zugefrorenen Kura – »zur großen Verblüffung der Einwohner, die noch nie zuvor Schlittschuhe gesehen hatten«.

Am 15. Januar verließ Mounsey Tiflis für die letzte Etappe, bis Persien waren es noch vierhundert Werst (265 Meilen). Diesmal reiste er in einer Kutsche mit Federung und hatte sich klugerweise »enorme Fellstiefel und ein Reisebett, das gut zehn Pfund wog«, angeschafft. Die Kutsche wurde zudem mit »Zunge, Huhn, Dörrfleisch, Brot, Butter, Wein, Brandy, Tee und Zucker« beladen. Er kam durch Armenien, wo »eines der ältesten Völker der Welt« lebte, und besuchte die Kathedrale in Etschmiadsin. Der Rundgang dort endete in einem großen Refektorium, wo zweihundert Mönche, Priester und Seminaristen schwer damit beschäftigt waren, »ein kräftiges Mittagsmahl aus gekochtem Fleisch und Grießpilaw herzustellen.

Ich fand keines dieser Gerichte besonders gut, kann aber den Wein gar nicht genug loben, er ähnelte sehr einem Sauternes, stand auf den langen Tafeln reichlich zur Verfügung und schien von meinen Gastgebern genauso geschätzt zu werden wie von mir.«

Am nächsten Tag, nach einem Blick auf den Ararat, reiste er weiter, um den »schnellfließenden gelben Aras« auf einer »Art einfachem Floß« zu überqueren. Das einheimische Essen, besonders die Kebabs, sagte Mounsey sehr zu, und er forderte, »alle europäischen Köche sollten in den Orient geschickt werden, um zu lernen, wie man Reis kocht«. Doch gegen die vielgerühmte Großzügigkeit östlicher Gastgeber hegte er Vorbehalte:

Man hört viel über die orientalische Gastfreundschaft. Alles, was auf diesem Gebiet in Europa sehr freigebig oder großartig ist, wird orientalisch genannt, und man stellt sich deshalb vor, dass die Morgenländer ihr Leben damit verbringen, den sie besuchenden Fremden prachtvolle *fêtes* auszurichten. Soweit es die Perser betrifft, ist diese Vorstellung allerdings falsch ... wurde ich in ein persisches Haus eingeladen, war es das Klügste, die Hälfte des Abendessens mitzubringen, und ich habe nicht selten von den Dienern meiner Gastgeber einige Stunden vor der Mahlzeit den Hinweis bekommen, dass ein Mitbringsel in Form von Wein oder Spirituosen höchst willkommen wäre.

Bei Mounseys Ankunft in Täbris beschlagnahmten die Behörden sein gesamtes Gepäck unter dem Vorwand, er schmuggle Goldspitze, und erst als er den britischen Generalkonsul um Hilfe bat, erhielt er seine Habseligkeiten zurück. Er übernachtete bei dem Generalkonsul und ritt mit ihm am nächsten Tag über den Basar, wo er die Menge »*feringhee, feringhee*« (Ausländer) rufen hörte. Für den Großteil der Morgenländer, schloss Mounsey, »gibt es in Europa, genauer gesagt westlich von Konstantinopel, nur ein Land, nämlich ›Feringhistan‹, und eine Rasse, die ›Feringhee‹.«

Am 28. Januar schiffte sich Mounsey nach dem 370 Meilen entfernten Teheran ein, doch als er sein Ziel erreichte, war er etwas enttäuscht. »Als Teheran in Sicht kam, erblickte ich nur lange Reihen brauner Lehmmauern, die hier und da von den braunen Kuppeln – die stark an Ameisenhügel erinnerten – unbedeutender Moscheen gekrönt wurden und sich vor riesigen schneebedeckten Bergen aus der Ebene erhoben.« Die Stadt sei sehr verfallen, und dabei »hatte ich von hohen Minaretten, vergoldeten Kuppeln und vornehmen Basaren geträumt«. Nach dem üblichen feinen Abendmahl mit dem englischen Gesandten erkundete Mounsey am nächsten Tag die Hauptstadt und stellte fest: »Teheran, von dem nicht behauptet werden kann, es besäße irgendein nennenswertes Bauwerk, ist schlichtweg unbedeutend.«

Mounsey lief Gefahr, sich in der persischen Hauptstadt zu langweilen. Er unternahm diverse Jagdausflüge, hatte eine kurze und belanglose Audienz beim Schah und war auf der Suche nach einem Zeitvertreib. »In der englischen Gesandtschaft gab es einen Billardtisch, aber man kann nicht immer Billard spielen.« Da in der gesamten Stadt nur eine »europäische Dame« wohnte, war er gezwungen, im Kartenspiel Trost zu suchen. Ein Ausflug mit einer Maultierkarawane – die aus »neunundzwanzig Vier- und dreizehn Zweibeinern« bestand – nach Isfahan war eine willkommene Zerstreuung und verlieh diesem Reiseabschnitt, ebenso wie der Besuch der Ruinen von Persepolis, wenigstens etwas Glanz. »Der nomadische Instinkt«, sinnierte Mounsey, »der uns allen innewohnen soll, aber in Europa von Erziehung und Zivilisation unterdrückt wird, entwickelt sich in einem Land wie Persien, wo sich ihm kein Hindernis entgegenstellt, sehr rasch; davon angetrieben und der Eintönigkeit des Lebens in der Stadt müde ... entschloss ich mich, fünf oder sechs Tage auf der

Ebene von Merdascht zu verbringen, statt mich in Schiras weiterer Untätigkeit hinzugeben.« Dieser Ausflug führte jedoch zu einer Begegnung mit feindlichen Nomaden, die erst davon überzeugt werden mussten, dem *feringhee* Gastfreundschaft zu erweisen. Verärgert über diesen Zwischenfall wandte sich Mounsey mit einer höchst imperialistischen Rede an seine Leser.

Frühere und darauffolgende Erfahrungen haben mich zu dem Schluss gebracht, dass Perser, ob Nomaden oder Sesshafte, mit Strenge behandelt werden müssen. Der europäische Reisende verdankt seine Sicherheit einzig der Furcht, die er verbreitet; ist er nicht imstande, Gehorsamkeit zu erzwingen, sollte er dennoch so tun, als ob er dazu fähig wäre. Sein Ansehen ist glücklicherweise immer noch so groß, dass ein strenges Auftreten genügt, aber er muss stets zu härteren Maßnahmen bereit sein und dies auch zum Ausdruck bringen. Dann wird er kaum Schwierigkeiten haben, als Reisender all das zu bekommen, was er billigerweise fordern kann, und hat keinen Grund, sich über die Art und Weise, wie er von ihnen aufgenommen wird, zu beklagen. Die Perser sind, es sei denn religiöser Fanatismus ergreift sie, von Natur aus freundlich, fügsam und dienstbar.

Ein paar Tage später veranlasste die Weigerung eines Postmeisters in einer Karawanserei, Ausländer mit frischen Pferden zu versorgen, Mounseys Gruppe dazu, mit einem Telegrafenmasten die Stalltür einzurammen, um an die Pferde zu kommen. Sie schwenkten wild ihre Revolver, damit die aufgebrachten Anwohner ihre gezückten Messer niederlegten. Mounseys Bericht näherte sich keinen Moment zu früh seinem Ende, denn ihn schien die Lust zu verlassen (»wenig Berichtenswertes ereignete sich im Sommer und im Herbst 1866«, bemerkte er müde). Er amüsierte sich mit Fischfang und

Schnepfenjagd, und im Winter lief er ein bisschen Schlittschuh, doch im Frühsommer 1867 war er zur Abreise bereit; ein Dampfer brachte ihn von Rasht nach Baku, dann über das Kaspische Meer nordwärts zur Wolgamündung, wo ihn ein anderer Dampfer nach Westen beförderte. »Von der breiten, schnellfließenden Wolga habe ich nur wenig zu berichten; ihre Ufer sind flach, und die Landschaft ist eintönig.« Er machte Station in Sarafand, Saritzin, Samara und »an vielen weiteren Orten, die alle in gebührender Ausführlichkeit von Murray beschrieben worden sind«, aber er sehnte sich nach zu Hause und dem Moorland. Nach einer siebentägigen Dampferfahrt kam er am 1. August 1867 in Nischni Nowgorod an, fuhr mit dem Zug durch Europa nach Calais und nahm dann »den Dover-Express, der mich am 8. August nach Charing Cross brachte, und dort bestieg ich die enge Postkutsche, die mich am 12. endlich inmitten von Heide und Moorhühnern absetzte«.

Der große Stilist unter den Reiseschriftstellern des
19. Jahrhunderts: Charles Doughty in arabischer
Tracht.

Des Reisenden Schule

Charles Doughty in Arabia Deserta

Für gewöhnlich versahen die viktorianischen Reisenden ihre Berichte mit Hinweisen, wonach ihren Erzählungen jegliche literarische Qualität fehle. Charles Montagu Doughty hingegen ist der große reflektierte Stilist unter den Reiseschriftstellern des 19. Jahrhunderts. In seinen gewaltigen *Travels in Arabia Deserta* (1888)[*] vermischt sich das Englisch Chaucers mit dem des elisabethanischen Zeitalters und arabischen Sprachmustern, die, so bestätigen Leser mit Arabischkenntnissen, besonders bei den Dialogen einen Eindruck vermitteln, wie die ursprünglichen arabischen Unterhaltungen geklungen haben müssen. Der enorme Umfang des Buches – über 600 000 Wörter – stellte zu Anfang ein Hindernis dar, denn viele Verleger lehnten die Veröffentlichung ab. Erst als 1908 eine von Edward Garnett mit Zustimmung des Autors gekürzte Fassung unter dem Titel *Wanderings in Arabia* erschien, bekam Doughty eine nennenswerte Leserschaft. Aber selbst Garnett gab zu, dass diese erste gekürzte Version »naturgemäß die Ausdauer eines Normalsterblichen sowohl schreckt als auch besiegt«; sein zweiter Versuch, *Passages from Arabia Deserta,* umfasst nur noch ein Viertel des Ursprungstextes, doch der Sprachstil blieb gewahrt.

Doughty hatte sich ursprünglich als Philologe auf die Reise begeben, mit dem Ehrgeiz, ein patriotisches Epos über »die Entstehung der Nation« zu schreiben, »in Fortsetzung der Tradition von Chaucer und Spenser; ein Unterfangen, bei dem ich mich mit aller Kraft gegen den Niedergang der englischen Sprache wehre.« Es ist nicht

---

[*] Eine deutsche Übersetzung, *Die Offenbarung Arabiens,* erschien erstmals 1937.

so sehr der absonderliche Duktus, der aus einem Kamel »eine große schlurffüßige Bestie« macht, als vielmehr die archaische Syntax mit ihren Inversionen und Rhythmen, welche die Grundlage dieser höchst eigenwilligen Prosa bildet. Ziemlich zu Anfang des Buches wird der Autor von einem alten Freund »in dieser langen Damaszener Straße, genannt Die Gerade« freudig begrüßt, und der Freund ergreift mit Worten, wie sie 1888 in der Albemarle Street[*] schon lange nicht mehr zu vernehmen waren, seine Hand: »Sagt mir (sprach er), da Ihr wieder hier seid mit dem Segen und dank der Vorsehung Allahs, und wir uns, wie einst vor Jahren, den just erblühten Obsthainen nahen, welche gleich dem Garten Gottes voll des süßen Lenzes sind, was brachte Euch hierher, wie konntet Ihr eine Reise ins fanatische Arabien wagen?«

Der Wunsch, die antiken Inschriften in Mada'in Salih zu untersuchen und Abdrücke von ihnen anzufertigen, hatte Doughty zu dieser zwanzig Monate dauernden Reise bewegt. Er konnte weder die British Association for the Advancement of Science noch die Royal Geographical Society zur Finanzierung seiner Forschungsreise bewegen, die auf ein einjähriges Arabischstudium folgte, aber er machte sich dennoch auf den Weg. Doughty wurde 1843 in Leiston, Suffolk, geboren, sein Vater war Geistlicher und verfügte über Landbesitz. Er verlor seine Eltern bereits als Kind, Verwandte nahmen ihn auf; er wurde privat unterrichtet und strebte eine Laufbahn in der Royal Navy an, wurde aber wegen einer leichten Sprachbehinderung abgelehnt.

Doughtys wachsendes Interesse an Geologie und Archäologie fand in Cambridge, wo er 1865 einen Abschluss in Naturwissenschaften erwarb, weitere Nahrung. Seine selbstgewählte Mission,

---

[*] Sitz des Verlags von John Murray, dem Herausgeber der berühmten roten »Murray's Handbooks«

das im Verfall begriffene Englisch seiner viktorianischen Zeitgenossen aufzupolieren, wurde nun zur vordringlichen Aufgabe, und er reiste als mittelloser philologischer Gelehrter durch die Niederlande, erkundete die Provence und Italien (wo er Zeuge eines Vesuvausbruchs wurde), Nordafrika, Spanien, Griechenland und das Heilige Land. Dann reiste er nach Ägypten, unternahm eine dreimonatige Kamelreise durch die Sinaihalbinsel und begab sich anschließend nach Jordanien, wo er die Reise nach Mada'in Salih plante, um dort die Inschriften festzuhalten – der unmittelbare Vorwand für seine Reisen durch Arabien.

Im November 1876 hatte Doughty in Damaskus den syrischen Gouverneur gebeten, die Hadsch-Pilgerkarawane nach Mada'in Salih begleiten zu dürfen, doch der Wali verwies ihn an den britischen Konsul, der davon nichts hören wollte. Doughty war der Ansicht, die Weigerung des Konsuls, die notwendigen Papiere auszustellen, sei »die Quelle nahezu all meiner Übelstände betreffs dieser Reisen durch Arabien«. Er war entschlossen, Damaskus, das vollauf mit den Vorbereitungen zur Hadsch beschäftigt war, nicht zu verlassen. »Jedes Jahr ergreift aufs Neue in den Tagen vor dem Hadsch diese ansehnliche orientalische Stadt Geschäftigkeit; so viele Fremde mit unbekanntem Zungenschlag gehen durch die Basare, angetan mit Kleidung aus fernen Provinzen.« Schließlich fand er einen persischen Kamelführer, Mohammed Aga, der bereit war, ihn zu seinem Ziel zu führen. Doughty war der letzte Viktorianer, der sich verkleidet durch ein fremdes Land bewegte, und gab sich den Namen Khalil. »Ich kleidete mich wie ein Syrer von geringem Wohlstand, einen Vorrat getrockneten Kamelfleischs in den Satteltaschen; in der Menge der Perser auf Hadsch würde ich weder den Persern noch den Arabern besonders ins Auge stechen.« Er strebte keine vollständige burtoneske Täuschung seiner Umwelt an, sondern wollte lediglich mit der Menge verschmelzen und keine Aufmerksamkeit erregen –

der Wunsch eines jeden ernsthaften Reisenden, der unweigerlich zum Scheitern verurteilt ist.

Doughty begab sich mit seiner kleinen Gruppe in ein Lager außerhalb der Stadt, wo sich die Pilger für den Hadsch sammelten. Um 10 Uhr morgens am 13. November 1876 wurde eine Kanone abgefeuert – das offizielle Zeichen für den Beginn der Pilgerreise. Es dauerte zwanzig Minuten, bis sich die lange Karawane aufgemacht hatte und Doughty und seine Gruppe sich dem Ende der Prozession anschließen konnten. Die sechstausend Pilger führten zehntausend Rinder, Kamele und Maultiere mit sich und wurden von bewaffneten Truppen vor marodierenden Beduinen beschützt. Sie durchquerten »eine leere Ödnis, eine Ebene aus Steinen, in der kein Lebewesen sich dem Auge zeigte, keine Straße den Wanderer führte.«

Obwohl Doughty ein zartes Kind gewesen und Berichten zufolge ein scheuer Mensch war, eignete ihm ein gewisser undiplomatischer Eigensinn, der während seiner Reisen zu einigen Reibereien mit seinen arabischen Gastgebern führte. Kurz hinter Damaskus protestierte er, als ein arabischer Diener geschlagen wurde, um ihm das Geständnis abzupressen, die Geldbörse seines persischen Herrn gestohlen zu haben. Doughtys Eingreifen wurde ignoriert, aber man gab ihm anschließend warnend zu verstehen, ein solches Verhalten hätte die Aufmerksamkeit auf ihn ziehen können, mit dem Resultat, dass er vielleicht zurückgeschickt worden wäre. Wie Palgrave hegte er wenig Sympathie für die vorherrschende Religion dieser Gegend. Als die Karawane Syrien verließ und am 24. November das wahre Arabien erreichte, sinnierte er über die vielen Todesfälle, die sich auf dem Pilgerweg ereigneten. »Wie groß sind die jährlichen Leiden, die Opfergaben menschlichen Fleisches, alle vergebens, denn ein kleines Körnchen wissenschaftlicher Erkenntnis brächte ihrer Religion den Untergang.« Die Hauptgefahren Arabiens waren seiner Ansicht nach »Hungersnot und die schreckensgesichtige Harpyie ihrer Religion, die dritte ist die kühne Waffe des ismaelitischen Räubers«. Trotz seiner Gelehrtheit und seines wissenschaftlichen Interesses an der Archäologie hatte Doughtys Einfühlungsvermögen als Reisender seine Grenzen. Er versagte dem islamischen »Fanatismus« jeglichen Respekt und brüstete sich: »Die Sonne machte mich zum Araber, aber hat mich niemals zum Orientalismus weichgekocht.«

In Mada'in Salih trennte sich Doughty von den Pilgern, ließ sich für einige Zeit in der Garnisonsstadt nieder und erspähte weitere Anzeichen für die Macht des Islam. »Bilden nicht Mohammeds Sprüche heutzutage das Glaubensfundament eines Menschheitszehntels … Der Islam und die Gemeinschaft der Juden sind ähnlich große Geheimbündnisse, nur sich selbst Freund, voller Treulosigkeit und Unerbittlichkeit gegenüber all jenen, die kein schlechtes Herz ihr eigen nennen.« Allerdings zeigte Doughty weitaus mehr Interesse als beispielsweise Burton für den Charakter und die Eigenheiten einzelner Menschen, die ihm auf seiner Reise begegneten. Sein Gastgeber und Beschützer in Mada'in Salih, Mohammed Ali, wird anschaulich, voller Menschenkenntnis und in Doughtys unnachahmlicher Ausdrucksweise beschrieben.

Ein kranker, greisenhafter Körper eignete ihm, voller Geschwüre, jenseits der mittleren Jahre, wenig Lebenszeit schien ihm noch bemessen; sein Gesicht das eines Unholds, dunkel durch der Seele Lepra und doch halb sanft; er sprach schreiend mit schrecklicher Stimme, eines Ghulen Stimme; sein dunkles Herz ward von solch schwachem Kopf regiert, stündlich warnte er uns vor Gefahr in dieser Einsamkeit. Wohlgesetzt war seine Rede (manch gelehrtes Wort er sprach), im Kleinen wie im Großen. Diese Orientalen studieren einzig der Rede Wort, da müßig sie den ganzen Tag in Männerrunde bei Kaffee verbringen; in dieser

Schule der unendlichen, menschlichen Betrachtungen erlernen sie, wie das Herz zum Herzen spricht. Die Geschichten aus seinem bunten Erfahrungsschatz, gewürzt mit Sprüchen, die der Ungebildeten Weisheit sind, vertrieben uns zwei Monate und fanden kein Ende.

Ali wies Doughty darauf hin, dass er als *nasrâny,* als ausländischer Christ, bei der Besichtigung jener Monumente, die als heilige Stätten galten, vorsichtig sein müsse. Als Doughty auf dem Boden einige antike Münzen entdeckte, sinnierte er: »Das Arabien unserer Tage bietet den Anblick eines verwesenden Landes ... verlassen und trostlos.«

Als der Pilgerzug nach Mada'in Salih zurückkehrte, beschloss er, »mit den Arabern durch die unermessliche Wildnis zu ziehen«, und überredete den hiesigen Pascha, mit den Beduinenführern zu reden, damit ihm sicheres Geleit gewährt wurde. Der russisch-türkische Krieg verschärfte zu dieser Zeit die Spannungen zwischen einem Christen und seinen moslemischen Gastgebern noch – von Doughtys fehlenden Papieren und seiner Freimütigkeit ganz abgesehen –, es war also eine gefährliche Reise. Unterwegs traf er in der Wüste auf eine Gruppe Nomaden, mit der er einige Monate verbrachte und deren Alltagsleben und Verhaltensmuster er sorgfältig studierte. Besonders die »zermürbende Knechtschaft« der Frauen fiel ihm auf, und er wurde in einem Fall zugezogen (»die honorige Amtsstube des Gastes«), um eine Frau namens Hirfa zu bewegen, zu ihrem Ehemann Zeyd zurückzukehren, dem sie davongelaufen war, weil er ihr keine Kinder schenken konnte.

Diese Bekanntschaft mit den Bewohnern der Wüste verschaffte Doughty eine tiefe Befriedigung. »Angenehm ist der Aufenthalt im wandernden Dorf, auf unverfälschter Erde und in reiner Luft, in Kameradschaft, die den ganzen Tag zwanglos sich sammelt um das heitere Kaffeefeuer, inmitten tausend neuer Möglichkeiten ... Ein Vergnügen ist's, dem heiteren Beduinengespräch zu lauschen, eine Lehrstunde der reinen Menschlichkeit in des Reisenden Schule – und kein Land ist so gefährlich, dass ihn die Menschlichkeit nicht passieren ließe, denn der Mensch ist überall ein Mensch ...«

Doughty erforschte die nähere Umgebung, besuchte den Vulkanhügel von Anâz, die Lavafelder der Harra und deren »eherne Trostlosigkeit«, und diese allgewaltige Unfruchtbarkeit machte ihm die Nichtigkeit des Menschen in einer derartigen Gegend bewusst. »Welch einsam Leben fühlte hier nicht Herzensbeklemmung! unfruchtbar der Himmel, alpgedrückt die Scholle! wohin sollt der Mensch zum Trost sich wenden? – Dem Menschen in seiner Bedeutungslosigkeit wohnt angesichts der göttlichen Gestalt der urgewalt'gen Welt ein erschreckt Gewissen inne! dieser löwengleiche Schlaf kosmogonischer Kräfte verschlingt des Menschen mückenkleine Seele – das kurze Zucken, die parasitische Usurpation, dieses Versehen, das Leben genannt wird.«

Anschließend reiste Doughty mit dem Stamm der Bishr aus dem westlichen Nadschd nach Osten, Richtung Irnanberge. In einem Lager traf er eine Frau, die ihn bat, ihr Nadel und Faden zu schenken. »Ich sah mit Widerwillen, dass alle Hausfrauen dieses Stammes die *berkoa* trugen, den heidnischen Gesichtslappen, über den nur die beiden böse dreinschauenden Augen lugen. Diese verunzierten Frauengesichter ließen keinen Zweifel, dass ich mich nun in einem anderen Land befand.« Später traf er einen Lehrer, der ihn um ein Buch bat. Er war so erfreut über Doughtys Geschenk – ein Geografiebuch, das ein amerikanischer Missionar in Beirut auf Arabisch verfasst hatte –, dass »er es sich auf den Kopf legte, um seine große Wertschätzung anzuzeigen – eine orientalische Geste, die ich in Arabien nie wieder sah, wo kaum etwas oder gar nichts ›Orientalisches‹ zu finden ist.«

Er war sich der Gefahr bewusst, die auf dieser Reise beständig lauerte, man hatte ihn gewarnt, er solle sich nicht beim Schreiben in sein Notizbuch ertappen lassen, um sich nicht dem Verdacht auszusetzen, ein Spion zu sein, aber er scheint wenig Zugeständnisse an die Kultur seiner Gastgeber gemacht zu haben und vermerkte beim Anblick einer weiteren verschleierten Frau: »Ihr weibliches Gesicht wurde durch diesen erbärmlichen Schleierlappen getilgt – in unseren Augen eine heidnische, asiatische Schurkerei! Die sanftblütige arabische Rasse wird in Sachen Harem zu Geizhälsen.«

Bei seiner Ankunft in Ha'il fürchtete Doughtys Führer, seinem Brotgeber werde als Ausländer kein guter Empfang zuteil, und nahm Reißaus. Glücklicherweise setzte sich ein alter Freund, Abdel Azîz, beim Emir für ihn ein, während Doughty vor der Tür wartete. Schließlich wurde er hereingerufen, mit Kaffee bewirtet und dann zum Emir vorgelassen. Der Herrscher lag mit aufgestützten Ellbogen auf einem Kissenberg, und Doughty begrüßte ihn mit einem *salaam.* Der »vogelgleiche« Emir befahl Doughty, sich zu setzen, und fragte ihn, woher er gekommen sei und welche Gastfreundschaft ihm die Wüstenstämme entgegengebracht hätten. Doughty sagte, er sei Arzt, und der Emir fragte, welche Arzneien er zu verkaufen habe, aber vor allem wollte er wissen, warum er reiste. Doughty erwiderte, es seien »die Geisteswissenschaften«, die den Antrieb seiner Reise darstellten. »Und dies ist der Grund Eures Kommens?«, rief der Emir aus. »Es war schwierig, ihm zu vermitteln, was ich mit Wissenschaften meinte, denn sie besitzen keine Erfahrung mit Dingen, die von den üblichen körperlichen Arbeiten der Menschheit so weit entfernt sind.« Als Nächstes kam Doughty dem Wunsch nach, einen arabischen Text vorzulesen, was den Emir, der ihm sicheres Geleit nach Bagdad versprach, sichtlich beeindruckte.

Am folgenden Tag strömten die Menschen, um sich von dem *hakim,* dem Arzt, heilen zu lassen, aber ihr »Plapperplapper, stundenlang« brachte ihn um jegliche Ruhe, und so öffnete er ihnen schließlich nicht mehr die Tür. An diesem Abend enttäuschte ihn die Dürftigkeit der Mahlzeit. »Der Teufel hat wahrlich keinen Anteil an ihren Speisen; alle Üppigkeit, alle Laster ihrer menschlichen Natur sind im mohammedanischen Luxus ihrer Harems zu finden.« In der darauffolgenden Nacht wurde er abermals zum Emir gerufen, der von westlichen Erforschungen und Entdeckungen hören wollte: »Er lauschte kühl meiner Erzählung über den Fund des Neuen Landes jenseits des Meeres und erkundigte sich: ›Lebten denn keine Menschen in diesem Land, als es entdeckt wurde?‹«

Bei Doughtys drittem Zusammentreffen mit dem Emir waren seine Antworten zu aufrichtig gewesen; auch wenn die Menschen ihn auf der Straße neugierig umringten und er »einem Kuckucke gleich mit seiner Schar staunender kleiner Vögel« durch die Stadt schritt, spürte er doch, dass er immer weniger willkommen war. Selbst der Diener, der den Kaffee ausschenkte, versuchte, ihn mit seinem Kamelstock anzugreifen.

Doughty befand sich nun seit einem Jahr in Arabien, und seine Gesundheit war nicht die beste, er fühlte sich »ausgelaugt und gebrochen durch dieses lange Jahr des Hungers und der Erschöpfung« und versank »in großer Mattigkeit«. Deshalb begab er sich zur Oase Chaibar, die wie »ein afrikanisches Dorf in der Hedscha« wirkte und wo er einen sehr feindseligen Empfang erlebte; seine Habe wurde durchsucht und seine Bücher und Papiere dem Pascha übergeben, der über ihn das Urteil sprechen würde. »Wenn des Paschas Wort sei, schlagt ihm den Kopf ab, werden wir Euch den Kopf abschlagen, *nasrâny*«, ließen ihn seine Gastgeber wissen. Der zwielichtige türkische Herrscher der Oase, Abdullah, hielt Doughty zwei Monate lang in »schwarzer Gefangenschaft«, bis endlich ein Schreiben des Paschas, datiert vom 11. Januar 1878, eintraf, das besagte, er sei mit dem Zweck von Doughtys Reise einverstanden. Als der Engländer sich beschwerte, er habe nicht all seine Besitztümer zurückerhalten, schlug ihm Abdullah ins Gesicht.

Als Doughty die Oase endlich verlassen konnte, reiste er in sehr schlechtem Gesundheitszustand durch die Harra, geplagt von Müdigkeit, Nasenbluten und Augenentzündungen, die seine Sehkraft einschränkten. Er war ziemlich verzweifelt und war sich nicht sicher, welcher Weg nun der gefahrloseste sein würde, und eines Abends musste er auch noch mit anhören, wie seine Begleiter planten, sich in der Nacht mit seinen Kamelen davonzumachen (ein Vorhaben, das er vereitelte). Er war erleichtert, als sie sich Buraydah »zwischen den großen Dünen der Neféd« näherten, das in der Ferne wie ein »Traumbild« auftauchte. Abermals rieten ihm die Führer, seine ausländische Herkunft zu verbergen und seine Rolle als *hakim* herauszustreichen. Er nahm Quartier in der Herberge des Emirs und wartete darauf, eine Audienz bei ihm zu bekommen. Der große Arabist, leidgeprüft vom Anblick des Schleiers und der Burka, wurde nun vom Ruf zum Abendgebet heimgesucht. »Während ich auf einer Lehmbank saß, unter spärlichem Mondlicht, riss mich die verabscheute Stimme ihrer barbarischen Religion aus meiner Mattigkeit! Vom Minarett rief der Muezzin zum späten Gebet.«

Sechs Mann kamen und brachten ihn zum Emir, unterwegs versuchten sie ihm sein Dosenbarometer zu entwenden, weil sie glaubten, es sei eine teure Uhr. Glücklicherweise kam der Diener des Emirs hinzu und zwang die Männer, Doughty sein Geld und seine Wertsachen zurückzugeben. Sein Empfang beim Emir – »ein zwielichtiger Geselle« – wurde auf den nächsten Tag verschoben, und nachdem Doughty in seine Unterkunft zurückgekehrt war, klopfte kurz darauf eine »liederliche junge Frau« an seine Tür und verlangte auf Arabisch von ihm: »Lasst mich in Eurem Schoß zum Schlafe finden.« Verzweifelt fragte er sich: »Wer sandte mir diese schaurige Dirne?« Er befahl »der Elenden«, sich fortzuscheren, und sinnierte:

»Einzig im Namen einer Religion (O Chimäre menschlicher Eigenliebe, Bosheit und Angst!) war ich in Arabien täglich solcherart Gefahren ausgesetzt.«

Draußen versammelte sich eine wütende Menge, vielleicht von der schaurigen Dirne aufgestachelt, und verlangte nach dem Blut des *nasrâny,* weil bisher kein Christ, so die Behauptung, jemals die Stadt betreten habe. Der Harem des Hauses verteidigte ihn mit scharfer Zunge, und obwohl es Jeyber, dem Sekretär des Emirs, gelang, die Menge auseinanderzutreiben, waren die Aussichten auf einen weiteren Verbleib nicht sehr gut, und der Sekretär bot Doughty an, ihm die Flucht nach Unayzah zu ermöglichen. Nachdem Doughty dem Emir mit der Vergeltung des Sultans gedroht hatte, unter dessen Schutz zu stehen er vorgab, bezwang er die wankelmütigen Amtsträger (»ihr ganzes Leben verbringen sie mit Lug und Trug«), und es gelang ihm, unter dem widerwillig gewährten Schutz des Emirs abzureisen.

Doch es gab weitere Schwierigkeiten, denn ein Kameltreiber, der ihn begleiten sollte, ließ ihn in einem Wadi am Ende der Welt im Stich. »Dies war das grausamste Schicksal, das mir in Arabien zuteilwurde!«, klagte Doughty. Aus Sorge, er könnte für einen Spion gehalten werden, zerriss er seine Landkarte in kleine Stücke und lieferte sich der Gnade eines Schwarzen aus, der ihm half, nach Unayzah zu kommen. Dort traf er einen Kaufmann namens Abdullah al-Kenneyny, der ihn fragte, warum er so töricht sei, »in diesem wilden, fanatischen Land« zuzugeben, Engländer zu sein.

Krankheit und die Feindseligkeit der Menschen begannen an Doughty zu zehren, und seine Erzählung wird zusehends düsterer, je mehr sie sich ihrem Ende zuneigt. Nach Wochen des Dahinsiechens in der Umgebung Unayzahs eröffnete sich für Doughty die Möglichkeit, sich einer Karawane nach Mekka anzuschließen. Er resümierte seinen Zustand:

Ich hatte viele Tage dieser wenigen Jahre, deren Summe unser menschliches Leben ist, in Arabien verbracht und befand mich nun inmitten der Halbinsel. Ein Monat! – und ich war wieder in Reichweite der europäischen Schifffahrt. 450 Wüstenmeilen mochten es von hier bis zur Küste sein, eine Reise von mindestens zwanzig Tagesmärschen im unbequemen Kamelsattel, unter der Flamme der Mittsommersonne, welche selbst den eingeborenen Arabern Leiden verursacht. Auch war meine körperliche Mattigkeit eine solche, dass ich nicht länger aufrecht sitzen konnte; zudem sah ich eine letzte Gefahr voraus, da ich die Mekka-kâfily [Karawane] an der letzten Station vor der (verbotenen) Stadt verlassen musste.

Zudem war Doughty ein Jahr zuvor im Wadi Thirba von einem Windhund ins Knie gebissen worden, und an der Wunde hatte sich nun ein Geschwür gebildet, das am ganzen Körper weitere Geschwüre hervorzubringen schien. »Ah! welch Schrecknis, einem tollwütigen Hunde gleich in einem fremden Land zu sterben«, klagte er. Am Versammlungsort für die Pilgerreise nach Mekka schwang er sich mühsam auf ein Kamel; siebzehn Tage lang reiste er schmerzgeplagt und mit wenig Wasser, bis man sich von dem Christen trennte und ihn nach Dschidda am Roten Meer schickte. Das Meer war nur »neunzig Meilen« entfernt, aber er hatte keine Nahrungsmittel, kein Wasser und »keine Kraft« mehr. Das Klima war dem *nasrâny* zusehends feindlich gesinnt, und kurz vor seinem Aufbruch nach Dschidda wurde Doughty von einem messerschwingenden Fanatiker bedroht, der die Absicht hatte, den Ungläubigen zu töten, und dem sich ein »Pulk Kameltreiber aus Mekka« anschloss, um dieses Schauspiel mitzuerleben. »Diese Mekkaner Gesichter waren schwarz wie die der Verdammten am Tag des Jüngsten Gerichts; die Männer standen stumm und reglos da, und ihre dunkelhäutigen Hände lagen auf ihren Waffen.« Nach vielen drohenden Worten und Gesten konnte der Mann davon abgehalten werden, Doughty zu töten, und er durfte, allerdings um einige Satteltaschen und Kleidungsstücke erleichtert, nach Taif weiterreisen.

Auf dieser nächsten Reiseetappe geriet Doughty erneut unter diebische Kameltreiber, »die gefährlichsten Araber, denen ich jemals begegnete«, und er war gezwungen, eine Pistole auf Salem, ihren Anführer, zu richten. In dieser verfahrenen Situation musste er sich entscheiden, ob er auf diese mit Messern bewaffneten Männer schießen oder mit ihnen verhandeln sollte. Salems Komplize Feyd ging auf Doughty los, der sich wehrte. »Es blieb keine Zeit, den Schuss herauszuschütteln, noch hing die Pistole an einer starken Schnur um meinen Hals: ich hielt ihm den Knauf hin. Feyd ergriff die Waffe! Nun waren sie ihres Lebens und der Beute sicher.« Sie raubten ihn aus und teilten den Fang untereinander auf. Doughty war der Ansicht, diese Männer seien deshalb so gefährlich, weil »die natürliche Menschlichkeit der Araber bei ihnen durch den großen Einfluss der Verwaltungszentren verdorben und geschädigt worden ist«. Der Urteilsspruch der Kameltreiber lautete: »Sicherheit bot Euch Euer eignes Land – wäret Ihr dort geblieben; doch Ihr seid gekommen in das Land der Moslems, nun hat Gott Euch in unsere Hand übergeben, um Euch zu töten.« Doughty wurde von ihnen nach Taif gebracht, wo ihn, so nahmen sie an, das Urteil des Scherifs erwartete. Er war beglückt, die Stadt zu erreichen, die, »nach beinah zwei Jahren des Wanderns durch die Wüsten, ein wunderbarer Anblick war«. Er wurde von einem türkischen Oberst und Beamten des Scherifs empfangen, der ihm Unterkunft gewährte, und es war sofort ersichtlich, dass ihm echte Gastfreundschaft zuteilwurde – er war außer Gefahr. In dieser zivilisierten Umgebung konnte Doughty zum ersten Mal seinen Zustand begutachten.

Mein Oberteil war am Rücken zerrissen, alt und zerfetzt war mein Mantel, unter meinem Kopftuch fiel das Haar bis auf die Schultern, ungepflegt wucherte der Bart; ich hatte blutunterlaufene Augen, halb blind, und tief eingerissen war die verbrannte Haut meines Gesichts. Es wurde ein Barbier gerufen, ein Bad bereitet, und nach einer Tasse Tee kostete es den guten Oberst einige Kraft, mich zu einem Europäer zurückzustutzen ... Danach legte er mir die Kleider an, eine weiße Militäruniform, zu erschöpft und schwach war ich, um es selbst zu tun, und setzte mir einen Fes auf.

Am Abend wurde Doughty zum Scherif geführt, der ihn mit »gütigem Ernst« empfing, ihm mitteilte, er sei außer Gefahr, und Salem befahl, das Diebesgut zurückzugeben.

Doughty reiste mit einer Eskorte von Taif nach Dschidda, wo seine Wanderungen am 2. August 1878 an der Küste des Roten Meeres schließlich ein Ende fanden. Er segelte nach Indien und begab sich dort in medizinische Behandlung. Obwohl er während seines Aufenthalts in Bombay der Royal Asiatic Society einen vorläufigen Bericht ablieferte, wandte er sich erst 1883 an die Royal Geographical Society und veröffentlichte seine Abhandlung in deren Zeitschrift *Proceedings* (nicht ohne dass es zu Streitigkeiten über seinen Schreibstil kam). Der vollständige Bericht über seine Reisen sollte schließlich zehn Jahre nach seinem Abschied von Arabien veröffentlicht werden. Gelehrte würdigten später vor allem die Sorgfalt, mit der er die arabische Gesellschaft des 19. Jahrhunderts geschildert habe.

In den Jahren nach der Veröffentlichung heiratete Doughty, schrieb Gedichte, darunter das dreißigtausend Zeilen lange Epos *The Dawn of Britain,* ein lang gehegtes Vorhaben, sowie das Drama *Adam Cast Forth,* das auf der islamischen Legende von Adam und Eva basiert. Er verfasste auch einige Science-Fiction-Werke sowie

Mansoul, eine mittelalterliche Traumvision. Gegen Ende seines Lebens wurde er mit der Goldmedaille der Royal Geographical Society geehrt, erhielt einige Ehrendoktorwürden, und auch der berühmte T. E. Lawrence, der *Arabia Deserta* als »eine Bibel ganz eigener Art« bezeichnete, zollte ihm große Bewunderung. Doughty starb am 20. Januar 1926 in Sissinghurst, Kent.

CHINA UND JAPAN

»Eine unerschütterliche kleine Person«: Isabella Bird.

Jenseits der ausgetretenen Pfade

Isabella Bird in Japan

Um der Gesundheit willen zu reisen war für unternehmungslustige Viktorianerinnen nichts Ungewöhnliches. Vielleicht war das häusliche Leben der Frauen aus der britischen Mittelschicht im 19. Jahrhundert besonders lähmend, das Reisen schien jedenfalls für viele von ihnen ein bemerkenswertes Heilmittel zu sein. Isabella Lucy Bird, die seit Kindertagen an einer Wirbelsäulenerkrankung, Migräne und Schlaflosigkeit litt, gehörte zu den Frauen, denen gesunde Bewegung im Freien, insbesondere Reiten, half, ihre Gesundheit wiederzugewinnen.

1831 in Yorkshire als Tochter von Reverend Edward Bird, einem evangelikalen Geistlichen, und seiner Frau Dora geboren, reiste Isabella Bird zu Pferd durch die Vereinigten Staaten von Amerika und Kanada, Neuseeland, Australien und Hawaii (damals Sandwich-Inseln genannt). In *A Lady's Life in the Rocky Mountains**[*] (1879) beschreibt sie einen Monat, den sie in den schneebedeckten Bergen auf dem Pferderücken inmitten einer Gruppe Cowboys verbrachte, die sie für »einen Mann, der ein sicheres Händchen für Rinder hatte«, hielten. Sie freundete sich mit Jim Nugent an, einem von Grizzlyspuren gezeichneten Jäger und Fallensteller, der später bei einer Schießerei ums Leben kam. Ein Zeitgenosse beschrieb sie als »eine unerschütterliche Person, klein, aber stämmig, sehr entschlossen und gemäßigt in ihrer Wortwahl«.

1876 heiratete Bird John Bishop, einen zehn Jahre jüngeren Arzt aus Edinburgh – später äußerte er, sie habe den Appetit eines Tigers

---

★ Die deutsche Übersetzung *Leben einer Dame in den Felsengebirgen* erschien 1882.

und die Verdauung eines Straußes gehabt –; zwei Jahre später, im April 1878, wurde ihr geraten, sich wieder auf Reisen zu begeben, und sie machte sich nach Japan auf, »um meine Gesundheit zu stärken«. Zu Beginn der viktorianischen Epoche hatten sich China und Japan immer noch vom Westen abgeschottet, und keinem Europäer war es erlaubt, eines der beiden Länder zu bereisen. Kontakt zu Ausländern gab es zwar – seit dem 16. Jahrhundert lebten in China jesuitische Missionare –, doch beide Länder taten alles in ihrer Macht Stehende, um Ausländern die Einreise zu verbieten, bis ihnen Mitte des 19. Jahrhunderts Verträge aufgezwungen wurden, die dies änderten. Zuvor hatten die Chinesen über den Hafen von Guangzhou (Kanton) mit der Außenwelt Handel betrieben, und die Japaner hatten zu diesem Zweck die Insel Dejima bei Nagasaki genutzt, einen niederländischen Handelsposten. Als eine Öffnung unabwendbar war, waren die Japaner eher bereit, sich dem Einfluss des Westens zu öffnen.

Das Schlüsseldatum in China stellt der 1842 geschlossene Vertrag von Nanking dar, aber selbst nach dessen Unterzeichnung durften Ausländer nur einen schmalen Landstreifen entlang dem Perlfluss außerhalb der Stadtgrenzen Guangzhous besuchen. Frauen war es nicht erlaubt, chinesischen Boden zu betreten, und die Ehefrauen einiger Händler wurden gezwungen, in Macao zu leben. Nach 1842 wurde Hongkong britische Kronkolonie, und es kam zur Öffnung von fünf Häfen zwischen Guangzhou und Shanghai, doch nur wenige Europäer wagten es, in die verbotenen Gebiete zu reisen. Nach den Opiumkriegen 1839/42 und 1856/60 öffneten die Verträge von 1858/60 schließlich ganz China für Ausländer, und damit begann das Zeitalter der Fernostreisen. 1872 waren sowohl Shanghai als auch Hongkong Stationen von Cooks *Round the World Tour,* und Berichte von Händlern, Regierungsbeamten, Missionaren und jenen, die nun »Globetrotter« genannt wurden, begannen aus den Druckerpressen zu flattern. In den 1890-er Jahren fuhren Dampfschiffe vierzehntäglich von London nach China – die Reisedauer verkürzte sich von drei auf zwei Monate –, von dort aus wurden Reisen nach Japan organisiert. In China herrschte immer noch Verbitterung aufgrund der Opiumkriege, und die Reiseberichte sind voller Zwischenfälle mit feindlichen Einheimischen.

Japan öffnete sich erstmals 1858, als Lord Elgin einen Handelsvertrag unterzeichnete – fünf Jahre nach der dramatischen Ankunft des Amerikaners Commodore Perry in der Bucht von Tokio, die zweihundertfünfzig Jahre Isolation beendet hatte. Schon bald nutzten die Japaner die Handelsmöglichkeiten mit Großbritannien und die Chance, auf vielen Gebieten Anschluss an den Fortschritt der westlichen Welt zu finden; in den 1870-er und 1880-er Jahren kamen viele *yatoi*, ausländische Experten, nach Japan, um diese Veränderungen zu unterstützen und zu beschleunigen. Viele Reiseberichte bezeugen, dass Japan zu dieser Zeit beliebter war als China, das den Ruf hatte, weniger sauber und weniger wohlgeordnet zu sein. Die frühere Mode der Chinoiserie wurde vom Japonismus abgelöst, für den beispielhaft die Aufführung der Oper *Mikado* 1885 in London stand. Aktuelle Berichte über China und Japan stießen deshalb auf lebhaftes Interesse.

Bird hatte eine sehr klar umrissene Vorstellung, welche Art des Reisens ihr gemäß war, und legte großen Wert darauf, sich stets von der Horde der gewöhnlichen Touristen zu unterscheiden. Der Titel ihres Buches *Unbeaten Tracks in Japan*★ (1880) spiegelt ihre Herangehensweise wider. Im Vorwort legte sie ihre Grundsätze dar:

Dies ist kein »Buch über Japan«, sondern die Schilderung einer Reise durch Japan sowie ein Versuch, etwas zum Wissen über die

★ Die deutsche Übersetzung *Unbetretene Reisepfade* erschien 1882.

derzeitigen Zustände in diesem Land beizutragen; erst als ich einige Monate durch das Landesinnere der Hauptinsel und durch Ezo [heute Hokkaido] gereist war, entschied ich, dass mein Stoff genügend Neues bot, um meinen Beitrag zu rechtfertigen. Meine Route, die mich nördlich von Nikko führte, verlief allzeit jenseits der ausgetretenen Pfade und war in ihrer Gesamtheit noch nie zuvor von einem Europäer bereist worden. Ich lebte unter Japanern und konnte in Gebieten, die noch keinem europäischen Einfluss ausgesetzt waren, ihre Lebensweise studieren. Als alleinreisende Dame, als erste europäische Frau, die auf ihrem Reiseweg viele Menschen zu Gesicht bekam, unterschieden sich meine Erfahrungen meistens sehr von denen der Reisenden, die zuvor auf diesen Pfaden gewandelt waren ... Mit einem gewissen Widerstreben beschloss ich, dass sich mein Bericht hauptsächlich aus Briefen zusammensetzen sollte, die ich vor Ort an meine Schwester und einige Freunde geschrieben hatte; diese Form der Veröffentlichung verzichtet auf die literarische Komposition und eine sprachliche Aufbereitung des Textes und benötigt zugleich ein gewisses Maß an Egoismus, andererseits aber versetzt sie den Leser in die Rolle des Reisenden und lässt ihn an den Schwierigkeiten, Unannehmlichkeiten und der Langeweile ebenso teilhaben wie an Neuem und Vergnüglichem. Die »ausgetretenen Pfade« ... wurden mit einigen wenigen Sätzen abgehandelt.

Darüber hinaus betonte Bird insbesondere, wie sehr sie auf »Wahrhaftigkeit« und »sorgfältige Darstellung« Wert legte, auch wenn im Bericht manch brisantes Thema zur Sprache kommen könne. »Einige der Briefe zeichnen ein weniger idyllisches Bild von den Lebensverhältnissen der Bauernschaft als allgemein üblich, und es ist möglich, dass einige Leser sich wünschen, die Schilderung wäre weniger realistisch ausgefallen, da aber die Vorfälle völlig charakteristisch sind und ich sie weder erfunden noch bewusst gesucht habe, biete ich sie im Interesse der Wahrheit dar.«

Im ersten Kapitel stürzte sich Bird gleich in den Kampf, entschlossen, »die seltsamen Erzählungen einiger anderer Reisenden« zu tilgen, womit sie so farbenfrohe Versatzstücke der viktorianischen Vorstellung wie Harakiri, Mikados und Schogune meinte. Besonders rügte sie Politiker und Beamte, deren Fehleinschätzungen seit der erst kürzlich erfolgten Öffnung zum Westen ihrer Meinung nach ein falsches Bild von Japan geprägt hatten. »Es ist wahr, sofern wir nicht in ein Land reisen, um Krieg zu führen oder es zu kolonialisieren, ist unsere Kenntnis darüber selten ausgeprägt oder genau. Höchst phantasievolle Berichte voriger Reisender, die lange Periode der geheimnisvollen Zurückgezogenheit und die Veränderungen, die in atemloser Geschwindigkeit während der letzten elf Jahre stattgefunden haben, sorgen für eine ziemliche Verwirrung unserer Vorstellungen von Japan.« Bird wies darauf hin, dass Japan von England aus in nur zweiundvierzig Tagen über das Meer erreichbar sei und der im Gange befindliche Modernisierungsprozess nicht rückgängig gemacht werden könne. Obwohl sie glaubte, die Japaner in den Hafenstädten seien »durch den Umgang mit Fremden verdorben und verroht«, waren in ihren Augen die Inlandbewohner weit davon entfernt, »Wilde« zu sein, sondern »freundlich, sanft und höflich, sodass eine Dame in ausschließlicher Begleitung ihres eingeborenen Dieners 1200 Meilen durch wenig besuchte Gebiete reisen konnte, ohne einem einzigen Fall von Unhöflichkeit oder Wucher zu begegnen.« Ihr war sehr daran gelegen, dem Leser zu vermitteln, dass ihr Japan ein modernes Land und kein altertümliches Klischee war. »In politischer Hinsicht gibt es das alte Japan nicht mehr. Der Prunk seiner Herrscher, seine altmodische Ritterlichkeit, seine würdevollen Hofsitten, seine Festkleider, seine rituellen Selbstmorde und sein Ehrenkodex existieren nur mehr auf der Bühne.«

Birds erster »Brief« wurde am 21. Mai 1878 im Oriental Hotel in Yokohama geschrieben. Der erste Blick auf die japanische Küste bot »keine verblüffenden Überraschungen hinsichtlich Farbgebung oder Gestalt«, aber die Aussicht war trotzdem wunderschön. »Zerborstene Holzbrücken erheben sich an den Ufern des Wassers, graue Dörfer mit tief hängenden Dächern drängen sich am Ausgang der Schluchten, und Reisterrassen mit dem Grün gepflegten englischen Rasens waren bis in luftiger Höhe zwischen den dunklen Wäldern des Hochlandes zu erkennen.« Und es gab den »wunderbaren Blick« auf den Fudschijama. Ansonsten beeindruckte sie Yokohama mit seinem »sterbenslangweiligen Aussehen« nicht besonders, und sie konnte es kaum erwarten, ins »richtige Japan« zu gelangen.

Das utopische Ziel aller wahren Reisenden, die Entdeckung des »echten« Landes, lag vor ihr, aber sie wurde beinahe überwältigt von diesem fremden Japan und litt an einer »vollständigen geistigen Verwirrung, die der Schnelligkeit, mit der neue Sehenswürdigkeiten und Ansichten auf mich eindrangen, geschuldet war ... das Land selbst erscheint mir wie ein einziger verschwommener Fleck oder eine Buchseite voller Hieroglyphen, die ich nicht entziffern kann. Nun, es liegen Monate des Aufenthaltes vor mir; ich versuche, mir einen Überblick zu verschaffen, alles zu sehen, alles zu hören, alles zu lesen und mich, solange es möglich ist, eines Urteils zu enthalten.« Diese Unvoreingenommenheit, diese vorsichtige Annäherung steht in scharfem Gegensatz zu den manchmal aggressiv geäußerten Vorurteilen und dezidierten Meinungen so manches viktorianischen Reisenden.

Die achtzehn Meilen von Yokohama nach Tokio reiste Bird mit der Eisenbahn. Die Strecke war von britischen Ingenieuren gebaut und erst 1872 eröffnet worden; das britische Eisenbahnwesen stand Pate, die Angestellten waren »Japaner in europäischer Kleidung«. Sie wurde von einer Ordonnanz der britischen Gesandtschaft mit einem Einspänner abgeholt und nicht in einer der unzähligen *kurumas*, die Bezeichnung, die sie »dem chinesischen *jin-riki-sha*« vorzog. Das Leben der Auslandsbriten fand nicht ihren Beifall. Ihr missfielen die »Auswirkungen westlicher Architekturideen auf die Viertel, in denen Briten leben«, und sie fand, das gesellschaftliche Leben der Ausländer in Tokio »ähnelt sehr dem Leben zu Hause, es gibt lediglich weniger Betätigungsfelder und weniger Abwechslung, und ... die Gespräche verlaufen in etwas engeren, seichteren Gewässern.« Aber ein interessantes Gesprächsthema gab es: »Da bisher keine englische Dame allein durch das Landesinnere gereist ist, erweckt mein Vorhaben ein nachsichtiges Interesse bei meinen Freunden, zumeist warnt man mich und rät mir ab, aber ich erhalte auch ein wenig Zuspruch.«

Bird stellte einen Achtzehnjährigen namens Ito als Diener ein, und da sie nicht gerade begeistert war von »den fischigen und pflanzlichen Abscheulichkeiten, die als ›japanisches Essen‹ bekannt sind«, packte sie eigenen Proviant ein. »Nach etlichen Reisemonaten durch einige der rauesten Regionen des Landesinneren würde ich einer Person von normaler Gesundheit – andere Personen sollten nicht durch Japan reisen – raten, sich nicht mit Dosenfleisch, Suppen, Bordeauxwein oder anderen Nahrungsmitteln oder Getränken außer Liebig's Fleischextrakt zu belasten.« Lady Parkes, die Frau des Botschafters, stockte die Vorräte um »zwei leichte Körbe mit Wachstuchabdeckung, ein Reisebett, einen Klappstuhl und eine Gummibadewanne« auf. Damit war Bird zum Aufbruch bereit.

Am 10. Juni 1878 begann sie ihre Reise in das Landesinnere. Ihr Gepäck wog hundertzehn Pfund, Itos neunzig. Es ist immer spannend zu erfahren, was die Menschen auf ihren Reisen so mit sich schleppen, und glücklicherweise listete Bird den Inhalt ihrer links und rechts am Packpferd befestigten, bemalten Weidenkörbe sehr detailliert auf.

Ich habe einen Klappstuhl – denn in einem japanischen Haus gibt es nur den Fußboden als Sitzmöbel und nicht einmal eine stabile Wand, an die man sich lehnen könnte –, ein Luftkissen, das bei den Reisen in einer *kuruma* zum Einsatz kommt, eine Gummi-badewanne, Laken, eine Decke und – wichtiger als alles andere – eine Segeltuchtrage mit leichtem Gestänge, die in zwei Minuten zusammengebaut werden kann und die flohsicher sein soll, da sie 2 ½ Fuß hoch ist. Die »Lebensmittelfrage« wurde durch eine höfliche Ablehnung aller Ratschläge geklärt. Ich habe nur einen kleinen Vorrat von Liebig's Fleischextrakt, 4 Pfund Rosinen, et-was Schokolade, sowohl zum Essen als auch zum Trinken, und für den Notfall etwas Brandy mitgenommen. Ich habe meinen eigenen mexikanischen Sattel samt Zaumzeug dabei, Kleider in angemessener Anzahl, einschließlich eines Umschlagtuchs für die Abende, einige Kerzen, Mr. Bruntons große Japankarte, die Sitzungsberichte der English Asiatic Society und Mr. Satows eng-lisch-japanisches Wörterbuch. Mein Reisekleid ist ein kurzes Kos-tüm aus staubfarbenem, gestreiftem Tweed, dazu feste Schnür-stiefel aus ungeschwärztem Leder und ein japanischer Hut, der wie eine große Schüssel geformt ist, aus leichtem Bambusgeflecht besteht und mit einem weißen Baumwollbezug versehen ist, in-nen besitzt er einen leichten Rahmen, der einen Spielraum von 1 ½ Zoll zwischen Kopf und Hut für die Luftzirkulation lässt ... absolut einem schweren Tropenhelm vorzuziehen ... Mein Geld ist in Bündel von je 50 *yen* gerollt ... Ich habe eine Tasche für mei-nen Reisepass, die an meiner Taille befestigt ist. Mein ganzes Gepäck mit Ausnahme meines Sattels, den ich als Fußstütze be-nutze, passt in eine *kuruma*.

Derart ausgestattet machte sich Bird mit einer Sondererlaubnis auf den Weg, die es ihr erlaubte, ganz Japan nördlich von Tokio und fast das gesamte Hokkaido zu bereisen, ohne den Behörden ihre Route angeben zu müssen. Die ersten neunzig Meilen wurden in drei Tagen mit *kuruma*-Läufern bewältigt, es ging durch Reisfelder und an am Wegesrand gelegenen Teehäusern vorbei. Im ersten Nachtquartier wurde sie durch Flöhe und Moskitos vom Tagebuchschreiben abgehalten, und ihr Bett, ein Stück Segeltuch, das an zwei Holzbalken genagelt war, brach in der Nacht zusammen. Am nächsten Tag erreichte sie Tochigi und verbrachte die Nacht in einer *yadoya,* einer Unterkunft, wo die Wände ihres Zimmers aus Schiebetüren bestanden, die voller Löcher waren – »häufig sah ich an jedem der Löcher ein Auge«. Sie wurde zu einer derartigen Attraktion, dass Ito, der den Druck der vielen Neugierigen auf die Schiebetüren befürchtete, Bird anbot, ihr Geld sicher zu verwahren, für den Fall, sie würde beraubt.

Tags darauf wurde sie durch die »schneegeschlitzten« Nantaisanberge und die Ankunft in Nikko entschädigt, wo sie – nach der unruhigen Nacht in der *yadoya* – nun in einem dem Dorfoberhaupt gehörenden Pavillon unterkam, der einen Garten hatte und hinter dem die Berge emporragten. Sie verbrachte neun Tage an diesem Ort, bewunderte seinen »feierlichen Prunk, seine tiefgründige Melancholie, seinen langsamen, aber sicheren Verfall und die historische und religiöse Atmosphäre, der man nie vollständig entkommt«. Sie besuchte dann ein Dorf, das sie Irimchi nannte; sie studierte dort eingehend die Gebräuche – und beklagte sich über das feuchte Klima. »Es wundert mich nicht, dass die Japaner früh aufstehen, denn ihre Abende sind aufgrund der spärlichen Beleuchtung ziemlich freudlos.«

Dann war es Zeit weiterzuziehen, und sie beschloss: »Meine Reise soll nun gänzlich auf ›unbetretenen Pfaden‹ verlaufen und durch das ›alte Japan‹ führen ... Die Behaglichkeit habe ich in Nikko zurückgelassen!« Im Sattel zweier »niedergeschlagen aussehender Stuten«

schlängelten sie und Ito sich durch Schluchten, »deren Steilhänge mit Ahorn, Eiche, Magnolie, Ulme, Pinie und Japanzeder bedeckt und durch Girlanden des chinesischen Blauregens miteinander verbunden sind, mit Farbtupfern von Azaleen und Fliederdolden. Jeder Blick wurde von gewaltigen Bergen verstellt, Wasserfälle donnerten, helle Lichtstreifen brachen durch die Bäume und im herrlichen Julisonnenschein sah das Land höchst bezaubernd aus.« Aber bald fiel ihr das Elend der Landbevölkerung auf, über das sie ohne Zögern berichtete (»ich beschreibe die Realität, wie ich sie sehe«), auch wenn sich ihre Wahrnehmung von jener der anderen »Touristen« unterschied. Sie wollte von den Dingen berichten, wie sie waren. »Doch dies ist wahrlich ein neues Japan für mich, von dem kein Buch mir je eine Vorstellung vermittelt hat, und es ist gewiss kein Märchenland.«

Als Bird weiter in den Norden vordrang, prasselten die vielfältigsten Eindrücke auf sie ein. »Berge und Pässe, Täler und Reissümpfe; Armut, Industrie, Schmutz, zerfallene Tempel, Buddhas mit untergeschlagenen Beinen, Züge strohbeschuhter Packpferde, lange, graue gesichtslose Straßen und stille, glotzende Menschenmengen sind alle wild in meiner Erinnerung durcheinandergewürfelt.« Obwohl Schmutz und Elend, mit denen sie in diesem Ausmaß nicht gerechnet hatte, sie weiterhin beschäftigten, da sie sich verpflichtet fühlte, darüber »als Ergänzung der bestehenden Kenntnisse über dieses Land« zu berichten, war sie bemüht, ein ausgewogenes Bild zu zeichnen. »In vielen europäischen Ländern, und ganz bestimmt in einigen Regionen Englands, wäre eine alleinstehende Reisende in fremder Tracht Unhöflichkeit, Beleidigungen und Erpressungsversuchen, wenn nicht gar echten Gefahren ausgesetzt, aber mir ist kein einziger Fall von Unhöflichkeit oder Wucherpreisen begegnet, und selbst die Menschenansammlungen benahmen sich nicht ungehörig.« Diese letzte Bemerkung schrieb sie nieder, nachdem sich eine zweitausendköpfige Menge in einem Ort, den sie Bangé nannte, um sie geschart hatte.

Diese überbordende Neugier verfolgte Bird auf ihrer weiteren Reise nach Norden, auf der sie Einzelheiten des Alltagslebens aufzeichnete und sich an der Berglandschaft und Schönheit der Natur erfreute. In Yusawa in der Präfektur Yamagata war sie allerdings von der Kombination aus karger Kost und zudringlichen Blicken der Einheimischen überfordert.

Yusawa ist ein besonders widerwärtig aussehender Ort. Ich nahm mein Mittagessen in einem Hof ein – ein dürftiges Mahl aus fadem Bohnenquark, dem etwas Kondensmilch beigefügt wurde –, und die Menschen versammelten sich zu Hunderten am Gartentor, und jene, die mich nicht sehen konnten, holten Leitern und kletterten auf die umliegenden Dächer, wo sie verharrten, bis eines der Dächer mit lautem Krachen nachgab und ungefähr fünfzig Männer, Frauen und Kinder in den darunterliegenden Raum hinabstürzten, der glücklicherweise leer war.

Bald traf ein Polizeibeamter ein, verlangte ihren Reisepass zu sehen und den Grund ihrer Reise zu erfahren. Birds Antwort war knapp und treffend: »Um das Land kennenzulernen.« Der Polizist wollte wissen, ob sie eine Landkarte erstellte. Sie fand das Gaffen, das nie von einem Lachen begleitet wurde, manchmal recht belastend. »Die große Melancholie dieser Blicke ist bedrückend.« Sie reiste weiter, zunehmend geplagt von ihrem Wirbelsäulenleiden, das ihr Vorankommen erschwerte, und auch die allgemeine Feuchtigkeit machte ihr zu schaffen. »Seit Tagen lebe ich in durchweichten Kleidern, trotz meines Regenmantels, und schlafe seit Tagen auf einer durchweichten Trage, allen wasserdichten Hüllen zum Trotz, und das Wetter zeigt immer noch kein Zeichen der Besserung, und die Flüsse sind entlang der nördlichen Straßen so angestiegen, dass ich hier [in Odaté] sowohl vom Unwetter als auch von meiner Krankheit festgehalten werde.«

Schließlich erreichte die durchnässte Reisende die Bucht von Aomori, wo ein Dampfer wartete, der sie nach Hokkaido bringen sollte; das Schiff konnte jedoch nur mit einem kleinen Paddelboot erreicht werden, in dem sie die ganze Nacht von den Stürmen hin und her geworfen wurde. Sie erreichte den Hafen von Hakodate am 13. August 1878 und ging schnurstracks zum Church Mission House, auch wenn es ihr, durchnässt und schmutzig wie sie war, unpassend erschien, »eine zivilisierte Behausung zu betreten«. Sie freute sich über ein Bett, eine Tür, die sich schließen ließ, und dreiundzwanzig Briefe von zu Hause. »Ich verspürte einen irgendwie gerechtfertigten Triumph, alle Hindernisse überwunden und mehr erreicht zu haben, als ich mir bei der Abreise aus Yedo vorgenommen hatte.«

Nach ihrem Aufenthalt auf der Hauptinsel Japans fühlte sich Bird inmitten der »Lebhaftigkeit und Freiheit« Hokkaidos viel wohler und blieb länger in Hakodate, als sie beabsichtigt hatte. Sie besuchte die Missionare, die sich dort niedergelassen hatten und deren Aufgabe sie »sehr mühselig« fand, da lediglich die medizinische Betreuung der Bevölkerung einen gewissen Erfolg verbuchen konnte. Ihre Pläne galten nun einer weiteren langen Erkundungsreise jenseits der ausgetretenen Pfade. Ausgerüstet mit einem *shomon,* einem Sonderbrief des britischen Konsuls, der ihr die Unterstützung durch die verschiedenen Beamten und Behörden entlang ihres Reisewegs garantierte, machte sie sich auf zum »ersten Streifzug einer Dame in das Land der Eingeborenen«.

Sie bestieg einen Dampfer, der sie durch die Vulkanbucht nach Noboribetsu brachte und auf dem sie abermals zur Attraktion geriet. Bird wurde im Bug in einer Kabine »voller aufgerollter Seile« verstaut, »eingeschlossen und der Einsamkeit und Würde und dem starren Blick aus acht Augen, die ausdauernd durch das Fenster gafften, überlassen«. Bei ihrer Ankunft sah sie den ersten Angehörigen der »eingeborenen« Rasse, der Aino. »Ich glaube, ich habe niemals ein Gesicht gesehen, dessen Züge so voller Schönheit waren, mit einem vornehmen, traurigen, abwesenden, sanften, gebildeten Ausdruck; ein Gesicht, das viel mehr an Sir Noel Patons* Christus als an einen Wilden erinnerte.« Als sie tiefer in das Land der Aino vordrang, war sie bezaubert. »Ich bin im einsamen Land der Aino; ich glaube, der Aufenthalt von drei Tagen und zwei Nächten in einer Aino-Hütte war mein interessantestes Reiseerlebnis; ich beobachtete und teilte das Alltagsleben dieser Wilden, die ungeachtet meiner Anwesenheit mit ihren üblichen Beschäftigungen fortfuhren.« Ihre Wissbegier war echt und allumfassend, und mittels eines Dolmetschers gelang es ihr, die Menschen zu befragen, aber ihre »Wildheit« (das Wort fand in den entsprechenden Abschnitten nahezu obsessiv Verwendung) beunruhigte sie. Eines Nachts in der Hütte:

Ich habe niemals ein so malerisches Bild gesehen wie das jener Gruppe prächtiger Wilder, deren Gesichter vom flackernden Feuer hin und wieder beschienen wurden, dazu Fackelschein, die hellen Lichter, die Schwärze des außerhalb des Lichts liegenden Raumes und des Daches, durch welches an einer Stelle die Sterne hereinschauten, und die Reihe der Eingeborenenfrauen im Hintergrund – die Wildheit des Ostens und die Zivilisation des Westens trafen in dieser Hütte aufeinander, die Wildheit gab, die Zivilisation empfing, der gelbhäutige Ito als Bindeglied zwischen

---

* Sir Joseph Noel Paton (1821–1901), schottischer Maler, der den Präraffaeliten nahestand; Königin Victoria erwarb etliche seiner Gemälde; »Christ Bearing the Cross« wurde von den Fine Arts Commissioners mit einem Preis ausgezeichnet.

beiden, der Repräsentant einer Zivilisation, mit der verglichen die unsrige noch in den Kinderschuhen steckt.

Bird wurde der anstrengenden Reise müde – eigener Schätzung zufolge hatte sie ungefähr hundert Flüsse und Ströme überquert –, »dennoch überkam mich ein intuitives Verständnis für die Leidenschaft und Faszination des Erkundens, und ich verstand, weshalb Menschen ihr Leben ausschließlich dieser Aufgabe widmeten«. Sie reiste weiter nach Lebunge (»in seiner Abgeschiedenheit ein faszinierender Ort«) und gelangte schließlich spät nachts bei Oshamambe wieder ans Meer. »Mein Zimmer war nur mit *shoji* abgetrennt, und es gab am Tag wohl kaum fünf Minuten, ohne dass nicht Augen an die mit den Fingern gebohrten Löcher gelegt wurden, mit denen diese Schiebetüren großzügig übersät waren, und während der Nacht fiel eine von ihnen um und gab den Blick auf sechs in einer Reihe schlafende Japaner frei, jeder Kopf lag auf einem hölzernen Kissen.« Als sie schließlich wieder in Hakodate anlangte, versuchte sie vergeblich, dem Konsul auszuweichen. »Ich hatte das Aussehen eines Menschen, der ›geradewegs von den Wilden‹ kommt.«

Obwohl sie der Konflikt zwischen »Zivilisation« und »Wildheit« sehr beschäftigte, war Bird redlich bemüht, das japanische Volk zu unterstützen. Sie verteidigte ihre Demokratisierungs- und Modernisierungsbestrebungen, griff den Westen ob seines »Mäkelns und Höhnens, mit dem jede japanische Entwicklung aufgenommen wird«, an, eine Haltung, die sie für »unkleidsam« hielt und »sehr verletzend für ein Volk, das übermäßig empfindlich gegenüber ausländischer Kritik ist«.

Sie verließ Hokkaido und den getreuen Ito, der eine so zuverlässige Informationsquelle gewesen war, und segelte nach Yokohama, dann nach Tokio und Kobe, wo sie den Zug nach Osaka nahm und absichtlich die dritte Klasse wählte, »da ich sehr bestrebt war, das

Verhalten der ›gewöhnlichen Leute‹ zu beobachten ... Es ist ein ziemlicher Fehler, stets erster Klasse zu reisen, denn dann sind nur die Gespräche der Ausländer zu vernehmen, die dazu neigen, schal und fad zu sein.«

Nach einem Aufenthalt in Miss Starkwethers American Mission School for Girls in Kyoto unternahm Bird noch einige weitere Exkursionen. Kurz vor Weihnachten 1878 verließ sie auf der *SS Volga* endgültig Japan. »Die schneebedeckte Kuppel des Fudschijama rötete sich, als am 19. die Sonne über dem veilchenblauen Waldland der Mississippi Bay aufstieg und wir aus dem Hafen von Yokohama dampften; drei Tage später erhaschte ich den letzten Blick auf Japan, eine zerfurchte Küste, an die das winterlichen Meer peitschte.«

Bird segelte nach Hongkong und Guangzhou und weiter nach Saigon und Singapur; die Briefe, die sie von dort an ihre Schwester Henrietta schrieb, bildeten später ein weiteres Buch, *The Golden Chersonese*★ (1883). Nach dem Tod von Henrietta 1880 heiratete sie John Bishop, und nach dessen Tod 1886 nahm Bird ihre Reisen wieder auf, diesmal als Missionsärztin – sie hatte sich am St Mary's Hospital in London ausbilden lassen. Sie besuchte Krankenmissionen in Indien, reiste durch Tibet, die Türkei, Persien und Kurdistan. 1891 wurde sie die erste Frau, die vor der Royal Geographical Society sprach, nachdem sie eine frühere Einladung ausgeschlagen hatte, denn »von einer Gesellschaft, welche die Arbeit von Frauen nicht anerkennt, scheint es wenig konsequent, Frauen zu bitten, einen Vortrag zu halten«. Drei Jahr später reiste sie durch Korea und China und plante eine weitere Chinareise, als sie erkrankte und am 7. Oktober 1904 zu Hause in Edinburgh starb.

★ Die deutsche Übersetzung *Der goldene Chersones* erschien 1884.

»Diese ausländische Eigenheit, über eine andere Haarfarbe als die schwarze zu verfügen, mehrt den Reiz, den Fremden unter die Lupe zu nehmen, beträchtlich.«
Constance Gordon-Cumming, Peking, Juni 1879

Sehr eigenartige Menschen
Constance Gordon-Cumming in China

Am Heiligen Abend des Jahres 1878, als Isabella Bird an Bord der aus Yokohama ausgelaufenen *SS Volga* ihr letztes japanisches Tagebuch ausarbeitete, saß eine andere Fernostreisende, Constance Frederika Gordon-Cumming, an ihrem Schreibtisch an Bord der *Pei-Ho*, eines Dampfers der Messageries-Maritime-Line, die sich dem Hafen von Hongkong näherte. Auch sie war gerade aus Japan gekommen, wo sie vier Monate »beinahe völlig durchgefroren, in Papierhäusern ohne Feuer« verbracht hatte und nun »mit den Schwalben südwärts floh und von Nagasaki absegelte, in der Absicht, Weihnachten in Shanghai zu verbringen«.

Shanghai war jedoch mit seinem »grässlichen gelben Lehmfluss und der Scheußlichkeit des umliegenden Flachlandes« eine Enttäuschung, ganz zu schweigen von dem »großen tristen Hotel, in dem kein Lebewesen außer chinesischen Dienern zu sehen war, was mich in einem solchen Ausmaße deprimierte, dass ich beschloss, den Weihnachtstag lieber am Meer zu verbringen, als hier zu bleiben«. Nicht einmal Giles Gilbert Scotts Anglican Cathedral, die von den Damen der Gemeinde mit importierten Stechpalmenzweigen und Moos geschmückt worden war, konnte sie zurückhalten. Sie war froh darüber, die Stadt gegen ihr »langweiliges Schiff« tauschen und sich vor »zwei armselige Öfen in der dunklen, unbequemen Kabine« kauern zu können. Ihr Problem mit Shanghai war ein olfaktorisches:

Ich hätte mir niemals die Möglichkeit einer derart vielfältigen Mischung schlechter Gerüche träumen lassen! Und auch das Auge bleibt unbefriedigt, denn die Straßen sind alle eng und überfüllt; und obwohl die unzähligen wunderlichen Gestalten, geöffneten Läden, seltsamen Hinweistafeln und das eine oder andere geschwungene Dach durchaus einigermaßen malerisch sind, besteht das eigentliche Wunder darin, dass die Gesamtheit so wenig eindrucksvoll ist. Selbst die Tempel sind armselig und abscheulich – ein wunderbarer Kontrast zu jenen im sauberen, entzückenden Japan ... Sosehr ich im Allgemeinen Vergnügen an orientalischen Städten finde, war es eine Erleichterung, diese zu verlassen und in die hübsche Ausländerkolonie voll sauberer Häuser zurückzukehren, die sich in einer höchst beeindruckenden Reihe am Ufer des schönen halbmondförmigen Hafens entlangzieht.

Sie erreichte Hongkong, das sie im Gegensatz zu Shanghai »eine reizende Stadt« fand, auf dem Seeweg. »Seine Schönheit, so unvermutet offenbart, machte mich stumm vor Entzücken ... diese Felseninsel, deren große Stadt den Namen der englischen Königin trägt und von deren höchstem Gipfel der Union Jack weht.« Mit ihrer Begleiterin, Miss Shervington, verließ Gordon-Cumming den Sampan, ging schnurstracks ins beste Hotel, um mit Colonel Shervington, Miss S.s Vater, zu frühstücken, und dann direkt in die Kathedrale zu »einem netten zünftigen Gottesdienst«. Gordon-Cumming war begeistert von dem angenehmen Winterklima und von der Aussicht, freundschaftlich mit der Kolonialelite zu verkehren. »Ich beginne, mich auf dieser britischen Insel Hongkong ziemlich heimisch zu fühlen.«

Constance Gordon-Cumming wurde 1837 in Altyre, Morayshire, als Tochter des zweiten Baronet Sir William Gordon-Cumming geboren. Sie bekam Privatunterricht, und nachdem sie das Jahr 1867 bei ihrer verheirateten Schwester in Indien verbracht hatte, war ihr

Interesse am Reisen geweckt. Da es ihr weder an Geldmitteln noch an Beziehungen fehlte, waren ihre Reisen stets von Besuchen oder Aufenthalten bei wichtigen Persönlichkeiten geprägt. Sie besuchte Ceylon, die Fidschi-Inseln und die Südsee und verfasste darüber *A Lady's Cruise in a French Man-of-War in the South Seas* (1882). Später reiste sie nach Kalifornien und China; letztere Reise beschrieb sie in *Wanderings in China* (1886).

Der Weihnachtstag des Jahres 1878 war in Hongkong abwechslungsreicher als gewöhnlich, denn mitten in der Nacht brach ein riesiges Feuer aus (der kleine Laden eines englischen Gemischtwarenhändlers wurde später kerosingetränkt vorgefunden); der Vorfall war sowohl gefährlich – die Feuerwehrmänner hatten Urlaub und die für das chinesische Neujahr vorgesehenen Feuerwerkskörper explodierten – als auch sehr spektakulär. »Ich hätte mir nie einen Anblick träumen lassen, der so entsetzlich und doch so herrlich schön war ... Wieder und wieder vergaß ich förmlich das Grauen über der rauschenden Schönheit! Es fühlte sich wirklich so an, als säßen wir gemütlich im ersten Rang und sähen einem wundersamen Panoramaschauspiel mit erstaunlich realistischer Wirkung zu.« Am nächsten Tag – das Feuer hatte siebzehn Stunden lang gewütet und vierhundert Häuser auf einem Gebiet von mehr als zehn Morgen zerstört – waren Tausende obdachlos, die »ein seltsames, keineswegs schmeichelhaftes Misstrauen gegenüber den freundlichen Briten hegten, die ihnen helfen wollten.«

Gordon-Cumming fuhr mit einem gegen Piratenüberfälle gut gerüsteten Dampfer von Hongkong nach Guangzhou, um dort noch am Neujahrsball im Haus des Gouverneurs teilnehmen zu können. Auf einem Stuhl wurde sie von Kulis vom Kai zur Ausländerkolonie getragen, wo sie sofort Kontakt zu den Bewohnern der »palastartigen Häuser« aufnahm und diesen Auswandererhimmel rühmte. »Hier ist ein englisches Gesellschaftsleben anzutreffen, das so vollständig alle englischen Bedürfnisse befriedigt, dass die Mehrheit der Einwohner selten die Stadt betritt.« Aber obwohl sie Pferderennen besuchte, zeichnete und sich unter die beste Gesellschaft mischte, verschloss sich Gordon-Cummings dennoch nicht »einer völlig neuen Erfahrung in den Annalen des Reisens« – dem Alltagsleben in der Stadt. »Was das Auge wirklich fesselt und den Verstand verwirrt, ist das gewöhnliche Leben auf der Straße, das vom Morgen bis in die Nacht hinein eine Abfolge von interessanten und neuartigen Bildern bietet.« Dieses »Leben ist bemüht, sich vor jenen zu verbergen, die nach bekannten ›Anblicken‹ Ausschau halten«. Diese Anblicke umfassten Tempel und Läden mit ihren erstaunlichen Schildern. »Ein Scheitelkäppchen aus Satin oder ein konischer Strohhut deuten auf einen Hutmacher hin, ein Schuh steht für einen Schuster.« Sie unternahm Spaziergänge mit Dr. Chalmers von der London Mission. »Um einen solchen Ausflug wirklich zu genießen, muss man langsam zu Fuß gehen, alle Sinne in Alarmbereitschaft halten, da man nie weiß, welche seltsamen Neuheiten der Entdeckung harren.«

Gordon-Cumming blieb bis Mitte Februar in Guangzhou und lief dann mit der *Namoa* Fuzhou sowie andere Städte entlang der südchinesischen Küste an. Sie machte einen Abstecher zur Pagodeninsel, die als Handelshafen diente und von Ausländern bevölkert war, sodass sie sich unter die richtige Art von Leuten mischen konnte. »Nirgendwo im Osten habe ich eine angenehmere und leutseligere Gemeinschaft angetroffen als auf dieser grünen Insel, wo englische und schottische, deutsche und amerikanische Einwohner eine so freundlich-fröhliche Gesellschaft bilden. Dank angenehmer Besuche während des Tages und Essenseinladungen und privaten Theateraufführungen am Abend habe ich wahrscheinlich schon mit dem größten Teil der Gemeinde Bekanntschaft geschlossen, seien es Kaufleute, Diplomaten oder Missionare.« Abermals fand sie jedoch auch Zeit, die Schattenseiten des Lebens zu betrachten, und berichtete über einen schrecklichen Zwischenfall auf der Brücke, die von der Insel nach Fuzhou führte (sie war bei dem Vorkommnis allerdings nicht selbst zugegen).

Vor nicht allzu langer Zeit wurde hier ein bemitleidenswerter Dieb, der als milde Form der Bestrafung zum Tod durch Verhungern verurteilt worden war, in einem Käfig ausgestellt, aus dem nur sein Kopf herausschaute – er hatte einen Teil des Kopfschmucks gestohlen, welcher der Frau eines reichen Mandarins gehörte. Die Höhe dieses Zwingers war so hübsch berechnet, dass er buchstäblich an seinem Kopf hing und nur mit den Zehen den Boden berührte. An seinem Käfig war ein Schriftstück befestigt, das sein Verbrechen und seine Strafe aufführte, und eine müßige Menge versammelte sich, um das Dokument zu studieren und ihn während seiner endlosen Qual, seines langsamen Sterbens unter der wütend lodernden Sonne, die erbarmungslos auf seinen rasierten Kopf brannte, anzugaffen. Frauen und Kinder, denen Mitleid oder Grauen offensichtlich gleichermaßen unbekannt waren, standen da und starrten neugierig auf den armen Kerl, bis ihn ein gnädiger Tod erlöste.

In Begleitung von Mrs. Delano, der Frau des amerikanischen Konsuls, begab sich Gordon-Cumming auf ein Hausboot auf dem Min-Fluss – »die Besichtigung der Sehenswürdigkeiten und das Zeichnen waren unsere einzigen Betätigungen« –, sie besuchte ein buddhistisches Kloster, wo ihr Opernglas seine übliche Wirkung entfaltete und die einfachen Mönche, denen dieser Gegenstand unbekannt war, bezauberte. Sie war zwar von allem fasziniert, doch es gab viel zu beanstanden, etwa »die schreckliche Disharmonie der chinesischen Musik«, die »eigenartigen Unterkünfte« oder die obskure Kost. Sie hatte von einem Reisenden gehört, dem angeblich kalter, in Lampenöl gebratener Reis vorgesetzt worden war. Wieder zurück in Fuzhou machten amerikanische Missionare sie mit dem Brauch des Füßebindens und der traditionellen Medizin (»Quacksalberei«) bekannt, und beides entfachte ihren Zorn. »Es muss wahrlich eingeräumt werden, dass dies sehr eigenartige Menschen sind.« Sie wurde auf einem Stuhl durch die Stadt getragen, begleitet von Mr. und Mrs. C. C. Baldwin, presbyterianischen Missionaren aus den Vereinigten Staaten, die ihr erzählten, die American Methodist Episcopal Church habe über dreitausend Menschen bekehrt. Einer der Konvertierten, Mr. Ahok, war ein reicher Philanthrop, der Gordon-Cumming während eines Abendessens in seinem Haus auf der Insel Nantai mit fast allen chinesischen Gerichten, einschließlich der Vogelnestsuppe, bekannt machte. Viele viktorianische Reisende scheinen Vorbehalte gegen die Missionare gehabt zu haben, aber Gordon-Cumming überschüttete sie mit Lob.

In Fuzhou wurde sie in das Haus eines anderen reichen Mandarins eingeladen und auf einem Korbstuhl dorthin getragen. »Unser Gastgeber, in schweren dunkelblauen Satin gekleidet, begrüßte uns im äußeren Hof des Gebäudes, wo wir nach vielen Verbeugungen und ausgiebigem Händeschütteln, bei dem wir unsere geballten Fäuste gegeneinanderdrückten, unsere Stühle und Kulis verließen, durch die Küche gingen, einen weiteren Hof durchquerten und dann schließlich die große Empfangshalle erreichten.« Hier knabberten nun alle Melonenkerne. »In dieser Hinsicht ähnelt die ganze Rasse den Eichhörnchen.« Anschließend wurde ihnen keine Mahlzeit, sondern »Konfekt und kleine Kuchen« angeboten, und nachdem ihnen der Mandarin seine Stapel mit kostspieligen Damenkleidern vorgeführt und erzählt hatte, wie teuer ihn diese gekommen waren, verabschiedeten sie sich und traten wieder hinaus auf die »schmutzigen Straßen«.

Gegen Ende April 1879 reiste Gordon-Cumming auf einem Dampfer abermals nach Shanghai, eine Stadt, die sich in ihren Augen wahrlich nicht mit der Schönheit Fuzhous messen konnte. Sie steuerte erneut die Ausländerkolonie an, die in drei Bezirke eingeteilt war, den englischen, den französischen und den amerikanischen. »Diese großen gaserleuchteten, dem Fluss zugewandten Fassaden umgibt eine derart gediegene, geschäftsmäßige Atmosphäre des Reichtums, dass es für das Künstlerauge eine wahre Erleichterung ist, von diesen luxuriösen Veranden aus einige reizvolle Sehenswürdigkeiten von eingeborenem Charme erspähen zu können.« In einer Rikscha besichtigte sie die vorgeschriebenen Sehenswürdigkeiten, befand jedoch: »Der Stadt Shanghai gebührt unter allen Städten, die ich bisher erkundet habe, die Siegespalme für Schmutz und üble Gerüche.« Sie warf einen Blick in diverse Tempel, »aber ich gestehe, dass in meinen Augen das Heidentum hier seiner sonstigen Reize beraubt ist. Die malerischen Elemente fehlen völlig, und der Schmutz wuchert wild.«

Spannender war da die Weihe des neuen katholischen Bischofs von Hongkong in der Kathedrale im Außenbezirk Tongkadoo. Angeblich waren 80 000 der 310 000 Einwohner katholisch, und in der Kathedrale drängten sich zweitausend Menschen. Nachdem Gordon-Cumming der Zeremonie beigewohnt hatte, wünschte sie, »die Armut unserer eigenen Missionen möge keine derart hässliche Schlichtheit fördern, wie sie in den sehr nackten Kapellen der meisten Eingeborenenklöster zu finden ist«. Sie verbrachte geraume Zeit mit dem Besuch konfessioneller Waisenhäuser und einheimischer Klöster, aber ihr Verständnis für die chinesische Kultur scheint nicht geweckt worden zu sein. Während eines Gottesdienstes in Ningbo sinnierte sie: »Im Laufe meiner Reisen hörte ich unsere schöne Liturgie in vielen mir fremden Zungen, aber dies war das erste Mal, dass ich sie auf Chinesisch hörte – für mein Ohr die ordinärste aller Varianten.« Bei einem weiteren Besuch mehrerer Tempel wurde ihre Geduld arg strapaziert: »Für den unverblümten Angelsachsen ist die Notwendigkeit, sich der ausufernden Höflichkeit der chinesischen Umgangsformen anzupassen, wahrhaft ermüdend.«

»Übersättigt« von diesen Tempelbesuchen, begab sich Gordon-Cumming an Bord der *Shun-Lee* und fuhr nach Peking, in Begleitung von Mr. und Mrs. Pirkis von der dortigen britischen Gesandtschaft. Ach, Peking: »Alles erschien mir gleich scheußlich, und ich habe bis jetzt noch keine Stadt gesehen, die es in puncto Dreck, Hitze und üblen Gerüchen mit dieser aufnehmen kann.« Auf der holprigen Fahrt in einem Fuhrwerk vom Pekinger Hafen in die Innenstadt wurde ein noch abscheulicherer Anschlag auf ihre Sinne verübt. Der Gruppe gelang es nicht, den Beerdigungszug eines Mannes zu überholen, der bereits seit zwei Monaten tot war und in einem schlecht versiegelten Sarg lag, dem ein fürchterlicher Gestank entstieg. »Diese Menschen besitzen wirklich keinerlei Geruchssinn; das zeigt sich auf Schritt und Tritt.« Als sie das Stadttor durchschritt, blickte sie auf »die düsterste Wildnis aus Dreck und Staub, die man sich überhaupt vorstellen kann«, und suchte schnell Zuflucht auf dem drei Morgen großen Grundstück der britischen Gesandtschaft, das von hohen Mauern umgeben war.

Am nächsten Tag begann die übliche Besichtigung der Sehenswürdigkeiten. Sie besuchte einen »bedrückend trostlosen« Prüfungssaal der Universität sowie eine Blindenschule, die von einem einarmigen Schotten namens Murray geleitet wurde, der sich ihr als Führer zur Außenseite der Verbotenen Stadt empfahl. Bei Morgengrauen breitete sie ihre Zeichenutensilien aus, und es versammelten sich Scharen neugieriger Passanten um die seltsame Fremde. »Diese ausländische Eigenheit, über eine andere Haarfarbe als die schwarze zu verfügen, mehrt den Reiz, den Fremden unter die Lupe zu nehmen, beträchtlich.« Sie mochte es zu großer Gewandtheit im Umgang mit Essstäbchen gebracht haben, doch ihre Antipathie gegen die Chinesen und ihre Kultur blieb bestehen.

Als sie am 20. Juni einen Dampfer bestieg, der nach Chefoo (Yantai) fuhr, war sie »keineswegs traurig, Peking nie wiederzusehen«, obwohl sie zugab, sie habe die Stadt »auf gar keinen Fall verpassen mögen«. Dort ging sie an Bord eines anderen Schiffes und begab sich mit diesem nach Nagasaki, dem »grünen Paradies«, wo sie von einer Menge Briefe aus heimischen Gefilden erwartet wurde.

Nach ihrer Rückkehr nach Großbritannien schmiedete Gordon-Cumming Reisepläne für Kalifornien, da sie vom ehemaligen US-Präsidenten Ulysses S. Grant und seiner Frau eingeladen worden war. Im Anschluss daran besuchte sie Hawaii, das zum Thema ihres letzten Buches werden sollte. Nachdem sie sich von der Erkundung der Welt zurückgezogen hatte, stellte sie die auf ihren Reisen angefertigten Zeichnungen und Aquarelle aus und widmete sich der Vollbringung guter Taten (unter anderem unterstützte sie den wackeren William Hill Murray bei seinen Bemühungen um die Blinden Chinas). Constance Gordon-Cumming starb am 4. September 1924 in Perthshire.

AFRIKA

FRATERNITY   FEDERATION

MAP OF THE WORLD.
SHOWING THE EXTENT OF THE BRITISH TERRITORIES IN 1786.

WORLD

FEDERATION.—MAP OF THE WORLD SHOWING THE EXTENT OF THE BRITISH EMPIRE IN 1886.—
...ATION FURNISHED BY CAPTAIN J.C.R.COLOMB, M.P. FORMERLY R.M.A.——BRITISH TERRITORIES COLOURED RED

Der Mantel der Zivilisation
Mansfield Parkyns in Abessinien

In der Vorstellung der Viktorianer war Afrika – dieser riesige, oft so undifferenziert betrachtete schwarze Kontinent – ein Ort der Finsternis, der nur auf das Licht der Zivilisation wartete. Seine Bewohner, viel mehr noch als die indigenen Völker Asiens oder des Nahen Ostens, wurden in europäischen Texten wiederholt als »Wilde« definiert. Beide Gegensatzpaare (Licht/Finsternis, zivilisiert/wild) waren bereits häufig aufgetaucht, aber ihren Höhepunkt fand diese antithetische Entgegensetzung in der Literatur über Afrika. Diese Vorstellung wird von den Historikern Roland Oliver und J. D. Fage zu Recht als »engstirnige europäische Idee« gebrandmarkt, aber in den Köpfen war sie tief verwurzelt.

Doch nicht alle Briten des 19. Jahrhunderts, die Afrika bereisten, waren blind für die Geschichte dieses Kontinents, auf dem die Zivilisation begann. Der interessanteste dieser frühviktorianischen Reisenden, Mansfield Parkyns, der Afrika in den 1840er Jahren erforschte, gestand, er sei nicht glücklich, dass die Abessinier als Wilde bezeichnet würden. »Ehemals waren sie eine große Nation und, nach ihren Überlieferungen zu schließen, eine, die sich auf einem recht fortgeschrittenen Zivilisationsstand befand.« Parkyns' Einstellung zur einheimischen Bevölkerung, wie sie in *Life in Abyssinia* (1853) präsentiert wird, war nach heutigen Maßstäben nicht immer aufgeklärt; sein Kommentar, der »britische Löwe« verhalte sich eher wie ein Esel, wenn er versuche, sich politisch mit den weniger »zivilisierten« Gesellschaften auseinanderzusetzen, war weitaus charakteristischer für ihn. »Er schickt Botschafter und Konsuln, macht Verträge und verhandelt nach allen Regeln der Staatskunst mit einem halb nackten Nigger, der in ernster Beratung mit seinen Ministern unaussprechliches Vergnügen daran findet, eine Büchse voller Teufel zu öffnen – der Finanzminister wetteifert mit dem Justizminister, wer als ›Nächster dran ist‹.« Aber diese anstößigen Passagen werden ausgeglichen durch das völlig konträre tiefe Einfühlungsvermögen, das er den Einheimischen entgegenbrachte, welchen er auf seinen Reisen begegnete.

Parkyns wurde 1823 in eine Familie von Landbesitzern in Nottinghamshire hineingeboren, die Beziehungen zur Aristokratie pflegte; er erhielt seine Ausbildung an der Uppingham School und am Trinity College von Cambridge; allerdings verließ er 1840 die Universität nach »einer Schwulität«, wie er es später geheimnisvoll nannte. Zwei Jahre später brach er zu seinen Reisen auf, die neun Jahre dauerten und ihn durch Europa, Kleinasien, Abessinien – wo er drei Jahre verbrachte – und Teile Ostafrikas sowie nach Ägypten führten.

Wie so viele viktorianische Reisende war Parkyns bemüht, seinem Buch über Abessinien jegliche literarischen Ambitionen abzusprechen. »Ich gebe nicht vor, im Büchermachen bewandert zu sein«, schrieb er. »Für mich stehen Stil und die Schönheit der Komposition eher einem Dichter oder Romanautor an denn jemandem, dessen einziger Anspruch es ist, auf ungeschliffene Art einige Begebnisse und Erfahrungen eines stürmischen Lebens zu schildern.« Er behauptete des Weiteren: »Ein Reisebericht sollte entweder ein wissenschaftliches oder ein unterhaltsames Werk sein. Der meinige kann, so fürchte ich, in keiner dieser Hinsichten mit Besonderem aufwarten. Wenn dieses Buch ein Verdienst hat, dann dieses, dass das Meiste, wie ich glaube, der Wahrheit entspricht. Was ich beschrieben habe, habe ich nahezu alles selbst miterlebt oder erhielt umgehend davon Notiz.« Er gab jedoch zu: »In einigen wenigen Fällen mag ich in den üblichen Fehler verfallen sein, Begebnisse, die ich miterlebt habe, als Sitten oder Gebräuche einzustufen, auch wenn sich diese Vorfälle vielleicht kaum alle hundert Jahre einmal ereignen mögen.«

Sein eigentlicher Anspruch auf Originalität bestand in seinen Augen darin, »einen tieferen Einblick in die Gebräuche der Menschen, die ich besuchte«, gewonnen zu haben, »als dies bisher bei anderen Reisenden der Fall war. Ein vergleichsweise langer Aufenthalt bei ihnen und die Tatsache, dass ich mich, nicht nur hinsichtlich der Gepflogenheiten, mit den Eingeborenen identifiziert habe, mehr vielleicht als meine Vorgänger, lässt mich hoffen, dass ich befähigt bin, die Verhältnisse mit einiger Genauigkeit zu schildern.« Dies ist ein frühes Beispiel für den zunehmenden Anspruch des modernen britischen Reisenden auf jene Authentizität, die aus einer besonderen Verbundenheit mit den besuchten Völkern herrührt. Zweifellos bereiste Parkyns Gebiete Abessiniens und des Sudan, die noch nie zuvor »in irgendeinem Reisebuch« beschrieben worden und Europäern weitgehend unbekannt waren.

Parkyns betätigte sich zudem als Vogelsammler und ließ einmal 1200 Exemplare in von Einheimischen angefertigten Bambuskästen auf einer deutschen Brigg nach Hause verschiffen, aber sie wurden beinahe vier Jahre lang in einem Lagerhaus des Zollamts abgestellt. Als er die Kästen schließlich öffnete, waren die schönsten und buntesten Exemplare – Senegalracken, Papageien und Smaragdkuckucke – gestohlen worden. Eine zweite Sammlung wurde nach Aden geschickt, von der die eine Hälfte (es befanden sich »einige sehr seltene und schöne Affen« darunter) von Ratten gefressen wurde und die andere auf dem Weg dorthin verloren ging. Eine dritte Sammlung aus Nubien und dem Gebiet des Weißen Nils kam tatsächlich an und bestand aus etwa sechshundert Vögeln und »ungefähr einer Tonne Niggerwaffen und -gerätschaften«.

Sein Erfolg als Reisender beruhte, so glaubte Parkyns, auf seiner Fähigkeit, große Entbehrungen ertragen zu können.

Ich habe beinahe jedes Lebewesen verspeist, das da kreucht und fleucht – Löwe, Leopard, Wolf, Katze, Habicht, Krokodil, Schlange, Eidechse, Heuschrecke etc., und ich möchte nur ungern schildern, mit welch üblem Fraß ich mich so manches Mal zufriedengeben musste ... Schon als Kind konnte ich gutes Essen nicht von schlechtem unterscheiden, Hauptsache, es gab genügend, und dieser Geschmackssinn oder eher das Fehlen eines Geschmackssinns ist beinahe Grundvoraussetzung für einen Reisenden ... Wer mit einer zähen Konstitution, einem ruhigen, nachgiebigen Temperament und einem Appetit gesegnet ist, der sich ohne fürstliche Speisen befriedigen lässt, könnte sein ganzes Leben reisen und kaum weniger Gefahren und Mühsal ausgesetzt sein als ein Mann von gegenteiliger Veranlagung in englischen Gefilden ... Zusammenfassend heißt das: Vermeide alle üblen Orte, folge hinsichtlich der Ernährung so weit wie möglich den lokalen Gebräuchen, vor allem aber sei in jeder Hinsicht enthaltsam.

Zu Beginn seiner Wanderschaft reiste Parkyns durch die Schweiz, nach Mailand, Venedig, Triest, auf die Ionischen Inseln, nach Griechenland und Smyrna. Er entschuldigte sich dafür, dass diese Reiseziele in den frühen 1850er Jahren bereits »Teil der üblichen jährlichen Tour unserer wanderlustigen Landsleute geworden sind. Auch Konstantinopel ist kein Ort mehr, der die Neugier entfacht.« In einem Hotel in Smyrna traf er Richard Monckton Milnes, Mitglied des britischen Parlaments und Cambridgeabsolvent, mit dem er nach Alexandria reiste, um den Nil zu sehen. In Alexandria, wo er in Rey's Hotel abstieg, mietete Parkyns einen Esel, und abermals trat sein scharfsinniges Verständnis für die Gesetze des Reisens zutage, denn er vermerkte ironisch: »Ich sprach einen Jungen an, begann mit einem kräftigen Fluch (wie das alle Engländer tun sollten) und fuhr in sehr schlechtem Englisch fort, wie dies alle Engländer tun – ich nehme an, in dem Glauben, da die Eingeborenen nur gebrochen Englisch sprechen, falle es ihnen leichter, Anfragen in geradebrechter Sprache zu verstehen.«

Die beiden Freunde fuhren mit einem Schleppboot der Egyptian Transit Company den Nil hinunter nach Atfé, bestiegen dort einen Dampfer, der sie nach Kairo und zu den Annehmlichkeiten des Shepheard Hotel brachte. Parkyns verbrachte die meiste Zeit krank im Bett, bis er so weit wiederhergestellt war, um mit Milnes eine zweimonatige Niltour zu unternehmen. Während Milnes wieder zu seinen Aufgaben im Parlament zurückkehren musste, reiste Parkyns nach Suez weiter. Er hatte das Gefühl, die britische Reiseliteratur habe das Thema Nil bereits zu Tode beschrieben, und verkniff sich jegliche Schilderung dieser Reise.

Wieder nach Kairo zurückgekehrt, bewaffnete er sich für die eigentliche Reise mit

einem doppelläufigen Gewehr, einem Einzellader, der mit einer Einunzenkugel geladen wird, einem Paar Doppelpistolen und einem großen Bowie-Messer. Alle Schusswaffen sind von Westley Richards. Mein Messer wurde mir als Geschenk zugeschickt und »garantiert die Abtrennung eines Tigerkopfs mit nur einem Hieb«. Es ist wahrlich eine höchst furchteinflößende Waffe, die Klinge vierzehn Zoll lang, mehr als zwei breit und beinahe einen halben Zoll dick … das lange Messer war zu unhandlich, um es zum Häuten, Schlachten oder Essen zu verwenden, auch konnten damit weder Holzlatten gesägt noch Feuerholz zerkleinert werden, deshalb war es rein als Verteidigungs- oder Angriffswaffe zu betrachten.

Er nahm auch, »als Geschenke für die Häuptlinge, deren Hoheitsgebiete ich bereisen würde, einige Stücke weißen Musselins für Turbane mit sowie zwanzig oder dreißig Yard roten Stoff, ein Dutzend leichte Kavallerieschwertklingen und vier gewöhnliche türkische Teppiche«.

Schließlich verließ Parkyns am Abend des 5. März 1843 seine Herberge auf einem Grautier (»die Droschke Ägyptens«), denn es ging das Gerücht, ein arabisches Boot nach Dschidda sei zum Auslaufen bereit. Der frische Wüstenwind blies ihm ins Gesicht, und er gab eine weitere spöttische Bemerkung über die Kunst des Reisens von sich. »Es war beinahe dunkel, und da ich für lange Zeit jegliche Zivilisation, Freunde und Annehmlichkeiten verließ, so hätte ich mir, wäre ich ein Dichter gewesen, zweifellos ein hübsches Gedicht in mehreren Strophen abgerungen oder, wäre ich ein ›Tourist‹ gewesen, drei Seiten voller Gefühlsduseligkeiten verfasst, da ich aber keines von beidem war, stopfte ich mir erneut meine Pfeife und tauschte meinen Esel gegen ein wartendes Dromedar.« Das Dromedar, von einem arabischen Kameltreiber geführt, bewältigte dreieinhalb Meilen pro Stunde und schwankte und schaukelte fürchterlich. Zu dieser Zeit wurde die Wüstenstraße zwischen Suez und Kairo von sieben Raststationen in acht Streckenabschnitte gegliedert; die Stationen mit den geraden Zahlen waren Gasthäuser, die ungeraden lediglich Ställe.

In der zweiten Nacht erreichte Parkyns Station Nummer vier, »von einer blühenden, jungen Engländerin geführt – eine äußerst erstaunliche Pflanze inmitten der unwirtlichen Wüste«. Parkyns lauschte ihrer Geschichte; sie hatte einen Kopten geheiratet, der behauptete, Schiffbauingenieur zu sein, sich nach der Hochzeit aber lediglich als Aushilfszimmermann entpuppte. Die Trennung erfolgte rasch. Parkyns zog die moralische Schlussfolgerung, dass anständige englische Mädchen es vermeiden sollten, auf »fremde, ausländisch aussehende Menschen mit seltsamen Manieren« hereinzufallen. »Sie war wirklich hübsch und kam offensichtlich aus guter Familie, denn sie spielte Klavier ... Ich erwähne diese Umstände unserer unglücklichen Landsmännin als Warnung für ihre Geschlechtsgenossinnen: sie sollten Vorsicht vor langen Bärten, ausländischen Manieren und ausländischen Titeln walten lassen.«

Am nächsten Morgen, nach einem guten Mahl und ein paar Flaschen Porter, mit denen ihn seine Gastgeberin in der vorigen Nacht versorgt hatte, wurde es Parkyns beim Besteigen seines Kamels übel. Said, sein Gepäckdiener, war überzeugt, dass die junge Frau in seinen Herrn verliebt war und ihn vergiftet hatte, als er abzureisen versuchte. In Suez war dann bedauerlicherweise ein vierzehntägiger Aufenthalt notwendig. »Nirgendwo gibt es einen Ort, der trostloser, uninteressanter ist als Suez, von drei Seiten ist er von der Wüste eingeschlossen, auf der vierten vom Roten Meer, das bei Ebbe eine feuchte Sandfläche wird, ohne einen einzigen Baum, Strauch oder sonst eine Spur irgendeines Grünkrauts, das dem Auge Linderung von dem blendenden, gelben Sand verschaffen könnte.«

Schließlich konnte Parkyns Suez auf einem arabischen Boot verlassen, das nach Dschidda fuhr. Türken, Griechen, Armenier, Beduinen, Ägypter und viele weitere Völker und Nationen drängten sich auf dem Schiff. Parkyns quetschte sich in eine winzige Lücke zwischen Ballen und Kisten unterhalb des Besanmasts und machte sich seine Gabe, schnell Freundschaften zu schließen, zunutze, um von seinen Begleitern genügend Arabisch zu lernen, sodass er ohne Dolmetscher auskommen würde. Im Verlauf der Reise, die dreiundzwanzig Tage dauerte, brach ein Feuer aus. Während die Flammen loderten, widersetzte er sich der Aufforderung des Kapitäns, die eisenbeschlagene Truhe mit Schießpulver, die er als Sitzgelegenheit benutzte, über Bord zu werfen.

Auf der Reise langte er bei einem gemeinsamen Mahl, bei dem es Meeresschildkröte gab, kräftig zu. »Zur Zeit meiner ersten Reise nach Dschidda erschien mir diese Art des gemeinsamen Essens

eher außergewöhnlich; aber nun habe ich seit Jahren die Angewohnheit, gemeinsam mit Niggern ›meine Finger in den Speisen zu
versenken‹, und ich halte diese Art des Essen für viel bequemer und
so, wie sie im Osten praktiziert wird, für genauso hygienisch wie die
Benutzung von Messer und Gabel.« Bei der Begutachtung seiner
neuen Freunde fiel ihm auf: »Mit den Arabern kommt man im Allgemeinen gut zurecht. Zuerst neigen sie dazu, einem mit ihrer Neugier lästig zu fallen, und gelegentlich sind sie ziemlich unverschämt;
aber wenn sie merken, dass der Reisende sich umgänglich zeigt und
Nachsicht hat, sind sie gerne bereit, ihm auf halbem Wege ent-
gegenzukommen.«

Parkyns war jedoch froh, in Dschidda an Land zu kommen und
sich für vierzehn Tage im Haus des britischen Konsuls A. C. Ogilvy
einzuquartieren. Er fand die Stadt leidlich reizvoll, sie weise auch
nicht mehr »Basare, Moscheen, Datteln, Fliegen und Schmutz« auf
als jeder andere Ort dieser Region, aber er bezweifelte, dass es sinnvoll war, Einheimischen westliche Verhaltensweisen aufzudrän-
gen. »So ist beispielsweise die Einführung von engen Beinkleidern
und hochgeschlossenen Gehröcken im Orient ebenso lächerlich,
wie in England die Kleidung eines Negers zu tragen.« In Dschidda
bestieg er ein schnelles Segelboot nach Suakin, wo er sich um einen unheilbar an Malaria erkrankten Engländer kümmerte. Er
dachte daran, dass auch er auf afrikanischem Boden sterben könnte, »da dies das Los der meisten ist, die Wissenschaft, Neugier oder
Wanderlust unter die verhängnisvollen Zweige des tödlichsten aller
Upasbäume* lockt, der da ›afrikanische Entdeckung‹ heißt«. Er
zog weiter nach Massawa, wo er wegen seiner mittlerweile her-
untergekommenen Erscheinung vom Gouverneur kühl empfangen

---

* Gehört zu den Maulbeergewächsen; aus seinem Milchsaft wird ein Pfeilgift
  gewonnen.

wurde. Parkyns kümmerte dies nicht. Soweit es ihn betraf, waren ungezwungene Kleidung und ein einfaches Leben der Gesundheit sehr förderlich.

Seit dem Tag, als ich Suez verließ (25. März 1843), bis ungefähr zur gleichen Zeit im Jahr 1846 trug ich keinerlei europäische Kleidung oder schlief in einem Bett, welcher Machart auch immer, nicht einmal auf einer Matratze; das äußerste Ausmaß an Luxus, dessen ich mich erfreute, war, als ich beinahe an einem pestilenzialischen Fieber starb, das mich fünf Monate lang in Khartoum aus dem letzten Loch pfeifen ließ, eine zweite Decke ... Mehr als drei Jahre lang (bis ich nach Khartoum kam) trug ich keine Kopfbedeckung, außer ein wenig Butter im Haar, wenn ich diese ergattern konnte, auch keine Fußbekleidung, außer den verhornten Sohlen, die sich nach ein paar Monaten gebildet hatten. Während der ganzen Zeit hatte ich nie Kopfschmerzen, obwohl ich den ganzen Tag der Sonne ausgesetzt war, und nie wunde Füße, obwohl ich mich ständig durch das unwegsamste Gelände bewegte, das man sich vorstellen kann.

Nach ein paar Wochen Wildtierjagd in Ailat machte er sich mit einem Einheimischen als Führer, einem schwarzen Diener namens Adullah rom Sennaar und einem abessinischen Jungen nach Kiaquor auf. Alles, was sie dabeihatten, waren ein kleiner Mehlsack, ein Viertelliter Honig in einem Trinkhorn, einmal Wechselwäsche, Munition und Waffen. Parkyns legte seine Sandalen ab und ging barfuß, lebte von Brot und Wasser – für ihn die ideale Diät in einem heißen Land – und natürlich von der unentbehrlichen Pfeife. »Die Pfeife eines Reisenden ist sein Ersatz für Nahrung und Arznei, der einzige Begleiter, der ihn bei einem Leiden ruhig und duldsam werden lässt, Vorbeugung gegen alle Arten von Infektionen und höchst nützlich in Gegenden, in denen Malaria zu befürchten ist.« Sein Umherstreifen führte ihn nun durch eine vom Bürgerkrieg verwüstete Landschaft, wo die nächtliche Unterbringung sehr primitiv war. »Ein elender Schuppen, mit Kuhdung ausgelegt. Hier, wie oftmals in diesen Ländern, sehnte ich mich nach den reinlichen, behaglichen Wohnungen, die dem Vieh in England zugeteilt werden; aber ich kann wahrlich behaupten, mehrere Jahre lang nicht in einer halb so guten Unterkunft geschlafen zu haben, wie sie von unseren gehörnten Freunden bewohnt werden.«

Auf seinem Weg nach Adwa, der Hauptstadt von Tigray, begegnete Parkyns einigen deutsch-britischen Missionaren und grübelte über ihre fehlenden Bekehrungserfolge und die Tatsache nach, dass die Einheimischen »naturgemäß über das Eindringen von Personen gekränkt« sind, »deren erklärtes Ziel es ist, die von ihren Ahnen überlieferte Religion zu entwurzeln, welche ihnen so lieb und heilig ist wie uns die unsrige«. Hätten die Missionare ein wenig mehr kulturelle Sensibilität gezeigt, so glaubte er, wäre ihnen möglicherweise mehr Erfolg beschieden gewesen. Er traf einige einheimische Männer, welche die geschenkten Bibeln angenommen und am selben Abend für einen Krug Bier verkauft hatten. Denn Bibeln seien von keinerlei Nutzen für eine analphabetische Bevölkerung, betonte Parkyns, was gebraucht werde, sei echte Bildung – nur dadurch könne Abessinien letztlich »erst einmal zivilisiert werden und so den Ausgangspunkt für die Zivilisierung eines großen Teils von Ostafrika bilden«.

Von Adwa, »der Hauptstadt eines der mächtigsten äthiopischen Königreiche«, die in Wahrheit aber nichts weiter als »ein großes Dorf verstreuter Hütten« war, machte er sich, nun stets in abessinische Gewänder gekleidet, auf zum Berg Haramat. Da er noch nicht so genau wusste, wie man die einheimische Kleidung richtig anzog, wurde er von den Einheimischen verspottet. »Außerdem war unser glattes Haar noch nicht lang genug, um in Flechten gelegt zu werden, sodass wir es mit Butter nach hinten strichen; jene unserer Gruppe, die mit dünner Haut ausgestattet waren – glücklicherweise war mir dieses Schicksal nicht zuteilgeworden –, hatten Gesichter rot wie Paprika.«

Parkyns ignorierte die Gefahren, die Reisenden in entlegenen Orten angeblich drohten, und drang Ende September 1843 nach Addy Abo vor, eine Provinz an der nördlichen Grenze von Tigray, »damals so wenig bekannt, dass sie auf keiner Karte verzeichnet war«. Die einzigen beiden Europäer, die jemals diese Gegend besucht hatten, waren gestorben, aber seine Neugier war geweckt. Auf dieser Etappe dachte er auch über die moralischen Auswirkungen von Hindernissen auf Reisen nach: »Wie wenig werden die Gaben der Natur von jenen geschätzt, die inmitten von Luxus leben und gewohnt sind, ihre Wünsche sofort erfüllt zu bekommen ... Dreht Eurem Leben in Luxus für eine gewisse Zeit den Rücken, schultert die Flinte und setzt Euch für ein paar Monate der Unbarmherzigkeit eines heißen Klimas aus ... Ihr werdet ein halb verbranntes Stück Gazelle verschlingen und es schmackhafter finden als die Küche des größten Pariser Gourmets.« Er verriet auch sein Erfolgsgeheimnis für ferne Länder: Vermeide es, die laute, fordernde Launenhaftigkeit des europäischen Reisenden nachzuahmen, und versuche stattdessen, das ruhige Gebaren der indigenen Völker zu kopieren.

Bei meiner Ankunft in einem Dorf halte ich es für besser, mich wie die eingeborenen Reisenden zu verhalten – ich warte unter einem Baum, bis mich jemand in sein Haus bittet. Dies geschieht für gewöhnlich bald, obwohl manchmal auch ein wenig Geduld gefordert sein kann. Die Menschen versammeln sich oftmals, um dich zu begutachten, und machen gelegentlich ziemlich persönliche Bemerkungen, obwohl sie im Allgemeinen sehr höflich sind. Beantworten Sie ihre Fragen freundlich und finden Sie Vergnügen daran, liebenswürdig zu sein – es wird zur Gewohnheit werden –, und Sie werden überall willkommen sein.

Vier Jahre ging Parkyns barfuß durch Abessinien und hielt viel von dieser Gepflogenheit. »Oh, was wäre das für ein schönes Gesetz, das der ganzen Welt den Gebrauch von Schuhen und Strümpfen untersagte! ... Die Form unserer Füße unterscheidet sich sehr von jener, welche die Natur vorsah.« Diese Einstellung war Teil einer umfangreichen Reisephilosophie, die Parkyns in diesen Jahren ausgearbeitet hatte – kein Novum in der englischen Reisetradition – und die aus einer Hymne auf den Primitivismus und einer Geißelung dessen bestand, was Bruce Chatwin später »die Sünden der Sesshaftigkeit« zu nennen pflegte.

Dass ein Mann, der inmitten von Zivilisation und Kultiviertheit aufwuchs, sich anmaßt, auf die Zeit, die er unter Wilden verbrachte, ohne jegliche Gesellschaft, selbst ohne ein Buch, das seine Erinnerung hätte auffrischen können, als eine der glücklichsten Phasen seines Lebens zurückzublicken, wäre für viele gleichbedeutend, ihm einen grobschlächtigen und wenig gebildeten Geist zu unterstellen. Die Schönheit der Natur ist in Europa wenig bekannt und noch weniger geschätzt ... Zivilisation und Verbrechen gehen Hand in Hand ... selbst das gebildetste Individuum, das die Süße des wilden Lebens gekostet hat, wird mit Sehnsucht darauf zurückblicken ... dieser Mensch weiß, wie wenig Glück von Luxus abhängig ist und wie sehr von dem Gefühl, dass das Gesehene nicht nur bloßer Schein ist; er ist sich bewusst, dass seine Taten nach ihren Motiven, nicht nach den Maßstäben der Konvention beurteilt werden; er wählt seine Freunde mit dem Herzen und nicht nach ihrem Ansehen – und er weiß, dass seine Feinde ihre Feindschaft offen zeigen, nicht im Geheimen und hinter seinem Rücken.

So vertraut wurde Parkyns mit den Einheimischen, dass der Fürst in einem Landstrich namens Rohabaita ihm die Herrschaft über diese Provinz anbot, sofern er das wolle. Er wurde als Häuptling behandelt, »fühlte mich wie einer der Ihren« und beteiligte sich »mit der größten Anteilnahme und Begeisterung an all ihren Angelegenheiten«. Bei Festen, behauptete er, erfreue sich niemand mehr an Tanz und Gesang als er, und auch wenn er nicht viel zu essen bekam: »Ich habe mich niemals im Leben leichter gefühlt oder so sehr von den vielen Leiden befreit, welche die Menschheit belästigen, als während dieser langen Zeit meines Beinahehungertodes. Verletzungen aller Art heilten wie von Zauberhand, und nie fühlte ich mich träge oder müde.« Er verbrachte viel Zeit auf Jagdausflügen. »Dies ist ein Leben voller Freiheit. Ich trug während dieser Exkursionen einen kurzen Kilt aus hübsch gegerbter Antilopenhaut, ein Stück groben Baumwollstoff um die Hüften, das tagsüber als Gürtel und nachts als Decke diente, und um meine Schultern ein schmales Falbkatzen- oder Schakalfell.« Parkyns war weder der erste noch der letzte reisende Engländer, der die Lebensweise der Eingeborenen annahm und die kräftigenden Entbehrungen der selbstgewählten Urtümlichkeit entdeckte.

Nach neun Monaten in dieser nördlichen Region kehrte Parkyns im Juni 1844 nach Adwa zurück, um dort die Regenzeit zu verbringen und die lokalen Sitten und Gebräuche zu studieren – ein Forschungsgegenstand, der vor ihm bereits im 18. Jahrhundert von dem großen englischen Afrikareisenden James Bruce untersucht worden war, dessen Bericht über seine Reisen durch Abessinien 1792 veröffentlicht worden war. Parkyns legte ausführlich seine Vorstellung vom Reisen dar, erläuterte die kulturellen Auswirkungen des Reisens und beleuchtete das mangelnde Verständnis für die Einheimischen, das aus einer eurozentrischen Werteskala resultiere.

Es stellt für jeden eine schwierige Aufgabe dar, eine gerechte Beurteilung über den Charakter eines Volks zu fällen, dessen Land er durchreist oder unter dem er, wenn auch nur für kurze Zeit, verweilt haben mag. Reisende neigen viel zu sehr dazu, die Eigenschaften, die sie bei den Bewohnern einer bestimmten Stadt antreffen, einer ganzen Bevölkerung zuzuschreiben. Solch eine Einschätzung ist offensichtlich ungerecht: Die Diener, die sich Ausländer in allen Weltecken auswählen, sind von eigener Rasse und oftmals armselige Beispiele für das Volk, dem sie angehören ...

Reisende, egal welcher Nation, verderben gewöhnlich jene Menschen, mit denen sie auf fremdem Terrain in Kontakt treten. Womöglich ist es aber auch so, dass die Menschen, die ihnen ihre Dienste anbieten, von eher niedrigem Rang sind. Der frisch eingetroffene Tourist, in Unkenntnis der Sprache, der Örtlichkeiten und Preise, wendet sich selbstverständlich an seinen Dolmetscher, um zu erfahren, wo er jene Dinge, die er benötigt, am besten erwerben kann; der Diener führt ihn zu den Läden jener Händler, von denen er die höchste Beteiligung zu erwarten hat – so gerät unser Freund an üble Händler. Und so weiter ...

Es gibt Irrtümer, denen der Leser von Reiseberichten ebenso verfällt wie der Autor: dem Charakter zuzuschreiben, was nur auf Gebräuche zurückzuführen ist, wie zum Beispiel einem Volk wegen bestimmter Kriegsbräuche angeborene Grausamkeit zu unterstellen, Unsittlichkeit jenem Volk, das einem Mann mehrere Ehefrauen erlaubt, so auch unseren abessinischen Freunden, die selten bis gar nicht heiraten, sondern eine Form des Konkubinats vorziehen, oder einem Beduinen Unehrlichkeit, da er ständig

Karawanen auflauert. Aber diese Unterstellungen sind fast ausnahmslos falsch ...

Wir neigen auch zu sehr dazu, die Sitten einer anderen Nation mit
den unsrigen zu vergleichen und dieses Volk entsprechend zu
beurteilen ... Ich glaube nicht, dass es ein Volk gibt, wie hochste-
hend in der Hierarchie der Zivilisation auch immer, das einen
Makel im Charakter der unzivilisiertesten Nation finden könnte,
ohne nicht Gefahr zu laufen, einen beinahe ebenso großen im eigenen zu finden. Die Laster der Wilden sind, wie der ganze
Mensch, den Blicken viel stärker ausgesetzt. Unsere Nacktheit ist
nicht unziemlicher als die des Wilden, sondern wird sorgsam unter jenem praktischen Mantel verborgen, den wir »Zivilisation«
nennen, welche er, armer Kerl, in seiner Unkenntnis manchmal
als Heuchelei empfinden mag.

Nach Beendigung »eines höchst angenehmen Lebens bei sehr geringem Einkommen ... die einzige Phase meines Lebens, in der ich
mich wie ein außergewöhnlicher Mann fühlte«, kehrte Parkyns in
die Hauptstadt zurück, um die nächste Reise, nach Westen in Richtung Sudan, vorzubereiten.

Wie alle glücklichen Momente verstrichen diese Jahre schnell
und erscheinen mir mittlerweile wie ein Traum. Ich hatte keinerlei Scherereien, hatte das Glück, das Land zu verlassen, ohne mir
einen einzigen Feind gemacht zu haben, und bis auf einen Lan-
zenstoß, der zwischen meinem rechten Arm und dem Rumpf
durch die Kleider drang, als ich auf einer Hochzeit zwei betrun-
kene Kämpfer zu trennen versuchte, und einer anderen Gelegenheit, als mein Rücken durch einen Knüppelhieb oder Steinwurf
ziemlich verletzt wurde, kann ich sagen, dass weder mein Leben,
mein Leib noch meine Gesundheit jemals in Gefahr waren. In-

dessen, wie ich bereits zuvor angedeutet habe, lebte ich ohne jegliche Mittel; es erreichten mich weder Vorräte noch Briefe, sodass ich mich seit meiner Abreise aus Kairo vor zweieinviertel Jahren über Europa und europäische Vorgänge im Dunkeln befand.

Die Vorbereitungen »waren schnell getroffen, wenn ein Mann mit so gut wie keinerlei Gepäck reist, und genau das tue ich«, und so brach Parkyns Ende Juni 1845 auf, nicht unbedingt im geeignetsten Augenblick, da die Regenzeit einsetzte, aber seine Mittel neigten sich ihrem Ende zu. Mit bandagierten Augen – er litt an einer Entzündung – sah er während der ersten Reiseetappe nur wenig und war auch verärgert ob der Schwierigkeit, seine Umgebung dem englischen Leser zu beschreiben, einem Leser, dessen Vorstellungskraft bei Weitem nicht ausreichte, diese Fremde zu begreifen. »Die Beschreibung von Dingen, die so völlig anders sind als die uns vertrauten, wie dies in jenen fernen Ländern der Fall ist, führt zwangsläufig dazu, dass sie ihrer afrikanischen Atmosphäre verlustig gehen und einen angelsächsischen Anstrich bekommen, zuerst durch die Beschreibung aus der Sicht eines Engländers und zweitens und hauptsächlich durch die englische Phantasie des Lesers. Und dies ist noch das Geringste, was den besten Büchern zustoßen kann.« Dieses Bewusstsein für die Probleme der korrekten »Darstellung« dürfte ihm heute den Beifall jeder Koryphäe für »postkoloniale Literatur« eintragen.

Parkyns unternahm seine Reise durch den Sudan zusammen mit einem mittellosen Deutschen namens Jakob, der gleich zu Beginn beinahe von einem Hochwasser führenden Fluss in den Tod gerissen wurde. Parkyns selbst verlor in den aufgewühlten Fluten einen Talisman, der ihn während seines gesamten Aufenthalts in Abessinien begleitet hatte. »Ich kann wahrlich behaupten, der Beginn aller Sorgen, Krankheiten und anderer menschlicher Bekümmer-

nisse, die mir seitdem zuteil wurden, ist auf diesen Verlust zurückzuführen; denn bis zu diesem Tag, von den üblichen Kindheitsklagen
und manch einer deftigen und wohlverdienten Tracht Prügel in der
Schule abgesehen, hatte ich ein sonniges Leben geführt.« Wie zur
Bestätigung erlitt er während der nächsten drei bis vier Jahre in Afrika
eine Reihe von schlimmen tropischen Fieberschüben.

Als er schließlich Kairo erreichte, tauchte der Talisman jedoch
wie durch ein Wunder in seinem Gepäck auf, er war überhaupt nicht
verloren gegangen. Er hatte die Form »eines verwelkten kleinen Blu-
menstraußes; die Zeitung, in die er eingewickelt war, stammte aus
einer Zeit, als ich zum ersten Mal in dem prächtigen, männlichen
und malerischen Gewand des schwalbenschwänzigen Fracks auf-
getreten war.« Parkyns »wickelte ihn sorgsam in Wachspapier, und
anschließend wurde er in ein von einem abessinischen Sattler ange-
fertigtes Etui gebettet, sodass er nun ein sehr achtbar aussehendes
Amulett abgab.« Er behauptete stets, es handele sich um eine Heili-
genreliquie, und betrachtete den kleinen Strauß als Bindeglied zu
jener Welt, der er den Rücken gekehrt hatte.

Diese verwelkten Rosen ... stellten die letzte Verbindung, die einzige Erinnerung dar, die mich mit dem Leben, zu dem ich erzogen
worden war, verband. Sie besaßen die seltsame Gabe, mir England und englische Sitten in einem meinem jeweiligen Zustand
angepassten Licht erscheinen zu lassen. Bisweilen, verstrickt in
ein aufregendes, unzivilisiertes Leben und vom Glanz eines tropischen Klimas geblendet, wünschte ich beinahe zu vergessen,
dass es ein Zuhause gab, doch dann erinnerten sie mich an
Freunde und ferne alte Schauplätze, malten die Zivilisation in
leuchtendsten Farben und narrten mich, ein regnerischer No-
vembertag diene lediglich dazu, einen englischen Kamin noch
heimeliger erscheinen zu lassen.

Trotz all seiner Reisen bewahrte sich Parkyns ein lebhaftes Verständnis für jene Welt, der er in Wirklichkeit nicht den Rücken zuwenden konnte. »Europa im Allgemeinen, aber vielleicht England im Besonderen, pflegt Gebräuche, die einem Fremden, selbst einem Einheimischen wie mir, der die Fähigkeit besitzt, nach Belieben das geistige Auge des Engländers zu schließen und das eines Niggers zu öffnen, mindestens so wunderlich und unerklärlich scheinen wie die von mir beschriebenen oder jene, die bei den barbarischsten Völkern der Erde anzutreffen sind.«

Seine Reise in westlicher Richtung führte ihn durch die Provinz Waldabba, über den angeschwollenen Fluss Zarrima, die Hochebene von Walkait, wo »wir durch einige kleine Dörfer kamen, deren Einwohner sich in einem köstlichen Zustand primitiver Einfachheit befanden; ganze Heerscharen von Einwohnern strömten herbei, um zum ersten Mal im Leben einen Weißen zu sehen, und tauschten bereitwillig die von uns benötigten Kleinigkeiten gegen einige Nadeln oder Glasperlen.« Die Einheimischen waren überzeugt, dass Parkyns ein Spion und höchstwahrscheinlich ein Türke war, und so wurde er schließlich verhaftet. Er entwaffnete jedoch die Soldaten mit seinem üblichen humorvollen Charme. »Lasst dies hitzköpfigen Reisenden eine Lehre sein.« Der Gouverneur der Grenzprovinz lieh Parkyns, der urplötzlich von einem Spion zu einer wichtigen Persönlichkeit geworden war, drei Kamele und beauftragte ihn, einem Häuptling namens Nimr (»Leopard«) einen Besuch abzustatten. Dieser Ausflug löste eine weitere Schmährede darüber aus, wie minderwertig doch die englische Zivilisation für einen Mann seines Schlages sei. Er bekannte, »grüne Bäume entschieden qualmenden Schornsteinen vorzuziehen – schöne Landschaften zu lieben und mich nicht um die neuesten Pariser Moden im Hyde Park zu scheren etc. etc. ...« Eine der schönen Seiten des entbehrungsreichen Lebens seien die »schlichten Freuden, die sich nicht aus kurzfristiger Erregung speisen, sondern das Ergebnis enthaltsamer Gebräuche sind, gepaart mit viel frischer Luft und Bewegung«.

Als er das Hoheitsgebiet von Nimr erreichte, bewirtete ihn der Häuptling und fragte ihn nach dem Grund seines Kommens. Es ist die ewige und für gewöhnlich nicht zu beantwortende Frage an Reisende, und Parkyns Antwort ist so gut wie jede andere: »Ich teilte ihm die Wahrheit mit, es handle sich um reine Neugier, ich sei ein Mann, der seit seiner Jugend durch verschiedene Teile der Welt ziehe, um alles Sehenswerte zu sehen und um Erfahrungen zu sammeln.«

Auf seiner Reise nach Khartoum erreichte Parkyns den Fluss Setit, wo er über sein Verhältnis zu den indigenen Völkern nachdachte, unter denen er so lange gelebt hatte. »Als ich mit meinen Streifzügen durch Afrika begann, war es mir, wie fast jedem anderen jungen Reisenden, zuwider, dass sich um mich eine Menge versammelte, niederhockte und jede meiner Bewegungen beobachtete ... Als ich aber nach einer gewissen Zeit feststellte, dass ich auf diese Art keinen Kontakt mit den Menschen schließen würde, befleißigte ich mich eines diametral entgegengesetzten Verhaltens.« Er verbrachte drei Tage in Sufi, reiste weiter nach Cattarif und begegnete auf dem Weg dorthin einigen Beduinen. Er genoss es, gemeinsam mit ihnen in der Wüste zu übernachten. »Ich habe eine ganze Menge unterschiedlicher Menschenrassen getroffen und ihre Lebensweisen ausprobiert, und es ist meine feste Überzeugung, dass kein zivilisierter Mensch nur halb so viel Glück erfährt, ob geistiger oder körperlicher Natur, wie es dem Los der Wüstenaraber beschieden ist.« Insgesamt verbrachte Parkyns ein Jahr mit dem Nomadenstamm der Kababisch im Sudan.

In Abu Kharraz nahm er ein Boot nach Khartoum, wo er fast ohne Geldmittel eintraf. »Ich verbrachte meine Zeit auf dem Marktplatz und in Kaffeehäusern, zog die Gesellschaft der ungehobelten türkischen Soldaten der kalten Höflichkeit der Europäer vor, schlief wie sie auf den Bänken der Kaffeehäuser, aß wie sie ein Stück Brot und etwas Käse oder ein paar Radieschen zu Abend und vertrieb mir die Zeit auf ganz und gar nicht unbehagliche Art und Weise.« Er hatte geplant, von Khartoum nach England zu schreiben und um Zusendung von Geld zu bitten, wartete allerdings drei Wochen, bis er sich dieser wichtigen Aufgabe widmete, da er »eher sorgloser und leicht zufriedenzustellender Natur« war.

Dies war das Ende der Reise, und Parkyns sinnierte: »Niemand behandelte mich im Laufe all meiner Reisen ungastlich, mit Ausnahme der Europäer, die mir allerdings lediglich meine offenkundige Armut zur Last legen konnten.« Er schloss sein umfangreiches Buch mit den Worten: »Während neun Jahren des Reisens traf ich Gefährten jeglicher Farbe, Stellung und Religion; aber darunter war keiner, der mir auch nur einen Augenblick Anlass zum Streit gegeben oder von dem ich mich mit einem anderen Gefühl als dem des Bedauerns getrennt hätte.«

Parkyns' Bericht schweigt über die bemerkenswerte Geschichte seiner Hochzeit 1843 mit einer Einheimischen namens Tures aus einem Dorf in Addi Harischo, einer entlegenen Region Abessiniens. Sie gebar ihm einen Sohn, der John genannt wurde und 1916 in Eritrea starb. Als Parkyns nach England zurückkehrte, nahm er seine neue Familie nicht mit. Nach einigen Monaten Aufenthalt verließ er 1849 Kairo und machte sich auf den Heimweg. In England angekommen, nahm ihn die Royal Geographical Society stark in Anspruch; er galt als Koryphäe für die Suche nach den Nilquellen, ein Thema, das die Society sehr beschäftigte. Im darauffolgenden Jahr ging er erneut nach Konstantinopel, als stellvertretender britischer Botschaftssekretär – eine Stellung, die er nicht lange innehatte, was vielleicht an seiner Unfähigkeit lag, sich unterzuordnen. Er schrieb seine abessinischen Reisen nieder, und die Aufzeichnungen wurden 1853 veröffentlicht. Zu unbekümmert und zu wenig heldenhaft für den Geschmack des Publikums, erhielt das Buch zumindest von den Mitgliedern der Royal Geographical Society, deren Beirat »Abyssinia« Parkyns 1854 angehörte, die verdiente Anerkennung.

Im Herbst desselben Jahres hatte Parkyns die Tochter von Sir Richard Bethell geheiratet und führte nun in Nottinghamshire das Leben eines Großgrundbesitzers. Nach und nach wurde er Vater von acht Töchtern. Die Tage des Reisens waren vorbei, und neue Hobbys wie die Holzschnitzerei füllten seine Zeit aus. Um den Lebensunterhalt für seine große Familie zu erwirtschaften, arbeitete er zwischen 1864 und 1884 als Rechnungsprüfer des Konkursgerichts in London. Zehn Jahre nach seiner Pensionierung starb er am 12. Januar 1894. Er wurde in der Kirche von Woodborough in Nottinghamshire begraben. Francis Galton, der Parkyns einmal in seiner Lehmhütte in Khartoum besucht hatte, meinte, er sei »unter den Reisenden jener, den seine angeborenen Gaben wohl am meisten für diese Laufbahn befähigten«.

Britische Reisende in Ostafrika, Zeichnung von Richard Francis Burton

Der weiße Mann

Richard Burton in Ostafrika

Wir haben den triumphgeschwellten Captain Richard Burton verlassen, nachdem es ihm gelungen war, unerkannt in die heilige Stadt Mekka einzudringen. Im November 1853 hielt er sich in Kairo auf, seine Beurlaubung näherte sich ihrem Ende, und er hängte sein Herz an die Eroberung einer anderen verbotenen Stadt, nämlich Harar, ein Zentrum religiöser Verehrung und wichtiger Stützpunkt des Sklavenhandels in Somalia. Nicht nur hatte kein einziger Europäer jemals Harar betreten, die Einwohner glaubten sogar, sollte dies jemals einem Ungläubigen gelingen, wäre die Stadt dem Untergang geweiht. Burton reichte bei seinen Vorgesetzten den Antrag ein, eine Expedition nach Somalia auf die Beine stellen zu dürfen, mit dem Ziel, ins Landesinnere nach Harar zu gelangen. Im Anschluss würde er dann eine Vermessung der Küste um Berbera vornehmen, ehe er südwärts durch die somalische Halbinsel bis nach Sansibar reiste.

Die Expedition wurde vom Militärrat in Bombay begeistert unterstützt, und so versammelte sich am 1. Oktober 1854 in Aden eine Reisegruppe, der auch John Hanning Speke angehörte, dem Burton später in Rivalität und Streit verbunden sein sollte. Der Plan wurde jedoch vom dortigen Residenten, Colonel James Outram, zunichtegemacht, da er ihn für gefährlich hielt und befürchtete, das Vorhaben könnte Konflikte schüren. Burton verachtete die »zahme Kolonie« in Aden und bemerkte mit seinem üblichen Machogehabe: »Der angelsächsische Geist fühlt sich, wie beobachtet wurde, hinter allen Mauern eingesperrt, es sei denn, sie wären aus Holz, und der Europäer verkümmert, wie seine Bulldogen, Kampfhähne und anderen kampflustigen Tiere, rasch im heißen, nervenzerrüttenden Klima des Ostens.« Ihm blieb gleichwohl nichts anderes übrig, als einer Beschränkung der Expedition auf die Küstenregionen zuzustimmen, aber an seiner persönlichen Eroberung Harars hielt er auch weiterhin fest und lief am 29. Oktober auf der *Sahalat* aus Aden aus.

Burton war glücklich, wieder in eine Verkleidung schlüpfen zu können. Diesmal verkörperte er »einen arabischen Händler«, der die Pilgerreise absolvierte, und er war sich sicher, dass diese Region Ostafrikas – »bisher nur aus den ungenauen Berichten der eingeborenen Reisenden bekannt« – ein würdiges Objekt seiner Wissbegier war.

Das Land der Somali war noch immer *terra incognita*. Harar war zudem nie bereist worden, und es gibt in unserem Zeitalter, in dem die Menschen über den ganzen Erdball hasten, nur noch wenige Städte, die ihre Pforten dem europäischen Abenteurer noch nicht geöffnet haben. Die antike Stadt einer einstmals mächtigen Rasse, die einzige dauerhafte Ansiedlung Ostafrikas, der bekannte Sitz moslemischen Wissens; eine umfriedete Stadt voller Steinhäuser, die ein unabhängiges Oberhaupt, seine ganz eigene Bevölkerung und ein eigenes Münzsystem besitzt, das Zentrum des Kaffeehandels und des Sklavenhandels und die Heimat des Kathstrauchs ist und eine große Baumwollstoffmanufaktur ihr eigen nennt, war die Mühen einer Forschungsreise mehr als wert.

In kämpferischer Laune ging Burton am 3. Januar 1855 in Zeila an der somalischen Küste an Land. Das sanfte Einfühlungsvermögen des Mansfield Parkyns war seine Sache nicht. Er kam rasch zu dem Schluss, die Bewohner dieser Küste seien »in die Barbarei zurückgefallen«, obwohl sie »die Chance für eine sittliche Erneuerung« in sich trügen, im Gegensatz zu den Arabern – »eine Rasse unzähmbar wie Wölfe« –, die es zu wahrer Meisterschaft darin gebracht hatten, fremde Befehlsgewalt abzuschütteln. In Südarabien war auf die britische Fahne geschossen worden, und Burton hielt nichts von friedlicher Vergeltung. »Durch eine gerechte, gesunde und unerbittliche Strenge könnten wir den Beduinen mit Furcht statt mit Verachtung erfüllen.« Für das Konzept einer friedvollen Verwaltung hatte er nichts als Spott übrig und vertrat die Auffassung, Kolonien könnten nur durch aggressive Methoden gehalten werden. »Die historischen Tatsachen beweisen endgültig, dass sich eine Rasse entweder weiter- oder zurückentwickelt, sich vermehrt oder verschwindet; die Kinder der Zeit, wie ihr Schöpfer, stehen nicht still.«

Nachdem Burton sich in Zeila eingewöhnt hatte, beruhigte er sich jedoch und war, anders als Doughty, durch den Abendauftritt des Muezzins besänftigt. »Die vertrauten Klänge von al-Islam tauchten aus der Erinnerung empor. Wieder ertönte der melodiöse Gesang des Muezzins – keine Abendglocke kann es an Feierlichkeit und Schönheit damit aufnehmen.« Es folgten sechsundzwanzig Tage voller »Schlaf, Pfeifen und Kaffee«, und selbst das geschmacklose Verhalten der Briten in Aden begann aus seinem Gedächtnis zu schwinden. Burtons kampflustige Voreingenommenheit und sein Widerwille, sich in Kolonialriten drängen zu lassen, äußerten sich in einer höchst charakteristischen Tirade, die er nach seiner Ankunft in Zeila verfasste.

Frisch aus Aden eingetroffen, mit seiner stumpfen Routine bedeutungsloser Paraden und langweiliger Militärgerichte, wo die Gesellschaft durch lächerliche Unterscheidungen in Beamte und Regimentsangehörige getrennt wird, Männer aus Madras und Männer aus Bombay, »europäische« Offiziere und »schwarze Offiziere«; wo sich Literatur darauf beschränkt, dass du die Kunst erlernst, dich im Jargon der halb nackten Wilden verständlich zu machen; wo das Leben aus unwürdigem dienstlichen Zank, Abneigungen, Missbilligungen und »Empfehlungen an Vorgesetzte« besteht; wo das Sozialleben durch Geschwätz und Skandale der kleinen Kolonialgesellschaft zerstört wird; wo – welch angenehmes Dilemma für jene, die wirklich weibliche Gesellschaft lieben! – es kaum möglich ist, eine unbescholtene Dame anzusprechen und gleichzeitig ihren und deinen Ruf zu wahren, und wenn du zweimal mit ihr gesehen wirst, schwört das ganze »Lager«, es handle sich um eine »Affäre«; wo kurzum die Spaziergänge des Geistes zu einem völligen Stillstand kommen und die Spaziergänge des Lebens im Eiltempo ins Krankenhaus oder in die Sanitätsstation führen. Dann das unheilvolle Bemühen, sich einen Namen zu machen, und die schmerzliche Unumgänglichkeit, aus den kleinsten Nichtigkeiten einen Ruf zu erwerben.

Mit einiger Erleichterung wagte sich Burton auf die Straßen Zeilas, um die Wirksamkeit seiner neuen Verkleidung als türkischer Händler auf die Probe zu stellen. Er merkte schnell, dass die Tarnung nicht funktionierte, da die Einheimischen zu kreischen anfingen: »Der weiße Mann! Rennt fort, rennt fort, oder wir werden gefressen!« Burton stellte fest, dass er eine Flasche Walnusssaft hätte mitbringen sollen, denn »eine weiße Hautfarbe ist in diesem Teil des Ostens entschieden zu auffällig«. Bei einer Exkursion traf er auf eine Gruppe einheimischer Mädchen, die sich über seine Hautfarbe lustig machten und behaupteten, ihn als Ungläubigen entlarvt zu haben, aber die Männer in ihrer Begleitung »erklärten mich zum Scheich aller Scheichs und übersetzten der Hübschesten der Gruppe meinen improvisierten Heiratsantrag. Sie zeigte nur wenig Scheu und nannte ihren Preis, eine *audulli*, Halskette, ein Paar *tobes*, Umhänge – sie verlangte einen zu viel –, ein paar Handvoll Perlen und ein kleines Geschenk für ihren Papa.«

Am 27. November 1854, nach Tagen der »afrikanischen Trägheit, kleinlicher Kabalen und unaufhörlicher Verdächtigung«, brach Burton südwärts die Küste entlang nach Harar auf. Er war höchst ungeduldig geworden. »Reisende sind eine reizbare Gattung. Die Wartezeit ärgerte mich, und ich tobte, um die Ernsthaftigkeit meiner Absichten kundzutun.« Eine ernsthafte Absicht bestand darin, die »Orientalen« sehr hart anzupacken und »äußerst energischen Umgang« mit ihnen zu pflegen. »Besonders in Ostafrika verschließen Trägheit, Scheu und Stolz der Engländer jedes Herz, und jede Hand erhebt sich gegen dich.« Die Karawane wurde von einem Mann namens Raghe angeführt und bestand aus seinem Gehilfen Isa, zwei Köchinnen und vier Kamelen. Eines von ihnen trug eine Truhe voller Glasperlen und Schmuckstücke – »Ohrringe, Halsketten, Uhren und ähnlichen Schnickschnack aus unechtem Gold«. Burtons Gruppe führte zusätzlich 300 Pfund Reis, Datteln, Salz, geklärte Butter, Tee, Kaffee, Zucker, eine Dose Kekse »für eine eventuelle Hungersnot«, Halwa und Kurkuma mit sich sowie eine schwere Munitionskiste, »die für einen dreimonatigen Jagdausflug ausreichte«. Drei Diener begleiteten ihn, »die Krönung der Somali-Mode. Ihre krausen Haarschöpfe glänzen vor Fett, ihre *tobes* sind strahlend weiß mit leuchtend roten Borten; ihre neuen Schilde sind mit Segeltuch bespannt und ihre beiden über der rechten Schulter getragenen Speere frisch abgezogen, geölt, geschwärzt und poliert.«

Um nicht zurückzubleiben, wurde Burton auf »ein schönes weißes Maultier« gesetzt, »ein doppelläufiges Gewehr liegt mir quer über dem Schoß, und ein raues Doppelholster ... enthält meine sechsschüssigen Colts.« Er reiste planmäßig südwärts, die »harte, steinlose und angeschwemmte Ebene« entlang, die an die Küste grenzte, wechselweise trocken und sumpfig und »vor Salzkräutern strotzend, die einem Arabienreisenden vertraut sind«, ehe er sich landeinwärts wandte, in »die Ghauts, jene Schwelle des äthiopischen Hochlandes«.

Bald entdeckte Burton auf seinem Weg in Dschijaf »ein wirklich hübsches Gesicht«. Trotz der unvermeidlichen Spekulationen der Biografen über Burtons Sexualität, die angeheizt wurden durch sein Interesse an erotischer Literatur und eine famos schwülstige Bemerkung seines Freundes, des Dichters Swinburne, über »diese verlorene Liebe Burtons, der geliebte und traurige Gegenstand seiner zentralafrikanischen Zuneigung, dessen kaudale Anmut und äffischen Verführungen zu gewaltig für die beschränkten Gesetze der levitischen oder mosaischen Prüderie waren, die das Juwel eines Mannes durch die abstoßendsten und unnatürlichsten Beschränkungen lediglich auf die Blüte einer Frauensperson einschränkt«, vermittelte zumindest Burtons literarisches Ich das Bild eines heißblütigen, heterosexuellen Mannes. Er war ganz offenkundig von dieser äthiopischen Schönheit hingerissen. »Ihre Haut hatte einen warmen, satten nussbraunen Ton, ein besonderer Liebreiz, der sich in diesen Regionen zeigt, und ihre Bewegungen besaßen jene Grazie, die perfekte Ebenmäßigkeit der Glieder verrät ... Als Tribut an ihre Schönheit überreichte ich ihr etwas Stoff, Tabak und ein wenig Salz, was sich als sehr nützlich erwies: Ihr Ehemann stand daneben, und obwohl meine Zuneigung für sie offensichtlich war, zeigte er weder Ärger noch Eifersucht.«

Der Reiseverlauf jedoch zwang Burton, die Schönheit zu verlassen, und Ende Dezember machte er sich auf, die letzte Strecke bis nach Harar zu bewältigen, und durchquerte die Mararebene. Er schloss sich einer Karawane an, die aus »vier oder fünf halb verhungerten Kamelen« und ungefähr fünfzig Eseln bestand. Um seine Gesundheit war es nicht gut bestellt, was wahrscheinlich auf den Genuss des unreinen Küstenwassers zurückzuführen war, denn durch die Trockenzeit war frisches Wasser sehr selten. Am 3. Januar

1855 traf er in Harar ein, wo er eine halbe Stunde vor dem Stadttor warten musste; nachdem er eingelassen worden war, ergab sich eine weitere Wartezeit unter einem Baum, ehe seine Gruppe angewiesen wurde, die Schuhe auszuziehen und beim Emir »oder, wie er sich selbst nennt, Sultan Ahmed bin Sultan Abibakr« vorstellig zu werden.

Der Emir residierte in einem dunklen Raum mit weiß getünchten Wänden. »Sein Erscheinungsbild war das eines kleinen indischen Maharadschas, ein ausgezehrter Jüngling von vierundzwanzig oder fünfundzwanzig Jahren, unscheinbar und mit schütterem Bartwuchs, von gelblicher Gesichtsfarbe, mit gerunzelten Brauen und hervorstehenden Augen. Seine Bekleidung bestand aus einem fließenden Gewand aus purpurfarbenem, mit schneeweißem Pelz gesäumtem Stoff und einem schmalen weißen Turban, der eng um eine hohe konische Mütze aus rotem Samt gewunden war, ähnlich der alten türkischen Kopfbedeckung, die unsere Maler so lieben.« Burton begrüßte den Emir (weigerte sich aber, seine Hand zu küssen), und nachdem er nach seinen Geschäften gefragt worden war, überreichte er ihm ein Empfehlungsschreiben (wahrscheinlich von ihm selbst verfasst), das beiseitegelegt wurde. Burton fasste dann den Entschluss, sich trotz der Mühen, die er auf die Vervollkommnung seiner Verkleidung verwandt hatte, als Engländer zu erkennen zu geben; er hielt es unter diesen Umständen für wenig klug, für einen Türken gehalten zu werden. Er erzählte dem Emir in fließendem Arabisch, er sei aus Aden gekommen, um die besten Wünsche des britischen Gouverneurs zu überbringen, und habe »Harar betreten, um das Licht auf dem Antlitz Seiner Durchlaucht zu erblicken«. Glücklicherweise nahm der Emir die Ehrbezeugungen an und lächelte gnädig. Burton wurde eine Unterkunft im Zweitpalast des Emirs angeboten, und er wurde dem Wesir vorgestellt, den Burton ebenfalls darüber informierte, dass es der Wunsch der Briten sei, die freundschaftlichen Verbindungen und die Handelsbeziehungen wiederaufzunehmen. Dann zog sich Burton zurück, »ermattet und tief beeindruckt von der *poésie* unserer Lage. Ich befand mich unter dem Dach eines borniertten Fürsten, dessen geringstes Wort den Tod bedeuten konnte, und inmitten eines Volkes, das Ausländer verabscheut; der einzige Europäer, der jemals über ihre ungastliche Schwelle getreten und zugleich das vom Schicksal auserwählte Werkzeug ihres zukünftigen Untergangs war.«

Burtons Aufenthalt in Harar währte nicht lang. Die Luft erinnerte ihn an die Toskana, und der eigentümliche Dialekt der achttausend Bewohner sei »für alle bis auf die hiesigen Einwohner unverständlich«. Das Erscheinungsbild dieser Einwohner sei zudem »höchst unvorteilhaft«. Er behauptete, unter den Männern nicht ein einziges gut aussehendes Gesicht entdeckt zu haben. »Ihre Gesichtszüge sind grob und verkommen; viele von ihnen schielen, andere haben durch die Blattern ein Auge verloren, und sie sind durch Skrofulose und andere Krankheiten verunstaltet.« Unter diesen Umständen erschienen ihm die Frauen »im Vergleich zu ihren Eheherren schön«, aber die »weibliche Stimme ist grell und schreiend, besonders wenn sie nach den sanften Wohllauten der Somalis ans Gehör dringt«. Überdies: »Sie sind außerordentlich borniert, besonders den Christen gegenüber.« Nach einigen ethnologischen und historischen Beobachtungen konnte selbst Burton seinen Bericht nicht weiter aufblähen, und nach zehn Tagen, am 13. Januar, wurde ihm die Abreise gestattet.

Er erhob sich noch vor Morgengrauen und fand seine Gesundheit plötzlich wiederhergestellt. »Solch eine mächtige Droge ist die Freude!« Durch eine »gleichförmige und uninteressante Landschaft« begab er sich zur Küste, wo er am 5. Februar ein marodes Fahrzeug bestieg, das ihn nach Berbera brachte; dort traf er seine Offizierskollegen, unter ihnen Speke, dessen Auftrag kein Erfolg beschieden gewesen war. Burton hatte das bedrückende Gefühl, dass diese Reise als Enttäuschung zu werten war. Sie war nur ein schwacher Abklatsch seines Mekka-Abenteuers gewesen.

Der berühmteste aller viktorianischen Reisenden:
David Livingstone.

Heidenkinder
David Livingstones missionarische Reisen

Der berühmteste aller viktorianischen Reisenden, David Livingstone, genoss einstmals einen Ruf, der heute zunehmend hinterfragt wird. An seinem Ruhm ist der von Henry Morton Stanley im Dschungel geäußerte Begrüßungssatz nicht ganz unschuldig: »Dr. Livingstone, I presume?«; ein Satz, der tausend Witze und Karikaturen zur Folge hatte und dessen Echtheit angezweifelt werden muss. Es geht hier aber nicht darum, Livingstone seines Nimbus zu berauben, sondern nüchtern zu beurteilen, was er, gemessen an seinen selbstgesteckten Zielen, wirklich erreichte.

Livingstone war Missionar und stellte daher sehr konventionelle und höchst moralische Ansprüche. Er verlangte, nach seinen eigenen Maßstäben beurteilt zu werden, mit dem Ergebnis, dass Fragen unvermeidlich sind.

Der Biograf Tim Jeal weist darauf hin, dass Livingstone »nach herkömmlichen missionarischen Vorstellungen versagte, da er nur einen Konvertiten vorweisen konnte, einen Häuptling, der letztendlich zu seinem alten Glauben zurückkehrte«, dass die beiden Missionen, die auf sein Geheiß nach Afrika aufbrachen, »im Fiasko endeten und viele Menschenleben forderten, größtenteils durch sein Verschulden«, dass »eine Reihe geografischer Fehlkalkulationen seine von der Regierung finanzierte Sambesi-Expedition zugrunde richtete« und »eine Reihe weiterer Fehler bei der Kartografierung und Berechnung ihn auf seiner letzten Reise glauben ließ, er befände sich am oberen Nil, während er sich in Wirklichkeit am oberen Kongo befand«. Außerdem wurde seine Ehefrau, nach langen Jahren des Alleinseins, zur Alkoholikerin, und »sein ältester

Sohn wendete sich so vollständig von seinem Vater ab, dass er seinen Nachnamen änderte«. Trotz dieser vielen Misserfolge und Charakterschwächen beharrt Jeal jedoch auf seiner Einschätzung: »Livingstone bleibt ein sehr außergewöhnlicher Mensch, dessen Gesamtleistung einzigartig ist.«

Ob man nun so weit gehen mag oder nicht: Livingstone ist mit Sicherheit eine Schlüsselfigur in der europäischen Geschichte der Erforschung Afrikas; und fairerweise sollte man einen Mann nicht allein aufgrund seiner Humorlosigkeit verurteilen. Livingstones erstes Buch *Missionary Travels and Researches in South Africa*[*] (1857) hätte besser den Titel *Trade Promotion Travels* erhalten sollen, denn in diesem Werk ging es mindestens genauso sehr um die Erschließung des Kontinents für den Handel wie um die Errettung von Seelen – auch wenn Livingstone diese zwei Ziele als die beiden Seiten derselben Medaille betrachtete. In seinem Vorwort behauptete Livingstone, der Großteil seines Buches beschäftige sich ausführlich

> mit den Anstrengungen, die unternommen wurden, ein neues Gebiet nördlich des Betschuanalandes dem mitfühlenden Christentum zu erschließen. Die sich dort eröffnenden Perspektiven sind vielversprechender, als ich annahm, und das Potenzial der neuen Region lässt mich hoffen, dass durch die Rohstoffgewinnung afrikanische und englische Interessen enger als bisher miteinander verbunden werden – letztendlich also beide Länder profitieren – und in gewissem Maß die Abschaffung der Sklaverei weltweit gefördert wird.

---

[*] Die deutsche Übersetzung *Missionsreisen und Forschungen in Süd Afrika während eines sechzehnjährigen Aufenthalts im Inneren des Kontinents* erschien 1858.

Dieses ehrgeizige Programm grenzt Livingstone sogleich von den Reisenden und Gelehrten ab, deren Ziele von bloßer Vergnügungssucht bis zur ernsthaften wissenschaftlichen Forschung reichten und die meistens ein enger gestecktes Arbeitsfeld beackerten.

Dass der Held in den Mittelpunkt des Berichts rückte, war ein weiteres markantes Merkmal von Livingstones erstem Buch. Die meisten Reisenden streuten ihre persönlichen Erlebnisse nur gelegentlich in den Bericht ein, zogen eine witzige oder selbstironische Anspielung, eine gelegentliche Anekdote oder eine überdrehte, burtoneske Kunstfigur ausgedehnten autobiografischen Passagen vor. Informationen über ihre Persönlichkeit werden uns in den Reiseberichten überwiegend nur *en passant* zuteil. Livingstone hingegen begann sein Buch mit einem langen »persönlichen Abriss« seines Lebens und seiner Herkunft. Dem Leser wird umfangreich Auskunft über die heldenhafte Gestalt erteilt, die mit diesem Bericht bei ihm vorstellig wurde. »Unser Urgroßvater fiel in der Schlacht von Culloden im Kampf für die alten Könige«, erfährt der Leser auf der ersten Seite. Tatsächlich waren die Livingstones Kleinbauern, die ihr Land verloren hatten und gezwungen waren, in den Glasgower Baumwollspinnereien zu arbeiten; der Großvater des Forschers hatte sich in Blantyre on the Clyde, acht Meilen von Glasgow entfernt, niedergelassen. Die Familie war äußerst religiös. Livingstones Vater Neil, ein Abstinenzler, der sich als reisender Teehändler versuchte – und religiöse Traktate verteilte –, musste schließlich in die Spinnerei zurückkehren. David wurde in einer Einzimmermietwohnung in der Shuttle Row geboren; das Mietshaus gehörte den Blantyre Works. Die wahre Heldentat Livingstones bestand darin, die erdrückende Armut seiner Kindheit zu überwinden und sich allen Widrigkeiten zum Trotz zu bilden.

Als Zehnjähriger arbeitete er als »Anspinner«, der die gerissenen Fäden der Spinnmaschine wieder miteinander verbinden musste; er arbeitete von sechs Uhr morgens bis acht Uhr abends, »unterbrochen von Frühstücks- und Mittagspause«, sechs Tage die Woche. Er brachte sich selbst Lesen und Schreiben bei und besuchte trotz seiner Erschöpfung eine Abendschule, deren Lehrer von der Spinnerei bezahlt wurde. Von seinem ersten Wochenlohn kaufte er sich Ruddimans *Rudiments of Latin* und lernte zu Hause oftmals bis Mitternacht oder noch länger, »falls meine Mutter nicht eingriff und mir die Bücher aus der Hand nahm«. Livingstone las bis auf Romane alles, was ihm zwischen die Finger kam. »Wissenschaftliche Werke und Reiseberichte waren meine besondere Freude.« Neil Livingstone missbilligte die Wissenschaft, denn sie sei »der Religion abträglich«; sein Sohn hingegen rebellierte lauthals, als er gezwungen wurde, William Wilberforces *Practical Christianity* zu lesen.

Auch wenn er bekannte, religiöse Lektüre nicht zu mögen, war Livingstone dennoch tief gläubig und wandte sich vom strengen Calvinismus seines Elternhauses einer milderen Glaubensrichtung zu, die Erlösung durch gute Taten verhieß. Einmal hatte er das Licht geschaut:

Die Veränderung lässt sich mit jener vergleichen, die der Heilung der Farbenblindheit entspräche, sofern diese möglich wäre. Die allumfängliche Vergebung unserer Sünden, wie sie Gottes Buch verspricht, weckte in mir hingebungsvolle Liebe zu Ihm, der uns mit Seinem Blut erkaufte, eine Liebe, die mein Verhalten seitdem in gewissem Maße bestimmt ... Von Nächstenliebe erfüllt beschloss ich bald, mein Leben der Linderung menschlichen Leides zu widmen. Ich war der Meinung, ein christlicher Pionier in China könnte zum materiellen Wohl einiger Teile dieses riesigen Reiches beitragen; daher entschloss ich mich, eine medizinische Ausbildung zu erwerben, um für diese Unternehmung gerüstet zu sein.

Zu diesem Zweck streifte er mit seinen Brüdern in seiner knapp bemessenen Freizeit durch die Landschaft von Lanarkshire, in der Hand *Culpeper's Herbal*. Doch den Großteil seiner Bildung eignete er sich in der Fabrik an, wo es galt, scheinbar unüberwindliche Hindernisse zu bewältigen. »Um bei der Arbeit lernen zu können, lehnte ich das Buch so gegen die Spinnmaschine, dass ich Satz für Satz lesen konnte, während ich meiner Aufgabe nachkam; ich widmete mich auf diese Art und Weise fast kontinuierlich meinen Studien, ohne mich vom Dröhnen der Maschinen stören zu lassen. Dieser Phase meiner Ausbildung verdanke ich die Fähigkeit, die Umgebungsgeräusche vollständig ausblenden zu können, sodass ich voller Behaglichkeit fähig bin, inmitten spielender Kinder oder tanzender und singender Wilder zu lesen und zu schreiben.«

Mit neunzehn wurde Livingstone zum Spinner befördert, eine schwere Arbeit für einen Mann von seiner schmächtigen Statur, aber sie war besser bezahlt und ermöglichte es ihm während des Winters in Glasgow Medizin- und Griechischseminare und im Sommer Theologiekurse zu besuchen. Diese frühen Mühen, die ihn aller Kinder- und Jugendfreuden beraubt hatten, führten zu einer hartherzigen Selbstzufriedenheit, die ihn in späteren Jahren unnachgiebig und ungerecht werden ließ. Er behauptete, er habe nichts anderes als diese »abhärtende Ausbildung« gewollt, und prahlte: »Ich habe von niemandem auch nur einen Farthing erhalten.« Er bewunderte die Tugenden der schottischen Armen und ihr Interesse an »öffentlichen Fragen«, versicherte aber seinen Lesern, dass Bildung sie nicht in gefährliche Rebellen verwandelt habe und sie dem Adel gebührenden Respekt entgegenbrächten. »Das Gros der schottischen Arbeiter hat sich mit Geschichte beschäftigt und hält nichts von Gleichmacherei. Während Ausländer sich einbilden, es fehle uns der Mut, die Herrschaft der Aristokratie abzuschütteln, hassen wir in Wahrheit diese dümmlichen Revolutionen, die altehrwürdige Einrichtungen, welche Reichen und Armen gleichermaßen lieb und wert sind, hinwegfegen.«

Schließlich gelang es Livingstone, der sich das Studium durch eine Teilzeitstelle in der Spinnerei finanzierte, seine medizinische Ausbildung am Glasgower Anderson's College abzuschließen, und er plante, nach China zu gehen, da ihm dieses Land ein geeignetes Feld für die Missionarsarbeit zu sein schien. Stark durch die Arbeit von Missionsärzten beeinflusst, bewarb sich Livingstone bei der London Missionary Society, »aber diese Bewerbung verursachte mir ein gewisses Schmerzgefühl«, bemerkte er bezeichnenderweise, »denn für jemanden, der es gewohnt ist, selbstständig zu arbeiten, ist es nicht angenehm, in einem gewissen Maße von anderen abhängig zu sein.« Tatsächlich wurde er sehr abhängig, denn die London Missionary Society ließ ihn, der als »christlicher Pionier« in China tätig sein wollte, endlos warten. « Unglücklicherweise jedoch wurde China genau zu dieser Zeit in die Opiumkriege verwickelt und kam als Wirkungsort nicht länger infrage.

Nachdem Livingstone bei einem Geistlichen in Chipping Ongar in Essex Theologie und klassische Literatur studiert und sich in London in Medizin weitergebildet hatte, wurde er ungeduldig und wollte endlich zum praktischen Einsatz kommen. 1840 legte er in Glasgow seine letzten Medizinprüfungen ab, wurde im November Lizenziat der Faculty of Physicians and Surgeons und im selben Monat in der Londoner Congregationalist Albion Chapel zum Priester geweiht. Ursprünglich wollte die London Missionary Society Livingstone auf die Westindischen Inseln schicken, aber er zog Südafrika vor, vor allem nachdem er einen bekannten Missionar, Robert Moffatt, getroffen hatte, als dieser sich in London auf Urlaub befand. Moffatt betreute die Mission der London Missionary Society in Kuruman, nördlich des Oranjeflusses. Am 8. Dezember 1840 segelte Livingstone über Rio de Janeiro, wo wegen des stürmischen

Wetters angelegt werden musste, nach Südafrika und traf drei Monate später, am 15. März 1841, in Kapstadt ein. Nach drei Wochen in Kapstadt, wo er von einigen ziemlich unchristlichen Konkurrenzkämpfen unter Missionaren erfuhr, brach er zur Algoabucht auf, reiste dann auf einem Ochsenkarren nordwärts ins Inland zur Missionsstation von Kuruman in Betschuanaland, siebenhundert Meilen von Kapstadt entfernt.

Kuruman war eine Enttäuschung für Livingstone. Über die Missionsstation war viel berichtet worden, aber es erwies sich als recht kleiner Ort, und die Fortschritte bei der Bekehrung der Heiden waren kümmerlich. Vor dreißig Jahren von Moffatt gegründet, war die Mission eine Gartenoase, in der europäisches Gemüse und Obstbäume wuchsen. Kuruman war schön, wies aber keinerlei landestypische Spuren auf. »Die Freundlichkeit des Ortes erhöht sich durch die Andersartigkeit der ihn umgebenden Landschaft; seine ganze Schönheit verdankt sich der Arbeit der Missionare.« Die Station lag zudem in einem von Unruhen geplagten Gebiet, und die Missionare sahen sich der Feindseligkeit der burischen Bauern ausgesetzt.

Livingstone sollte sechzehn Jahre, von 1840 bis 1856, »medizinische und missionarische Arbeit in Afrika« leisten und hatte manchmal so viel zu tun, dass er behauptete, jetzt weniger Zeit zu haben als während seiner Arbeit als Baumwollspinner. »Ich konnte mich aufgrund des Zeitmangels nicht weiterbilden – das war während meiner afrikanischen Laufbahn der einzige Wermutstropfen.« Er war stets bemüht, einen eigenen Weg zu gehen, und so lautete ein berühmter Ausspruch von ihm: »Ich würde niemals auf dem Fundament eines anderen Mannes bauen. Ich will das Evangelium auch denen predigen, die jenseits von uns leben, und mich nicht rühmen mit dem, was andere nach ihrem Maß vollbracht haben.«

Er wollte weiter nördlich auf vielversprechenderes Terrain vorstoßen. Aber seine ersten fünf Jahre verbrachte er hauptsächlich mit

»Vorbereitungsarbeiten«, darunter einem sechsmonatigen Aufenthalt in Lepelole, wo er sich die Sprache der Einheimischen beibrachte und »während dieser Geduldsprobe einen Einblick in die Gebräuche, Denkweise, Gesetze und Sprache der Bakwena« erhielt, »was sich seitdem von unschätzbarem Wert für den Umgang mit ihnen erwiesen hat«. Livingstone fing an, Verständnis für die Volksstämme zu zeigen, und stellte fest, dass viele der von den Missionaren angestrebten Änderungen in Konflikt zu den Werten und der Lebensweise der einheimischen Bevölkerung standen.

Ende 1843 erfolgte die Rückkehr von Moffatt und seiner Familie nach Kuruman, worauf Livingstone die London Missionary Society davon überzeugte, ihn nach Norden zu schicken. Er gründete bei Mabotsa eine neue Mission und heiratete Moffatts älteste Tochter, Mary, die in Südafrika geboren war und, wie es Livingstone ausdrückte, »mehr erduldete als manch einer, der dicke Reiseberichte verfasst hat«. Während er den Einheimischen half, die um das Dorf herumstreifenden Löwen abzuwehren, kam es zu einem Zwischenfall. Er schoss auf einen der Löwen, der scheinbar tot zusammenbrach, sich aber wieder erholte und Livingstone ansprang. »Er erwischte mich an der Schulter, und wir beide stürzten zu Boden. Unter grauenvollem Gebrüll schüttelte er mich, wie ein Terrier eine Ratte. Dieser Schock verursachte eine Betäubung, ähnlich der einer Maus, die zum ersten Mal den Tatzenschlag einer Katze spürt. Ich wurde in einen träumerischen Zustand versetzt, in dem ich keinen Schmerz und kein Grauen fühlte, obwohl mir vollkommen bewusst war, was mit mir vorging.« Nach seiner Rettung stellte er fest, dass sein rechter Oberarm elf Bisswunden aufwies, die eiterten und ihn zusammen mit dem verkrüppelten linken Arm bei seiner zukünftigen Arbeit einschränkten, aber nicht davon abhielten.

Zwischen 1845 und 1859 arbeitete Livingstone in Chonuane, dann in Kolobeng, nur von seiner Frau und zwei einheimischen

Lehrern unterstützt. Es war ein entbehrungsreiches Leben, mit Wassermangel und wenig materiellem Komfort. Livingstone wurde in einer ganzen Reihe von praktischen Aufgaben sehr bewandert, und seine Frau lernte, Seife zu machen – sie wurden eine typisch zentralafrikanische Missionarsfamilie. »Der Ehemann draußen ein Hans-Dampf-in-allen-Gassen, die Ehefrau drinnen ein Mädchen für alles.« Die missionarischen Erfolge machten jedoch nur geringe Fortschritte. Die Einheimischen, die sehnsüchtig auf Regen warteten, hatten einen gewissen Zusammenhang »zwischen der Gegenwart von ›Gottes Wort‹« in ihrer Stadt und den darauffolgenden Trockenperioden festgestellt. Schlimmer noch, es war zu beobachten, dass den Stammesverbänden, die sich nicht zum Gebet mit den Missionaren versammelten, jene Regenschauer zuteilwurden, die den angehenden Gläubigen vorenthalten wurden.

All dies ließ Livingstone zu der Überzeugung kommen, dass das Feld der missionarischen Bemühungen ausgeweitet werden müsse. Dieser Gedanke begleitete ihn, seit er 1840 in London in der Exeter Hall an einer Tagung teilgenommen hatte, die von der Society for the Extinction of the Slave Trade and for the Civilization of Africa organisiert worden war; der Redner Thomas Fowell Buxton hatte verkündet, der einzige Weg, den Sklavenhandel zu besiegen, liege in der Entwicklung eigener Erzeugnisse durch die Afrikaner. Die Förderung des Handels werde die geistige Isolation beenden und den Stämmen ein Gefühl für soziale Wechselseitigkeit vermitteln.

Den Heiden das Evangelium zu bringen muss viel mehr beinhalten, als es das übliche Bild des Missionars – das eines Mannes, der mit der Bibel unter dem Arm herumzieht – unterstellt ... Mittels des Handels können wir nicht nur der Sklaverei ein Ende setzen, sondern auch die Familie der Neger in die Körperschaft der Nationen einbeziehen, denn kein Mitglied dieser Gemeinschaft kann leiden, ohne dass die anderen mitleiden ... Weder Zivilisation noch Christentum können unabhängig vorangebracht werden. Sie sind vielmehr untrennbar.

Solch aufklärerische Ansichten wurden von den Buren nicht geteilt, die weiterhin Sklaverei betrieben und Livingstone mit atemberaubender rassistischer Arroganz wissen ließen, die Einheimischen würden zur Arbeit für sie gezwungen »zum Ausgleich dafür, dass es ihnen erlaubt ist, in unserem Land zu leben«. Die Buren, so Livingstones Meinung, waren »kulturell so unterentwickelt wie die Schwarzen, da sie das dumme Vorurteil gegen dunkle Hautfarbe dazu verleitet, diese zu verabscheuen«. Er wies auch darauf hin, die eingeborene Bevölkerung habe »niemals einen Angriffskrieg gegen die Europäer geführt« – Ansichten, die dazu führten, dass Buren seine Missionsstation angriffen, seine Bibliothek und seine Arzneivorräte zerstörten.

Erkundungsreisen waren viel befriedigender als die Missionsarbeit, und Livingstone behauptete, während eines Ausflugs mit William Cotton Oswell und einem Mann namens Murray im Juli 1849 den Ngamisee entdeckt zu haben. »Zum ersten Mal bekamen Europäer diese Wasserfläche zu Gesicht.« Diese Entdeckung brachte Livingstone fünfundzwanzig Guineen von der Royal Geographical Society ein; sein Bericht verriet ihnen nicht, dass es sich dabei um ein gemeinschaftliches Unterfangen gehandelt hatte. Eigentlich aber war es der Botletle-Fluss, dem Livingstones Interesse galt, denn ihn reizte das Hauptziel europäischer Reisen durch das Afrika des 19. Jahrhunderts: die Eroberung des Landesinneren.

Er unternahm einige weitere Reisen; auf der Suche nach dem schwer auffindbaren Flussweg zur Ostküste begleiteten ihn seine Frau, seine Kinder und Häuptling Sechele, sein einziger Konvertit. Er traf den Häuptling der Kololo, Sebituane, einen Mann »von großer und drahtiger Gestalt, die Haut olivenfarben oder wie Kaffee mit Milch, er ist leicht kahl«. Er sicherte Livingstone und Oswell zu, »ohne jegliche Beschränkung« in den Norden reisen zu dürfen, wo sie am 4. August 1851 den Sambesi entdeckten, einen Fluss, »von dessen Existenz bisher noch nichts bekannt war«. Da sie die ersten Weißen waren, die diese Gegend betraten, »statten uns erstaunlich viele Menschen einen Besuch ab«.

Es zeichnete sich immer mehr ab, dass die aggressiven Buren auch weiterhin die missionarischen Tätigkeiten Livingstones in Kolobeng behindern würden; seine Familie war dort zudem von verschiedenen Krankheiten bedroht, und er schickte sie deshalb zurück nach England, »während ich fortfuhr, das Land zu erforschen, um einen Landstrich mit zuträglichem Klima zu finden, der als Knotenpunkt der Zivilisation dienen konnte, und um das Landesinnere mittels eines Weges zu erschließen, der entweder zur Ost- oder zur Westküste führte«.

Anfang Juni 1852, nachdem Livingstone seine Familie in Kapstadt verabschiedet hatte, machte er sich Richtung Ostafrika, nach Quelimane, auf. »Ich benutzte das landesübliche Fortbewegungsmittel, einen großen, schwerfälligen, von zehn Ochsen gezogenen Kapwagen; meine Begleiter waren zwei christliche Betschuanen aus Kuruman – treuere Diener habe ich nie getroffen –, zwei Bakwena-Männer und zwei Mädchen, die als Betreuerinnen mit unseren Kindern zum Kap gekommen waren und nun wieder nach Kolobeng in ihre Heimat zurückkehrten.« Durch ein gebrochenes Rad wurde er in Kuruman aufgehalten und gab den Plan, in den Norden zu reisen, auf, da das Gebiet durch die Streitigkeiten zwischen Buren und Bakwena als gefährlich galt. Erst im November 1853 gelang es ihm, die nächste Reise sambesiaufwärts nach Luanda zu organisieren.

Livingstones frühere Toleranz gegenüber der afrikanischen Vielfalt begann während dieser Reisen nachzulassen, und er fand beispielsweise die Bakalahari durch »Jahrhunderte der Barbarei und den zähen Kampf um das Lebensnotwendige« in »Entartung« versunken. Er hielt fest, dass sie angesichts der im Gebet niederknienden Missionare in Gelächter ausgebrochen waren. »Fast all ihre Gedanken richten sich auf die Befriedigung ihrer körperlichen Bedürfnisse.« Livingstone lenkte die Aufmerksamkeit auf seinen höheren moralischen Standpunkt, der dazu im Gegensatz stand: »Während der elf Jahre, die ich mich in diesem Land aufgehalten habe, weigerte ich mich ausnahmslos, obwohl wir stets dem Häuptling ein Geschenk überreichten, die Gegengabe, meist Elfenbein, anzunehmen – aus dem Verständnis heraus, dass sich ein religiöser Lehrmeister durch die Annahme von Geschenken aus den Händen jener, um deren geistliches Wohlergehen er besorgt ist, herabsetzt.« Tatsächlich verfügte er nur über ein jährliches Einkommen von £ 100, das kaum reichte, um seine Familie zu ernähren und einzukleiden; glücklicherweise besaß Geld in diesen Landstrichen keinen Wert, stattdessen war Tauschhandel an der Tagesordnung.

Als er im Mai 1853 erkrankte, wurde er einem einheimischen Heilverfahren unterzogen, das unter anderem vorsah, dass er in ein Dampfbad gesteckt »und wie ein Bückling über grünen Zweigen« geräuchert wurde. Aber er fand, eiserne Willenskraft sei die bessere Medizin. »Wer trübsinnig ist, wird eher sterben als jener, der keine melancholische Veranlagung hat.« Unterstützung praktischer Art kam von Sekeletu, dem Sohn und Nachfolger Sebituanes, der ihm Ende 1853 half, eine weitere Sambesi-Expedition auszurichten. Livingstone erreichte den Kwangofluss schließlich am 4. April 1854, angeblich um einen geeigneten Platz für eine Missionssiedlung zu finden, in Wahrheit aber suchte er nach Handelsrouten, die von Ost nach West führten.

Auf der vorangegangenen Reise war Livingstones Toleranz erneut auf die Probe gestellt worden. »Während einer neunwöchigen Reise stand ich in engerem Kontakt mit Heiden als je zuvor; das

Tanzen, Brüllen und Singen, das Scherzen, Murren, Streiten und Morden dieser Naturkinder zu ertragen war die härteste Buße, die mir im Lauf meiner missionarischen Pflichten je auferlegt worden ist. Daher wurde mir das Heidentum verhasster als zuvor, und ich hatte nun eine hohe Meinung von den Erfolgen der Missionare im Süden, die unter Stämmen wirkten, welche so wild wie die Makololo sein sollen.« Aber die Makololo hatten sich um Handelsbeziehungen mit der Küste bemüht, und er war überzeugt: »Die bleibende Erhöhung eines Volkes kann nicht ohne Handel erreicht werden.«

Bereits zu Beginn der zweiten Sambesi-Reise wurde Livingstone durch ein Fieber geschwächt. »Aber ich hatte immer geglaubt, wenn wir Gott überhaupt dienen wollen, sollte dies auf mannhafte Weise geschehen, und ich war entschlossen, diesen Teil Afrikas zu erschließen oder im Laufe dieser Bemühung umzukommen.« Ihn begleiteten siebenundzwanzig Männer, im Gepäck befanden sich drei Musketen, eine doppelläufige Flinte für ihn, zwanzig Pfund Glasperlen, ein paar Kekse, ein paar Pfund Tee und Zucker sowie zwanzig Pfund Kaffee.

Eine kleine Zinnbüchse, etwa fünfzehn Zoll hoch und breit, wurde mit Hemden, Beinkleidern und Schuhen gefüllt, die wir bei der Ankunft in zivilisierten Gegenden tragen wollten; ein zweites Kästchen gleicher Größe enthielt Arzneien, ein drittes Bücher und ein viertes eine Laterna magica, die uns von großem Nutzen war. Der Sextant und andere Instrumente wurden anderweitig untergebracht. Ein Sack enthielt die Kleider, die wir auf der Reise tragen würden; ein kleines Zelt, das gerade groß genug war, um darin schlafen zu können; ein Schaffell als Decke und eine Pferdedecke als Bett vervollständigten meine Ausrüstung. Ich war immer der Ansicht, die Kunst des erfolgreichen Reisens bestehe darin, so wenig lästiges Gepäck wie möglich mitzunehmen.

Livingstone fand während der Expedition auch noch die Zeit für Predigten; manchmal versammelten sich bis zu sechshundert Menschen unter den ausgebreiteten Zweigen des großen Kameldornbaums, und die Laterna magica erwies sich als beliebtes Unterweisungsinstrument. Aber Ende 1853 »erfüllte Trauer meine Seele« – es erwies sich als schwierig, die Menschen endgültig zu konvertieren. Anfang April 1854 hatte Livingstone »in einem recht verwahrlosten Kleidungszustand« Cassange erreicht, die Mission, die den äußersten Vorposten der Portugiesen im westafrikanischen Inland darstellte. Seine Kollegen versorgten ihn mit Kost und Logis, blieben aber misstrauisch. »Sie betrachteten mich offensichtlich als Spion der englischen Regierung, der an einer neuen Bewegung zur Unterdrückung der Sklaverei beteiligt war. Ihnen war nicht klar, was ein *missionario* mit der Bestimmung von Längen- und Breitengraden zu tun hatte.«

Am 31. Mai traf Livingstone in Luanda ein und war entzückt über die Gastfreundschaft von Edmund Gabriel, dem dortigen britischen Beauftragten für die Abschaffung der Sklaverei. »Ich werde niemals das wohlige Vergnügen vergessen, das mich erfüllte, als ich nach sechs Monaten, in denen ich nachts auf dem Boden geschlafen hatte, wieder auf einem guten englischen Sofa saß.« Es ging ihm gesundheitlich jedoch nicht gut, und er verließ Luanda erst im September, um die Rückreise anzutreten. Unterwegs überquerte er den Lotembawafluss und erblickte die Wasserscheide am Dilolosee. »Zum ersten Mal begriff ich die genaue Ausprägung des Flusssystems und des Kontinents ... Ich stand nun auf dem zentralen Berggrat, der diese beiden Gewässer [Kongo und Sambesi] trennte ... Es war mir damals nicht bewusst, dass bis zu diesem Zeitpunkt noch niemand die erhabene Trogform Zentralafrikas entdeckt hatte.« Er leistete auf seiner Expedition auch ärztliche Nothilfe; als er einer jungen Frau einen Tumor aus dem Unterarm entfernte, spritzte aus einer der kleinen Arterien Blut in sein Auge, und sie sagte: »Zuvor warst du ein Freund, nun bist du ein Blutsverwandter; wann immer du in diese Gegend kommst, lass es mich wissen, sodass ich für dich kochen kann.« Die Schilderung dieses Zwischenfalls ist eine der seltenen Stellen in Livingstones Bericht, die ein wenig menschliche Wärme ausstrahlen.

Nach fast einem Jahr traf Livingstone schließlich wieder in Linyanti ein; Sekeletu war so beeindruckt, dass er ihm half, eine weitere Expedition zusammenzustellen. Livingstones Ziel war es nun, einen Wasserweg zur Ostküste zu finden und das Elfenbein des Häuptlings zu verkaufen. Der Aufbruch zum Sambesi erfolgte im Oktober, der Weg führte am Nordufer des Flusses entlang, als endlich am 3. November die kühle Regenzeit anbrach. Tatsächlich kam es zu einem fürchterlichen Gewitter, und Livingstone saß unvorbereitet in der kalten, feuchten Nacht. Sekeletu bot ihm seine Decke an und war nun selbst ohne schützenden Umhang. Der Missionar war beeindruckt: »Ich war von diesem kleinen Beispiel wahrer Güte sehr gerührt. Sollten solche Menschen durch die Ausbreitung der Zivilisation ausgelöscht werden, so wie bestimmte Tierrassen vor anderen, wäre dies schade. Gebe Gott, dass sie, ehe diese Zeit kommt, das Evangelium empfangen, das der Seele des Sterbenden Trost bietet.«

Nach Sesheke erreichte die Expedition die gewaltigen Wasserfälle von Mosi-oa-Tunya, die von den Einheimischen laut Livingstones Übersetzung »donnerndes Wasser« oder »tönender Dampf« genannt wurden. »In der Überzeugung, dass Mr. Oswell und ich die allerersten Europäer waren, die jemals den Sambesi im Herzen des Landes bereist hatten, entschloss ich mich, mir die gleiche Freiheit wie die Makololo zu nehmen, und nannte sie ›Victoriafälle‹ – den einzigen englischen Namen, den ich irgendeinem Teil des Landes aufgedrückt habe.« Livingstone war von der Schönheit der Wasserfälle überwältigt, obwohl nichts zu sehen war außer einer dichten weißen Wolke, »über die sich, als wir den Ort besuchten, zwei leuchtende Regenbogen spannten«. Die Makololo verehrten an diesen Wasserfällen ihre Gottheit, aber »wussten nicht um Gottes wahres Wesen und hegten darum keine Achtung für das Schöne und Gute in ihrer Brust.« Am nächsten Tag vergrub Livingstone einige Pfirsich- und Aprikosensteine und Kaffeesamen, die er von der Westküste mitgebracht hatte. Als der Garten dergestalt vorbereitet war, ritzte er seine Initialen in einen Baum und fügte das Datum, 1855, hinzu. »Das war der einzige Moment, in dem ich mich der Eitelkeit hingab.«

Am 20. November verließ Sekeletu mit über hundert Männern Livingstone, um das Elfenbein zur Küste zu bringen, während sich der Missionar zur portugiesischen Siedlung in Tete aufmachte, die er Anfang März erreichte. Der Kommandant der portugiesischen Festung »tat alles in seiner Macht Stehende, um dem abgemagerten Zustand, in dem ich mich befand, abzuhelfen«. Nach zwei Wochen Rast verließ Livingstone Tete am 22. März und erreichte den Hafen von Quelimane am 20. Mai 1856, »beinahe vier Jahre nachdem ich von Kapstadt aufgebrochen war«. Von seiner Familie hatte er seit drei Jahren nichts mehr gehört (sie lebte hauptsächlich von Almosen der London Missionary Society), und bis auf einen hatten ihn alle ihre Briefe nicht erreicht. Er wartete sechs Wochen an diesem »ungesunden Ort«, bis die HMS Frolic eintraf, die dann bei stürmischer See auslief und ihn nach Mauritius brachte. Nachdem er sich dort von einer Milzvergrößerung erholt hatte, reiste er im November durch das Rote Meer, bestieg dann den P&O-Dampfer Candia und erreichte nach elf Jahren Abwesenheit am 12. Dezember 1856 Southampton – »wieder zurück im lieben alten England«.

Livingstone hatte ursprünglich vorgehabt, nur ein oder zwei Monate in England zu bleiben, geriet aber umgehend in die Berühmtheitsmühlen der Royal Geographical Society und erhielt drei Tage nach seiner Ankunft auf einer Sonderversammlung die Goldmedaille der Gesellschaft, eine Auszeichnung, die jährlich verliehen wurde. Am nächsten Tag wurde zu seinen Ehren ein Empfang veranstaltet, bei dem Lord Shaftesbury als Gastgeber fungierte. Auf Empfehlung von Sir Roderick Murchison, dem Präsidenten der Gesellschaft, kam ein Buchvertrag mit John Murray zustande, und dieser überredete auch den Außenminister, Lord Clarendon, Livingstone als Konsul nach Zentralafrika zu senden. Während des ganzen Jahres 1857 war Livingstone auf Vortragsreise; die Veröffentlichung seines Buches festigte seinen Ruhm, die Erstauflage von 12 000 Stück war noch vor Erscheinen ausverkauft. Der Missionar, dessen Jahresgehalt £ 100 betrug, verdiente mit seinem Buch £ 8500; die Geschichte seiner frühen Mühsal erregte sogar die Bewunderung von Charles Dickens. Anfang 1858 hatte sich Livingstone als Nationalheld etabliert, war zum Mitglied der Royal Geographical Society gewählt worden, und im Februar gewährte ihm Königin Victoria eine Audienz. Es folgten öffentliche Spendenaufrufe, um weitere heldenhafte Afrikareisen zu finanzieren (allein in Glasgow wurden £ 2000 gesammelt), und das Parlament bewilligte im Dezember einen Zuschuss von £ 5000.

Die Expedition sollte die Möglichkeiten für Handelsaktivitäten am oberen Sambesi erkunden, und der einzig denkbare Leiter dieser Expedition war Livingstone.

Die afrikanische Seenregion

Richard Burton in Zentralafrika

Nach seiner kurzen Pilgerreise nach Harar tat Richard Burton das, was angesehene viktorianische Reisende bei ihrer Rückkehr in London für gewöhnlich taten: Er hielt am 11. Juni 1855 vor der Royal Geographical Society einen Vortrag und bekam, wie Livingstone, später die Goldmedaille der Gesellschaft. Die britische Öffentlichkeit interessierte sich zu dieser Zeit allerdings mehr für den Krimkrieg. Burton meldete sich freiwillig zum Einsatz in Konstantinopel, kehrte aber vier Monate später zurück, ohne an Kämpfen teilgenommen zu haben. In London widmete er sich nunmehr der Aufgabe, seine Pläne für die Entdeckung der Nilquellen – eines der großen Dauerthemen der viktorianischen Erforschungsmanie – erneut in die Tat umzusetzen. Er war der Ansicht, der große Fluss entspringe jenen zentralafrikanischen Seen, die noch kein Europäer erblickt hatte und von denen nicht sicher war, ob es sie überhaupt gab. Die Expedition wurde vom Expeditionary Committee der Royal Geographical Society unterstützt, und das Außenministerium bewilligte einen Zuschuss von £ 1000. Sein Arbeitgeber, die Ostindische Kompanie, genehmigte ihm für die Forschungsreise zwei Jahre bezahlten Urlaub. Burton, der die Expedition leitete, lud John Speke ein, ihn zu begleiten, und die beiden Männer reisten nach Sansibar, das sie am 20. Dezember 1856 erreichten.

Burton eröffnete seinen Expeditionsbericht *The Lake Regions of Central Africa*★ (1860) mit dem üblichen Getöse und gestand, er

---

★ Die deutsche Übersetzung erschien unter dem Titel *Der Nil und seine Quellen. Reisen nach den Binnenseen Afrika's und Entdeckung der Quellen des Nils.*

habe seine ernsthaften geografischen und ethnologischen Inhalte mit »Schilderungen von Begebenheiten sowie einer Ausführung der populäreren und pittoreskeren Gesichtspunkte, die dieses Thema begleiten«, vermengen wollen. Sein Verleger Longman erfuhr von diesen Plänen und war nicht besonders glücklich über Burtons Wunsch, ein ausschließlich »leichtes Werk«, wie er es nannte, zu verfassen. Longman entschied, »der Appetit des Publikums erfordert eine gehaltvollere Fleischeinlage« – ein Hinwies darauf, dass die viktorianische Leserschaft von Reiseberichten mehr Ernsthaftigkeit verlangte. Burton verkündete, er habe nachgegeben: »Ich habe zwei Porträts desselben Gegenstandes gezeichnet und das Fröhliche mit den gewichtigeren Einzelheiten des Reisens vermischt, um so ein pathosfreies Flickgedicht zu erhalten.« Aber die Kröte steckte ihm immer noch im Hals, und mit einem Seitenhieb auf die Richtlinien der Royal Geographical Society für ernsthafte Reisende tat er kund:

> Moderne »Anleitungen für Reisende« weisen den Entdecker und Missionar an, Theorie und Stellungnahme zu meiden. Uns wird gesagt, unsere Pflicht bestehe im Sammeln von Tatsachen, nicht von Schlussfolgerungen – sehen und nicht denken also; wir sollen uns auf die Übermittlung des von uns gesammelten Rohmaterials beschränken, das zu Hause von den wahrhaft Gelehrten in Form gebracht wird. Aber warum kann dem Beobachter nicht zugestanden werden, seine eigenen Betrachtungen zu äußern, zumindest wenn sein Geist klar und sein Fundus an zusätzlichen Kenntnissen beträchtlich ist?

Dies scheint ein berechtigter Einwand. Burton war sich der unvermeidlichen Subjektivität von Reiseberichten wohl bewusst. »Ich habe nicht versucht, Persönliches und Privates vom Leser fernzuhalten; es ist unmöglich, Egoismus in einer egozentrischen Erzählung zu vermeiden.« Er hätte es vielleicht besser dabei belassen sollen, aber in seinem Vorwort ließ er es sich nicht nehmen, im üblichen kernigen, kämpferischen Duktus seinem Kollegen Speke, mit dem er sich auf dieser Reise ernsthaft zerstritten hatte, einen Seitenhieb zu versetzen. Einerseits handelte es sich dabei um Konkurrenzdenken – in seinen Augen heimste Speke nämlich zu viel Anerkennung für die Entdeckungen ein –, andererseits aber auch um die Verachtung des Sprachgegabten für die Unfähigkeit seines Kollegen, die Übersetzungen der Dolmetscher zu verstehen.

Nach seiner Harar-Episode war Burton im April 1855 nach Berbera zurückgekehrt, um mit Speke und den anderen Expeditionsteilnehmern zu Fuß ins Landesinnere zu marschieren und die Quelle des Weißen Nils zu finden. Sie hatten außerhalb der Stadt ihr Lager aufgeschlagen und waren angegriffen worden; ein Mitglied der Reisegruppe kam dabei ums Leben. »Der Feind umschwärmte uns wie Hornissen«, schrieb Burton in einem früheren Bericht, »er brüllte und schrie, um uns einzuschüchtern und uns klarzumachen, dass wir in der Minderzahl waren; es war keineswegs leicht, im Dunkel der Nacht den Speerstößen und den langen schweren Dolchen auszuweichen, die durch alle Zeltöffnungen gegen unsere Beine geschleudert wurden.« Speke wurde bei diesem Angriff ernsthaft verletzt, aber mittlerweile war Burton »ungehalten« über Spekes Behauptung, die Entdeckungen seien sein Verdienst. »Ich erwartete mir nicht viel von seiner Hilfe; er war kein Sprachenkenner – Französisch und Arabisch waren ihm gleichermaßen fremd –, auch kein Mann der Wissenschaft oder ein gewissenhafter astronomischer Beobachter ... Während der Expedition hatte er nur eine untergeordnete Position inne; und wie man sich vorstellen kann, war er inmitten einer Reisegruppe von Arabern, Belutschen und Afrikanern, deren Sprachen er geflissentlich ignorierte, nur für eine untergeordnete Funktion geeignet.«

Vielleicht um diesen außergewöhnlichen öffentlichen Angriff zu rechtfertigen, schloss Burton mit einer Auflistung seiner persönlichen Grundsätze zur Verfassung eines Reiseberichts, denen sein Ethos, alles ungeschönt zu schildern, zugrunde lag und die seiner Ansicht nach Glaubwürdigkeit garantierten. Es gibt keinen Grund anzunehmen, er sei unaufrichtig gewesen, aber dem heutigen Leser ist bewusst, dass Burton vieles verschwiegen hat, um dem viktorianischen Geschmack zu entsprechen, und seine Persönlichkeit, trotz seiner munteren, oberflächlichen Schwatzhaftigkeit, im Dunkeln bleibt. Den wahren Burton kennen wir nicht.

Es war meine Pflicht, ein niederländisches Gemälde anzufertigen, ein Kabinettstückchen, das seines gewohnten Aufbaus, seiner Bauern, Pfeifen und Töpfe nicht beraubt werden durfte. Ich habe mich vor dieser unangenehmen Aufgabe nicht gedrückt – Vorgänge und nicht nur die Ergebnisse notiert; ich habe Vorträgen über herrschende Übel gelauscht, ermüdenden Zänkereien und mannigfaltigen kleinlichen Streitigkeiten, ohne die der flüchtige Blick auf das afrikanische Abenteuer dieses mehr wie das Abbild eines griechischen Gottes erscheinen ließe – nur Licht, kein Schatten; anders diese nun vorliegende Sammlung von Geschehnissen.

Das Buch enthält die übliche ungebändigte Informationsflut, wie sie für Burton so typisch ist. Nach der pompösen Einführung ist der tatsächliche Bericht über die Suche nach den großen Seen in gewisser Weise jedoch eine Enttäuschung. Sie »entdeckten« zwar den Tanganjikasee und den Victoriasee (den Speke allein fand und zur Nilquelle erklärte), aber Burtons ausführlicher, zweibändiger Bericht beschreibt eine Reise, bei der er das eigentliche Ziel dieser Expedition nicht zu Gesicht bekommt.

Burton und Speke verließen England im September 1856, am 2. Dezember segelten sie von Bombay nach Sansibar. Nach einer missglückten Entdeckungsreise entlang der ostafrikanischen Küste brachen sie am 16. Juni 1857 abermals nach Sansibar auf, mit der Korvette *Artémise,* die aus Teakholz erbaut war und achtzehn Kanonen besaß, sagten Bombays Hafen Lebewohl, »den geweißten Moscheen und arabischen Häusern, den Hütten aus Palmwedeln, den mit Kakaobäumen bestandenen Küsten und den roten Hügeln, auf denen in langen Reihen Nelken wuchsen«. An Bord befanden sich die Expeditionsteilnehmer: Burton und Speke, zwei Mischlinge aus Goa, zwei »Neger-Gewehrträger«, ein afrikanischer Führer namens Sidi Mubarak Bombay und dessen Bruder Muinyi Mabruki sowie acht belutschische Söldner. Burtons Absicht war es, »eine Expedition hauptsächlich mit dem Ziel durchzuführen, die Grenzen des ›Sees von Ujiji oder Unyamwezi-Sees‹ zu erforschen, um Erkenntnisse über die exportierbaren Rohstoffe des Inlandes und die Ethnografie seiner Stämme zu gewinnen.« Boshaft fügte er hinzu: »Heutzutage wird angenommen, dass jeder Entdecker in Zentralafrika aufbricht, um die Quellen des Weißen Nils zu suchen, und wenn er diese nicht findet, wird seine Expedition, welche Früchte sie auch sonst getragen haben mag, als Fehlschlag gewertet.«

Die Erregung, sich auf Neuland zu bewegen, nachdem die Expedition das Festland bei Kaole erreicht hatte, und die Eigentümlichkeit der Landschaft lenkten Burton von seinen »düsteren Ahnungen« ab. Er war, wie meistens, hauptsächlich an Ethnografie, Sitten und Gebräuchen interessiert und fand die Landschaft selbst eher monoton (»die Felsen und Bäume gleichen einander«). Dennoch handelte er diesen Teil Afrikas ziemlich pauschal ab.

Dem östlichen und zentralen innertropischen Afrika mangelt es auch an historischen Reizen, es gibt hier wenig Brauchtum, keine überlieferten Legenden und keine Ruinen, jene altersgrauen Überreste vergangener Pracht, die dem Reisenden und Leser von Reiseberichten so teuer sind. Es existiert kein einziges Bauwerk nützlicher oder dekorativer Art, ein Kanal oder Damm sind und waren stets jenseits der begrenzten Fähigkeiten seiner Zivilisation. Es fehlen selbst die Orte voll barbarischen Pomps und wilder Erhabenheit, mit denen der Forscher des westlichen Afrikas vertraut ist. Die Ethnografie aber kann mit Neuem aufwarten: Sie weist seltsame Sitten und Gebräuche auf, der Götzenkult ist ganz erstaunlich, die Handelsaktivitäten verdienen Aufmerksamkeit, und der soziale Zustand ist von traurigem Reiz.

Und wie sehr er von den Perlen des weißen Mannes geblendet war: »Der Afrikaner bewahrt die kindlichen Instinkte der höherstehenden Rassen.« Dies kann kaum als Aussage eines wissenschaftlichen vorurteilslosen Beobachters gelten.

Am 7. August verließ die Expedition Zungonmero und brach mit einer Gruppe von hundert Trägern in östlicher Richtung zum Usagaragebirge auf; die geplante Dauer der Forschungsreise betrug zwei Jahre. Sie waren der üblichen schweißtreibenden Mühsal und den Unannehmlichkeiten mit den Trägern ausgesetzt; einer von ihnen setzte sich sogar mit wertvollen Teilen der Ausrüstung ab (die später wieder gefunden wurden). »Die Expeditionstauglichkeit des Afrikareisenden«, sinnierte Burton, »hängt mehr von seinem Talent ab, sich über Verzögerungen zu ärgern und wider den Stachel zu löcken, als von seiner Fähigkeit, die Geduld einer Griselda* oder eines Hiobs an den Tag zu legen.« Nach 134 Tagen Fußmarsch und mehr als sechshundert Meilen erreichten sie »Kazeh, die größte

---

* Figur in Boccaccios *Decameron,* deren Geduld und Leidensfähigkeit von ihrem Ehemann im wahrsten Sinne des Wortes schwer auf die Probe gestellt wird.

Siedlung des östlichen Unyamwezi und Zentrum der Omani-Händler« – Tabora im heutigen Tansania.

Sie überquerten den Malagarazifluss und setzten ihre Reise fort, stets im Bewusstsein, dass ihnen an vielen Orten Livingstone zuvorgekommen war, bis sie am 13. Februar 1858 bei Ujiji den Tanganjikasee erspähten. »Mit einem Mal barst sein Anblick in mein Blickfeld, füllte mich mit Bewunderung, Erstaunen und Entzücken.« Es muss ein erhebender Moment gewesen sein, doch Burtons schriftstellerische Fertigkeiten reichten, trotz seiner Dante-Zitate, wie die der meisten anderen Afrikaforscher nicht für eine adäquate Schilderung aus. Allgemeine Verzückung ersetzte die Schilderung lebendiger Einzelheiten. »Nichts könnte pittoresker sein als dieser erste Blick auf den Tanganjikasee, wie er im Schoß der Berge liegt und sich im tropischen Sonnenschein aalt.« Abgestandene Epitheta folgen, unter anderem »schneeige Gischt«, »Band glitzernden gelben Sandes« und »perlmuttfarbener Nebel«. Der Anblick des Sees bildete allerdings einen willkommenen Kontrast zu den »stillen und gespenstischen mangrovenbestandenen Flussarmen« der ostafrikanischen Küste und den »trübseligen und eintönigen Wüsten- und Dschungellandschaften, gelbbraunen Felsen und von der Sonne ausgedörrten Ebenen oder saftigem Gras und schwarzen Sumpfflächen«. Nach all den Monaten »vergaß ich Mühen, Gefahren und die Ungewissheit der Rückkehr und war willens, das Zweifache des Erlittenen zu erdulden«.

Erdulden musste Burton in der Seenregion auch eine außergewöhnlich hohe Luftfeuchtigkeit, die Bücher zerstörte und Aufzeichnungen durch Schimmelflecken unleserlich machte. Das kalte, klamme Klima bekam weder seiner noch Spekes Gesundheit. »Alle Kraft schien uns verlassen zu haben. Ich lag vierzehn Tage darnieder, zu blind, um lesen oder schreiben zu können, außer mit großen Pausen, zu schwach zum Reiten und zu krank, um mich zu unterhalten.« Nachdem sie mit dem Kanu den nördlichen Teil des

Sees erkundet hatten, kehrten sie am 26. Mai nach Kazeh zurück, nicht zuletzt wegen Burtons schlechtem Gesundheitszustand. Burton hatte ein Zungengeschwür gehabt, das ihn daran hinderte, mit den Einheimischen Gespräche zu führen, und schließlich sämtliche Untersuchungen zum Stillstand brachte. »Es ist bezeichnend für Reisen durch Afrika, dass der Forscher am entscheidenden Punkt seiner Reise, direkt auf der Schwelle zum Erfolg, durch einen einzigen Umstand zum Scheitern verurteilt ist, als ob alle Wellen Atlantis' oder Sandwehen Arabiens zwischen ihm und seinem Ziel lägen.«

Nach dem abschließenden Erlebnis des Sonnenaufgangs über dem Tanganjikasee war die Rückreise auf der nördlichen Route eintönig, und sie kehrten am 20. Juni zurück; in nur sechsundzwanzig Tagen hatten sie 265 Meilen zurückgelegt. Anschließend war Burton nicht reisefähig und widmete sich Vorbereitungen und ethnologischen Studien, im Besonderen sammelte er »Beispiele der zahllosen Dialekte, in welche sich die große südafrikanische Sprachfamilie hier spaltet«. Am 10. Juli ließ er Speke allein aufbrechen, er sollte die Wahrheit über einen See herausfinden, von dem das Gerücht ging, er liege im Norden. Als Speke am 25. August zurückkehrte, versetzten seine Neuigkeiten Burton einen ungeheuren Schlag. »Wir hatten kaum gefrühstückt, als er mir die erstaunliche Tatsache verkündete, er habe die Quellen des Weißen Nils entdeckt.« Es war der Nyanza- oder Victoriasee, aber Burton blieb skeptisch. »Des glücklichen Entdeckers Überzeugung stand fest, seine Begründung war schwach ... und wahrscheinlich wuchsen in seinem Kopf die Nilquellen, wie unter seiner sich emporziehenden Hand seine Mondberge* in die Höhe gewachsen waren.« Burton

---

* Bezeichnung eines Gebirges, dessen Existenz (aus eurozentrischer Sicht) jahrhundertelang umstritten war, sehr wahrscheinlich identisch mit dem Ruwenzorigebirge an der Grenze zwischen der Demokratischen Republik Kongo und Uganda.

war überzeugt, Spekes absolute Unkenntnis des Arabischen sei für seine Fehleinschätzungen verantwortlich. »Es gibt nicht den Hauch eines Beweises *pro* … Was mich zu dieser Zeit umso skeptischer machte, waren die eklatanten Fehler hinsichtlich geografischer und anderer Details, mit denen mein Begleiter aufwartete. Das war nur zu verständlich [da die Übersetzungen von einer Sprache in die andere durch mehrere weitere Sprachen erfolgten]. Während einer derartigen Hin- und Herreise erleiden Worte unweigerlich Schiffbruch.« Auch wenn er sich einverstanden erklärte, das Thema nicht weiter zu erörtern, war Speke entschlossen, das Verdienst, die Nilquellen entdeckt zu haben, für sich zu reklamieren. Das hatte einen gewaltigen Streit zur Folge, der teilweise von jenen noch zusätzlich angefacht wurde, die dieses Schauspiel genossen.

Am 3. Februar 1859 erreichten Burton und Speke die Küste und segelten nach Sansibar. »Der Erregung der Reise folgte eine völlige Krise des Geistes und des Körpers: selbst ein Gespräch war zu anstrengend, und ich suchte bei einem französischen Roman *à la vingt sous la pièce* vor der Konversation Zuflucht.« Burton reiste, da noch so viel zu tun war, nur ungern ab, war aber gezwungen, mit der *Dragon of Salem* nach Aden zu reisen, »dem Kohlenkeller des Orients«; auf ärztlichen Rat hin machte er sich von dort auf die Rückreise nach England.

Als Burton schließlich am 21. Mai 1859 in London eintraf, musste er feststellen, dass Speke, der vorausgereist war, der Royal Geographical Society bereits einen Bericht ausgehändigt hatte, in dem er hauptsächlich sich selbst das Verdienst der Entdeckung zuschrieb. Auch hatte Speke bereits einen Antrag für eine weitere Afrikaexpedition eingereicht. Speke erhielt üppige Zuwendungen und brach schließlich mit Captain James Augustus Grant auf, um sein Renommee auf Burtons Kosten zu festigen.

Ein famoser Jäger

William Charles Baldwin

Die Jagd war für den viktorianischen Reisenden eine Betätigung von hohem Stellenwert, besonders in Afrika; allerdings protestierte von Zeit zu Zeit selbst ein kerniger Kerl wie Richard Burton gegen die Torheit, Tiere des reinen Vergnügens und nicht ihres essbaren Fleisches wegen zu töten. Einer der eifrigsten durch Afrika streifenden Jäger war der aus Lancashire stammende William Charles Baldwin (1827–1903), über den wenig mehr bekannt ist, als dass er sieben große Jagdexpeditionen unternahm; bei der letzten wurden zweitausend Meilen zurückgelegt. Er traf Ende 1851 im südafrikanischen Natal ein, nachdem die mitreißenden Schilderungen von Constance Gordon-Cummings' Jagdabenteuern ihn dazu angeregt hatten, selbst auf Großwildjagd zu gehen. Gordon-Cummings hatte zu diesem Thema kurz zuvor eine Ausstellung in London auf die Beine gestellt.

Baldwin sehnte sich danach, auf den legendären Jäger »Elephant White« zu stoßen. Baldwins *African Hunting* (1863) entstand aus Aufzeichnungen, die er vor Ort hingekritzelt hatte, »manchmal mit Tinte, manchmal mit Bleistift, Schießpulver, Tee &c., in Kaffernkraals oder in den Tiefen eines Planwagens«.

Baldwin war sich seiner Beweggründe zumindest einigermaßen bewusst und behauptete, »die Liebe zu Jagd, Hunden und Pferden war mir angeboren.« Mit sechs Jahren hatte er sich zu Pferd der Jagdhundmeute eines Nachbarn angeschlossen, war nach Verlassen der Schule in das Büro eines Großhändlers, eines ehemaligen Mitglieds des Parlaments, gesteckt worden, mit »der Absicht, mich so für eine Auslandsreise zu rüsten«. Nachdem Baldwin einige Zeit als jüngerer Teilhaber auf einem Bürostuhl zugebracht hatte, herrschte im Unternehmen Einigkeit: »Das Schwingen des Federkiels war nicht meine Berufung, auch besaß ein dreibeiniger Schemel nicht die Reichweite, die ich mir für meine schönsten Lebensjahre erhoffte.« Baldwin kündigte und ging in die West Highlands, vorgeblich um sich dem Studium der Landwirtschaft zu widmen, aber in Wirklichkeit verbrachte er seine Zeit mehr mit Jagen und Fischen. Es waren die glücklichsten Jahre seines Lebens. Aber er hielt Ausschau nach »einem Land, das mehr Freiheit« bot, und beschloss, die Weiten Südafrikas, im Besonderen die Provinz Natal wären genau das Richtige. Er deckte sich mit Gewehren, Sätteln und Jagdhunden ein (keines der Tiere überlebte die zweiundneunzig Tage dauernde Reise), bestieg ein Schiff nach Natal und kam dort im Dezember 1851 an.

Die Bekanntschaft mit dem großen Elefantenjäger war bald gemacht (»meine Hunde waren einem Jagdbruder Visitenkarte genug«), und bald begab sich Baldwin auf seinen ersten Jagdausflug nach St. Lucia Bay und tötete Nilpferde. Es war jedoch die »ungesunde Jahreszeit«, und nur zwei von neun Jägern kehrten lebend zurück, »entkräftet und geschwächt nach monatelanger, in Kaffernkraals verbrachter Bewusstlosigkeit«. Die Expedition war mit drei Wagen, sieben »Weißen« und »einer Menge Kaffer« aufgebrochen, hatte den Tugelafluss überquert, der die Grenze der Kapkolonie markierte. Am 7. Januar 1852 tötete Baldwin ein Nilpferdkalb und fand, es schmecke gut, »so ähnlich wie Kalbfleisch«. Dann zeigte sich der erste Elefant, die Weißen nahmen die Verfolgung auf und töteten ihn schließlich. Baldwins Tagebuch vermerkt am folgenden Tag: »Kam in der Nacht müde zurück, zu einem Abendessen, das aus Elefantenherz bestand, sehr zart und schmackhaft; zum Frühstück gab es den Fuß, der in einem großen Loch gebraten wurde, sehr klebrig, Presskopf nicht unähnlich.«

In der nächsten Woche wurde an der Mündung des Umlilasflusses Jagd auf Enten gemacht – »famose Sache« –, und Baldwin »sackte so viele ein, wie ich mir an das Koppel hängen konnte«. Als er bei Sonnenuntergang durch den Fluss zu den Wagen watete, wurde er von einem Krokodil ausgemacht; bei der Flucht vor dessen Avancen verlor er sein Gewehr im Wasser. Die Reise war strapaziös, da ständig Fieberkrankheiten drohten – mehrere seiner Gefährten starben –, und sie wurden von Moskitoschwärmen gepeinigt, die sie durch das Verbrennen von Elefantendung zu vertreiben suchten. Baldwin erlitt einen Fieberanfall und wurde von seinem schwarzen Diener Inyati (»Büffel«) gesund gepflegt, den er als »prachtvolles Exemplar eines Wilden« wertschätzte. Als sie nach Durban zurückkehrten, wog Baldwin weniger als 38 Kilo.

Das nächste Projekt war ein Besuch bei Elephant White, dessen 96 000 Morgen große Farm bei Inanda zweiundzwanzig Meilen von Durban und neun Meilen von der Küste entfernt lag. Baldwin ließ sich in der Nähe nieder, lebte mehr als zwei Jahre allein in einer selbst gebauten Lehmhütte – »ich würde es kaum Leben nennen« – und verkaufte den Einheimischen Vieh, das White von den Zulus erworben hatte. »Es war ein schreckliches, ermüdendes, einsames und eintöniges Leben«, meinte Baldwin, und diese Zeit jagte ihm »die gesunde Furcht ein, etwas Ähnliches könne mir erneut widerfahren, sodass ich mich in das Wanderleben flüchtete, das ich bis heute führe«.

Am 15. Juli 1853 brach Baldwin mit White in zwei Wagen auf. Einmal wurde er während der Reise vom Wagen geschleudert und kam unter die Räder. Zwei »Hottentotten«-Frauen kümmerten sich um ihn, schlitzten seine Hose auf und massierten seinen geschwollenen Fuß zwölf Stunden lang mit Öl und Terpentin. Dies gab ihm Gelegenheit, eines seiner zweifelhaften Komplimente zu äußern: »Ihre schön geformten, zierlichen kleinen Hände, Fessel, Handgelenke und Füße – ein hervorstechendes Merkmal aller Hottentotten – boten einen einzigartigen Kontrast zu ihren abstoßenden, affenähnlichen Gesichtern.« Sobald es ihm besser ging, wurden Elenantilopen und Büffel gejagt; es kam zu einer heiklen Begegnung mit einem Häuptling namens Panda, der Anstoß daran nahm, dass White in seinem Gebiet jagte, ohne eine Audienz bei ihm abzuwarten. White war erzürnt, als sie von den Männern des Häuptlings verfolgt und zur Umkehr gezwungen wurden, um dem Oberhaupt die erforderlichen Ehrerbietungen zu bezeigen. Nach Baldwins Meinung hätte es der robuste Elefantenjäger »eher vorgezogen, ein halbes Dutzend von ihnen zu erschießen und selbst getötet zu werden, als sich der Schmach auszusetzen, einem Kaffer zu gehorchen, aber er hatte das alles seiner eigenen Halsstarrigkeit zuzuschreiben«.

Trotz der gelegentlichen Unbilden dieser Reisen hätte sich Baldwin kein anderes Leben wünschen mögen. »Es ist manchmal schwer genug, aber alles in allem hat das unstete, sorglose Wanderleben seinen Reiz für mich. Wir tun, was uns gefällt, und tragen die bequemste Kleidung. Gehe ich zu Fuß, sind ein blauweißes Hemd und ein robustes Paar Gamaschen das Einzige, was ich meinem Körper aufbürde.« Seine zeitgenössischen Leser müssen sich an diesen Schilderungen ergötzt haben – Baldwin entfloh stellvertretend für sie der Kleiderordnung und den Förmlichkeiten des korrekten viktorianischen England. Hin und wieder verschafften Reiseschriftsteller der bodenständigen Leserschaft zu Hause bewusst Fluchtphantasien. 1866 beschrieb Winwood Reade, ebenfalls ein passionierter Reisender, als ihn eine langweilige Arbeit an ein Cholerakrankenhaus in Southampton fesselte, mit den typischen Klischees der Reiseschriftstellerei, welche Möglichkeiten sich eröffneten, war man erst einmal aus dem Hafen von Southampton ausgelaufen.

Wen hätte es nicht wenigstens einmal im Leben verlockt, unser schnelles, aber eintöniges Eisenbahnleben gegen die Aufregungen urtümlicher Einsamkeit zu tauschen? Als Volk sind wir die Sklaven der Zivilisation, eines eingefahrenen Lebens voll fester Gewohnheiten, Eintönigkeit und häuslicher Bande; aber wir haben von unseren Vorfahren den Nomadeninstinkt geerbt ... Betritt ein berühmter Reisender einen Londoner Salon, rascheln mehr Blumensträuße, wird häufiger hinter Fächern getuschelt als beim Auftritt eines Schriftstellers oder eines Dichters.

Diese Passage könnte von Bruce Chatwin in den 1990er Jahren geschrieben worden sein. Sie spielt auch auf den Prominentenstatus der viktorianischen Reisenden in der zweiten Hälfte des 19. Jahrhunderts an. Reade veröffentlichte in seinem *African Sketchbook* (1873) eine »afrikanische Landkarte«, auf der statt Orts- und Flussnamen die Namen der Reisenden hervorgehoben waren, die ihren Ruhm in Afrika erworben hatten. Die fettesten Buchstaben, von Westen bis zum Osten des südlichen Zentralafrika, waren für Livingstone reserviert.

Der episodische Aufbau von Baldwins Buch bildet wahrscheinlich genau die Abfolge seiner verschiedenen Abenteuer ab, mal wurden Gnus gejagt, mal Quaggas, Kuduantilopen oder Wasserböcke ebenso wie bekanntere Tiere, beispielsweise die Giraffe (»das Fleisch ist wirklich zart und schmackhaft«). Ging ihm die Tinte aus, mischte er aus Tee und Schießpulver einen Ersatz, um sein Tagebuch weiterführen zu können, aber oftmals ereignete sich wenig, und die Tage waren mit Einsamkeit angefüllt. »Die langen Nächte waren zäh, nur *Blaine's Field Sports* und ein paar alte Ausgaben von *Family Heralds* als Lektüre; obwohl ich abends gern Gesellschaft habe, ziehe ich es doch jederzeit vor, allein auf die Jagd zu gehen.« Zu Anfang hielt er die Buren, die Livingstone so feindlich gesinnt gewesen waren, für »erstklassige Pioniere in einem neuen Land« und »einfache, gastfreundliche, herzensgute Leute«, auch wenn er einräumte, dass sie »mindestens ein halbes Jahrhundert hinter dem Rest der zivilisierten Welt« hinterherhinkten. Doch schließlich, ohne neuen Lesestoff (eine Ausgabe von *Blackwood's Magazine,* die ihm in die Finger geraten war, kannte er am Ende auswendig) und hungrig nach geistiger Anregung, kam Baldwin zu dem Schluss, die Buren seien »kaum eine Stufe von den Kaffern entfernt ... lesen nie irgendein Buch; viele Dinge, über die jedes Kind in England Bescheid weiß, sind ihnen völlig unbekannt ... Wie sie sich durchs Leben schlagen, bleibt ein Rätsel.« Am Weihnachtstag 1857 aß Baldwin »ein Stück Nashorn, kalt und so fett, dass es auch dem stärksten Magen nicht bekam«, und dachte über die weiten, leeren Ebenen nach, von denen man sich im »überfüllten England« keine Vorstellung machte.

Schließlich konnte Baldwin seine Augen nicht mehr vor den Kriegen verschließen, die sich im Land abspielten; er wurde im Transvaal gefangen genommen und beschuldigt, er schmuggele für die einheimischen Stämme Schießpulver. Er wurde zwar bald freigelassen, aber sein Pulver und seine Munition bekam er nicht zurück. Unbeeindruckt brach er erneut auf »in die Wüsten Südafrikas ... mit drei Kaffern, zwei Hottentotten, einem Wagenführer und einem Reiter als Nachhut, einem Wagen, achtzehn Ochsen, einer Kuh und einem Kalb, fünf Pferden und sieben Hunden, Pulver und Blei, Glasperlen, Draht und einem Vorrat an Tee, Kaffee, Nahrungsmitteln etc. für mindestens zwölf Monate«. Baldwin blieb gelassen – er war der Langeweile eines Bürolebens entflohen, um jedes sich bietende Abenteuer beim Schopf zu packen; er war's zufrieden, auch wenn er zugeben musste: »Die Elefantenjagd ist das härteste Leben, das ein Mann sich erwählen kann.« Im Frühjahr 1858 sinnierte er:

Ich glaube, ich bin im Besitz fast jeglicher Voraussetzung [bis auf den Wagen, der mitten in der Wüste zusammengebrochen war], um den Kontinent zu erforschen – Gesundheit, Kraft, eine Konstitution, die an das hiesige Klima gewöhnt ist, ein wohlgefüllter Sack guter Laune, die Begabung, das Wohlwollen der Kaffern und Hottentotten zu gewinnen, die mich überall hin begleiten und alles für mich tun würden, da ich ihnen stets helfe und mir ihr Wohlergehen ebenso sehr am Herzen liegt wie das meinige. Ich bin hier niemandem freundschaftlich verbunden, nach dessen Gesellschaft ich mich sehnen könnte. Ich bereue nichts, was sich ohnehin nicht mehr ändern lässt, sondern bin stets glücklich mit mir, bestrebt, aus allem das Beste zu machen und die ganze Reise zu genießen ... wenn es meine Gesundheit erlaubt, mache ich mich dorthin auf, wohin meine rastlose Laune und Abenteuerlust mich treiben mögen, und wenn die Kaffer mich nicht im Stich lassen oder, schlimmer, mir den Garaus machen, dann wäre es gelacht, wenn dies nicht ein guter Jagdausflug würde. Und jetzt erst einmal eine Tasse Tee.

Nun musste er nur noch einen Blick auf »die großen Wasserfälle des Sambesi« werfen, die Livingstone so berühmt gemacht hatte, und am 4. August 1860 stellte er fest, dass sie »bei Weitem meine Erwartungen übertreffen«. Er hörte das Tosen bereits aus einer Entfernung von zehn Meilen und sah die enormen Gischtschwaden, »die wie eine große weiße Wolke aufsteigen und über denen ein ewiger Regenbogen strahlt«. Es war das großartigste Schauspiel, das er je gesehen hatte. »Als ob Ströme von Schwefelfeuer hoch in die Wolken aufsteigen würden ... Worte vermögen nicht die Erhabenheit der Wasserfälle zu beschreiben.«

Am 8. August ritzte Baldwin auf der über den Fällen liegenden Insel seine Initialen in einen Baum genau unter die Livingstones, »als zweiter Europäer, der die Wasserfälle erreicht hatte, und als erster Europäer, der von der Ostküste gekommen war«. Baldwin traf auf Livingstone und seine Gruppe. »Ich verbrachte den Abend mit ihm, und er gab mir umfangreich Auskunft über seine letzten Entdeckungen. Er reiste weiter nach Sesheke.« Bedauerlicherweise schwieg sich Baldwin über die Einzelheiten seine Unterhaltung mit Livingstone aus. Etwas später erreichte er Letloche, wo er zwei Engländer traf, von denen ihm einer ein Exemplar von Livingstones Buch lieh, das den Bericht über die Victoriafälle enthielt. Baldwin war erstaunt über Livingstones Beschreibung. »Er hat ihr Ausmaß unterschätzt ... Ich bin zuversichtlich, dass meine Schätzung von 2000 Yard Breite nicht übertrieben ist.«

Nach dieser Begegnung machte sich Baldwin auf den Rückweg nach Durban. Von dort aus segelte er nach England und nahm »einige sehr schöne Elfenbeinstoßzähne« mit; die Trophäen seiner eifrigen Elefantenjagd wurden mit einem Wagen zur Küste transportiert.

»Ich stellte fest, dass der alte Vater Nil ohne jeden Zweifel
dem Victoria Nyanza entspringt.«
John Hanning Speke, Juli 1862

Nacktes Afrika

John Speke und die Nilquellen

Die Ostafrikaexpedition von John Hanning Speke im Jahr 1859 hatte ein schlichtes Ziel: Sie sollte seinen alleinigen Anspruch bestätigen, während seines Aufenthalts mit Richard Burton in der Seenregion die Nilquelle entdeckt zu haben. Schon auf den ersten Seiten von Spekes *Journal of the Discovery of the Source of the Nile*[*] (1863) wird umgehend deutlich, dass er sehr dezidierte Ansichten über die Afrikaner und die Rolle der Kolonialmächte hatte. »Sollte mein Bericht nicht völlig in Einklang mit bestehenden Auffassungen bezüglich primitiver Rassen stehen, kann ich es nicht ändern.« Er fuhr fort:

> Ich beabsichtige, das nackte Afrika genau zu beschreiben: jene Plätze Afrikas, die von europäischer Zivilisation nicht die leiseste Anregung erfahren haben, weder zum Guten noch zum Bösen. Sollte das entworfene Bild ein düsteres sein, müssen wir bei der Betrachtung dieser Söhne Noahs versuchen, uns in jene Zeit zurückzuversetzen, da unser bedauernswerter älterer Bruder Ham von seinem Vater verflucht und dazu bestimmt wurde, der Sklave Sems und Japhets zu sein. Denn so wie sie damals waren, so sind sie auch heute noch – ein schlagender Beweis für die Wahrheit der Heiligen Schrift.

Spekes interessante Mischung aus rassistischen Vorurteilen und religiösem Determinismus ließ ihn zu dem Schluss kommen: »Ungleich Europäern und Asiaten sind die Afrikaner von Gottes Fügung

[*] Die deutsche Übersetzung *Die Entdeckung der Nilquellen* erschien 1864.

ausgeschlossen« – mit dem Resultat, dass Afrikaner »keine Vorstellung einer allgewaltigen Vorsehung oder eines zukünftigen Lebens« hätten und daher »auf ihr Glück vertrauen, an Zaubereien glauben und all ihre Gedanken auf das Diesseits richten«. Er war dennoch zuversichtlich:

> Zu behaupten, einem Neger könne nichts beigebracht werden, ist blanker Unsinn, denn die wenigen Knaben, die an unseren Schulen unterrichtet worden sind, erwiesen sich von rascherer Auffassungsgabe als die unsrigen. Sind sie hingegen unter sich, sind ihre tiefe Verschlagenheit und ihre mündliche Schlagfertigkeit geradezu erstaunlich; beides zeigt sich besonders bei ihren Lügen, die sie der Wahrheit vorziehen und die sie mit einem großen Geschick und auf eine derart lässige Weise vortragen, die sehr unterhaltsam ist.

Speke hielt den Afrikaner (»den echten kraushaarigen, wulstlippigen Neger«) für zu faul, um Hungersnöte durch Anlegen von Vorräten zu vermeiden, sein eigentliches Problem sei »das Fehlen einer starken, seine Interessen wahrnehmenden Verwaltung«. Die patriarchalische Gesellschaft werde von Häuptlingen und Alten regiert, die sich in den Händen von Hexenmeistern befänden, ganz »wie früher in Europa die Päpste« die Macht hatten.

Wie der Neger so viele Jahrhunderte lang leben konnte, ohne sich weiterzuentwickeln, scheint erstaunlich, da alle Afrika umgebenden Länder im Vergleich dazu so fortschrittlich sind; und nach dem stetig sich fortentwickelnden Zustand der Welt zu schließen, ist anzunehmen, dass der Neger entweder bald aus seiner Dunkelheit heraustreten oder durch eine ihm überlegene Rasse verdrängt werden wird. Könnte eine Regierung gebildet werden wie die unsrige in Indien, so würden sie gerettet; aber ohne diese besteht wenig Aussicht, da sich der Afrikaner derzeit weder selbst helfen kann, noch wird ihm von anderen geholfen werden, denn sein Land befindet sich in einem beständigen Zustand der Unruhe, und er ist zu sehr mit dem Nahrungserwerb beschäftigt, als dass er an irgendetwas anderes denken könnte ... Faulheit ist diesen Menschen angeboren, und obwohl sie außerordentlich kräftig sind, arbeiten sie aus diesem Grunde nicht, es sei denn, sie werden dazu gezwungen. Da sie keinen Gott im christlichen Sinne kennen, den sie fürchten oder anbeten, haben sie nichts übrig für Wahrheit, Ehre und Rechtschaffenheit. Da sie weder von einer Regierung noch von Heimatverbundenheit in Zaum gehalten werden, haben sie auch keinen Grund, an die Zukunft zu denken oder für diese vorzusorgen.

Mit diesem Bild der Bewohner Afrikas im Kopf lief Speke am 27. April 1859 in Portsmouth auf der nagelneuen Dampffregatte *Forte* in Richtung schwarzer Kontinent aus.

Viktorianische Afrikareisende galten am ehesten als »richtige« Entdecker; Afrika war für einen Forscher und Entdecker das »einzig Wahre«. Der leicht belustigte Dilettantismus eines Curzon oder eines Lear schien in der schwülen Hitze und den krankheitsgeplagten dunklen Tiefen des innerafrikanischen Kontinents fehl am Platz. Afrikareisen waren eine ernste Sache, und dieser Kontinent war die Bühne, auf der einige der großen britischen Expeditionsdramen aufgeführt wurden. Viele der wichtigen Forschungsreisen des 19. Jahrhunderts wurden von der Royal Geographical Society koordiniert, sodass, wie ihr Historiker Ian Cameron behauptet, »kaum eine Ecke des Kontinents den prüfenden Blicken ihrer Expeditionen entging«. Burton, Speke, Baker, Livingstone und Stanley gehören zu denen, deren Namen auf der Liste der Helden auftauchen. Afrikaforscher waren (zum gelegentlichen Leidwesen ernsthafter zeitgenössischer Wissenschaftler) Berühmtheiten; einige fanden es nicht unter ihrer Würde, sich vor der Öffentlichkeit aufzuspielen oder sogar ihre Berichte zu beschönigen, um den eigenen Heldenmut herauszustreichen. Die Männer benötigten allerdings Zähigkeit, Entschlossenheit und Mut, um diese Reisen in Gebiete zu unternehmen, die auf keiner Karte verzeichnet waren – Afrika war zu Beginn der viktorianischen Epoche ein größtenteils unbekannter Kontinent.

Wie später der »Wettlauf um Afrika« zeigen sollte, beäugten die europäischen Nationen die Ressourcen und Reichtümer dieses Kontinents mit großem Interesse. Entdeckungsreisen standen deshalb in engem Zusammenhang mit wirtschaftlichen Zielen. Doch Afrikareisende waren auch Jäger, Missionare oder Gegner der Sklaverei. Interessanterweise kamen diese drei Eigenschaften in der Person des berühmten Präsidenten der Royal Geographical Society, Sir Roderick Murchison, zusammen, der eifriger Jäger, strenggläubiger Christ und entschiedener Abolitionist war.

Keines der großen Motive der viktorianischen Afrikareisen konnte es freilich mit der Suche nach der Nilquelle aufnehmen – eine symbolische Gralssuche, die alle anderen Erkundungen in den Schatten stellte und an der so viele scheiterten –, einer Quelle, über die in den 1830er Jahren wenig mehr bekannt war als zu Zeiten eines Ptolemäus oder Herodot. Aber bei den Forschungsreisen dieser Epoche wurden auch alle großen Seen, Gebirgszüge und Flüsse Afrikas »entdeckt«, benannt und kartografiert. Die weißen Flecken auf der Karte des jungen Joseph Conrad waren zu Ende des Jahrhunderts verschwunden. Die überragende Bedeutung der Erkundung Afrikas wird durch die Tatsache untermauert, dass sich Gelehrte heute immer noch auf einige der damaligen Entdeckungen – geografischer, historischer, anthropologischer Natur – stützen.

John Hanning Speke wurde am 4. Mai 1827 als Sohn eines Soldaten und Landbesitzers bei Bideford in Devon geboren. Er erhielt seine Ausbildung an der Barnstaple Grammar School und in London; mit siebzehn Jahren erwarb er ein Offizierspatent der Indian Army und trat in das 46th Native Bengal Infantry Regiment ein. Vom Armeeleben gelangweilt, suchte er Zerstreuung in der Jagd, hauptsächlich in Tibet, und häufte Trophäen an, die nach Hause gesandt wurden. Nach zehn Jahren schloss er sich Burtons Expedition zur somalischen Küste an – südlich von Bunder Gori –, aber seine Teilnahme war kein Erfolg, was nicht zuletzt an seiner mangelnden Erfahrung und den fehlenden Sprachkenntnissen lag. Bei einem Angriff im April 1855 wurde Speke schwer verwundet und gefangen genommen. Burtons Andeutung, Speke fehle es an Mut, könnte der Anfang vom Ende ihrer Beziehung gewesen sein. Wie Burton ging er 1855 auf die Krim und schloss sich bald darauf dessen Expedition zum Seengebiet an.

Es gab nicht nur den Konkurrenzkampf um den Anspruch, die Nilquelle entdeckt zu haben, sondern es herrschten auch noch weitere Spannungen zwischen dem Gelehrten und Sprachgenie Burton und Speke, dessen Ausbildung und intellektuelle Fähigkeiten weniger herausragend waren und der von Burton sicherlich mit Verachtung behandelt wurde. Aber 1859 leitete Speke die Expedition; die Worte von Sir Roderick Murchison klangen noch in seinen Ohren: »Speke, wir müssen Sie nochmal dorthin schicken.« Begleitet wurde er von James Augustus Grant, »einem alten Freund und Jägerbruder aus indischen Tagen«.

Speke kam am 4. Juli am Kap an, logierte beim Gouverneur, Sir George Grey, der sich früher selbst als Entdecker betätigt hatte, und am 16. segelten sie auf der Dampferkorvette *Brisk* nach Sansibar; unterwegs erbeuteten sie auf einer Koralleninsel namens Europa einige Schildkröteneier. Nach der Ankunft in Sansibar wurden die

Vorbereitungen für die Reise umgehend in Angriff genommen. »Als die Hottentotten, die Maultiere und das Gepäck eingetroffen waren, begannen wir ernsthaft mit unseren Vorbereitungen. Wir prüften die Sextanten, ermittelten den Gang der Uhren, kontrollierten die Kompasse und Thermometer, passten Zelte und Packsättel unseren Erfordernissen an, bestellten Glasperlen, Stoffe und Messingdraht und warben Diener und Träger an.« Währenddessen fand Speke auch noch Zeit für die Jagd und erlegte ein paar Nilpferde. Am 21. Juli brachte sie die mit zweiundzwanzig Kanonen bestückte Korvette *Secundrah Shah,* die Scheich Said gehörte, nach Bagamoyo, und am 2. Oktober versammelte sich die Expedition in Ugeni. Die große Karawane bestand aus beinahe zweihundert Personen, unter ihnen die beiden ehemaligen Sklaven Sidi Mubarak Bombay (der schon die Burton-Speke-Expedition begleitet hatte) und Baraka, die als Dolmetscher unentbehrlich waren. Des Weiteren machten sich auf die Reise: »1 Corporal und 9 Gefreite, Hottentotten – 1 *jemadar** und 25 Gefreite, Belutschen – 1 arabischer *cafila bashi*** und 75 ehemalige Sklaven – 1 *kirangozi* oder Führer und 100 Negerträger – 12 ungebärdige Maultiere, 3 Esel und 22 Ziegen.« Zehn der sechsunddreißig Männer, die der Sultan von Sansibar ihnen zur Verfügung gestellt hatte, machten sich bereits am ersten Tag aus dem Staub, weil sie fürchteten, die Weißen seien Kannibalen, die sie ins Landesinnere mitnehmen wollten, um sie zu verspeisen. Der Aufbruch der Expedition bot einen beeindruckenden Anblick.

Der *kirangozi,* ein Laststück auf der Schulter, lief mit der Fahne in der Hand vorneweg, gefolgt von den *pagazis* [Trägern], die

---

* Entspricht dem Rang eines Lieutenant.
** Führer einer Karawane, in diesem Fall handelt es sich um Scheich Said.

Speere oder Pfeil und Bogen in der Hand hielten und ihren Anteil des Gepäcks trugen, entweder Ballen, die Stoff und Perlen enthielten und von denen jeder auf einen dreigezackten Stock gebunden war, oder Messing- oder Kupferdrahtrollen, die gleichmäßig auf die Enden von Stöcken verteilt waren, welche sie auf den Schultern trugen; dann kamen holterdipolter die Wanguana, die Karabiner in den Händen und Truhen, Bündel, Zelte und Kochtöpfe – all die verschiedenen Habseligkeiten – auf ihren Köpfen trugen; als Nächstes die Hottentotten, welche die aufsässigen, mit Munitionskisten beladenen Maultiere mit sich zerrten, allerdings sehr behutsam, um die Tiere für zukünftige Einsätze zu schonen, und schließlich Scheich Said und seine Belutschen-Eskorte; Ziegen, kranke Frauen und Nachzügler bildeten den Schluss.

Spekes vorrangige Aufgabe war die Kartografierung des Landes; er führte regelmäßig Höhenbestimmungen durch und zeichnete und sammelte geologische und zoologische Muster. Als sie in das Hochland vordrangen, kamen ihnen die dort lebenden Menschen sehr arm vor, und sie schienen sich vor den Reisenden zu fürchten, was Speke abermals veranlasste, ihnen eine starke Regierung zu verordnen, denn »ohne diese wird sie der Sklavenhandel vom Angesicht der Erde tilgen«. Das Wild stellte für Speke eine ungeheure Versuchung dar – »ich wünschte oftmals, ich befände mich auf einem Jagdausflug und nicht auf einer langen Erkundungsreise«. Eines Tages gelang es ihnen, eine Giraffe zu schießen, und an einem anderen gingen »Grant und ich auf die Jagd, um die Töpfe zu füllen, und kehrten mit reicher Beute zurück, die aus einer gestreiften Elenantilope, einem Dikdik, vier Perlhühnern, vier Ringeltauben und einem Rebhuhn bestand – ein willkommener Proviant angesichts der Tatsache, dass wir keinerlei Fleischvorräte mehr hatten ... Nach dem

Abschuss von weiteren sechs Perlhühnern war Schlafenszeit.« Speke tötete ein Nashorn und war verblüfft von der gierigen Entschlossenheit, mit der sich die Diener darauf stürzten. »Ein wilderes, schmutzigeres, abscheulicheres und zugleich groteskeres Schauspiel als das folgende kann man sich kaum vorstellen. Alle machten sich an die Arbeit, mit Schwertern, Speeren, Messern und Beilen bewehrt – schnitten und schlitzten, schubsten und brüllten, kämpften und zerrten, taumelten und rangen miteinander, standen inmitten des Kadavers bis zu den Knien in Dreck und Blut.« Trotzdem schoss er noch weitere Antilopen für den Kochtopf und gestand: »Stets begierig, etwas zu schießen, entweder für die Wissenschaft oder den Kochtopf, tötete ich mit meiner kleinen Lancaster aus einer Entfernung von nur fünf Schritt ein Spitzmaulnashorn, das friedlich weidend im Busch stand.«

Es war eine schwierige Reise. Einheimische Herrscher verlangten üppigen Wegezoll oder *hongo,* Träger desertierten en masse, und nach und nach verschwand mit ihnen die Hälfte der Expeditionsausrüstung; die schwere Hungersnot erhöhte die Kosten für Nahrungsmittel, und die Verhandlungen mit den einheimischen Häuptlingen sowie den arabischen Händlern über Vorräte gestalteten sich schwierig. Zudem wurde Speke von einem schlimmen Husten befallen und konnte nicht richtig schlafen. Den gesamten Juli und August stand es schlecht um seine Gesundheit, aber gegen Ende September hatte er sich »so weit erholt, dass ich anfing, kleine Vögel für die Sammlung zu schießen«. Die Wiederaufnahme der Jagd befriedigte Speke jedoch nicht immer, und er schien sich der Überflüssigkeit seines Tuns zumindest ein wenig bewusst zu sein. »Gelegentlich tauchten kleine Antilopen aus dem Gras auf. Ich schoss eine Trappe für den Kochtopf, und da ich nie zuvor weiße Nashörner gesehen hatte, schoss ich nun eins; da aber niemand es verzehren wollte, bedauerte ich meine Tat irgendwie.«

Speke kletterte in den Weranhanjebergen nun bis auf fünftausend Fuß; er bezeichnete die Gegend als den »großen Wendepunkt der zentralafrikanischen Wasserscheide«, und er besuchte in Karagwe den dortigen König Rumanika, der ihn mit seinem wachen und wissbegierigen Verstand sehr beeindruckte. Rumanika war völlig verblüfft, dass Menschen, die über ein so großes Vermögen verfügten, dieses für Reisen ausgaben, statt einfach herumzusitzen und ihren Reichtum zu genießen. Warum taten sie das bloß?

»Wir haben die Annehmlichkeiten des Lebens zur Genüge genossen«, lautete unsere Antwort, »Essen, Trinken oder Schlafen bergen nun keinen Reiz mehr für uns; wir sind über den Handel erhaben, müssen daher auch keinen Gewinn erzielen und betrachten zu unserem Vergnügen den Weltenlauf. Die Schönheiten der Schöpfung zu beobachten und zu bewundern ist uns viel mehr wert als Perlen. Was uns aber auf diesen Weg geführt hat, haben wir schon gesagt: Es war unsere Absicht, vor allem Eure Majestät und auch die großen Könige Afrikas zu sehen. Gleichzeitig wollen wir aber auch eine weitere Straße nach Norden erschließen, auf der die besten Erzeugnisse Europas ihren Weg nach Karague finden sollen, und es würden dann auch viel mehr Gäste zu Euch kommen.«

Rumanika war ein einflussreicher Herrscher, er machte sich Gedanken, was Speke wirklich in diese Region geführt hatte, und deshalb hielt er ihn bis zum Januar 1862 fest. Danach ging es zum Hof des Herrschers von Buganda, Mutesa, wo Speke mit einem Union Jack und den üblichen Ehrbezeugungen in Form von Geschenken vorstellig wurde, aber beschloss, die einheimischen Sitten außer Acht zu lassen und sich nicht auf den Boden zu setzen. »Ich hatte das Gefühl, behauptete ich jetzt nicht umgehend meinen sozialen Rang, würde ich für den Rest meines Besuchs mit Verachtung gestraft und verlöre so den Vorteil, den mir mein Auftritt verschafft hatte, der eher dem eines Prinzen als dem eines Händlers glich und dazu dienen sollte, das Vertrauen des Königs schneller zu gewinnen.«

Als Speke schließlich den 25 Jahre alten Herrscher traf, fand er die ganze Angelegenheit ziemlich »theatralisch«, aber er kam gut an bei Mutesa, der ihn aufforderte, seinen Schirm zu öffnen und zu schließen, und auch von den Geschenken angetan war. Weniger glücklich war Speke über die Hofintrigen, in die er hineingezogen wurde. »Die Posse ging weiter, und wie ich mit diesen hochnäsigen, launischen Schwarzen fertigwerden sollte, machte mir ziemliches Kopfzerbrechen; aber ich spürte, wenn ich mich jetzt nicht behauptete, würden wir anschließend keinesfalls besser behandelt werden.« Schließlich fragte Mutesa Speke nach den Gründen seines Hierseins, und die Antwort lautete: »Das Land nach Norden öffnen, sodass mittels des Nils ein ungestörter Handelsweg zwischen England und diesem Land entstehen kann.« Das deutete an, worum es bei der »Nilquelle« tatsächlich ging: um Handelsrouten. Aber Speke war zufrieden, denn Mutesa, von der Rivalität zu Rumanika angespornt, wollte unbedingt zeigen, dass es in seiner Macht stand, Speke die Erlaubnis zu erteilen. »Der Augenblick des Triumphes war endlich gekommen, und plötzlich war die Straße bewilligt!«

Die Expedition wurde zu jener Stelle eskortiert, an welcher der Nil aus dem Victoriasee floss; sie erreichten diese am 28. Juli 1862. »Wir hatten das Ziel der Reise erreicht, den entferntesten Punkt, der jemals von der Expedition erreicht wurde und der auf demselben Breitengrad wie König Mutesas Palast liegt, nur vierzig Meilen östlich davon entfernt.« Die Wasserfälle waren von dieser Stelle aus

bei Weitem der interessanteste Anblick, dessen ich in Afrika ansichtig wurde ... es war ein Anblick, der einen für Stunden fesselte – das Brüllen des Wassers, die Fische, die zu Tausenden mit aller Kraft in die Fälle sprangen; Fischer, die den Wasoga und den Waganda angehörten, kamen mit ihren Booten und bezogen auf allen Felsen mit Angel und Haken Stellung; Nilpferde und Krokodile lagen schläfrig im Wasser, die Fähre war oberhalb der Fälle in Betrieb, und Vieh wurde am Seeufer zur Tränke geführt – alles fügte sich mit der Landschaft – kleinen, grasbewachsenen, mit Bäumen bestandenen Hügeln und Gärten auf den niedrigeren Hängen – zu einem so interessanten Bild, wie man es sich nur wünschen konnte.

»Die Expedition hat nun ihre Funktion erfüllt«, sinnierte Speke, »ich stellte fest, dass der alte Vater Nil ohne jeden Zweifel dem Victoria Nyanza entspringt, und wie ich vorhergesagt hatte, ist dieser See die große Quelle des heiligen Flusses, der den ersten Verfechter unseres Glaubens gewiegt hatte.« Er fertigte Zeichnungen an und fuhr fort, die Rituale der Neubenennung zu vollziehen, die obligatorischer Bestandteil des europäischen Forscherprotokolls waren. »Ich taufte nun das ›Gestein‹ Ripon Falls, nach dem Gentleman, welcher, als meine Expedition zusammengestellt wurde, der Royal Geographical Society vorstand; den Wasserarm, aus dem der Nil floss, Napoleon Channel, als Zeichen des Respekts vor der Französischen Geographischen Gesellschaft und für die mir erwiesene Ehre, denn kurz vor meiner Abreise aus England hatte diese Gesellschaft mir für die Entdeckung des Victoria Nyanza ihre Goldmedaille verliehen.«

Im Anschluss unternahm Speke seine erste Nilreise, und zwar auf fünf aneinandergebundenen Booten, die jeweils aus fünf Planken bestanden, mit dem Ziel, Kamrasis Palast in Bunyoro zu besuchen, aber er gab das Unternehmen bald auf, da sich in diesem Gebiet kriegerische Auseinandersetzungen abzeichneten. Grant, der sich wegen seines vereiterten Beines nach Norden begeben hatte, war nicht anwesend, um die Entdeckung bestätigen zu können – wenig hilfreich für Spekes Bestreben, alle Zweifel an seinen Entdeckungen auszuräumen; das Ende seines Berichts hinterlässt beim Leser einen schalen Nachgeschmack.

Im Februar 1863 kehrte die Expedition nach Gondokoro zurück, wo Speke seine Briefe von zu Hause vorfand, darunter ein Schreiben von Sir Roderick Murchison, das verkündete, ihm sei für seine Entdeckung des Victoriasees die Founder Medal verliehen worden. Sie reisten weiter nach Kairo, wo Speke im Shepheard Hotel unterkam, seine gesamte Dienerschaft fotografieren ließ (ein Stich zeigt »Spekes Getreue« bei dieser Prozedur) und sie »mit Konzert- und Theaterbesuchen etc. verwöhnte«. Ein Besuch im Palast des Vizekönigs krönte die Feierlichkeiten.

Spekes Rückkehr nach London begann als Triumph, und er wurde umlagert, aber bald schon blätterte der Lack ab. Nach der Veröffentlichung im Dezember 1863 verkaufte sich sein *Journal* nicht so gut wie erwartet – ein oftmals langweiliges und weitschweifiges Werk ohne hohes literarisches Niveau –, und Burton begann coram publico die Entdeckeransprüche seines ehemaligen Partners anzuzweifeln. Speke veröffentlichte seine Erkenntnisse bei William Blackwood und nicht bei der Royal Geographical Society, welche die Expedition finanziert hatte – eine Entscheidung, mit der er Murchison verärgerte und die ihn wahrscheinlich weitere Auszeichnungen kostete. Murchison veranstaltete jedenfalls im September 1854 eine Diskussion über die Nilfrage, an der auch Burton teilnahm, was auf manchen wie eine bewusste Bösartigkeit wirkte.

Am 15. September, einen Tag vor der Diskussion, ging Speke in Neston Park, dem Anwesen seines Onkels in Corsham Wiltshire, auf Rebhuhnjagd. Beim Versuch, eine Mauer zu überklettern, erschoss er sich versehentlich. Der Verdacht, es könnte sich dabei um den Selbstmord eines Mannes handeln, der sich nicht sicher sein konnte, die Befragung zu seinen Entdeckungen am nächsten Tag zu überstehen, ist niemals völlig ausgeräumt worden.

Barbarische Bräuche

Richard Burton in Dahomey

Bald nach seiner Rückkehr aus dem ostafrikanischen Seengebiet segelte Richard Burton im April 1860 nach Nordamerika. Er reiste über die Rocky Mountains nach Kalifornien und besuchte auch Salt Lake City; später sollte er dann einen ausführlichen Bericht über die Mormonen veröffentlichen. Nach seinem Aufenthalt in San Francisco kehrte er gegen Jahresende über den Isthmus von Panama zurück. Am 22. Januar 1861 heiratete Burton Isabel Arundell und rang sich zur Bewerbung um einen Konsularposten durch, um den gemeinsamen Lebensunterhalt zu bestreiten. Er hoffte, die Wahl des geeignetsten Ortes für seine Kenntnisse und Fähigkeiten würde auf Damaskus fallen. Aber das Außenministerium schickte ihn nach Fernando Po, eine kleine Insel vor der westafrikanischen Küste – »die allerabscheulichste Trostlosigkeit.« Tatsächlich aber begann Burton, während er den schuftenden schwarzen Arbeitern zusah, die koloniale Verträumtheit seines Postens in Fernando Po zu schätzen, der das »Pendant zum Leben eines Plantagenbesitzers in den Südstaaten« darstellte; sein Amtsvorgänger war unter zweifelhaften Umständen aus seinem Dienst an diesem ziemlich rechtlosen Ort geschieden. Burton reiste in diesem Zeitraum, sooft es ihm möglich war, und schaffte es, *Wanderings in West Africa* (1863), *Abeokuta and the Cameroons Mountains* sowie einige weitere Bücher zu schreiben, die mehr als ein Jahrzehnt später veröffentlicht werden sollten.

Er wurde unter anderem mit der Mission betraut, Gelele, den König von Dahomey, zu besuchen; dieser Auftrag gehörte zu den diplomatischen Schachzügen, die zur dauerhaften Beendigung des

Sklavenhandels beitragen sollten. Dahomeys Küste spielte zur damaligen Zeit eine wichtige Rolle beim Handel mit Palmöl, Elfenbein und Baumwolle, und die europäischen Mächte wollten das traditionelle Chaos durch Stabilität und Ordnung ersetzen, um ihre Gewinne abzusichern. Dahomey wurde von der viktorianischen Öffentlichkeit aber vor allem mit blutrünstigen Geschichten über Menschenopfer in Verbindung gebracht. So behauptete die *Saturday Review* im Juli 1863, dass der dahomeische König vor kurzem aus einer Laune heraus zweitausend Menschen geopfert habe, aber Burton war skeptisch und nahm sich vor, das Königreich »in seinem wahren Licht« zu zeigen. Er traf am 8. Dezember 1863 ein, nachdem im August bereits eine Ladung Geschenke vorausgeschickt worden war, die zu Geleles Leidwesen nicht die von ihm gewünschte englische Kutsche samt zugehörigen Pferden beinhaltete. Wie der Lieferschein des Frachtschiffs aufführt, erhielt der König aber immerhin: »Ein rundes purpurfarbenes Zelt aus Damastseide, komplett mit Stange, Durchmesser 40 Fuß (in zwei Kisten geliefert). Eine Pfeife aus getriebenem Silber mit Bernsteinmundstück, in Maroquinfutteral. Zwei Gürtel aus getriebenem Silber mit Löwe und Kranich in Hochrelief, in Maroquinfutteralen. Ein Kettenhemd mit Panzerhandschuhen (geliefert in einer Holzkiste, adressiert an Captain Burton, H.B.M.'s Consul of Biafra, West Coast of Africa).«

Burton erreichte mit dem Marineschiff *Antelope* die dahomeische Küste und begab sich mit einer Zwanzig-Mann-Eskorte, die von einem Kruman[*] mit einer St.-Georgs-Fahne angeführt wurde, an Land. Die fünf Weißen trug man in an Bambusstangen befestigten Hängematten von Bord. Sie wurden von einem dicken Schamanen und einem ungesunden Geruch begrüßt, der Burton an Fieber und

---

[*] Afrikanischer Stamm, der in Liberia und der angrenzenden Küste beheimatet ist; seine Männer wurden häufig auf Schiffen beschäftigt.

an Ruhr denken ließ. Soldaten und Häuptlinge trafen mit Trommeln und anderen Musikinstrumenten ein; sie alle trugen ihre »Fetische oder Talismane – Vogelklauen und kleine Holzpuppen, die rot beschmiert waren, es sah aus wie Blut«. Während die Einheimischen sangen und tanzten, bahnten sich die Weißen ihren Weg durch den Markt zur englischen Festung, wo sie mit Sherry, Gin und Rum ihre Gastgeber hochleben ließen. Nach fünf Stunden durften sie sich zurückziehen, aber am folgenden Morgen kehrten die Männer des Königs zurück, um ihnen eine Ziege, ein Schwein, ein Paar Hühner und vierzig Yamswurzeln zum Geschenk zu machen. Burton verbrachte die nächsten drei Tage mit der Erkundung von Ouidah (heute in Benin gelegen). »Ein zerstörter Ort, alles zeugt von Verfall, in den letzten drei Jahren hat sich hier vieles sehr zum Schlechten gewandelt ... Der Ort ist vorläufig zerstört und wirklich sehr langweilig.«

Am 13. Dezember machte sich Burton, inmitten eines hundertköpfigen Festzuges, ins Landesinnere und zu Geleles Hof auf. Unterwegs hielt er an, um die Gastfreundschaft diverser Würdenträger zu genießen, Geschenke auszutauschen und Stammestänze zu beobachten. In Hen-vi sah er die sogenannten Amazonen. »Die vier Soldatinnen waren mit Musketen bewaffnet, in Tuniken gekleidet, mit weißen Scheitelkäppchen, die zwei blaue Flicken hatten, welche Krokodile darstellen sollten ... Zwei der Tänzerinnen waren von ungewöhnlicher Größe, beinahe sechs Fuß, und von entsprechender Breite, wohingegen die Männer im Allgemeinen sanft, vollbrüstig, zartgliedrig waren und weibisch aussahen.« Obwohl Burton seine üblichen Vorurteile pflegte, war er bereit einzugestehen, dass sich vieles durch den Sklavenhandel erklären ließ. »Die äußere Erscheinung des Landes bestätigt den allgemeinen Eindruck, dass, für Neger, die Dahomeer eine arbeitsame Rasse waren, bis sie durch die Sklavenjagd und lang andauernde Kriege verdorben wurden.«

Als Burtons Gruppe Kana in der Nähe von Geleles Palast in Agbome (Abomey) erreichte, ritten ihnen Höflinge mit den Königsstäben entgegen, in deren Schäfte »Chamäleons, Papageien und von Schlangen halbverschlungene Affen« geschnitzt waren, »das Ganze mit flachgehämmerten Dollars verziert«, und die Ankömmlinge bereiteten sich gebührend »auf die zu erduldenden Prüfungen des Empfangs« vor. Als sie endlich das königliche Tor durchschritten, wurden sie gezwungen, ihre Schwerter abzunehmen und die Schirme zu schließen. Der König erschien, und es stellte sich heraus, dass er »in vollem Lebenssaft« stand, »etwa vierzig, fünfundvierzig Jahre, noch diesseits des Alters, das den Bauch wölbt und das Bein schwächt … Seine Figur ist athletisch, mehr als sechs Fuß groß, geschmeidig, gelenkig, schmalhüftig und breitschultrig, mit muskulösen Gliedern, mit wohlgeformten Handgelenken und hübschen Fesseln, aber einem ausgeprägt gurkenförmigen Schienbein … Seinen Nägeln wird Mandarinlänge zugestanden … weiße starke und gesunde Zähne.« Und er hatte eine Stupsnase – »diese erbärmliche und abscheuliche Höhlung ist der afrikanische Ersatz für die schöne, ansprechende und edle Wölbung des Kaukasiers«. Der König kleidete sich schlicht: Bei diesem Anlass trug er eine kleine zylindrische Strohmütze, um deren Mitte ein purpurfarbenes Samtband lief. Sein Thron bestand aus einer drei Fuß hohen Lehmbank »mit roten, blauen und gestreiften Stoffen übersät, die im Palast angefertigt werden«, und »Frauen, Diener und andere Schmarotzer« bezeigten ihm »ungeheure Verehrung«.

Gelele trat vor, schüttelte Burtons Hand und erkundigte sich nach der Gesundheit des Herrschers »und dem Volk von England; ein Land, das er sich als ein etwas größeres und viel reicheres, von Wasser umgebenes Dahomey vorstellte«. Die Schemel, auf die sich Burton und seine Gruppe setzten, befanden sich vor dem Thron unter einem prächtigen Zeltdach; es gab Gesang und Tanz bis Sonnen-

untergang. Burton gestand ein, das Hofleben zeige, dass die Dahomeer »die Fähigkeit zu feiern« besaßen, aber die außerhalb des
Hofes gebotenen Schauspiele waren »erbärmlich ... die echte Ne-
gergrimasse beschädigt, wie eine schlecht gezeichnete Perspektive,
das ganze Bild.«

Burton wurde für die Dauer seines zweimonatigen Aufenthalts
eine ziemlich »grässliche« Unterkunft zugeteilt, und er fuhr fort,
Fon, die Sprache der Einheimischen, zu lernen. Am 22. Dezember
verlangte der in die Hauptstadt zurückgekehrte König, seine Geschenke zu inspizieren, und war nicht beeindruckt. Der Teil des Zel-
tes, der ihm am besten gefiel, war der kitschige Löwe am Ende der
Zeltspitze, und die Pfeife fand er völlig uninteressant. Die Gürtel
waren für die königliche Gesellschaft eine Enttäuschung – sie hatten Armbänder erwartet –, und sie wiesen die Erklärung, dass Kutsche und Pferd die Überfahrt von England nicht überlebt hätten, zurück. »Afrikaner sind beleidigt, wenn ihren Wünschen nicht genau
entsprochen wird, und betrachten ein derartiges kleines Versehen
hartnäckig als Affront«, schlussfolgerte Burton.

Burton behauptete, die Geschichten von Menschenopfern, von
durch Blut paddelnden Kanus und Ähnlichem seien von Sklavenhändlern erfunden worden, um die Engländer von Besuchen bei dem
König abzuhalten, und er riet seinen Lesern zu ein wenig Selbst-
kritik, ehe sie die barbarischen Riten von Dahomey verurteilten.

Wir werden es wohl kaum verwerflich finden, Kriminelle hinzu-
richten, wenn wir im Jahr 1864 vier Mörder vor 100 000 gaffenden
Seelen in Liverpool am Galgen richteten ... und wenn unser vor-
voriger König, ein Christ, eine verhungernde, siebzehnjährige
Mutter – ihr Säugling klammerte sich noch an ihre Brust – zum
Tode verurteilte, weil sie ein Yard Leinen von einem Ladentisch
gestohlen hatte. Ein Dahomeer, der England vor ein paar Jahren

besucht hätte, wäre Augenzeuge von Bräuchen geworden, die beinahe so seltsam sind wie jene, die uns jetzt die Galle hochkommen lassen.

Aber er bestritt nicht, dass jedes Jahr fünfhundert Menschen geköpft wurden, und er selbst erblickte an Galgen baumelnde Leichen und zwölf abgeschlagene, säuberlich aufgereihte Köpfe. Er glaubte, es stehe nicht in der Macht der Königs, Menschenopfer abzuschaffen (die sogenannten »So-sin-Bräuche«), selbst wenn er wollte, und das Bestreben Außenstehender, auf diese Sitte einzuwirken, »würde nur zur Verheimlichung dieser Gewohnheit führen und ihr mehr Bedeutung verleihen; Abhilfe muss durch das Volk selbst erfolgen.« Und eine Abhilfe war vonnöten, denn das Königreich war vom Untergang bedroht: »So verliert Dahomey beständig *Prestige*. Geschwächt durch althergebrachte Bräuche, ständigen menschlichen Aderlass und die launenhaften Handlungen ihres Königs, zermürbt durch den Sklavenhandel, enge Beziehungen zu Europäern und häufige Misserfolge, werden diese schwarzen Spartaner schnell der Bedeutungslosigkeit anheimfallen.«

Burton, dem ersten Europäer, der sich ernsthaft mit diesem Königreich beschäftigte, fielen zwei Umstände auf, die von früheren Reisenden nicht erwähnt worden waren: die doppelte Königschaft (Gelele herrschte über die Städte, Addo-Kpons, König des Buschs, über das Hinterland) und die Vormachtstellung, die Frauen zugestanden wurde. Er wurde gezwungen, an einem Tanz mit Addo-Kpon teilzunehmen, ein »Geistlicher«, der zur Expedition gehörte, schloss sich ebenfalls an und sang ein paar Wesley*-Hymnen. Der König des Buschs war tief beeindruckt. »Es bedurfte einiger Wil-

---

* Charles Wesley (1707–1788), Engländer, methodistischer Geistlicher und fleißiger Hymnenschreiber.

lensstärke, sich nicht für eine Art Wunderkind zu halten; die Menschen waren offensichtlich der Meinung, Tanz- und Schwertkünste, die Fähigkeit, sie binnen eines Monates zu verstehen, alles Erlebte niederzuschreiben, um es ihnen wieder ins Gedächtnis rufen zu können, Gegenstände so zu zeichnen, dass selbst sie diese erkannten, mache einen zum Geistesheroen schlechthin.« Er betonte, wie wichtig das Verständnis für die dahomeische Religion sei, um die dahomeische Kultur zu begreifen. »Ich kann nur das Desinteresse so vieler Reisender bewundern, die Dahomey besuchten und seine Sitten beschrieben, ohne den Versuch zu unternehmen, den Glauben, der ihnen zugrunde liegt, zu begreifen oder wenigstens zu erklären.« Würde der König beispielsweise verbieten, die Gräber der Vorfahren mit Menschenblut zu besprengen, »wäre das, als ob ein europäischer Monarch verbieten würde, für die Toten zu beten«. Burton führte getreulich die Vielzahl der Fetische auf und dachte über die Bemühungen der Missionare nach, diesen Brauch abzuschaffen. »Aber jeder, dem bekannt ist, wie tief der Fetischismus im Hirn des Negers verankert ist, wird bezweifeln, dass das 19. Jahrhundert bei der Abschaffung der Fetische erfolgreicher sein wird als das 16. In unseren modernen Zeiten ist das gute Werk mit dem Fluch theologischer Sekten behaftet: Katholiken und Protestanten bekämpfen sich auf demselben Gebiet.«

Burtons Bestreben, Wissen und Verständnis zu vermitteln, wurde von seinem verbissenen Rassismus untergraben, insbesondere durch seine seit Langem bestehende Zwangsvorstellung von der Unterlegenheit des Negers, der für ihn »ein schreckliches Beispiel für die Verderbtheit des Menschen« darstellte, »wenn er sich selbst überlassen wird«. Seine Abhandlung *The Negro's Place in Nature* verdankt einen Großteil ihrer Widerwärtigkeit dem zeitgenössischen Phänomen des »wissenschaftlichen Rassismus«, dem Burton anhing. Er hatte seine Abhandlung über dieses Thema vor der Anthro-

pological Society in London vorgetragen, wo diese Theorien diskutiert wurden. Burton lobte den Gründer der Gesellschaft, Dr. James
Hunt, wärmstens für seine gute Arbeit.

> Er hat so anschaulich die große Kluft – moralischer und physi-
> scher Natur – beschrieben, welche die schwarze von der weißen
> Rasse trennt, und den physiologischen Grund für diesen Unter-
> schied in so erhellendem Licht dargestellt – namentlich die phy-
> sische Entwicklungshemmung des Negers. Es gibt kaum einen
> Reisenden, wie unaufmerksam auch immer, dem nicht die eigen-
> artige und frühreife Intelligenz des afrikanischen Kindes, die
> »Verdummung«, wie der Ausdruck lautet, in der Pubertät und der
> schnelle Niedergang der geistigen Fähigkeiten im Alter aufgefal-
> len wären – ein Vorgang, der uns an den Affen erinnert. Es ist
> erfreulich, dass anatomisch gesicherte Tatsachen mit den vorläu-
> figen Theorien jener übereinstimmen, die lediglich aufzeichne-
> ten, was sie beobachteten.

Burton behauptete, diese (völlig unsinnige) Auffassung basiere auf
den Erkenntnissen seiner Reisen, die er im Laufe von zehn Jahren
unternommen hatte, und auf Vergleichen mit »den westlichen Asiaten, unter denen ich acht Jahre lang zumeist wie einer der Ihren
lebte«. Er glaubte, nun da die Sklaverei verboten war, würden sich
alle positiven Ansichten über die Neger, die allein aus Mitleid mit
ihrem harten Los entstanden seien, ins Gegenteil verkehren. Reisen
und engerer Kontakt zu den Negern würden zu einer Gegenreaktion
auf das Mitgefühl der Abolitionisten führen, und »meine Überzeugung von der angeborenen und dauerhaften Minderwertigkeit einer
Rasse, die so viele Möglichkeiten hatte, sich der Zivilisation zu öffnen, sich aber stets bewusst dem Fortschritt verweigert hat«, wieder
in Mode kommen lassen. Unter Zuhilfenahme der Phrenologie

legte er seine rassistischen Theorien ausführlich dar und schloss: »Der Neger hat kein Alphabet erfunden, keine Tonleiter oder irgendein anderes Grundelement der Kultur ... Seine Gemälde und Skulpturen sind, wie er selbst, ungelenk und grotesk ... geistig bleibt er ein Kind und ist zu keinerlei Abstraktion fähig.« Es gab nur eine Lösung: »Die Entfernung des Negers aus Afrika entspricht der Einschulung eines Knaben; darin besteht seine einzige Möglichkeit auf Weiterentwicklung, er muss lernen, dass es im Leben mehr gibt als Trommeln und Tanzen, Plaudern und Singen, Trinken und Töten.« Er verwarf bestehende Lösungsvorschläge und plädierte wie so oft für das Prinzip der Nichteinmischung, das den seltsamen Gegenpart seines militanten Rassismus darstellte. »Völker sind einander schlechte Richter; jedes betrachtet sich als maßgebliches Beispiel und seine Menschenfreundlichkeit besteht darin, seine unfehlbare Ordnung dem Nachbarn aufzuzwingen.« Die einzige Hoffnung für Afrika, sagte Burton, sehe er in der Ausbreitung des Islam nach Süden.

Nach sechs Wochen am Hof wurde Burton ungeduldig, da es ihm nicht gelang, die offizielle Botschaft der Regierung Ihrer Majestät an King Gelele zu übermitteln. Am 13. Februar 1864 wurde er schließlich in den Palast gerufen, musste aber zwei Stunden draußen unter sengender Sonne warten. Als er endlich aufgefordert wurde zu sprechen, sagte er, die britische Regierung sei entschlossen, dem Sklavenhandel ein Ende zu setzen und für eine Einschränkung der Menschenopfer zu sorgen. »Als ich diese beiden Passagen näher ausführte, überkam mich ein Gefühl der Hoffnungslosigkeit, das der Leser dieser Seiten vielleicht nachvollziehen kann; es war, als ob ich in den Wind spräche.« Gelele antwortete »in ausschweifender Rede«, dass der Sklavenhandel ein angestammter Brauch sei, und zudem sei der Handel, wie er heutzutage betrieben werde, von Weißen begründet worden, »denen er alles, wonach sie begehrten, verkaufen würde«. Statt die Sklaven zu verkaufen, gebe es noch die Möglichkeit, sie zu töten, »was England vielleicht noch weniger gefiele«. England sei ein Freund, und der König von England [sic!] und er seien jetzt »ganz dicke miteinander«. Gelele schüttelte Burtons Hand, sagte, er sei ein guter Kerl, wies ihn aber darauf hin, er sei »zu zornig«. Die Mission war ein kompletter Misserfolg.

Am Montag, den 15. Februar 1864, brachen Burton und seine Männer nach fünfundsechzig Tagen in Abomey wieder auf. »Wir verspürten ein gewisses Hochgefühl, auch wenn wir zu dem aufbrachen, was sich als ungemütlichster Marsch erweisen sollte, den ich in Afrika je unternommen habe.« Es war eine anstrengende Reise, die Diener waren aufsässig, es herrschte Wasser- und Nahrungsmangel, aber am 18. Februar waren sie zurück in Ouidah, verbrachten ein paar Tage in der französischen Missionsstation und bestiegen am 26. Februar die HMS Jason, voller Erleichterung, Geleles Königreich hinter sich gelassen zu haben.

Im August 1864 kehrte Burton nach England zurück, wo die Streitigkeiten mit Speke jetzt seine Aufmerksamkeit verlangten.

Garten Eden

David Livingstone auf dem Sambesi

Am 10. März 1858 reisten der Nationalheld David Livingstone und sein Bruder Charles von Birkenhead auf der *Pearl,* dem »Kolonialdampfer Ihrer Majestät«, in Richtung Sambesi; diese mit reichlich Geldmitteln versehene und von der Regierung unterstützte Expedition hatte das gleiche Bestreben wie die vorherige. »Unser erstes Ziel bestand in der Erforschung des Sambesi, seiner Mündungen und Nebenflüsse, mit Hinblick auf ihre Eignung als Straßen, die den Handel und das Christentum in das riesige Landesinnere Afrikas bringen würden.« Im Vorwort zu *Narrative of an Expedition to the Zambesi and its Tributaries; and of the Discovery of the Lakes Shirea and Nyassa, 1858–1864* [★] (1865) verkündete Livingstone, er wolle einen Bericht »über bisher noch unerforschte Landesteile, ihre Flusssysteme, natürlichen Rohstoffe und Potenziale« vorlegen, aber auch »das Elend, das der Sklavenhandel mit sich gebracht hatte«, deutlich machen. So wie »Handel und Christentum« voneinander abhingen, so liege die Zukunft des Sklavenhandels in einer Mischung aus Handel und Traktaten, flankiert von der britischen Vormachtstellung auf See. Livingstone wünschte eine Wiederholung des Erfolgs, der an der Westküste Afrikas mittels eines Systems erzielt worden war, das »die Hemmwirkung der Kreuzer Ihrer Majestät mit rechtmäßigem Handel und christlichen Missionsstationen verband, deren Erfolg auf sittlichem Gebiet so erfreulich war«.

★ Die deutsche Übersetzung *Neue Missionsreisen in Südafrika unternommen im Auftrage der englischen Regierung: Forschungen am Zambesi und seinen Nebenflüssen nebst Entdeckung der Seen Shirwa und Ayassa in den Jahren 1858 bis 1864* erschien 1866.

Es gab jedoch Schwierigkeiten mit den Portugiesen, die einen Großteil der Küste unter ihrer Kontrolle hatten. Diese »unbefugte Machtanmaßung« verhinderte laut Livingstone, dass die Einheimischen mit den Kolonialmächten in Handelsbeziehungen traten, und führte zur Aufrechterhaltung ihrer »Barbarei«. Er schenkte der Behauptung der Portugiesen, Gegner der Sklaverei zu sein, keinen Glauben. »Dieser portugiesische Herrschaftsanspruch liegt wie ein Fluch auf der Negerrasse der afrikanischen Westküste.« Er hoffte, seine Mission hingegen würde dazu beitragen, dass »der große und fruchtbare Kontinent Afrika nicht länger mutwillig abgeschottet, sondern als Schauplatz des europäischen Vorhabens erschlossen wird und sein Volk die Möglichkeit erhält, einen Platz unter den Nationen der Erde einzunehmen, und dadurch das Glück und der Wohlstand der jetzt in Barbarei versunkenen oder durch die Sklaverei entwürdigten Stämme gesichert sind. Vor allem aber hoffe ich, die Mission möge zur Verbreitung der Segnungen des Evangeliums beitragen.«

Livingstone war bewusst, dass der Hauptpreis der Erforschung Afrikas, die Entdeckung der Nilquelle, von anderen errungen worden war, und er pries die Leistung von Speke und Grant als eine Tat, auf die »jeder Engländer ehrlich stolz sein sollte, da sie von unseren furchtlosen Landsleuten vollbracht worden ist«. Er stellte klar, dass sein Vorhaben, die Flüsse zu erforschen sowie das Nordende des Lake Nyasa und das Südende des Tanganjikasees zu erkunden, »um die Wasserscheide in diesem Teil Afrikas zu finden«, keinesfalls mit dem Wunsch unternommen wurde, »die von Speke und Grant unter so viel Mühen und Gefahren erzielten Erfolge« zu unterminieren, »sondern vielmehr um ihre glorreichen Entdeckungen zu bestätigen«. Aber als mögliche Kritik an den gelegentlichen Possen, die von den großen Entdeckern in London für die Royal Geographical Society gerissen wurden, fügte er hinzu: »Das Hauptziel unserer Erkundungsfahrt war es nicht, Aufsehenerregendes zu entdecken, Barbaren anzustarren und von ihnen angestarrt zu werden, sondern das Klima, die natürlichen Rohstoffe, die einheimischen Krankheiten, die Eingeborenen und ihr Verhältnis zur restlichen Welt zu erforschen. Alles Neue wurde mit jenem eigentümlichen Interesse wahrgenommen, das der erste Weiße im Hinblick auf die Zukunft unweigerlich spürt, wenn er sich auf einem Kontinent befindet, dessen Geschichte soeben erst beginnt.« Dieses erhellende Satzende spiegelt den typischen Standpunkt der großen viktorianischen Entdecker wider: Der Weiße erweckt mit seinem Blick einen ganzen Kontinent zum Leben.

Die *Pearl* erreichte Kapstadt im Mai, und Livingstone bereitete sich auf den ersten Abschnitt der Erforschung des Sambesi und seiner Nebenflüsse vor. Aus England hatte er eine kleine Barkasse mitgebracht, deren drei Fertigteile nun zusammengeschraubt wurden und die den Namen *Ma Roberts* erhielt, nach Mary Livingstones afrikanischem Spitznamen. Mrs. Livingstone begleitete ihren Mann zusammen mit dem jüngsten Sohn, Oswell.

Livingstone spielte häufig auf seine Schreibprobleme und mangelnden literarischen Fähigkeiten an; sein Stil schwingt sich in der Tat nur selten zu Höhenflügen lebendiger Darstellung auf, aber als er seine Flussreise landeinwärts auf dem Kongone (einem der vier Nebenflüsse des Sambesi, die ins Meer fließen) unternahm, erlaubte er sich einen kleinen lyrischen Ausbruch.

Wenn ein Bewohner des klimatisch gemäßigten Nordens erstmals in den Tropen landet, ähneln seine Gefühle jenen, welche der erste Mensch bei seinem Einzug in den Garten Eden gehabt haben mag. Er hat eine neue Welt betreten, ein neuer Seinszustand liegt vor ihm; alles was er sieht, jeder Ton, der an sein Ohr schlägt, trägt die Frische und den Zauber der Neuheit. Die Bäume und Pflanzen sind unbekannt, die Blumen und Früchte, die Tiere, die Vögel und die Insekten sind seltsam und wunderlich; der ganze Himmel ist unbekannt, farbenglühend oder voll funkelnder Sternkonstellationen, nie geschaut in nördlichen Gefilden.

Aber die *Ma Roberts* war jenseits von Eden. Da das Boot in aller Eile entworfen worden war, benötigte sein schlecht konstruierter Heizkessel Unmengen von Holz, und Livingstone erkannte, dass Boote, ja selbst Kanus genauso effektiv gewesen wären – und nur halb so viel Mühen und Kosten verursacht hätten. Neben seinen Familienmitgliedern wurde Livingstone von dem Arzt und Botaniker John Kirk, dem Maler Thomas Baines und dem Geologen Richard Thornton begleitet, aber er war ein eigensinniger Mensch, und so wurden Baines und Thornton während des ersten Sommers entlassen; Norman Bedingfield, der Kapitän des Dampfschiffs, kündigte. 1858 war Livingstone geschlagen, die Quebrasawasserfälle waren unschiffbar, auch wenn er diese Tatsache anfänglich leugnete.

An Weihnachten grübelte er über die kulturellen Unterschiede zwischen schwarzer und weißer Rasse und befand: »Wir sollten über den Wust von Unsinn, der über den Verstand des Negers geschrieben wurde, lächeln ... Die Klage über die Armut seiner Sprache ist oftmals nur ein sicheres Zeichen für die geringen Kenntnisse des Klagenden ... vor ein paar Jahrhunderten waren die Vorfahren des einfachen Volkes – wahrscheinlich unsere eigenen Ururgroßväter – ebenso wenig aufgeklärt wie die Afrikaner heute.« Auch wenn Livingstone sich gelegentlich gern der vorurteilsbehafteten Sprache bediente, mit der Europäer gewöhnlich über Afrika dozierten, so teilte er doch nie Burtons feindselige Verachtung für die Weltsicht der Schwarzen.

Im Januar 1859 begann Livingstone mit der Erkundung des Shireflusses, und im April hatte er den Schirwasee entdeckt. »Eine Seefläche von beträchtlichem Ausmaß, im bitteren Wasser halten sich Blutegel, Fische, Krokodile und Nilpferde auf.« Am 16. September 1859 entdeckte die Expedition kurz vor Mittag den Nyasasee, und Livingstone sinnierte voller Befriedigung: »Die regelmäßige Veröffentlichung unserer Briefe durch die Royal Geographical Society empfanden wir als unschätzbaren Gewinn. Somit wurde das Datum jeder Entdeckung verzeichnet und gleichzeitig für die Verewigung aller Entdeckungen gesorgt.« Erkundung war ein hart umkämpftes Geschäft.

Anfang 1860 erfuhr Livingstone, dass die Regierung bereit war, seine Expedition um weitere drei Jahre zu verlängern. Weitere Missionarsgrüppchen schlossen sich ihm an. Aber schon bald geriet er mit allen, auch mit seinem Bruder Charles, in Streit, und die *Ma Roberts,* die den boshaften Spitznamen *Asthmatic* trug, lief am 21. Dezember abermals auf eine Sandbank, und über Nacht drang so viel Wasser durch die lecken Stellen, dass »von diesem abgenutzten Schiff am nächsten Tag nur noch ungefähr sechs Fuß seiner beiden Masten zu sehen waren. Die meisten unserer Habseligkeiten an Bord hatten wir gerettet; Weihnachten 1860 verbrachten wir zeltend auf der Insel Chimba.«

Im nächsten Monat traf ein neues Schiff, die *Pioneer,* aus England ein, und Livingstone und seine Gruppe brachen zur Erkundung des Rovumaflusses auf, gerieten dabei mit den Sklavenhändlern vor Ort aneinander und entschlossen sich dann, den Nyasasee nach einem in den Romuva mündenden Auslauf zu untersuchen. Ende 1861 befanden sie sich wieder auf dem Sambesi und steuerten auf die Küste zu, wo sie die vierundzwanzig Einzelteile des neuen Eisendampfers *Lady Nyassa* sowie weitere Missionare in Empfang nahmen. Es dauerte vier Monate, bis das Schiff in Schupanga zusammengebaut war; während dieser Zeit erkrankte Mary Livingstone an Malaria und starb am 27. April 1862. »Ihre Augen waren vom Schlaf des Todes geschlossen ... In der Nacht wurde ein Sarg angefertigt, am nächsten Tag wurde unter den Zweigen des großen Baobab ein Grab ausgehoben, und mit mitfühlendem Herzen half die kleine Gruppe von Landsleuten dem trauernden Ehemann, seine Tote zu bestatten.«

Zwei Monate später wurde die *Lady Nyassa* erfolgreich zu Wasser gelassen; die Spannungen zwischen Livingstone und Kirk nahmen zu, als sich herausstellte, dass der Sambesi nicht tief genug war für das Schiff, und Kirk war allmählich frustriert ob des hartnäckigen Vorhabens seines Reisebegleiters, stattdessen die Segelboote, die sie als Ersatz gemietet hatten, durch all die Untiefen zu lotsen. »Dr. L. ist verrückt«, schrieb Kirk später in sein *Zambesi Journal,* »er ist ein völlig unhaltbarer Expeditionsleiter.« Livingstone selbst jedoch stellte sich gern als toleranten Menschen dar. Nach einem Streit zwischen einigen seiner Bootsführer, der geschlichtet werden konnte, sinnierte er:

Beim Reisen empfiehlt es sich, jene kleinen, einfachen Vorfälle zu genießen, welche die Veranlagungen deutlich machen, die sich durch das Wesen der ganzen großen Menschenfamilie ziehen. Es ist bedauerlich zu vernehmen, dass einige unserer Landsleute bei recht harmlosen Zwischenfällen hart durchgreifen. Selbst Schläge wurden unter der albernen Annahme ausgeteilt, der Neger sei dies, das und jenes und nicht wie andere Menschen eine eigentümliche Mischung aus gut und böse, weise und närrisch, klug und dumm … Stellen wir uns die Auswirkungen auf ein englisches Dorf vor, käme ein schwarzer Mann dorthin, und sein weißer Diener beklagte sich, er sei unterwegs von ihm misshandelt worden. Oftmals fühlten wir uns herzlich beschämt, wenn uns bewusst wurde, wie grundlos unser Zorn entfacht worden war. Zweifellos sind die Eingeborenen zeitweise ebenso dumm, wie es die Diener zu Hause sind, aber unser Verhalten muss den Eingeborenen häufig als Mischung aus Albernheit und Irrsinn erscheinen.

Anfang 1863 befuhren die *Lady Nyassa* und die *Pioneer* erneut den Shire, und Livingstones Expedition erblickte zu ihrem Entsetzen auf dem Wasser treibende Leichen; die Menschen waren von Sklavenräubern abgeschlachtet worden. Sie beeilten sich, um die Wasserfälle bis April zu erreichen, erhielten aber im Juli ein Schreiben aus London, das die Expedition zurückbeorderte. Während sie warteten, bis das Wasser ausreichend angestiegen war, um die Rückreise antreten zu können, beschloss Livingstone, den Sklavenhandel Richtung Nordwesten zu beobachten. Schließlich kehrte er im Februar 1864 an die Küste zurück und segelte mit der *Lady Nyassa* von Mosambik nach Sansibar. Von Sansibar wurde das Schiff nach Bombay überführt und dort verkauft.

Obwohl Livingstone seine Expedition als Erfolg betrachtete, war die Begrüßung bei seiner Rückkehr nach London im Juli 1864 um einiges weniger stürmisch als nach seinem Erfolg 1856. Nach allgemeiner Ansicht waren die Kosten der Expedition im Vergleich zu den Ergebnissen zu hoch. Nur ungefähr achtzehn Monate der sechseinhalb Jahre waren tatsächlich mit Reisen verbracht worden, und viele der Forscher und Missionare waren gestorben. Auch der Sklavenhandel existierte weiter.

Livingstone widmete seine Zeit nun der Niederschrift seiner Reisen, stützte sich dabei auf die Aufzeichnungen seines Bruders, aber er war immer noch versucht, eine großartige Entdeckung in Afrika zu machen, die es mit den Leistungen von Burton und Speke aufnehmen konnte. Er begann, bei der Royal Geographical Society und der Regierung Geld zu sammeln, und bereitete sich auf seine letzte Reise vor.

Die Hauptsache: FINDEN SIE LIVINGSTONE!
Henry Morton Stanley

Dr. Livingstone, nehme ich an

Henry Stanleys Suche nach Livingstone

Am 16. Oktober 1869 traf in einem Madrider Hotel für einen ehrgeizigen jungen Journalisten namens Henry Morton Stanley ein Telegramm von James Gordon Bennett Jr ein, dem Geschäftsführer des *New York Herald*. Es lautete schlicht: »KOMMEN SIE NACH PARIS, WICHTIGE GESCHÄFTE.« Stanley, der gute Geschichten spinnen konnte und dessen Erzähltalent groß genug war, die Welt glauben zu lassen, er sei ein amerikanischer Journalist, wobei er doch in Wahrheit ein Waliser namens John Rowlands war, spann die beste seiner Geschichten über seine Begegnung mit Livingstone in Ujiji. Es ist äußerst unwahrscheinlich, dass er seine Begegnung mit Livingstone wirklich mit jenem Satz eröffnete, aber es war, wie die Italiener sagen, *ben trovato*.

An jenem Oktobertag, so man denn seiner Geschichte Glauben schenkt, saß Stanley also um drei Uhr nachmittags in einem Zug, der von Madrid nach Paris fuhr. In der darauffolgenden Nacht hämmerte er an die Tür von Bennetts Zimmer im Grand Hotel und wurde hereinbeordert. Er traf den Zeitungschef im Bett an.

»›Wer sind Sie?‹

›Mein Name ist Stanley‹, antwortete ich.

›Ah ja! Setzen Sie sich; ich hätte da eine wichtige Aufgabe für Sie.‹«

Bennett warf sich einen Morgenrock über und feuerte eine Reihe Fragen zu David Livingstone ab, der, wie mittlerweile bekannt, im afrikanischen Dschungel verschwunden war. Stanley gab zu, nichts über den Entdecker oder seinen Aufenthaltsort zu wissen, dennoch sagte Bennett, er solle unternehmen, was immer nötig sei – »ABER FINDEN SIE LIVINGSTONE!« Stanley fragte, ob er auch die Kosten bedacht habe. Burtons und Spekes Reise nach Zentralafrika hatte zwischen £ 3000 und £ 5000 gekostet, und Stanley bezweifelte, dass die Suche nach Livingstone für weniger als £ 2500 zu realisieren war. Sofort überreichte ihm Bennett einen Vorschuss von £ 1000 und sagte, Geld sei kein Problem, denn die Hauptsache sei: »FINDEN SIE LIVINGSTONE!« Bennett kompensierte sein mangelndes Wissen über die Abläufe und Erfordernisse einer derartigen Expedition mit der Leidenschaft, Anweisungen zu erteilen. Er wollte für sein Geld einen guten journalistischen Bericht.

Stanley erhielt den Auftrag, sich zum Suezkanal und dann nilaufwärts zu begeben, um über eine Expedition zu berichten, die gerade unter Leitung von Samuel Baker nach Oberägypten aufbrach (»beschreiben Sie so gut wie möglich, was auch immer für Touristen interessant sein könnte«); dann sollte er nach Jerusalem reisen, um die Entdeckungen von Captain Warren unter die Lupe zu nehmen, »besuchen Sie Konstantinopel und finden Sie heraus, welche Zwistigkeiten zwischen dem Khediven und dem Sultan bestehen«; anschließend galt es die ehemaligen Schlachtfelder des Krimkrieges zu besuchen, um dann zum Kaukasus, dem Kaspischen Meer, nach Persien, Indien und Bagdad weiterzueilen, von dort sollte er über die Euphrat Valley Railway berichten. Bennett beendete seine atemlosen Instruktionen mit den Worten: »Und wenn Sie dann in Indien sind, können Sie sich auf die Suche nach Livingstone machen. Wahrscheinlich werden Sie gesagt bekommen, er sei auf dem Weg nach Sansibar, falls aber nicht, gehen Sie ins Landesinnere und finden Sie ihn. Finden Sie ihn lebend, bringen Sie so viel über seine Entdeckungen in Erfahrung, wie möglich, und wenn er tot ist, suchen Sie nach allen möglichen Beweisen für seinen Tod. Das wäre alles. Gute Nacht, und möge Gott mit Ihnen sein.«

Also bestieg Stanley den Schnellzug nach Marseille und verfolgte seine Mission. »Ich reiste über die Schlachtfelder der Krim, in meiner Hand als Nachschlagewerk Kinglakes wunderbares Buch ... in Trabzon sah ich den Arabienreisenden Palgrave ... ich schrieb meinen Namen auf eines der Denkmäler in Persepolis. Im Monat August des Jahres 1870 erreichte ich Indien.« Am 12. Oktober 1870 segelte er auf der Bark *Polly* von Bombay nach Mauritius, ein anderes Schiff brachte ihn zu den Seychellen, und von dort fuhr er auf einem amerikanischen Walfänger nach Sansibar, wo er am 6. Januar 1871 landete.

Stanleys Bericht ist schwungvoller als der gewöhnliche viktorianische Reisebericht (bei dem Abschweifungen und reichlich Füllmaterial den Leser immer wieder rätseln lassen, wo sich der Autor denn nun gerade befindet). Bewusst zog er eine flotte journalistische Berichtsform dem abschweifenden Tagebuchstil vor, denn »ich glaube, dass ich auf diese Weise den großen Fehler der Wiederholung vermeide, für den einige Reisende so heftig kritisiert worden sind«. Er besaß zudem die journalistische Fähigkeit, die Kluft zwischen Überlieferung und dem, was er mit eigenen Augen vor Ort sah, richtig einzuschätzen. »Ein Tag in Sansibar machte mir meine völlige Unkenntnis über afrikanische Menschen und Dinge umfassend bewusst. Ich glaubte, Burton und Speke ziemlich ausführlich gelesen zu haben, und folglich, dass ich die Bedeutung, die Wichtigkeit und Großartigkeit der Arbeit durchschaut hätte, die vor mir lag. Aber meine Einschätzungen beispielsweise, die auf Buchwissen basierten, waren einfach lächerlich.«

Auch Stanleys Einstellung zu den indigenen Menschen und arabischen Händlern von Sansibar war eine andere. Er fand, Letztere hätten »eine ruhige, energische, trotzige, unabhängige Ausstrahlung, die unwillkürlich Respekt abringt«. Obwohl er Mischlinge zu verabscheuen schien, war er der Meinung, dem »weißen Fremden« solle von vornherein bewusst sein, »dass Neger Menschen wie er sind, wenn auch von anderer Hautfarbe, dass sie Leidenschaften und Vorurteile haben, Vorlieben und Abneigungen, Sympathien und Antipathien, Geschmäcker und Gefühle. Je eher er diese Tatsache erkennt und sich entsprechend verhält, desto einfacher wird seine Reise sein, die ihn unter die verschiedenen Rassen des Landesinneren führt. Je anpassungsfähiger sein Wesen, desto erfolgreicher werden seine Reisen sein.«

Als er sich auf die Reise ins Landesinnere vorbereitete, vertiefte sich Stanleys Bedauern, dass die schwülstige Prosa der großen Reisenden nicht auch einige praktische Informationen enthielt und Burton, Speke, Grant et al. sich nicht die Mühe gemacht hatten, ein Kapitel mit dem Titel *Wie man sich auf eine Expedition nach Zentralafrika vorbereitet* zu verfassen. Es gab zwar »geographische, ethnologische und andere Informationen« zuhauf, aber keinerlei praktische Details, wie eine solche Expedition zu organisieren war. »In Sansibar gab es keinen einzigen Weißen, der mir sagen konnte, wie viele *dotis* für eine Armee von hundert Männern täglich benötigt wurden, um unterwegs Nahrungsmittel zu erwerben.« Die Konsultation Scheich Haschids, eines arabischen Elfenbeinhändlers, verschaffte Stanley mehr Informationen, »als ich nach dreimonatiger intensiver Lektüre von Büchern über Zentralafrika erworben hatte«.

Stanley packte jede Menge Stoff, Perlen und Draht ein, die als Währung dienen sollten, und stellte sechs von Spekes »Getreuen« ein, unter ihnen auch den berühmten Sidi Mubarak Bombay – der »Captain meiner Soldaten auf dem Weg nach Ujiji«. Über seine Mannschaft meinte Stanley: »Sie waren eine äußerst stattliche Gesellschaft und sahen weit intelligenter aus, als ich es von afrikanischen Wilden je erwartet hätte.« Er erwarb zwei Boote und entfernte die Planken, da er vorhatte, beide mit einer doppelten Schicht geteerter Leinwand zu überziehen. Als er seine sechs Tonnen Ausrüstung überprüfte, fragte er sich: »Wie soll es jemals möglich sein, diese träge Masse durch jene Wildnis zu transportieren, die sich zwischen dem Meer und den großen Seen Afrikas erstreckt?«

Am 5. Februar 1871, nach achtundzwanzig Vorbereitungstagen, war Stanley bereit, zu dem fünfundzwanzig Meilen vom afrikanischen Festland entfernten Bagamoyo zu segeln. Zwar hatte er vorgehabt, unverzüglich weiterzureisen, aber er blieb in Bagamoyo hängen, weil es schwierig war, genügend Männer anzuwerben. Er fürchtete den Beginn der Regenzeit, und ihm kam der Gedanke, sollte Livingstone Wind bekommen, dass der *New York Herald* ihm auf den Fersen war, würde er untertauchen. »Denn ich vermutete, dass er ein Mann war, der eher versuchen würde, so viel Abstand wie möglich zwischen uns zu bringen statt ihn zu verringern, und dann hätte ich meine lange Reise umsonst gemacht.« Erst am 21. März, dreiundsiebzig Tage nach seiner Ankunft in Sansibar, konnte Stanley – oder Bwana Mkuba (der große Herr), wie ihn die Einheimischen getauft hatten – endlich unter dem Sternenbanner aufbrechen. Es war ein beeindruckender Auftritt:

Am Tag der Abreise zählt die Expedition insgesamt drei Weiße, dreiundzwanzig Soldaten, vier Aushilfssoldaten, vier Häuptlinge und hundertdreiundfünfzig *pagazi,** siebenundzwanzig Esel und einen Karren, der Stoffe, Perlen und Draht beförderte sowie Flickzeug für die Boote, Zelte, Kochutensilien und Geschirr, Arzneien, Schießpulver, Schrot, Musketenkugeln und Metallpatronen, Instrumente und anderer Kleinkram wie Seife, Zucker, Tee, Kaffee, Liebig's Fleischextrakt, Pemmikan, Kerzen etc., was insgesamt 153 Fuder ergibt. Die Verteidigungswaffen der Expedition bestehen aus einem doppelläufigen Hinterlader mit glattem Lauf, einer amerikanischen Winchesterflinte, einem Henrygewehr oder

---

* Lastträger.

»Sechzehnschüsser«, zwei Starrhinterladern, einem Jocelynhinterlader, einer Elefantenbüchse Kaliber 0.5, zwei Hinterladerrevolvern, vierundzwanzig Musketen (Flintschlösser), sechs einläufigen Pistolen, einer Streitaxt, zwei Schwertern, zwei Dolchen (persische Krummdolche, von mir selbst in Schiras erworben), einem Wildschweinspeer, zwei amerikanischen Äxten, jede knapp 4 Pf. schwer, vierundzwanzig Beilen und vierundzwanzig Fleischermessern.

Stanley war begeistert, endlich unterwegs zu sein (»der Überschwang der Jugend rann mir noch durch die Adern«), und als er ins Landesinnere vordrang, erhielt er immer wieder Nachrichten über Livingstone. In Muhalleh traf er Salim bin Raschid, der ihm mitteilte, der Entdecker sehe »alt aus, mit langem, grauem Bart, gerade von einer schweren Krankheit genesen, das Gesicht ganz blass«. Es war eine schwierige und anstrengende Reise; Stanley starb beinahe an der Ruhr und hatte heftige Fieberanfälle, während derer »die Wunder Afrikas, die sich in Zebraherden, Giraffen, Elenantilopen oder Antilopen zeigten, welche über die dschungelfreie Ebene galoppierten, keinen Reiz für mich hatten«.

Als er am 22. Juni Unyanyembe erreichte, fragte ihn der Gouverneur nach »Hadschi Abdullah«, und er antwortete, Richard Burton sei nun britischer Konsul in Damaskus. Stanley war sich seiner bedeutenden Vorgänger in diesem Landstrich sehr wohl bewusst, den er als »historischen Boden« betrachtete, »seit Capts. Burton, Speke und Grant vor Jahren hier gewesen waren und die Gegend beschrieben«. Unglücklicherweise entspann sich ein Krieg mit dem Stammesführer Mirambo, und Stanleys Plan, mit dem Boot den Victoriasee zu überqueren, wurde aufgegeben. Er war frustriert über »diese dummen, begriffsstutzigen Araber und ihre Mahnungen und ihr Gekrächze« und verdächtigte sie, ihn nur deshalb von seinem Plan abzuhalten, um Mirambo zu unterstützen, aber sein Entschluss, »die Suche nicht aufzugeben, ehe ich Livingstone lebend oder seine Leiche finde«, stand fest. »Nur der Tod kann mich davon abhalten.«

Um den 20. September hatte Stanley genug, und er brach mit vierundfünfzig Männern und Knaben auf der südlichen Route auf, »zur offensichtlich sinnlosen Mission, den verschollenen Reisenden David Livingstone zu suchen«. Die Gruppe führte »1000 *doti* oder 400 Yard Stoff« mit sich, »sechs Säcke Perlen, vier Fuder Munition, ein Zelt, ein Bett und Kleidung, einen Arzneikasten, Sextant und Bücher, zwei Fuder Tee, Kaffee und Zucker, und ein Fuder Kochutensilien«. Sie wurden ständig von Fieberanfällen geplagt, und Stanley drohte jedem, der zu fliehen versuchte, ihn in Ketten zu legen. »Ich sagte ihnen, ich sei der erste Weiße, der auf seine Reisen Fußfesseln mitgenommen habe.«

Gerüchte, Livingstone sei gesichtet worden, drangen zu Stanley vor, und er preschte vorwärts. »Gott gebe mir Geduld, aber ich wünschte wirklich, es gäbe eine Eisenbahn oder zumindest Pferde in diesem Land.« Jeden Abend führte er in seinem Rundzelt, an dessen Mittelstange die amerikanische Fahne wehte, Tagebuch und wies seinen Diener an, »meinen neuen Flanellanzug herauszulegen, meine Stiefel einzufetten, meinen Helm frisch zu kreiden und ihn mit einem neuen *puggarree*★ zu versehen, sodass ich für den Weißen mit dem grauen Bart und für die Araber von Ujiji einen möglichst ansehnlichen Anblick darstellen würde; denn die Kleider, die ich im Dschungel und im Wald getragen habe, sind zerfetzt.«

Am 10. November, 236 Tage nachdem er Bagamoyo verlassen hatte, bekam Stanley endlich den Tanganjikasee zu Gesicht, »eine riesige, breite Fläche, eine polierte Silberplatte«, und näherte sich,

★ Ein Tuch, das um einen Hut oder Helm gebunden wird, um den Träger vor der Sonne zu schützen.

eine Salve Schüsse abfeuernd, Ujiji. Schon bald stießen sie auf Susi, Livingstones Diener, der bestätigte, sein Herr sei hier. »Mein Herz schlägt schnell, aber ich darf meine Gefühle nicht zeigen, denn das wäre der Würde eines Weißen unter solch außergewöhnlichen Umständen abträglich.« Stanley schritt durch »eine Menschenbaumallee« und erspähte schließlich Livingstone, um den im Halbkreis Araber standen. »Als ich langsam näher trat, bemerkte ich, dass er bleich war, müde und matt aussah, dass er einen grauen Bart hatte, dass er eine bläuliche Kappe mit verblasstem Goldband auf rotem Grund trug und dass er mit einem Gehrock mit roten Ärmeln und einer grauen Tweedhose bekleidet war.« Stanley (unser einziger Zeuge und Dirigent dieser berühmten Geschichte) trat wohlüberlegt auf Livingstone zu, zog seinen Hut und sagte: »›Dr. Livingstone, nehme ich an?‹

›Ja‹, sagte der mit einem herzlichen Lächeln und lüpfte seine Kappe leicht.

›Ich danke Gott, Doktor, dass es mir erlaubt ist, Sie zu sehen.‹

Er antwortete: ›Ich bin dankbar, dass ich hier bin, um Sie willkommen zu heißen.‹«

Sie gingen zu Livingstones Haus, und tausend Eingeborene beobachteten, wie »sich zwei Weiße in Ujiji trafen – einer war erst kürzlich aus dem Westen, aus Manyuema, gekommen und der andere aus dem Osten, aus Unyamyembe«. Stanley vergaß, worüber sie gesprochen hatten, so sehr lenkte ihn sein Held ab. »Ich ertappte mich, wie ich ihn anstarrte, die herrliche Gestalt und das Gesicht des Mannes in mich aufnahm, an dessen Seite ich mitten in Zentralafrika saß.« Livingstone wurde ein vor einem Jahr eingetroffener Sack überreicht, in dem sich Briefe befanden, und er verlangte zu hören, was in der Welt vor sich gegangen war. Stanley erzählte ihm, der Suezkanal sei eröffnet, die Pazifikeisenbahn fertiggestellt, Grant zum Präsidenten der Vereinigten Staaten gewählt, Isabella durch eine Revolution vom spanischen Thron vertrieben, »Napoleons Dynastie durch die Preußen ausgelöscht« und Schleswig-Holstein annektiert worden. »Jede Übertreibung erübrigte sich«, notierte Stanley, nachdem er seine Nachrichten vorgetragen hatte, »jede reißerische Schlagzeile, jegliche Sensationshascherei.«

Offenbar zeigte Livingstone ein angemessenes Verständnis für den modernen Journalismus und »lauschte voller Staunen einer der spannendsten Geschichtsstunden, die je abgehalten worden ist«. Stanley gestand, er sei zu aufgeregt gewesen, um seinen Stenoblock hervorzuholen, und obwohl sie ein langes Gespräch führten, teilte er beinahe nichts von seinem Inhalt mit. Livingstone sagte angeblich zweimal: »Sie haben mir neues Leben eingehaucht.«

Man rief nach Champagner und Silberkelchen, und die dringend benötigte Mahlzeit wurde kredenzt. Am nächsten Morgen, nachdem er seine Briefe gelesen hatte, suchte Livingstone Stanley auf, der gestand, der große Entdecker sei zuerst nur »ein großes Thema für eine Tageszeitung gewesen, genauso wie andere Themen, an denen sich die gefräßige Öffentlichkeit ergötzt«, aber nun sei er zu einem Freund geworden. Keiner der bisherigen journalistischen Aufträge »hatte mich so sehr bewegt«, und er sah »eine allmächtige und gütige Vorsehung« am Werk, die all dies bewerkstelligt habe. Er schlug Livingstone vor, dass sie das nördliche Ende des Tanganjikasees erforschen sollten, und die beiden Männer verbrachten die nächsten vier Monate – vom 10. November 1871 bis zum 14. März 1872 – gemeinsam.

»In ihm ist keine Arglist«, stellte Stanley während dieser Zeit fest, »und was die Oberfläche offenbart, entspricht seinem Inneren.« Er legte die Einschätzungen von Livingstones Kritikern dar und deutete an: »Ich gestehe, er ist kein Engel.« Er fand Livingstone reserviert, behauptete aber, er habe Sinn für Humor und ein gutes Gedächtnis. »Zweifellos mag Livingstone in manchen seiner Folgerungen über gewisse Punkte in der Geografie Zentralafrikas falschliegen«, schloss Stanley, »aber er ist nicht so dogmatisch und so sehr von seinen Ansichten überzeugt, als dass er sie nicht revidieren könnte.« Dies beweise Livingstones Annahme, er habe im Lualaba den Oberlauf des Nils entdeckt, und er wolle nun weitermarschieren, um den Beweis dafür zu erbringen, dazu brauche er seiner Ansicht nach nur weitere fünf oder sechs Monate. Der opportunistische Stanley war von Livingstones Hingabe und dessen Desinteresse, die Entdeckungen auszuschlachten, beeindruckt. »Wäre er dem Beispiel der gewöhnlichen Entdecker gefolgt, hätte er die Neuigkeiten überall ausposaunt, und es wäre ihm vielleicht gelungen, über die Entdeckung jedes Sees ein Buch zu schreiben und damit sehr viel Geld zu verdienen.« Die zwei Männer befuhren den Tanganjikasee und reisten dann gemeinsam zurück nach Unyanyembe, um dort auf Vorräte aus Sansibar zu warten. Bei ihrer Ankunft hörten sie von der Pariser Kommune, was Stanley zu der Wehklage veranlasste: »Oh Frankreich! Oh Franzosen! Solche Vorkommnisse sind selbst im Herzen des wilden Zentralafrikas unbekannt.«

Wenn man Stanley Glauben schenken kann, erwiderte Livingstone seine Hochachtung und begrüßte den Auftrag, der Stanley zu ihm geführt hatte. Aus Ujiji schrieb er an Stanleys Vorgesetzten, Gordon Bennett: »Ich bin so kühl und zurückhaltend, wie es dem Ruf entspricht, der uns Inselbewohnern vorauseilt, aber Ihre Freundlichkeit hat mich zutiefst gerührt.« Stanley hatte seine Aufgabe erfüllt; er war wiederholt krank gewesen und vor seiner eigenen ausgemergelten und ergrauenden Erscheinung erschrocken, als er in Sansibar in einen Spiegel blickte. Die Welt verlangte nach den großen theatralischen Fähigkeiten des Zeitungsjournalisten (das Atlantikkabel war soeben verlegt worden), und es war Zeit, weiterzuziehen. Schließlich sagte er Livingstone am 14. März 1872 in Tabora Lebewohl. »Auch wenn ich noch ein halbes Jahrhundert leben sollte, werde ich niemals diese Abschiedsszene in Zentralafrika vergessen ... Ich schwenkte als letztes Lebewohl ein Taschentuch, und er antwortete mit einem Lüpfen seiner Kappe.«

Livingstone nahm seine Erkundung des Lualaba wieder auf, noch immer auf der Suche nach dem Geheimnis des Nils. Seine Gesundheit verschlechterte sich, und ab April 1873 musste er auf einer Trage transportiert werden. Er starb schließlich am 30. April 1873 in Chitambo in der Seenregion, wo sein Herz begraben wurde. Sein Körper wurde konserviert und an die Küste gebracht, von dort nach England überführt und im Mittelschiff von Westminster Abbey zur Ruhe gebettet. Einer der Sargträger war Stanley.

»Sie verdrängt den Himmel und den Horizont.«
Amelia Edwards über die Große Pyramide, 1873

Ziellose Neugier

Amelia Edwards in Ägypten

Die besten Reisen sind jene, die mit Zufällen aufwarten – dem Reiz des Unvorhersehbaren. Ende Sommer 1873 befanden sich zwei Damen in Mittelfrankreich und zeichneten, wurden aber bald vom Dauerregen erst nach Italien getrieben, und dann erfolgte eine stürmische Überfahrt auf der *Simla* von Brindisi nach Alexandria. Am 29. November 1873 erreichten sie Kairo und fanden Zuflucht im Shepheard Hotel. »Die schlichte Wahrheit lautete«, schrieb Amelia Edwards in ihrem typisch scharfsichtigen und sachlichen Stil, »dass wir durch Zufall hierhergeraten waren, ohne gesundheitliche Gründe, wichtige Geschäfte oder sonst einen triftigen Grund anführen zu können; wir hatten einfach Zuflucht in Ägypten gesucht, wie jemand, der in die Burlington Arcade oder die Passage des Panoramas tritt – um dem Regen zu entgehen.« So begann die Karriere der Ägyptologin Amelia Ann Blanford Edwards.

Amelia Edwards, geboren am 30. Juni 1831 in London, war das einzige Kind von Thomas Edwards, einem Armeeoffizier, und seiner Frau Alicia; sie wurde zu Hause von Privatlehrern unterrichtet, und ihr Talent fürs Schreiben, Zeichnen und Musizieren zeigte sich früh. Nach der Auflösung einer wenig zufriedenstellenden Verlobung 1853 begann sie durch Europa zu reisen und sich als Schriftstellerin zu betätigen; ihr erster Roman erschien 1864 (insgesamt sollten es neun werden), ihm folgten Biografien, Gedichtanthologien und Reiseberichte. 1873 brach sie mit ihrer Freundin Lucy Renshaw zu jener Reise auf, die sie letztlich nach Kairo führen sollte.

Amelia Edwards' Bericht zeichnet sich durch forsche Sachlichkeit aus, durch ihre scharfe Beobachtungsgabe sowie durch das

Bewusstsein, im aufblühenden Zeitalter des Tourismus unterwegs zu sein. Im großen Speisesaal des Shepheard Hotel beobachtete sie täglich fast dreihundert Menschen, »die Hälfte von ihnen in Indien lebende Engländer, entweder auf der Reise ins Heimatland oder zurück in die Kolonien, europäische Einwohner oder Besucher, die in Kairo überwinterten«, und behauptete, sofort zwischen einem »Touristen, der mit Thomas Cook unterwegs war, und einem Individualreisenden« unterscheiden zu können. Sie gehörte zweifellos zu Letzteren, interessierte sich aber auch für die anderen Reisenden: »Hier sind Invaliden auf der Suche nach Genesung; Künstler auf der Suche nach Motiven; Waidmänner auf der Jagd nach Krokodilen; Staatsmänner auf Urlaub; Sonderkorrespondenten, bereit, Klatsch aufzuschnappen; Sammler auf den Spuren von Papyrus und Mumien; Wissenschaftler, die nur ihre Forschung im Sinn haben, und der übliche Rest, der reist um des Reisens willen oder um eine ziellose Neugier zu befriedigen.« Am Morgen nach ihrer Ankunft sah sie aus dem Fenster auf die graugrünen Palmen und bemerkte eine verschleierte Frau, die auf der Dachterrasse herumspazierte, umgeben von einer Wolke aus Tauben. »Nichts hätte alltäglicher sein können als dieser Anblick, und zugleich nichts orientalischer, seltsamer und unwirklicher.«

Edwards' erster Ausflug führte in die belebten Kairoer Basare, wo alles »ein kunsthandwerkliches Gemälde« zu sein schien und jedermann aussah, »als ob er explizit zum Gemaltwerden aufgestellt worden wäre«. Der Konflikt zwischen lebendiger Wirklichkeit und dem Gefühl, Ägypten sei von orientalischem Leuchten und altertümlichen Geheimnissen durchtränkt, war ihr Dauerthema. In den Souks schoben sich »Engländer mit Palmblatthüten und Knickerbockern« an »Personen« vorbei, »die auf- und abtreten wie die Schauspieler in einem orientalischen Weihnachtsstück.« Symbol dieser Verbindung von orientalischer Rätselhaftigkeit mit der unerbittlichen Zweckmäßigkeit der modernen Tourismusindustrie waren natürlich die Pyramiden, die eine halbe Stunde Fahrt vom Hotel entfernt lagen. »Wohlgemerkt, wir *besichtigten* die Pyramiden nicht – wir warfen nur einen Blick auf sie ... Den ersten Blick, den die meisten aus Alexandria kommenden Reisenden von den Pyramiden erhaschen können, werfen sie aus dem Fenster eines Eisenbahnabteils – und er ist nicht beeindruckend.«

Doch als sie sich aus der Wüste kommend der großen Pyramide näherten, *war* sie beeindruckt, wie »ihr unerwartetes Ausmaß und ihre Majestät alles überragt, der Eindruck ist so überraschend wie überwältigend. Sie verdrängt den Himmel und den Horizont. Sie verdrängt alle anderen Pyramiden. Sie verdrängt bis auf das Gefühl der Ehrfurcht und des Staunens alles andere.« Sie war entschlossen, die große Pyramide zu begreifen und ihr die ganze Aufmerksamkeit zu widmen – anders als die atemlosen Touristen, die um sie herumhuschten und bemüht waren, alle Sehenswürdigkeiten abzuhaken. »Mit der Energie und Eile, die der moderne Tourist an den Tag legt, hätten wir in derselben Zeit die große Pyramide besteigen, den Tempel der Sphinx und noch zwei oder drei andere Grabstätten besuchen können.«

Nachdem sie die beschädigte Sultan-Hassan-Moschee besucht hatte, wo sie von der »tiefen und ungekünstelten Hingabe« der moslemischen Gläubigen beeindruckt war, beobachtete sie die Abreise der zweitausend Pilger nach Mekka. »Ein harmloser, zwielichtiger, gutgelaunter, friedfertiger Pulk; ein Blick darauf genügte, um sämtliche althergebrachten Vorstellungen von gesetztem orientalischen Verhalten in die Flucht zu schlagen.« Dann brachen sie und Lucy mit drei anderen Reisenden auf der *Philae* zur Erkundung des Nils auf; das Boot war hundert Fuß lang und dreißig breit, das Oberdeck mit Klubsesseln, Tischen und Teppichen ausgestattet »wie ein Salon im Freien«. Der erste wichtige Halt war Memphis, und Edwards war sich wie immer des unpassenden Anblicks bewusst, den britische Touristen boten. »Wir geben eine traurige Figur ab, mit unseren grässlichen Palmblatthüten, grünen Schleiern und weißen Schirmen.« Zu ihren Füßen lagen verstreut Tonscherben und Teile mumifizierter Leichen, denn sie standen auf »geschändeten Gräbern«.

Sie stiegen in das Serapeum hinab, den Tempel der Apis-Stiere, der erst zwanzig Jahre zuvor entdeckt worden war, und studierten bei Kerzenlicht die Hieroglyphen auf den Sarkophagen. Die Kluft zwischen Vergangenheit und Gegenwart war eindringlich. »Wir haben selbstverständlich einen Blick in Herodot geworfen – jeder nimmt Herodot mit auf die Nilfahrt –, und unsere Köpfe sind vollgestopft mit der alten Pracht dieser berühmten Stadt.« Doch alles, was übrig geblieben war, »sind ein paar riesige Schutthaufen, rund ein Dutzend zerbrochener Statuen und ein Name!«, und so war dies »ein enttäuschender Anblick«. Trotzdem: »Diese traurigen Hügel und diesen von Reihern heimgesuchten See muss man gesehen haben, und sei es nur, damit sie in der Bildergalerie des Gedächtnisses ihren gebührenden Platz einnehmen.«

Wenn das Boot anlegte, vermied Edwards es meistens, die Dörfer der Einheimischen zu durchstreifen, teilweise weil sie den Anblick der vernachlässigten Kinder nicht ertrug, aber sie bezweifelte auch den Wert des hastigen, ersten Eindrucks, dieses Handwerkszeug des Touristen. »Es ist sehr wahrscheinlich, dass mir so hin und wieder die Möglichkeit entging, mehr vom Alltagsleben der Menschen zu sehen, aber solch oberflächliche Eindrücke sind von geringem Wert, und ich entkam auf jeden Fall dem Anblick von viel Armut, Krankheit und Elend.« Sie fühlte sich jedoch durchaus bereit, ihre Landsleute zu beobachten. Am Weihnachtstag 1873 richtete sie an Bord der *Philae* ihren sezierenden Blick auf ein junges Ehepaar, das sich in den Flitterwochen befand. »Von Menschen, die sich durch diese schwierige Phase im Leben kämpfen, die Flitterwochen genannt wird, lässt sich gerechterweise nichts sagen, außer dass sie beide jung genug waren, um die Situation interessant zu machen.« An Deck war es sehr heiß. »Bis zu dem Zeitpunkt, als der dämonisch brennende Plumpudding auf der Bildfläche erschien, war es keinem von uns gelungen, zu glauben, dass wirklich Weihnachten war.«

Edwards zeichnete und schrieb Briefe an Bord, las Bücher über Ägyptologie und beschäftigte sich »intensiv mit den ägyptischen Dynastien ... Das Leben an Bord unserer Arche Noah war angenehm, friedvoll und würdevoll.« Diese Art des Reisens war weit entfernt von den fieberverseuchten Dschungeln Zentralafrikas. Als sie beim Denderatempel eintrafen, war sie sich der Diskrepanz zwischen vorbereitender Paukerei und unmittelbarer Begegnung bewusst. »In den vergangenen Wochen haben wir über diese Götter und Zeichen gelesen – wir haben den Grundriss des Tempels studiert; nun, da wir wirklich hier sind, gilt unser Buchwissen nichts, und wir fühlen uns so hoffnungslos unwissend, als ob wir plötzlich in einer neuen Welt gelandet wären.« Edwards' Beschreibung der Ruinen ist detailliert und akribisch; und sie legte Wert darauf, dass die richtige Reihenfolge, in der die Sehenswürdigkeiten betrachtet werden sollten, eingehalten wurde. »Dingen den ihnen entsprechenden Rang zuzuordnen« sei »ein Denkvorgang, den jeder Reisende für sich erbringen muss«.

In Luxor erblickte sie jenseits des Tempeleingangs »ein verräuchertes, schmutziges, kompliziertes Labyrinth aus Gassen und Korridoren ... Hähne krähten, Hennen gackerten, Tauben gurrten, Truthähne kollerten, Kinder wuselten, Frauen buken und schwatzten; die ganze Armseligkeit des arabischen Lebens spielte sich inmitten verwinkelter Alleen ab, welche die Säulengänge verdeckten und die Inschriften der Pharaonen verschandelten.« Angesichts des Hypostyls von Seti I. in Karnak, »der edelsten Architektur, die jemals von menschlicher Hand entworfen und ausgeführt worden ist«, brachte sie das Hauptdilemma des Reiseschriftstellers zur Sprache. »Jeder gesteht seine Unfähigkeit, diesen Ort beschreiben zu können, und dennoch versuchen sich alle daran.«

Nachdem ihr ein Einheimischer eine alte ägyptische Münze verkauft hatte, die sich als britischer Viertelpfennig entpuppte, fällte sie ihr Urteil über die Araber: »Ein einzigartig durchschaubares Stück Menschheit, leicht zu erheitern, leicht zu täuschen, leicht zu erzürnen, leicht zu besänftigen, die guten Seiten überwiegen.« Sie verteidigte ihr Recht, auf diese Art zu pauschalisieren, denn sie fand, die Reise auf einem Nilschiff, bei der »man wirklich das ganze Ägypten sieht«, ermögliche viel eher genaue Beobachtungen als die Gruppenreisen der europäischen Ober- und Mittelschicht, bei denen die Teilnehmer in Erster-Klasse-Abteilen und Grand Hotels isoliert wurden. »In Europa und freilich auch in vielen Teilen des Orients sieht man zu wenig Einheimische, um sich ein Urteil über sie bilden zu können, am Nil ist das anders. Abgeschnitten von Hotels, Eisenbahnen und europäisierten Städten, befindet man sich im ständigen Verkehr mit den Eingeborenen.«

In Assuan tat Edwards, was von ihr erwartet wurde; ihre kurze Reise von dort nach Philae war »Programmpunkt jedes Dragomans und galt als krönende Tat jedes Cook-Touristen«. Sie war mit Leib und Seele Reisende und fertigte eifrig Zeichnungen und Skizzen an, die ihr umfangreiches Werk *A Thousand Miles Up the Nile* [*] (1877) schmücken. Sie begriff, wie wichtig es war, die Vielschichtigkeit der altägyptischen Geschichte zu verstehen; als sie im Mondschein beim großen Tempel von Abu Simbel ankam, meinte sie, der Reisende, der keine Kenntnis über Ramses den Großen besitze, sei arm dran. »Ausgestattet mit dem allerdünnsten Erklärungsfaden wandert er von Halle zu Halle und kennt nicht den

[*] Die deutsche Übersetzung *Tausend Meilen auf dem Nil* erschien 2009.

machtvollen Zauber vorausgegangener Verknüpfungen, die kein Murray liefern kann.«

Edwards blieb achtzehn Tage in Abu Simbel. »Es war wunderbar, jeden Morgen unten am Steilufer zu erwachen und, ohne den Kopf vom Kissen zu heben, direkt vor dem Himmel diese Reihe gigantischer Gesichter zu erblicken ... Jeden Morgen erwachte ich rechtzeitig, um Zeuge dieses täglichen Wunders zu werden.« Sie fand, diese Stätte sei »ein wunderbarer Ort, um allein zu sein – ein Fleck, an dem die Dunkelheit und die Stille alt sind und die Zeit selbst in Schlaf gefallen zu sein scheint.« Es war so »unheimlich und entsetzlich ... dass ich mich, wenn ich ganz allein war, selten über die erste Halle hinauswagte.«

Am 16. Februar 1874 bemerkte jemand aus der Gruppe an einigen Skulpturen in der Nähe des südlichen Tempelstützpfeilers Risse, und sie fanden den Eingang zu einem Grab mit buntem Fries und einigen Tiefreliefs. Am nächsten Tag wurden Arbeiter herbeigerufen, um die Ausgrabung voranzutreiben, und anschließend hinterließen die Reisenden ihre Namen auf der Entdeckung. »Die einzige Gelegenheit, bei der wir unsere Namen auf einem ägyptischen Denkmal hinterließen.« Umgehend wurde ein Schreiben an die *Times* gesandt, um Anspruch auf die Entdeckung zu erheben. Bei einem späteren Besuch bemerkte Edwards allerdings, dass nicht nur ihre Namen getilgt, sondern auch die Wandgemälde bereits von Touristenhänden beschädigt worden waren, und sie war über die von Sammlern und Museen entfesselte Zerstörungswut verärgert, wobei sie die Sammlung des British Museum ausblendet:

Dies ist das Schicksal jedes ägyptischen Denkmals, ob groß oder klein. Der Tourist ritzt es mit Namen und Daten voll, in manchen Fällen mit Karikaturen. Der Ägyptologiestudent, der mit nassem Papier Abdrücke nimmt, wischt jegliche Spur der Originalfarbe weg. Der »Sammler« kauft und schleppt alles Wertvolle fort, dessen er habhaft werden kann, und der Araber stiehlt für ihn. Das Werk der Zerstörung schreitet mittlerweile rasch voran. Es gibt niemanden, der es verhindert; es gibt niemanden, der die Menschen davon abhält. Jeden Tag werden weitere Inschriften beschädigt, weitere Gräber geplündert, weitere Gemälde und Skulpturen verunstaltet. Der Louvre besitzt ein Ganzkörperporträt von Seti I., das aus der Wand seiner Grabkammer im Tal der Könige geschnitten wurde. Die Museen von Berlin, Turin, Florenz besitzen reichlich Beute, die ihre eigene beklagenswerte Geschichte erzählt. Wenn die Wissenschaft die Vorreiterrolle spielt, ist es da verwunderlich, dass ihr die Unkenntnis folgt?

Auf der Rückreise den Nil entlang blieb Edwards' Appetit auf Tempel »unersättlich«, und sie fuhr fort, an ihren detaillierten Grundrissen und architektonischen Zeichnungen zu arbeiten. Auf dieser Rückfahrt stattete sie Luxor einen angemessenen Besuch ab und betrieb etwas Reisestatistik: »Bei fünfundzwanzig Booten kommt man durchschnittlich auf zwölf englische, neun amerikanische, zwei deutsche, ein belgisches und ein französisches.« In Luxor gerieten diese Boote unter den Ansturm von Händlern, Schleppern und Einheimischen, die Schätze ausgegraben hatten, um sie den Touristen zu verkaufen. »Mehrere hundert Familien leben auf diese grauenvolle Weise, zerstören die dahingegangenen Ägypter für ihren Lebensunterhalt.« Sie wurde tatsächlich Augenzeuge, wie eine Mumie ausgegraben wurde, die »verblüffend menschlich und rührend« aussah, »wie sie da in der Morgensonne auf dem Grund ihres Grabes lag«. Doch abermals war Edwards ein wenig Heuchelei nicht abgeneigt: »Das Leben in Theben besteht aus Widersprüchen. Einem zwischen Tempeln verbrachten Morgen folgt ein der Jagd auf Altertümer gewidmeter Nachmittag; und ein Tag der Meditation zwischen Gräbern endet mit einer Abendgesellschaft an Bord der *dahabeeyah*★ eines Freundes oder mit einem Konzert im britischen Konsulat.« Sie und Lucy verbrachten weidlich Zeit mit der »Jagd auf Altertümer«, und sie gab zu: »Wir hatten deshalb Spaß daran, weil es illegal war.«

Ihre letzten Wochen auf dem Nil »gingen dahin wie ein einziger langer, träger Sommertag«, und auch wenn Edwards' Buch ziemlich abrupt endet, reisten sie und Lucy im Anschluss noch nach Syrien und Konstantinopel. Auf der Rückreise nach England stürzte sie sich auf das Studium des alten Ägypten und der Hieroglyphen, schrieb ihr Buch, das gut aufgenommen wurde, und begann, Artikel über Ägyptologie zu verfassen und Kontakte zu führenden europäischen Gelehrten zu knüpfen. Sie wirkte bei der Gründung des Egypt Exploration Fund mit, der sich der Förderung der verantwortungsvollen wissenschaftlichen Ausgrabung widmete, und im März 1882 wurde sie ehrenamtliche Vorsitzende der Vereinigung. Die nächsten zehn Jahre bis zu ihrem Tod arbeitete sie unermüdlich für den Fund (aus dem später die Egypt Exploration Society wurde), fand aber auch Zeit für die Vizepräsidentschaft der Society for the Promotion of Women's Suffrage und hielt in England und den Vereinigten Staaten viele Vorträge. Sie starb am 15. März 1892 in ihrem Haus in Somerset, nachdem sie sich im Londoner Hafen bei der Überwachung einer Lieferung von Altertümern aus Ägypten eine Lungeninfektion zugezogen hatte. Ihre Bibliothek wurde dem University College London vermacht, wo sie den allerersten Lehrstuhl für Ägyptologie ins Leben gerufen hatte.

★ Ein Hausboot auf dem Nil.

»Es ist nicht meine Sache, Berge zu besteigen. In Westafrika sind dort oben so gut wie keine Fische zu finden.«
Mary Kingsley, passionierte Sammlerin von Süßwasserfischen

Das tödlichste Fleckchen Erde

Mary Kingsley in Westafrika

Humor der besonderen englischen Art – manchmal erniedrigend, manchmal bewusst bissig und unverblümt – hat in der britischen Reiseliteratur eine lange Tradition. Wir sind bereits der trockenen Ironie von Robert Curzon begegnet sowie verschiedentlich unheldenhaftem Gebaren oder gelegentlich reumütiger Komödie. Mary Kingsley mit ihrem Klassiker *Travels in West Africa*★ (1897) ist ein besonders eindrucksvolles Beispiel der bodenständigen, unsentimentalen Reisenden, die sich gelegentlich selbst auf den Arm nimmt und so kurzen Prozess mit der eigenen Erhabenheit macht.

Nachdem ihr Entschluss feststand, ihre Reiselust durch eine Exkursion nach Westafrika zu befriedigen, zog sie im Bekanntenkreis Erkundungen ein, um ihrer völligen Unkenntnis abzuhelfen. Die Informationen, berichtete sie, ließen sich unter den folgenden Überschriften zusammenfassen:

Die Gefahren Westafrikas

Die Misslichkeiten Westafrikas

Die Krankheiten Westafrikas

Die Dinge, die nach Westafrika mitgenommen werden müssen

Die Dinge, die Ihnen in Westafrika am nützlichsten sein werden

Die Dinge, die Sie in Westafrika keinesfalls tun sollten

Der einzige Kommentar ihrer Freunde lautete: »Dort liegt Sierra Leone, du weißt schon, das Grab des Weißen Mannes.« Überdies war es ein Ort, an dem fragwürdige Verwandte, auch bekannt als »Prü-

---

★ Die deutsche Übersetzung (Auswahl) *Die grünen Mauern meiner Flüsse* erschien 1989.

fung der Familie«, auf Nimmerwiedersehen verschwanden. »Eine Dame jedoch erinnerte sich netterweise an den Fall eines Gentlemans, der für einige Jahre in Fernando Po gelebt hatte. Als er zurückkehrte, ein vierzigjähriges, vor der Zeit gealtertes Wrack, wurde er so heftig von Malariaanfällen geschüttelt, dass er einen Kronleuchter zum Absturz brachte, wodurch ein kostbares Teeservice zerstört und die silberne Teekanne, die mitten auf dem Tisch stand, plattgedrückt wurde.« Ärzte ließen sie wissen, dies sei »das tödlichste Fleckchen Erde«; die Landkarte, die Krankheiten verzeichnete, war von Sierra Leone bis unterhalb des Kongos schwarz gefärbt. Pflichtgetreu blätterte sie von Missionaren verfasste Berichte durch, die ihr empfohlen worden waren, welche die Existenz der Krankheiten bestätigten und »mit einigen Details über die Verteilung von Baumwollhemden aufwarteten, mit denen ich mich nicht aufhielt«. Als sie schließlich jemanden fand, der tatsächlich in Westafrika gewesen war, riet ihr dieser: »Wenn Sie sich entschlossen haben, nach Westafrika zu gehen, ist es das Beste, Sie entscheiden sich dagegen und gehen stattdessen nach Schottland; sollte Ihr Verstand dazu nicht in der Lage sein, setzen Sie sich nicht der direkten Sonneneinstrahlung aus, nehmen Sie vierzehn Tage, bevor Sie die Flüsse erreichen, täglich 4 Gramm Chinin, und nehmen Sie ein paar Empfehlungsschreiben für die Wesleyaner[*] mit; sie sind die einzigen Menschen an der Küste, die über einen Leichenwagen mit Federdach[**] verfügen.«

Mary Henrietta Kingsley ließ sich freilich nicht abschrecken und reiste nach Liverpool, »umso fröhlicher ob der nüchternen Art, mit der ich beim Kauf der Schiffskarten informiert wurde, dass keine

[*] Variante des Methodismus, begründet durch John Wesley (1703–1791).
[**] Viktorianische Begräbnisse waren oftmals sehr pompös; wer es sich leisten konnte, mietete einen Leichenwagen mit einem Baldachin aus schwarzen Straußenfedern.

Rückfahrkarten für die Dampfer der Westafrikaroute ausgestellt würden.« Am 13. Oktober 1862 in Islington nördlich von London geboren, erlebte die Nichte des Schriftstellers Charles Kingsley* im nahe gelegenen Highgate eine ruhige Kindheit, während ihr Vater, der als Arzt reiche Patienten auf Weltreise begleitete, häufig abwesend war; statt eine Schule zu besuchen, las sie viel. Als Jugendliche pflegte sie in Cambridge ihre hinfälligen Eltern und verbrachte »ein völlig zurückgezogenes Leben in einer Universitätsstadt«. Als die Eltern 1892 starben, zog sie mit ihrem Bruder zurück nach London und bereitete sich auf das ungebundene Leben einer Reisenden vor. Sie setzte ihr Testament auf und machte sich im August 1893 alleine auf den Weg, mit »einem großen, wasserdichten Sack, der oben mit einer Schiene geschlossen wurde und einen Griff hatte. Ich packte Decken, Stiefel, Bücher hinein, eigentlich alles, was nicht in meinen Koffer oder die schwarze Tasche passte.«

Der Dampfer legte in Liverpool ab; der Skipper, Captain Murray, stellte ihr umgehend seine dreißigjährige Westafrikaerfahrung zur Verfügung, Kenntnisse, die viel wertvoller waren als jene, die der dahomeeische Sprachführer enthielt, über den sie vor Kurzem im *Daily Telegraph* gelesen hatte und der mit so nützlichen Sätzen aufwartete wie »Hilfe, ich ertrinke« und »Warum wurde dieser Mann nicht beerdigt?« Sie bezeugte in ihrem Buch auch den »Afrikanern« ihre Dankbarkeit (ein sehr ungewöhnliches Verhalten für eine viktorianische Reisende), »den gebildeten Männern und Frauen unter ihnen, wie Charles Owoo, Mbo, Sanga Glass, Jane Harrington und ihrer Schwester in Gabun und den Eingeborenen des Buschlandes.«

Kingsley war bezaubert von der westafrikanischen Küste. »Die Wahrscheinlichkeit, sie jemals wieder zu verlassen, ist gering, denn

---

* Englischer Geistlicher (1819–1875); sein bekanntestes Werk ist das Kinderbuch *The Water-Babies* (Die Wasserkinder).

sie ist eine *belle dame sans merci*.« Sie war der Ansicht, selbst jene zu Hause, die von »den glorreichen Freuden der Omnibusse, Untergrundbahnen und Abendzeitungen« verzaubert waren, würden sich, einmal gefesselt, »entschuldigend an die Küste zurückschleichen«. Sie schrieb über Afrika mit »seinen großen Wäldern und Flüssen und seinen dem Animismus huldigenden Bewohnern« und »fand es hier gemütlicher als in England«. Nach dieser ersten kurzen, zweiwöchigen Reise, auf der sie Calabar besuchte (damals unter dem Protektorat der Nigerküste, heute im südöstlichen Nigeria gelegen) und Süßwasserfische sammelte, kehrte sie nach Liverpool zurück. Am 23. Dezember brach sie wieder auf, diesmal an Bord der *Batanga* und mit vierundzwanzigstündiger Verspätung, da Stürme über dem Mersey tobten, die selbst den gewaltigen Cunard-Liniendampfer *Luciana* am Auslaufen hinderten und dazu führten, dass die Dockschleusen des Hafens geschlossen werden mussten.

Bei ihrer Ankunft am 9. Januar 1894 im sierra-leonischen Freetown taufte Kingsley die Stadt »das Liverpool Westafrikas« und stürzte sich in eine ausführliche Beschreibung der Metropole. Auf der Reise hatte sie ihre »Neigung zur Weitschweifigkeit« gestanden, eine augenfällige, unter Reiseschriftstellern verbreitete Marotte und häufig anzutreffen in einer Gattung, die stets zum Episodischen, zum Abschweifen und zur Verherrlichung des Nebensächlichen neigte. Sie verbreitete sich ausführlich über die Goldküste und lobte das Bestreben der Wesley-Missionen, mit denen die Afrikaner (»so seltsam unbeschlagen im Handwerklichen«) in verschiedenen Techniken unterrichtet wurden, betonte aber auch ihre architektonische Kehrseite: »Wellblech ist mit ein Gräuel.« Sie besuchte eine »Teegesellschaft in einem Polizeirevier, um einen König zu treffen« (ein hübsches Beispiel für das Geltungsbedürfnis des englischen Reiseschriftstellers), und stieß in Christianborg auf einen ziemlich niedergeschlagenen Regierungsbeamten, der auf zwei ausgehobene Gräber deutete. Sie seien für jene Europäer bestimmt, die als Nächste sterben würden, wer auch immer dies sein mochte. Europäische Reisende starben in der Tat mit alarmierender Häufigkeit, wobei die genaue Sterberate von den Behörden geflissentlich verschwiegen wurde. »Ich werden Ihnen weiterhin Geschichten erzählen und Ihre Zeit verschwenden«, unterrichtet Kingsley ihre Leser entwaffnend.

Genau das tat sie, und das Ergebnis ist abwechselnd bezaubernd, weitschweifig und von einer gewissen Willkürlichkeit, obwohl sie den vagen Auftrag hatte, Fische und Insekten zu sammeln. Sie ging nach Fernando Po, Lagos und Französisch-Kongo und stellte fest, dass die europäischen Händler die Fähigkeit besaßen, »einen beträchtlichen Zeitraum in einem Gebiet zu verbringen, ohne sich dafür zu interessieren, und ihre ganze Aufmerksamkeit auf die Frage richten, wie viel Zeit sie hier noch verbringen müssen, bis sie es endlich verlassen können.«

Kingsley reiste in südlicher Richtung zum Ogoouéfluss weiter, den sie für »den größten Äquatorialfluss der Welt« hielt, und begann schuldbewusst, Auszüge ihres Tagebuchs wiederzugeben, auch wenn es »eine Art literarisches Verbrechen« war, aber »niemand stellt literarische Ansprüche an Reiseliteratur«. Sie verwahrte sich allerdings gegen die Art von Reisebericht, in welcher der Autor der eigentliche Gegenstand ist: »Ich bin nicht darauf erpicht, meinen Geisteszustand abzuhandeln, sondern möchte über die allgemeinen Zustände in Westafrika berichten.« Andererseits gab sie zu: »Ich bin keine Geografin.« Aber sie war eine Reisende, die versuchte, sowohl die Menschen als auch die tropische Landschaft kennenzulernen. »Mit den Wäldern ist es wie mit dem Verstand der Eingeborenen. Sofern man nicht unter den Eingeborenen lebt, lernt man sie nie kennen; tut man dies, erhält man allmählich Einblick in ihren Verstandeswald. Zuerst sieht man außer verworrener Einfältigkeit und Verbrechen nichts, öffnet man dann aber die Augen –

nun, dann ist es wie mit anderen Wäldern, dann sind sehenswerte Dinge zu entdecken.«

Sie dampfte mit der *Mové* ogoouéaufwärts, sammelte Fische und wechselte später auf »einen niedlichen kleinen Raddampfer«, die *Eclaireur,* der sie bis zur Missionsstation in Talaguga brachte. Die Frau des Missionars, Evangélique, hatte ein Baby, das Kingsley ziemlich aus der Fassung brachte. »Im Allgemeinen bin ich kein Bewunderer von Babys ihres Alters.« Sie war jedoch ein Bewunderer der Einheimischen, der Fans: »Sie sind reizende ungekünstelte Naturkinder, diese westafrikanischen Stämme.«

Bald darauf wollte Kingsley zu den Ogoouéwasserfällen weiterreisen und verwarf die Einwände der Missionare, die ihr von dem Abstecher abrieten. Sie wies darauf hin, dass eine Französin diese Reise bereits unternommen habe. Aber diese sei in Begleitung ihres Ehemannes gewesen, hieß es daraufhin. Kingsley antwortete bestimmt: »Weder die Royal Geographical Society in ihren ›Tipps für Reisende‹ noch Messrs. Silver [eine Anspielung auf die Reiseführer von Silver & Co.] auf ihrer umfangreichen Liste, welche Gegenstände für einen Reisenden in tropischen Gefilden notwendig sind, führen Ehemänner auf.« Nachdem sie sämtliche Einwände beiseitegefegt hatte, brach sie mit einem Kanu auf, obwohl das Wasser stellenweise furchteinflößend war und sie das Ufer hinaufkrabbeln und sich an einem Felsen festklammern musste, »in einer Haltung, die mehr der eines Insekts als der eines Insektenjägers entsprach«. Sie verlor ihren Bleistift, ihr Notizbuch war ein durchweichter Klumpen und ihre Taschen voller Fische, aber es gelang ihr, die Wasserfälle zu erreichen, und sie kehrte triumphierend nach Talaguga zurück.

Sie beobachtete die Einheimischen in ihren Kanus und beschloss, sich selbst im Paddeln zu versuchen, und es gelang ihr, ein fünfzehn Fuß langes Boot zu beherrschen. Sie observierte Vögel und Insekten, notierte ihre Beobachtungen und erinnerte sich an den Rat eines Wissenschaftlers aus Cambridge, der ihr vor der Abreise empfohlen hatte: »Nehmen Sie immer Messungen vor, Miss Kingsley, und nehmen Sie diese stets beim Männchen vor.«

In Ncovi ließ sie ihr Kanu zurück, ging mit einer Gruppe Fans in den Tropenwald. Als sie sich in einer Hütte zu einem Nickerchen hinlegte, machte sie eine »ziemlich unerfreuliche Entdeckung«. Der grauenvolle Gestank, der einem in der Ecke liegenden Sack entstieg, stammte von »einer menschlichen Hand, drei großen Zehen, vier Augen, zwei Ohren und anderen menschlichen Körperteilen. Die Hand war frisch, die anderen Objekte eher nicht, dafür aber verschrumpelt.« Es handelte sich um die Reste eines Fan-Abendessens.

Auf dieser Reise fiel sie in eine Jagdgrube, deren Boden mit Holznägeln gespickt war. Sie war froh, den Rat »männliche Bekleidung« zu tragen, nicht befolgt und stattdessen der Sicherheit »eines guten dicken Rocks« den Vorzug gegeben zu haben. Auch wenn sie sich weigerte, den Publikumsgeschmack mit »Kannibalengeschichten« zu bedienen, betonte sie, der Kannibalismus der Fans stelle zwar keine Bedrohung für Weiße dar, es bereite allerdings »eine gewisse Mühe zu verhindern, dass der eigene schwarze Begleiter verspeist wird«.

Kingsleys nächster Ausflug verlief entlang des Rembwéflusses, in Gesellschaft eines ziemlich theatralischen Bootsführers namens Obanjo (»er hatte es lieber, wenn sein Name wie Captain Johnson ausgesprochen wurde«). »Als wir uns zum ersten Mal trafen, trug er einen riesigen Sombrero, ein makelloses Unterhemd und einen sauberen, gut geschnittenen Anzug aus schwerem Baumwollstoff, und er machte darin einen ungewöhnlich malerischen, kraftvollen Eindruck mit seiner wohlgeformten, strammen Gestalt und seinem gut aussehenden Gesicht, das stets voller Ausdruck war, und seine scharfen, schmalen Augen schätzen stets die Auswirkungen seines freundlichen Lächelns und seines herzhaften Lachens ab.« Sie verbrachte einige idyllische Nächte mit Obanjo, während sie auf dem Fluss trieben. Später traf sie einen gleichermaßen würdevollen Eingeborenenfürsten namens Makaga, »der mir wie ein englischer Gentleman vorkam, der durch einen unglücklichen Umstand seine Beinkleider verloren hatte und gezwungen war, diese durch ein höchst dekoratives Tischtuch zu ersetzen«.

Nach ungefähr zwei Dritteln von *Travels in West Africa* wechselte Kingsley von diesen weitschweifigen Berichten über ihr Leben unter Stämmen, die sich »in einem Zustand befinden, der von den Vorstellungen und der Kultur Europas unbeeinflusst ist«, zu dem Versuch einer systematischeren Beschreibung »der afrikanischen Denkart und der Schwierigkeit, diese zu erforschen, denn diese zu erforschen war das Hauptziel meiner Reise nach Westafrika«. Eifrig sammelte sie Informationen über Fetische und studierte (»ich bin ein artiger Cambridgemensch«) die anthropologischen Abhandlungen von James George Frazer, dem Verfasser von *The Golden Bough:*[*] »Sich an die wilde westafrikanische Vorstellungswelt heranzupirschen gehört zu den reizvollsten Jagdaufgaben der Welt. Von intellektuellen Aspekten ganz abgesehen, wird der Jagdtrieb sehr angesprochen, denn diese Pirsch ist mit ähnlichen Schwierigkeiten und Gefahren wie eine Grizzlyjagd verbunden, aber das Klima, in dem sich dies alles abspielt – so widerwärtig es ist –, ist warm, für mich beinahe eine Lebensnotwendigkeit.«

Ihr Ziel, »ein echtes Verständnis der wahren Gedankenwelt der Wilden« zu erlangen, war der Mühe wert, und sei es nur, um die indigenen Völker vor »dem Spott und der Verachtung« der Missionare zu bewahren. Sie lobte den »bemerkenswerten Scharfsinn und die große Portion gesunden Menschenverstand«, welche die Afrikaner

---

[*] Eine vergleichende Studie von Mythologie und Religion, in gekürzter deutscher Fassung unter dem Titel *Der goldene Zweig* erstmals 1928 erschienen.

besaßen, auch wenn sie immer wieder auf deren »verwirrten Geist« anspielte. Sie fand, sie seien schlecht darin, Landschaften bildhaft zu beschreiben, betrachtete sie aber gleichwohl als ergiebige Quellen für ethnologische Spekulationen. »Der Afrikaner träumt im Allgemeinen häufig und tut dies sehr geräuschvoll; aber er scheint seinen Träumen keine riesige Bedeutung beizumessen, jedenfalls nicht in dem Ausmaß, wie die Indianer es tun. Ich bezweifle, dass ein triftiger Grund für die Annahme besteht, die erste menschliche Vorstellung vom Jenseits sei aus Träumen entstanden; ich glaube, die Ursprünge der menschlichen Religion sind auf das menschliche Leid zurückzuführen.«

Bevor sie nach Hause zurückfuhr, bestieg Kingsley den »großen Kamerunberg«, mit 4070 Metern einer der höchsten Gipfel Afrikas. »Nun ist es nicht meine Sache, Berge zu besteigen. In Westafrika sind dort oben so gut wie keine Fische zu finden, und herzlich wenig wichtige Fetische, da die Berge nur spärlich bevölkert sind – die Afrikaner verabscheuen wie ich die kühle Luft.« Sie bezeichnete sich selbst als »dritten Engländer, der bis zur Spitze geklettert ist, und der erste, der sie von der Südwestseite erklettert hat«. Der erste Engländer auf dem Kamerunberg war Richard Burton gewesen. Kingsleys Aufstieg war aufregend: »Stellen Sie sich eine riesige, scheinbar grenzenlose Kathedrale vor, ihre zahllosen Säulen mit erlesenem, dunkelgrünem hochflorigen Moos bedeckt – nein, aus ihm komponiert –, hier und da ein zarter Farn als zusätzlicher Schmuck darin eingebettet.« Als sie den Gipfel des Kamerunberges erreichte, war dieser leider nebelverhangen und es regnete, »und so wurde ich des Hauptgrundes für meinen Aufstieg beraubt«.

Kingsley kehrte nach Victoria zurück und war eines Abends in nachdenklicher Stimmung: »Ich saß im matten Dämmerlicht der Sterne auf der Veranda, die Ausblick auf Victoria und den See bietet, um mich herum Glühwürmchen und die Lichter Victorias in der

Ferne, ich hörte das sanfte Rauschen des Lukolaflusses und wie die Wellen gegen die Felsen brandeten und das Trommeln und Singen der Eingeborenen, alles vermischte sich miteinander. ›Warum bin ich nach Afrika gekommen?‹, dachte ich. Warum? Wer würde nicht selbst den Zwillingsbruder der Hölle besuchen, bei all dieser Schönheit und diesem Liebreiz?«

Am 30. November 1895 war sie zurück in England, begleitet von ihrer Sammlung aus Insekten, Muscheln, Pflanzen, Reptilien und Fischen. Drei ihrer fünfundsechzig Exemplare waren unbekannt und wurden nach ihr benannt. Ihre abenteuerlichen Reisen als alleinstehende Frau machten sie umgehend zur Berühmtheit, auch wenn sie sich genötigt sah, einen Brief an den *Daily Telegraph* zu schreiben, sie habe mit der »Neuen Frau« nichts gemein. Sie hatte für »Androgyne« nur Verachtung übrig, die sich für die Rechte der Frauen starkmachten, um Zugang zu männlichen Gelehrtengesellschaften zu erhalten.

Sie hielt zahlreiche Vorträge, und im Januar 1897 erschien ihr Buch. Im Juni engagierte sie Gerald Christy, der ihre Vorträge koordinierte. Sie war so beschäftigt, vor allem als Fürsprecherin ökonomischer Initiativen, die das Interesse von Politikern und Geschäftsmännern erregten, dass sie 1898 einen Zusammenbruch erlitt. Auch wenn sie die britischen Handelsinteressen nachdrücklich unterstützte, drängte sie auf Verständnis für die Kolonien und äußerte Kritik an den Kolonialverwaltungen. Sie forderte vor allem die Fähigkeit »schwarz zu denken«, und sie beklagte die Versuche der Missionare, die Afrikaner zu europäisieren und ihnen eine »minderwertige weiße Kultur« andrehen zu wollen. 1899 erschien ihr zweites Buch, *West African Studies*. Es enthielt einen ehrgeizigen politischen Plan für die Region, wonach eine Verwaltung europäischer Handelsinteressen eher die Bewahrung der westafrikanischen Kultur garantiere als dekorative »Schreiberlinge und Straußenfedern«.

1900 besuchte Kingsley als Auftakt zu einer weiteren Reise die Westküste entlang Südafrika, doch bei ihrer ehrenamtlichen Arbeit in einem Krankenhaus für burische Gefangene in Kapstadt erkrankte sie an Typhus und starb. Sie wurde, wie es ihr Wunsch gewesen war, auf See bestattet.

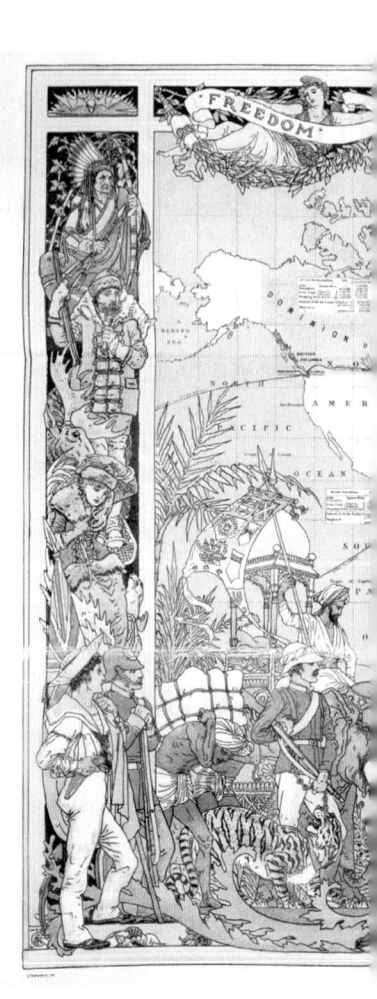

DER AMERIKANISCHE KONTINENT

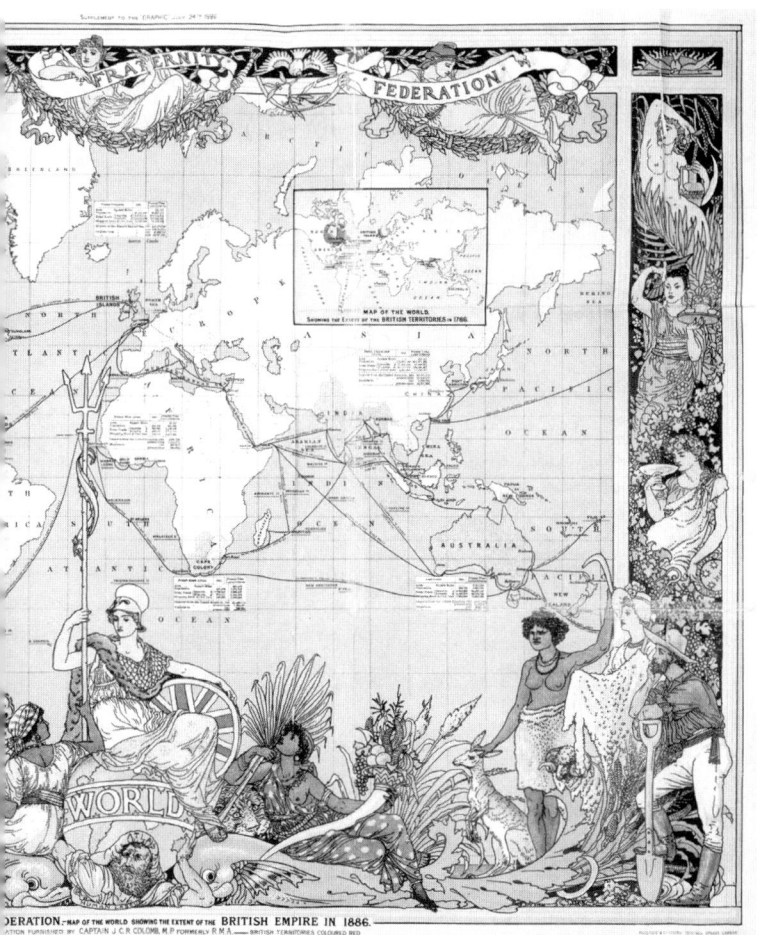

Ein Porträt von Charles Darwin, ehe ihn der Erfolg von *Die Entstehung der Arten* ereilte.

Ein Mann der Wissenschaft

Darwin auf der Beagle

Am 27. Dezember 1831 segelte die *HMS Beagle,* eine Zehnkanonen-brigg, unter dem Kommando von Captain Fitzroy aus dem Hafen von Davenport (zweimal war sie von schweren Stürmen aus Südwest wieder zurückgetrieben worden); ihr Ziel war die abschließende, endgültige Erkundung von Patagonien und Feuerland sowie einiger Pazifikinseln, die im Jahrzehnt zuvor begonnen worden war. Fitzroy wollte einen Wissenschaftler an Bord haben und nahm auf Empfehlung von Reverend John Steven Henslow, einem Botanikprofessor aus Cambridge, gern einen von dessen vielversprechenden Studenten mit, Charles Darwin.

Darwin wurde 1809 in Shrewsbury geboren. Nach dem frühen Tod seiner Mutter wurde er von seinem Vater, einem wohlhabenden Dorfarzt, und seinen drei älteren Schwestern erzogen. Er ging auf die Shrewsbury School und dann an die Edinburgh University, um Medizin zu studieren. Bald entwickelte er Interesse an Naturkunde, verließ aber Edinburgh schließlich im April 1827 ohne Abschluss. Sein Vater schickte ihn nach Cambridge, wo er eine Ausbildung zum Vikar der anglikanischen Kirche erhalten sollte; Darwin nahm hier seine Studien in Naturgeschichte wieder auf und besuchte Henslows Vorlesungen zur Botanik. Im Januar 1851 machte er seinen Abschluss und plante, nachdem er Alexander von Humboldts *Personal Narrative*★ gelesen hatte, gerade eine Reise nach Teneriffa, als

---

★ *Personal Narrative of Travels to the Equinoctial Regions of the New Continent during the Years 1799–1804;* Humboldt hatte dieses Buch gemeinsam mit seinem Reisegefährten Aimé Bonpland auf Französisch verfasst; die deutsche Übersetzung *Reise in die Äquinoktial-Gegenden des Neuen Kontinents* erschien 1859.

ihn der Brief mit Henslows Angebot erreichte, auf der *Beagle* mitzufahren. Die Reise sollte fünf Jahre dauern und »bestimmte meine ganze Laufbahn«, wie Darwin später in seiner Autobiografie vermerkte.

Am 16. Januar 1832 ankerte die *Beagle* vor Praia auf Santiago, der Hauptinsel der Kapverden – ein Ort, der Darwin reichlich trostlos und verlassen erschien, vulkanisch und baumlos. »Im Allgemeinen hielt man diese Insel für sehr uninteressant, jedoch für jemanden, der nur die englische Landschaft gewohnt ist, besitzt diese Neuartigkeit eines völlig unfruchtbaren Landes eine Erhabenheit, die von mehr Vegetation wahrscheinlich verdorben würde.« Das erste Tier, das Darwin erspähte, war ein Eisvogel, »der zahm auf den Zweigen eines Rizinusbaumes sitzt und sich dann auf Grashüpfer und Eidechsen stürzt«. Er selbst stürzte sich auf seine Pflichten, sammelte Staubproben und geologische Muster und registrierte während einer Exkursion auch belebtere Materie. »Bei unserer Rückkehr überholten wir eine Gruppe von ungefähr zwanzig schwarzen Mädchen, sie waren äußerst geschmackvoll gekleidet; ihre schwarze Haut und das schneeweiße Leinen wurden von farbigen Turbanen und breiten Schals kontrastiert.« Er watete zudem ins Meer und untersuchte Seetiere wie Nacktkiemer und Tintenfische.

Der nächste Anlaufhafen war Salvador im brasilianischen Bundesstaat Bahia, wo Darwin einen wunderbaren Exkursionstag verbrachte und in seinem Element war. »Entzücken ist jedoch ein viel zu schwacher Ausdruck, um die Gefühle eines Naturforschers zu beschreiben, der zum ersten Mal allein durch einen brasilianischen Wald wandert ... Einem Menschen, dem Naturgeschichte am Herzen liegt, verschafft ein Tag wie dieser eine tiefere Freude, als dass er hoffen könnte, sie würde ihm je nochmals zuteil.« Darwins scharfer wissenschaftlicher Verstand ist stets spürbar, ständig stellt er sich Fragen und beleuchtet die Aussagen anderer Autoritäten. Häufig legte die *Beagle* während der Reise für längere Zeit an, und Darwin unternahm einige ausgedehnte Exkursionen.

In Rio de Janeiro begab er sich ebenfalls auf einen derartigen Ausflug, bei dem er Insekten sammelte und auch an der menschlichen Rasse Interesse zeigte. Er sah, wie sich ein Schwarzer duckte, weil er dachte, ein Weißer werde ihn gleich verprügeln, und notierte: »Dieser Mann wurde zu einer Selbstentwürdigung abgerichtet, die schlimmer war als die Knechtschaft des hilflosesten Tieres.« Darwin hasste die Sklaverei; in dieser Frage gab es einige heftige Wortwechsel zwischen ihm und seinem Kapitän.

Im Allgemeinen war der Naturforscher Darwin aber überwältigt von dem, was sich ihm darbot: »Jeder, der sich in England mit Naturkunde beschäftigt, hat auf seinen Spaziergängen den großen Vorteil, dass sich ihm ständig Verlockendes bietet. Aber hier in diesem fruchtbaren Klima, in dem es vor Leben nur so wimmelt, sind die Verlockungen so zahlreich, dass er kaum einen Schritt tun kann.« Er interessierte sich besonders für Wirbellose und fand ein Dutzend unterschiedlicher Strudelwurmarten. Die Erhabenheit und Pracht der tropischen Landschaft erfüllten den jungen Engländer mit Ehrfurcht. »Auf dieser Erhebung erreicht die Landschaft ihren leuchtendsten Farbton; jede Gestalt, jede Schattierung übertrifft an Pracht alles, was der Europäer jemals in seinem eigenen Land erblickt hat, dass ihm die Worte fehlen, um seine Empfindungen zu beschreiben.« Aber er befasste sich stets lieber mit den Einzelheiten seiner Forschungsarbeit, als sich dem üblichen überfrachteten Freudentaumel des Reisenden hinzugeben. »Ein Mensch, der zum ersten Mal einen Tropenwald betritt, wird vom Arbeitsfleiß der Ameisen in Erstaunen versetzt ...«

Die nächsten Anlaufstellen der *Beagle* waren Montevideo und Buenos Aires. Darwin blieb zehn Wochen in Maldonado am Nordufer des Rio de la Plata und trug »eine beinahe makellose Sammlung von Tieren, Vögeln und Reptilien« zusammen. Er unternahm eine Exkursion zum Polcanofluss, und die dortigen Einheimischen waren von seinem Taschenkompass fasziniert, der »grenzenloses Erstaunen« auslöste. Er hatte zudem ein paar »Promethean matches«[*] bei sich, die er mit einem Biss entzündete. »Es erschien so wundersam, dass ein Mann mit seinen Zähnen Feuer machte – gewöhnlich versammelte sich die ganze Familie, um Zeuge des Spektakels zu werden.« Er kannte die Art und Weise, wie gemeinhin über einheimische Völker geschrieben wurde, erging sich jedoch selten selbst in jenen Ausführungen über »Wilde« oder »unzivilisierte Rassen«, die so sattsam bekannt sind.

In Maldonado sammelte er »einige Quadrupeden, achtzig Vogelarten und viele Reptilien, darunter neun verschiedene Schlangenarten«, ehe er am 24. Juli nach Rio segelte. Auf einer gemeinsamen Exkursion mit einem englischen Kaufmann fingen sie ein Gürteltier, »das, wenn es in seiner Schale geröstet wird, zwar eine höchst vortreffliche Speise ist, aber kein sehr reichhaltiges Frühstück und Abendessen für zwei hungrige Männer darstellt«.

In Bahía Blanca verließ Darwin das Schiff, um über Land nach Buenos Aires zu gelangen. Ihm waren Gerüchte zu Ohren gekommen, dass sich General Rosas, dessen Bekanntschaft er gemacht hatte, im Krieg mit »wilden Indianern« befand, und er bedauerte die Geschehnisse, die sich auf dem Kontinent abspielten.

Der Krieg ist zu blutig, um lange anzuhalten; die Christen töten alle Indianer, und die Indianer tun das Gleiche mit den Christen.

---

[*] Von Samuel Jones 1826 patentierte Streichholzart, die aus einem kleinen, mit einem Fidibus verschlossenen Glasbehältnis bestand, in dem sich ein wenig Schwefelsäure befand, die von Kalisalz umschlossen wurde. Zerdrückte man den Glasbehälter (jeder Schachtel lag eine kleine Pinzette bei), entzündete die freigesetzte Säure das Kali.

Es ist bedrückend nachzuvollziehen, wie die Indianer vor den spanischen Invasoren zurückwichen ... Es wurden nicht nur ganze Stämme ausgelöscht, die übrig gebliebenen Indianer wurden auch barbarischer: statt in großen Dörfern zu leben und mit den Fischerei- und Jagdkünsten beschäftigt zu sein, streifen sie nun über die Ebenen, ohne Heimat oder feste Beschäftigung.

Die Vierhundertmeilenreise durch das Landesinnere nach Buenos Aires war daher gefährlich, in einer *posta* musterte ihn der Besitzer von oben bis unten, bis er den Pass mit dem Vermerk »El Naturalista Don Carlos« sah, und seine Ehrerbietung und Höflichkeit »wurden so grenzenlos, wie es zuvor sein Misstrauen gewesen war. Was ein Naturforscher sein könnte, wussten, so vermute ich, weder er noch seine Landsleute – aber wahrscheinlich verlor mein Titel dadurch nichts an Wert.« Im Oktober wurde Darwin kurzfristig in Las Conchas inhaftiert, bis er seine Verbindung zu General Rosas erwähnte. Er war froh, auf einem nach Montevideo fahrenden Postschiff entkommen zu können.

Gegen Jahresende erreichte die *Beagle* Puerto Deseado an der patagonischen Küste, wo die Tierwelt »so unermesslich war wie die Flora«. Darwin war jedoch stets daran interessiert, aus seinen naturkundlichen Beobachtungen auf andere Zusammenhänge zu schließen. »Man kann über den veränderten Zustand dieses Kontinents nicht ohne das größte Erstaunen nachdenken. Amerika muss einstmals von riesigen Ungeheuern gewimmelt haben: heute finden wir lediglich Zwerge.« Ein anderer Abschnitt über das Aussterben von Arten aus »uns nicht ersichtlichen Gründen« deutet an, dass sich hier bereits seine große Theorie zu regen beginnt.

In Feuerland angekommen, erlag Darwin bei seiner Begegnung mit den Einheimischen schließlich den üblichen Vorstellungen über »Wilde«. »Dies stellte ohne Ausnahme das seltsamste und interessanteste Spektakel dar, das ich je gesehen habe. Ich hätte nicht geglaubt, dass der Unterschied zwischen dem wilden und dem zivilisierten Menschen so groß ist. Er ist größer als jener zwischen einem wilden und einem domestizierten Tier, insofern dem Menschen eine größere Kraft zur Weiterentwicklung innewohnt.« Trotzdem schätzte er ihre »geschärfteren Sinne« und bemühte sich, eine Unterhaltung mit ihnen zustande zu bringen.

Darwin besuchte Chile, die Insel Chiloé und den Chonos-Archipel, und wie immer war sein Interesse an den Menschen seinen wissenschaftlichen Untersuchungen ebenbürtig. »Man spürt stets ein starkes Verlangen festzustellen, ob schon zuvor ein menschliches Wesen einen wenig besuchten Ort durchstreift hat. Ein Holzstück mit einem Nagel darin wird aufgehoben und untersucht, als ob es mit Hieroglyphen bedeckt sei.« Zu seinen interessantesten Erlebnissen gehörte ein Erdbeben auf Chiloé am 20. Februar 1835. »Ich war zufällig am Strand und hatte mich gerade im Wald niedergelegt, um mich auszuruhen. Es kam ganz plötzlich und dauerte zwei Minuten, aber dieser Zeitraum kam mir sehr viel länger vor ... Es war nicht schwierig, aufrecht zu stehen, aber die Erschütterung machte mich beinahe schwindelig; es fühlte sich ein wenig wie die Bewegung eines Schiffes an, dem eine Welle entgegenschlägt, oder vielmehr, als ob ein Mensch mit Schlittschuhen über dünnes Eis gleitet, das sich unter dem Gewicht seines Körpers biegt.«

Besonders verzaubert war Darwin von den Galapagosinseln. Kurz nach seiner Landung machte er einen Spaziergang. »Ich traf auf zwei große Schildkröten, jede von ihnen muss mindestens zweihundert Pfund gewogen haben. Meiner Einbildungskraft erschienen sie wie vorsintflutliche Tiere.« Darwin fand, der Archipel sei »eine kleine eigene Welt«, voller »urtümlicher Wesen.« Er stieß auf sechsundzwanzig Landvogelarten, die nirgendwo sonst beheimatet waren, und drei der elf Wat- und Wasservögel waren unbekannte

Arten, aber die auffälligste Besonderheit der Galapagosinseln waren die Reptilien. »Manche erreichen eine erstaunliche Größe. Mr. Lawson, Engländer und Vizegouverneur der Kolonie, erzählte uns, er habe welche gesehen, die so groß waren, dass sechs oder acht Männer nötig gewesen seien, um sie hochzuheben, und einige von ihnen hätten 200 Pfund Fleisch geliefert … Häufig kletterte ich auf ihren Rücken, und nach ein paar Schlägen auf den hinteren Teil des Panzers erhoben sie sich und trotteten davon – ich fand es allerdings sehr schwierig, das Gleichgewicht zu halten.«

Darwin schlitzte verschiedenen Eidechsen den Magen auf, um zu sehen, was sie gefressen hatten, und vermerkte, dass von den 185 Blütenpflanzen 100 unbekannt und nur auf den Galapagosinseln anzutreffen seien. »Wir stellen fest, dass die große Mehrheit der Landtiere und mehr als die Hälfte der Blütenpflanzen nur hier heimisch sind.« Das bemerkenswerteste Charakteristikum war, dass »die verschiedenen Inseln in einem beträchtlichen Ausmaß von unterschiedlichen Lebewesen bevölkert werden«. Von 38 Pflanzenarten, die nur auf den Galapagosinseln heimisch waren, kamen dreißig ausschließlich auf San Salvador vor.

Auf Tahiti wurde Darwin wie so viele Reisende von »lachenden, fröhlichen Gesichtern« begrüßt und fühlte sich sofort zu den Bewohnern hingezogen. »In ihrem Gesichtsausdruck liegt eine Milde, die umgehend die Vorstellung, dies seien Wilde, verscheucht, sowie eine Intelligenz, die zeigt, dass ihre Zivilisierung voranschreitet.« Er bewunderte die eleganten Tätowierungen der Männer. »Der Vergleich mag überspannt sein, aber der Körper eines derart verzierten Mannes erinnert mich an einen edlen Baum, der von einer grazilen Schlingpflanze umfasst wird.« Er drang ins Inselinnere vor, traf auf Missionare und nahm sie vor jenen in Schutz, die »erwarteten, dass Missionare das vollbrachten, woran selbst die Apostel gescheitert waren.«

Gegen Ende Dezember 1835 sichtete die *Beagle* in der Ferne Neuseeland. Sie hatten beinahe den Pazifik überquert: »Um die Unermesslichkeit dieses großen Ozeans zu begreifen, muss man ihn besegeln … Wir sind es gewohnt, Karten kleinen Maßstabs zu betrachten, wo sich Punkte, Schattierungen und Namen zusammendrängen, und können daher nicht ermessen, wie unendlich klein der Festlandanteil in einem Wasser von derartig gewaltigem Ausmaß ist.« Darwin war Wissenschaftler, aber in Passagen wie diesen zeigte er die Vorstellungskraft eines Künstlers. »Diese Antipoden rufen Erinnerungen an kindliche Zweifel und den Glauben an Wunder hervor. Erst neulich freute ich mich auf diese luftige Grenze als eindeutigen Punkt unserer Heimreise; aber nun, da ich sie überquert habe, halte ich sie, wie alle anderen Rastplätze der Phantasie, für einen Schatten, den der Mensch, mag er auch vorwärts streben, nicht erreichen kann.«

Kurz nach Weihnachten – er hatte England vor beinahe vier Jahren verlassen – verließ Darwin Neuseeland, glücklich, dessen menschliche Bewohner hinter sich lassen zu können (»der Großteil der Engländer hier ist wahrlich gesellschaftlicher Abschaum«), und steuerte Australien an. Am 12. Januar 1836 legten sie in Sydney Cove an, und bei einem Spaziergang wurde Darwin von einem patriotischen Ausbruch überwältigt. »Ich ging abends durch die Stadt und kehrte voller Bewunderung zurück. Der ganze Ort legt ein höchst glorreiches Zeugnis für die Macht der englischen Nation ab … Mein erster Impuls war, mich zu beglückwünschen, dass ich Engländer bin.« Er mietete zwei Pferde und stellte einen Mann an, der ihn nach Bathurst bringen sollte, das 120 Meilen entfernt im Landesinneren lag. Die ersten Aborigines, die er zu Gesicht bekam, erregten seine Bewunderung; sie erschienen ihm »weit entfernt von jenen entarteten Wesen, als die sie für gewöhnlich geschildert werden«. Sie gaben ihm viel Stoff zum Nachdenken: »Es ist sehr eigenartig, inmitten eines zivilisierten Volkes auf eine Gruppe harmloser Wilder zu stoßen, die herumzieht, ohne zu wissen, wo sie des Nachts schlafen wird, und die ihren Lebensunterhalt durch die Jagd in den Wäldern bestreitet.« Er merkte jedoch an: »Wo auch immer der Europäer auftaucht, scheint der Tod der Einheimischen sicher ... Die verschiedenen Menschenrassen scheinen wie unterschiedliche Tierarten aufeinander zu wirken – die stärkere rottet stets die schwächere aus.« Einmal mehr schimmert die Evolutionstheorie gespenstisch durch seine Betrachtungen; er deutete zudem an, »eine rätselhafte Kraft« sei bei diesen »Ausrottungen am Werk«.

In Australien schien er sich mehr für das gesellschaftliche Leben als für Naturgeschichte zu interessieren, war jedoch im Allgemeinen »enttäuscht vom Zustand der Gesellschaft. ... Nur ziemlich große Not könnte mich zum Auswandern bewegen.« Aber vielleicht verdankte sich Darwins Ernüchterung auch teilweise der Tatsache, dass er schon so lange von zu Hause fort war.

Anschließend besucht er Tasmanien, die Kokosinseln, Mauritius, Kapstadt, St. Helena und Ascencion. Auf St. Helena war er einen Steinwurf von Napoleons Grab untergebracht und erfreute sich an seinen »Streifzügen zwischen Felsen und Bergen«. Nach seiner Abfahrt aus Brasilien im August 1836 dankte er Gott, dass er niemals wieder ein Land besuchen müsse, das Sklaverei praktizierte. »Bis zum heutigen Tage erinnere ich mich, wenn ich einen Schrei in der Ferne vernehme, mit schmerzhafter Deutlichkeit an die Empfindungen, die mich überkamen, als ich an einem Haus in der Nähe von Pernambuco vorbeiging und das erbarmenswerteste Stöhnen vernahm. Ich konnte daraus nur schließen, dass einige arme Sklaven gequält wurden, und wusste gleichzeitig, ich war so machtlos wie ein Kind, mein Protest wäre fruchtlos.«

Darwin verbrachte acht Tage auf den Azoren und kehrte dann auf der *Beagle* nach England zurück, die am 2. Oktober 1836 in Falmouth anlegte – »ich habe beinahe fünf Jahre an Bord dieses braven kleinen Schiffes gelebt«. Am Schluss seines Buches *Journal of Researches into the Natural History & Geology of the Countries Visited During the Voyage Round the World of H. M. S. ›Beagle‹*[★] (1839) wartete Darwin mit »einem kurzen Rückblick der Vor- und Nachteile, der Schmerzen und Freuden unserer Weltumrundung« auf. Er versuchte eine Bilanz des Reisens zu erstellen und kam zu dem Schluss, nur der Gedanke an einen langfristigen »Ertrag« legitimiere ein solches Unterfangen. »Zweifellos verschafft es große Befriedigung, verschiedene Länder und die vielen Menschenrassen zu sehen, aber das gewonnene Vergnügen wiegt die Übel nicht auf.« Er führte einige der Entbehrungen auf, die der Reisende zu ertragen hatte: »Der Mangel an Platz, Rückzugsmöglichkeiten, Schlaf; das Gefühl der Erschöpfung, das durch die ständige Eile ausgelöst wird; der Entzug selbst des kleinsten Luxus, der Verlust der häuslichen Gemeinschaft, sogar das Fehlen von Musik und anderen Freuden des Geistes.« Im Vergleich jedoch zu Zeiten von James Cook sei die moderne Schifffahrt schneller und einfacher, »die ganze Westküste Amerikas ist zugänglich, und Australien hat sich zum Zentrum eines aufstrebenden Kontinents entwickelt«. Allerdings konnten die Tage auf See ganz schön langweilig sein – »eine ermüdende Öde, eine Wasserwüste, wie die Araber das Meer nennen«. Von der Küste aus betrachtet mochten Unwetter malerisch wirken, aber wer sich draußen auf dem Meer befand, war eher von »Schrecken ergriffen als von wildem Entzücken«.

Auf der Habenseite standen die Schönheiten, die es zu bestaunen gab und die, wie bei der Musik, am meisten von jenen geschätzt wur-

---

[★] Die deutsche Übersetzung *Naturwissenschaftliche Reisen nach den Inseln des grünen Vorgebirges, Südamerika, dem Feuerlande, den Falkland-Inseln, Chiloé-Inseln, Galápagos-Inseln, Otaheiti, Neuholland, Neuseeland, Van Diemen's Land, Keeling-Inseln, Mauritius, St. Helena, den Azoren etc.* erschien 1844.

den, die sie lesen konnten. »Daher sollte der Reisende Botaniker sein, denn stets bilden Pflanzen die Hauptzierde.« Am beeindruckendsten waren »die Urwälder, die noch nicht von Menschenhand verunstaltet sind ... niemand kann sich in dieser Einsamkeit befinden, ohne zu spüren, dass der Atem des Menschen nicht alles ist, was ihn ausmacht.« Darwin war fasziniert, wie sehr ihn die Erinnerung an die eigentlich trostlose und düstere Ödnis Patagoniens beschäftigte – »dies muss teilweise auf den enormen Raum, den sie der Phantasie bietet, zurückzuführen sein«. Das erstaunlichste Erlebnis eines Reisenden aber »war der erste Blick auf einen Barbaren – auf den Menschen in seinem niedrigsten und primitivsten Stadium. Der Geist eilt Jahrhunderte zurück und stellt die Frage: Könnten unser Stammväter Menschen wie diese gewesen sein?«

Und es gab das Vergnügen, im Freien zu leben, »der Himmel als Dach und der Boden als Tisch«, sowie die Entdeckerfreuden: »Die Karte der Welt hört auf, eine leere Fläche zu sein; sie füllt sich mit den unterschiedlichsten und muntersten Gestalten.« Die Ergebnisse, die im Zuge der Entdeckungsreisen erzielt wurden, waren ebenfalls sehr ermutigend, fand Darwin. »Der stetige Fortschritt, den die Einführung des Christentums in der gesamten Südsee nach sich zieht, ist wahrscheinlich einzigartig in den Annalen der Geschichte.« Ein weiterer Grund zur Zufriedenheit war der Anblick britischer Kolonien: »Das Hissen der britischen Fahne scheint Aufschwung, Reichtum und Zivilisation zur Folge zu haben.«

Nach diesem Abenteuer reiste Darwin nicht mehr, doch in den kommenden Jahren, in denen er seine Evolutionstheorie verfasste und verteidigte, sollte er sich stets auf jene Erfahrungen beziehen, die er während dieser fünfjährigen Reise voller Entdeckungen und wissenschaftlicher Beobachtungen gewonnen hatte.

»Ich folgte meinem Ehemann überall hin und beschäftigte mich lediglich ein wenig mit dem Wissen der einheimischen Frauen.« Isabel Burton

Grob und kompromisslos
Richard Burton in Brasilien

Nichts an Richard Burton und seiner Frau Isabel war alltäglich, doch das Vorwort zu *Exploration of the Highlands of Brazil* (1869) war wirklich sehr seltsam. Verfasst von Isabel, die seinen Bericht einer Reise bearbeitete, welche er zwischen Juni und November 1867 unternommen hatte, erhebt es vehementen Einspruch »gegen Burtons religiöse und moralische Gedanken, die ein gutes und ritterliches Leben Lügen strafen«. Isabel fand die »falsche Darstellung« der katholischen Kirche ebenso problematisch wie die offensichtliche Befürwortung »dieses unnatürlichen und abscheulichen Rechts namens Polygamie, das vom Autor selbst nicht ausgeübt wird. Von einem hohen moralischen Standpunkt predigte er den Ungebildeten diese Sitte als Mittel zum Bevölkerungswachstum in neugegründeten Ländern.« Nach diesem Protestschrei ließ Isabel dann Burtons Text gewähren.

Burton war nach dem Debakel der Nil-Kontroverse zwischen ihm und Speke und nach dessen Tod 1864 in das britische Konsulat nach Santos, Brasilien, gesandt worden. Allerdings ließ er sich bald im gesünderen Klima von São Paulo nieder, wo er »achtzehn stumpfsinnige Monate« verbrachte. Das Buch war das Resultat einer Reise, die Burton während einer Beurlaubung unternommen hatte. Er hatte den Eindruck, Brasilien sei weniger bekannt als Zentralafrika, habe aber dennoch »alles, was der Mensch sich wünschen könne«, es sei »das jüngste aller Imperien und die einzige Monarchie der Neuen Welt«. Auch habe die Abschaffung der Sklaverei zu »einem Mangel an schwarzen Arbeitskräften« geführt, und so befürwortete er die Auswanderung von Briten in dieses Land. Er spottete über den

Versuch, die Sklaverei in Afrika zu unterdrücken (er hielt die Bemühungen für Geldverschwendung), wo doch zu Hause 900 000 »Arme oder Almosenempfänger« untätig herumsäßen und »Überbevölkerung die Schrecken des Schwarzen Landstrichs hervorruft«. Selbst »Urlaubstouristen« könnten feststellen, dass Brasilien nur eine zehntägige Seereise von Europa entfernt sei.

Es war das erste Buch Burtons, das mit Blick auf das neue Phänomen des Massentourismus geschrieben wurde; seine Reise hingegen fand auf althergebrachte Art und Weise statt, mehr als die Hälfte der zweitausend Meilen wurde per Floß bewältigt. Burton schien sogar das Zeitalter der billigen Langstreckenflüge vorauszusehen. »Unsere Reise könnte von allgemeinem Interesse sein; in ein paar Jahren wird diese Region einen eigenen Reiseführer haben und Teil der Bildungsreise des 19. Jahrhunderts sein. Und ich wage vorauszusagen, dass viele unserer Zeitgenossen in Orkangeschwindigkeit über dieses Land gewirbelt und sechzig Meilen in der Stunde zurücklegen werden, eine Strecke, für die unsere schmerzhafte Reise auf Schusters Rappen beinahe eine Woche vergeudete. Vielleicht werden sie fliegen – *Quem sabe?*«

Burtons Ziel war der Oberlauf des Rio de São Francisco, er wollte den gesamten Fluss hinuntertreiben und die Diamantminen Brasiliens besichtigen. Am Mittwoch, den 12. Juni 1867 verließ er mit Isabel auf der *Petropolis,* einem kleinen Dampfer, die »leicht schläfrige und ereignisarme Hauptstadt« São Paulo; in Mauá gingen sie über einen »wackligen, knarrenden kleinen Holzlandungssteg zu den Eisenbahnwagen«. Die Mauá-Eisenbahn schnaufte zum Fuß des am Meer gelegenen Bergzuges empor, dort wechselten sie für die dritte Reiseetappe in eine Maultierkutsche, mit der sie »unter den Giganten des Urwaldes« zur Bergspitze hinauffuhren. »Überall sanftes Säuseln und Plätschern, das silberne Klingeln und Murmeln des herabstürzenden Wassers ist uns Musik in den Ohren ... Die weiße

Straße glitzert in der Sonne, als sei sie mit Silber bestreut.« Sie erreichten den 2900 Fuß über dem Meeresspiegel gelegenen Passgipfel Alto da Serra. »Man steht hier, verzaubert von der Herrlichkeit des Ausblicks.« Dann stiegen sie zum Hotel Inglez in Petropolis hinab.

Am 15. Juni fuhren sie in einer kopflastigen Postkutsche, die mit siebzehn Passagieren und achtundzwanzig Postsäcken beladen war, nach Juiz de Fóra weiter. Burton sah überall seine Meinung bestätigt, Brasilien sei ein aufstrebendes Land, und begründete, warum die Polygamie in diesem »spärlich bevölkerten Land« nötig sei. Er gab auch seine Ansichten über die Sklaverei zum Besten, die er, angesichts seiner Befürwortung lokaler Gebräuche, deren Ausrottung durch die Weißen er nicht guthieß (diese seltsame Begleiterscheinung seiner enthusiastischen rassistischen Ausbrüche), nur widerstrebend kritisierte. »Wie hätten die Dschungel der Antillen und der Südstaaten der amerikanischen Union ohne Sklaven gerodet werden sollen? Die Weißen konnten es nicht, und die freien Schwarzen wollten es nicht tun.«

Als Nächstes besuchten Burton und Isabel den Alagôa Dourada, den goldenen See, wo sie die erste Schwelle einer neuen Eisenbahnstrecke legen durften, die dort gebaut wurde. In Gesellschaft einiger Briten verbrachten sie einen trunkseligen Mittsommertag und brachen dann ins Hochland auf. Eine von Burtons vielen Abschweifungen beinhaltete ein Informationsbündel für alle, die »bequem reisen« wollten.

Widmen Sie jeden Gedanken der eigenen Person. Lassen Sie sich nicht durch hemmende Rücksichtnahme auf Geschlecht oder Alter davon abhalten, das kräftigste Tier, das beste Zimmer, das edelste Bratenstück, das letzte Glas Sherry zu nehmen – oder dies zumindest zu versuchen. Wenn Sie die Gruppe anführen, machen Sie sich breit und schubsen Sie alle, die sich Ihnen nähern, zurück – sie werden in Zukunft wahrscheinlich einen Bogen um Sie machen. Wenn ein Begleiter ein Pferd, einen Sattel oder ein Zaumzeug auswählt, versuchen Sie, das betreffende Objekt in die Finger zu bekommen – er hat offensichtlich guten Grund für seine Wahl. Sorgen Sie morgens gleich als Erstes für Ihr Wohlbefinden: umwickeln Sie Ihren Kopf, schlingen Sie einen Schal um Ihren Hals, stopfen Sie Ihre Stiefel mit Baumwolle aus. Wenn die Sonne allmählich steigt, werfen Sie Ihre Hüllen von sich – »gute Menschen sind selten anzutreffen« –, öffnen Sie Ihren Schirm und lutschen Sie Orangen, ergreifen Sie alle Möglichkeiten, die Ihnen Ihr Einfallsreichtum eingibt, um sich zu erfrischen. Steigen Sie nie in einem Hotel ab, wenn im Umkreis von einer Meile eine Privatunterkunft zu finden ist, und vor allem: Führen Sie Buch. Zum Schluss: Wenn Sie einen Mann zum Abendessen einladen, verzeichnen Sie an der Wand, wie viel Alkohol er konsumiert, starren Sie ihm ins Gesicht; Ihr Verhalten wird ihn wahrscheinlich davon abhalten, eine zweite Flasche zu ordern. Auf diese Weise wird Sie Ihre Reise nur 123 Milreis kosten, wohingegen Ihr Freund 750 Milreis Schulden hat.

Burton besichtigte die Goldmine in Morro Velho und fuhr in einem Kübel, der mit einem Holzsitz ausgestattet war, in den Schacht. »Die Bergmänner rieten uns, nicht hinabzusehen, da der Flimmer der Lichtquellen im mächtigen Dunkel dort unten Schwindel und Übelkeit verursacht.« Unten angekommen gingen er und Isabel durch »eine Balkenallee von monströser Erhabenheit« und wurden »in braune Beinkleider aus Halbleinen, gegürtete Jacken und Bergmannshüte« gewandet. Höhe und Breite der Mine (1134 und 108 Fuß) waren »einzigartig in der Geschichte des Bergbaus«, und Burton verglich die Grube mit Dantes Inferno.

Hier hingen an Ketten dunkle Körper in schrecklichen Stellungen, glänzend von Schweißtropfen; dort schwangen sie wie Léotard★ von Ort zu Ort; dort drängelten sie sich an losen Seilen wie Höhlenbewohner empor; dort bewegten sie sich über Gerüste, der Anblick allein genügte, dass einem reizbaren Gemüt schwindlig wurde ...

Burton war begeistert vom mineralischen Reichtum Brasiliens, wohingegen ihn das Sozialgefüge des Landes deutlich weniger beeindruckte. Einerseits: »Man mag mit Fug und Recht behaupten, dass Brasilien mehr als jedes andere Land dem weißen Mann ein großes Wirkungsfeld bietet«, aber andererseits: »Hier gibt es wirklich nur einen Klassenunterschied, frei oder versklavt, schwarz oder weiß ... Folglich beobachten wir hier, ebenso wie in den Vereinigten Staaten, die unnötige Anmaßung, mit der das europäische Proletariat freudig seine Unabhängigkeit geltend macht. Von einem dahergelaufenen englischen Seemann, den ich nie zuvor gesehen hatte, wurde ich folglich einfach mit ›Burtin‹ etc. angesprochen.« Unglücklicherweise habe der befreite schwarze Sklave »der höheren Rasse, die ihm Zutritt zur Gesellschaft gewährte, unermesslichen Schaden« zugefügt, »hauptsächlich durch die Übernahme aller Arbeit ... Wo Schwarze arbeiten, wird alle Arbeit Sklavenarbeit, und so besitzt dieses Volk keine ›tapfere Bauernschaft, den Stolz des Landes‹.« Die Behandlung der Sklaven in Brasilien hielt Burton für »außergewöhnlich human«.

So schön die üppige Landschaft des Tropenwaldes war, so handelte es sich doch um eine »eintönige Schönheit, primitiv und wild«, und Burton gab zu, er sehne sich nach der menschlichen Komponente in dem Ganzen.

★ Jules Léotard (1838?–1870), französischer Trapezkünstler.

Die Wahrheit ist, uns verlangt nach Menschen, uns verlangt offen und ehrlich gesagt zur Abwechslung nach ein klein wenig Hässlichkeit. Adam und seine Nachkommen sind für das von ihm in Besitz genommene Land, was das Leben für den Körper ist; ohne sie wird die Natur leblos oder ohnmächtig ... Ich kann nicht anders, als Grün die eintönigste aller Farben zu nennen; seine Wirkung ist in einem warmen, feuchten Klima von eigenartiger Bedrückung. In der Wüste aus Stein und Lehm liegt eine Lebensfreude und Lebhaftigkeit, die den Geist inspiriert – dies wird uns in Indien oder in Sansibar nie zuteil.

Am Mittwoch, den 7. August 1867 begann in Sabará die zweite Phase von Burtons Reise. Er hatte bis dahin fünfhundert Meilen zurückgelegt.

Hier endet jedoch der gemütliche Teil der Reise; wie bereits erwähnt, wird ein Großteil dieser Strecke bald eine Etappe der Bildungsreise des 19. Jahrhunderts darstellen. Was nun folgt, ist nicht gerade eine Vergnügungsfahrt auf der Themse oder dem Rhein: Hier sind glühende Sonne, heftige Regengüsse und wütende Winde zu erdulden; wir erwarten ein gerüttelt Maß an Entbehrungen, Not und Erschöpfung, mit gerade genug Risiko, um die Fahrt anregend zu gestalten – und schließlich gilt es beinahe 1300 Meilen in dem verrücktesten aller Boote zurückzulegen, das mit Lehm aus Sabará kalfatert ist.

Burtons erster Eindruck von dem Floß, das ihn bis zu den großen Wasserfällen bringen sollte, war nicht sehr ermutigend. »Nie zuvor habe ich eine derart klapprige Arche Noah erblickt; mit ihrem stehenden Segeldach gleicht sie einer treibende Zigeunerhütte, ungefähr sieben Fuß hoch und zweiundzwanzig lang, spitz wie ein Zelt auf zwei ausgehöhlten Baumstämmen. Der Fluss muss in der Tat sehr ungefährlich sein, wenn dieses Objekt ihn ohne Unfall passieren kann.« Das Floß bestand aus zwei oder drei Kanus von insgesamt dreiunddreißig Fuß Länge, die zusammengebunden wurden und ein Schiff von sechs Fuß Breite bildeten. Burton schlief vorn in einem Baumwollzelt, das ein großes Schreibpult aus Kiefernholz beherbergte, welches ebenso wie das Vordach den Wind abhielt. Hinten befand sich die Kombüse; an Bord waren neben Burton eine dreiköpfige Besatzung, sein persönlicher »Boy« Agostinho, ein Hund namens Negra sowie zwei weitere Passagiere.

Auf seiner gemächlichen Fahrt den Fluss hinab bemerkte Burton überall die Anzeichen von Veränderung und Fortschritt. »Dieser Wüstenstrom wird bald eine Fernstraße für die verschiedensten Nationen werden, eine Arterie, die dem Welthandel Lebensblut einflößt.« Er wurde ganz vernarrt in die Idee eines neuen Landes:

Wir beschäftigen uns viel zu sehr mit dem Gewesenen, mit dem ersten Gesang des großen menschlichen Epos; wir sind in jenen Tagen, in denen sich das gesamte Gedicht entfalten wird, gegenüber der Gegenwart zu gleichgültig. Recht verstanden gibt es nichts Interessanteres, als durch diese Neuen Welten zu reisen. Sie sind ganz entschieden das Land der Verheißung, die »Verkörperung des Unendlichen«, und in ihren Landschaften wird die tote Vergangenheit beerdigt werden – in Gegenwart dieses edleren Zustandes, den wir bestimmt in fernerer Zukunft erwarten dürfen.

Mitte September hatte Burton den Rio de São Francisco erreicht. »Hocherfreut fand ich mich im Schoß dieses Flusses wieder, dem die Zukunft gehört und der hier im Schnitt 700 Fuß breit ist. Ich hatte seit meinem Besuch im afrikanischen Kongo nichts Vergleichbares gesehen.« Er war überzeugt, dass die brasilianischen Wasserwege, ebenso wie die indischen, nicht ausreichend genutzt wurden. Man hatte der Eisenbahn den Vorzug gegeben. »Die unterschiedlichen Verbindungswege waren in der umgekehrten Reihenfolge ihrer Zweckmäßigkeit genutzt worden«, fand er. Während Burton den Fluss hinuntertrieb, gelegentlich die Besatzungen wechselte und gelangweilt die Landschaft betrachtete, hatte er schlechte Laune, vor allem im »gottverlassenen« São Romao. »Die São Romaner waren mir nicht angenehm. Ich entdeckte keine einzige weiße Haut unter ihnen.« Diese ländlichen Orte zeichneten sich in seinen Augen durch »barbarische Gleichförmigkeit« aus, und »nach ein oder zwei Tagen Aufenthalt in einer dieser Brutstätten der Trägheit fange ich an, mich wie jemand zu fühlen, der dort aufgewachsen ist«.

Burton erreichte schließlich den Endpunkt seiner Flussfahrt, Varzéa Redonda. »Ich spürte die Ruhe, die das erfolgreiche Ende eines fragwürdigen Unternehmens begleitet.« Noch standen die Wasserfälle aus, aber er verspürte ein Gefühl der Enttäuschung, das erfahrene Reisende nur zu gut kennen, die Tristesse angesichts des langersehnten Ziels. Als er sich den Wasserfällen näherte, hörte er »einen tiefen, hohlen Ton, erstaunlich sanft, wie das Grollen eines fernen Gewitters, aber es schien aus der Erde zu kommen, als ob wir direkt darüber hinwegschritten, nach einer weiteren Meile schien der Boden durch den ewigen Donner zu erzittern ... Die allgemeine Wirkung des Anblicks – und das mag für alle großen Wasserfälle gelten – ist die ›verkörperte‹ Vorstellung von Kraft, einer enormen, unerbittlichen, unwiderstehlichen Kraft.« Doch was Burton »zuerst großartig und erhaben erschien, löste schließlich eine Ehrfurcht aus, die zu mächtig war, um das Schauspiel noch irgendwie genießen zu können, und ich verließ den Ort, damit Verwirrung und Ergriffenheit weichen konnten ... Meine Aufgabe war vollbracht. Ich hatte den Sieg errungen, und die Kraft verließ mich.«

Und hier verlassen auch wir Richard Burton. Sein nächster Posten befand sich in Damaskus; er fühlte sich dort wohl und hielt seine Arbeit für sinnvoll, machte sich aber erneut überall Feinde. Im August 1871 wurde er zurückbeordert, und das Außenministerium teilte ihm ein Jahr lang keinen Posten zu. In diesem Zeitraum verfasste er *The Jew, the Gypsy, and El Islam,* das erst 1898 postum erschien – ein Werk, das den Verdacht, er sei judenfeindlich, nicht unbedingt ausräumte. Im Sommer 1872 suchte er in Island nach Schwefel; eine Expedition, die zu einem weiteren Buch, *Ultima Thule, or, A Summer in Iceland* (1875) führte und auf der er erfuhr, dass ihm das Amt des Konsuls in Triest angeboten wurde. Er traf im Oktober 1872 dort ein und hatte nur wenige Amtspflichten zu erfüllen. Sein Interesse an Poesie, Sexualwissenschaft und erotischer Literatur vertiefte sich weiter, und er nahm auch weiterhin ausgedehnte Urlaubsphasen, um reisen zu können.

Es war Burtons Übersetzung von *Tausendundeiner Nacht,* die ihn berühmt und reich machte – er verdiente 16000 Guineas damit. »Siebenundvierzig Jahre habe ich mich auf jede erdenkliche Art und Weise bemüht, mich auf ehrenvolle Weise hervorzutun«, sagte er zu seiner Frau, »ich bekam kein Kompliment oder ›Dankeschön‹ oder einen einzigen Penny. Im Alter habe ich ein zweifelhaftes Buch übersetzt und bekomme umgehend 16000 Guineas. Nun, da ich den Geschmack Englands kenne, werden wir niemals ohne Geld sein.«

1886 wurde aus Captain Richard Burton endlich Sir Richard Burton, und er trieb seine Übersetzung von *The Perfumed Garden* voran, die, so hoffte er, »die Krönung meines Lebens« würde; doch unmittelbar vor Vollendung des Werks starb er am 20. Oktober 1890 in Triest.

DIE POLARREGIONEN

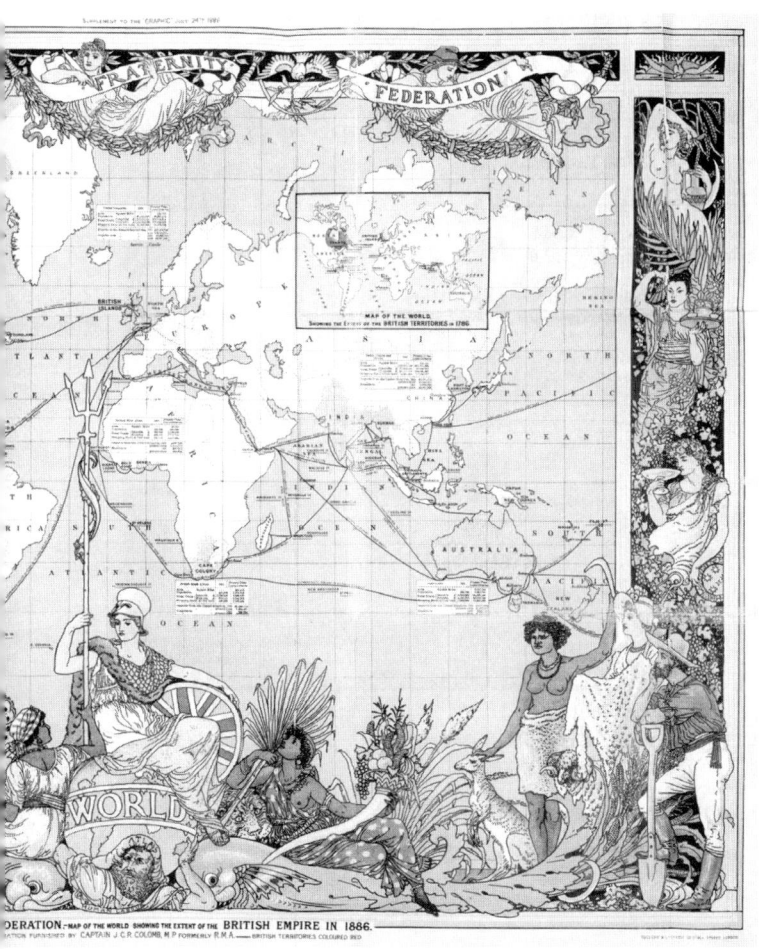

James Clark Ross, der 1839 zum Südpol aufbrach; die Reise dauerte fünf Jahre.

Eis

James Ross in der Antarktis

Von allen Vorstellungen über Reisen und Entdeckungen ist die des heldenhaften Engländers (die Polargebiete sind in der viktorianischen Ära eine reine Männerwelt), der vorwärtsdringt, um die Fahne seines Landes in eine polare Eiskappe zu rammen, die romantischste. Es existieren keine Aufzeichnungen, die bezeugen, dass der Mensch vor 1820 das antarktische Hauptland gesichtet hätte, und erst in den 1830er Jahren wurden ernsthafte Expeditionen zum Südpol unternommen – der Nordpol erregte anfänglich weit weniger Interesse. Die berühmteste dieser ersten Expeditionen war jene, die der britische Forscher James Clark Ross zwischen 1839 und 1843 anführte.

James Clark Ross wurde 1800 in Schottland geboren, trat 1812 in die Marine ein und unternahm 1818 seine erste Arktisreise, auf der Suche nach der schwer auffindbaren Nordwestpassage. Auf weiteren Reisen erwarb er sich einen Ruf als guter wissenschaftlicher Beobachter, die Rossmöwe wurde nach ihm benannt, und man wählte ihn zum Mitglied der Linnean Society of London. Er war der Neffe des Arktisforschers John Ross, und die beiden besegelten die Meere häufig gemeinsam. Er nahm an der Reise auf der *Victory* teil, bei der die britische Fahne in den nördlichen Magnetpol gesteckt wurde. Ross entwickelte ein Interesse am Erdmagnetismus, und zwischen 1835 und 1838 führte er die erste systematische magnetische Vermessung der britischen Inseln durch. 1839 bereiste Ross die Antarktis, um dort ähnliche magnetische Beobachtungen durchzuführen.

Unterstützt von der British Association for the Advancement of Science und ausgestattet mit einem Blatt sehr detaillierter Instruktionen der Lords Commissioners of the Admiralty, segelte Ross am 25. September von Gillingham los; die beiden Schiffe, *Erebus* und *Terror,* standen unter seinem Kommando. Nach einer Verzögerung von fünf Tagen, die durch eine Windflaute bei Margate Roads verursacht war, passierte er endlich am 5. Oktober Lizard, den südlichsten Punkt Englands. »Das letzte englische Küstenstückchen, das wir sahen und von dem wir unsere Abfahrt nahmen. Es ist nicht leicht, die Freude und Unbeschwertheit zu beschreiben, die uns überkam, als wir in den Ärmelkanal einfuhren und, von einer günstigen Brise getrieben, über die blauen Wellen des Ozeans hüpften. Wir nahmen nun glücklich das Unterfangen in Angriff, dessen Beginn wir alle so lang herbeigesehnt hatten, endlich befreit von den angespannten und langweiligen Tätigkeiten unserer langwierigen, aber notwendigen Vorbereitung.«

Am 3. Dezember überquerten sie den Äquator und vollzogen die gängigen Rituale »mit so viel Belustigung und gutmütigem Spaß, wie es bei solchen Anlässen üblich ist«. Der Großteil der Reise wurde mit gewissenhaften Messungen verbracht, doch es gab auch die eine oder andere Beobachtung, die darüber hinausführte. Die Bewohner von Hobart auf Van-Diemens-Land★ beispielsweise wurden als »vollkommen englisch« befunden, »sie sind daher Besuchern aus dem Mutterland sehr zugeneigt«. Anerkennend wurde die Ankunft eines Geistlichen zur Kenntnis genommen, der das Schulwesen der Kolonie ordnen sollte und ein Empfehlungsschreiben von Dr. Arnold aus Rugby bei sich trug. Erst im Dezember 1840 stieß die Expedition auf Eis.

Die fünfzehn Monate, die seit unserer Abreise aus England vergangen sind, haben unseren Reiseeifer keineswegs geschmälert,

★ 1856 erhält die Insel den Namen Tasmanien.

und nun, da endlich die Aussicht vor uns lag, jene Arbeiten beginnen zu können, von denen wir uns alle die bemerkenswertesten und wichtigsten Ergebnisse unserer Reise erhofften, strahlten Freude und Zufriedenheit auf jedem Gesicht ... Ich spürte, bei den vor uns liegenden anstrengenden Pflichten begehrten wir nichts außer der Führung und dem Segen des allmächtigen Gottes – ohne die sich das Können und der Mut des Menschen als vollkommen vergeblich erweisen.

Am 27. Dezember sahen sie die ersten Eisberge und Wale in Hülle und Fülle, dann auch Robben, Schneesturmvögel und Pinguine. Das Vorankommen der Schiffe wurde nun durch das Eis deutlich erschwert.

Am 15. Januar 1841 hatten sie gute Sicht auf eine Bergkette: »Diese wurde nach den bedeutenden Philosophen der Royal Society und der British Association benannt, auf deren Empfehlung die Regierung diese Expedition ausgesandt hat.« So erhielt zum Beispiel einer der Berge den Namen Mount Herschel. Am 17. Februar war Ross nur 160 Meilen vom Südpol entfernt, und es lag eine noch ungeheurere Befriedigung darin, ihm um einige hundert Meilen näher gekommen zu sein als seine Vorgänger, doch die Wetterbedingungen vereitelten eine weitere Annäherung. Dies rief eine von Ross' charakteristischen, frommen Wehklagen hervor, die gläubige Bescheidenheit und wissenschaftlichen Ehrgeiz gleichermaßen beinhalteten.

Es war gleichwohl verdrießlich, die Hügelkette, auf welcher der Pol gelegen ist, in so greifbarer Nähe zu erblicken, eine Entfernung, die unter anderen Umständen so leicht zu überwinden wäre, und zu spüren, wie das Hauptziel unseres Unternehmens beinahe erfüllt worden wäre. Nur wenige können das tiefe Bedauern nachempfinden, mit dem ich mich zwang, die vielleicht zu ehrgeizige Hoffnung aufzugeben, die ich so lange gehegt hatte: der Mann zu sein, der die Fahne meines Landes in beide Magnetpole unserer Weltkugel gepflanzt hat. Aber die sich aufwerfenden Hindernisse erwiesen sich als von so unüberwindbarer Art, dass wir keinen Grund zu Selbstvorwürfen hatten und uns in demütiger Ergebung Seinem Willen beugten, der somit die Grenzen unserer Forschungen gesteckt hatte; mit übervollem Herzen sprachen wir Dankgebete für das Ausmaß unseres Erfolges, mit dem er unsere Anstrengungen belohnt hatte.

Im März 1841 konnte Ross einen Blick auf das Polarlicht erhaschen und überquerte abermals den südlichen Polarkreis, dreiundsechzig Tage lang hatte er sich südlich davon aufgehalten. Ein Sturm kam auf, und es war zu befürchten, dass das Schiff gegen eine gefährliche Eisbergkette getrieben würde. »So erhaben und großartig unter anderen Umständen ein derartiger Anblick erscheinen muss – für uns war es entsetzlich. Acht Stunden lang trieben wir allmählich dem entgegen, was dem menschlichen Auge wie der unvermeidliche Untergang vorkam ... jenem schrecklichen Unheil, das uns zu erwarten schien.« Das Schiff näherte sich bis auf eine halbe Meile den Eisbergen.

Das Gebrüll der Brandung – sie erstreckte sich, so weit das Auge reichte – und das Geräusch herabstürzenden Eises trafen das Ohr mit grauenhafter Deutlichkeit, während der Blick immer wieder zu dem schrecklichen Untergang zurückkehrte, der drohte, binnen einer knappen Stunde die Welt, mit all ihren Hoffnungen und Freuden und Sorgen, für uns auszulöschen. In unserer tiefen Not riefen wir den Herrn an, und Er vernahm unsere Stimmen aus seinem Heiligtum heraus, und unser Flehen erreichte sein Ohr.

Ihre Gebete wurden zum Glück erhört, und ein sanfter Wind schob sie aus der Gefahrenzone. Am 4. April 1841 liefen die beiden Schiffe in die Bucht von Van-Diemens-Land ein, und die Besatzungen entboten ihre Jubelrufe dem Prunkschiff des Gouverneurs, das sie willkommen hieß.

Dem Erfolg dieses ersten antarktischen Arbeitseinsatzes schlossen sich mehrere Monate dauernde Schiffsreparaturen an. Gegen Ende Juni hatte Ross alle Reparatur- und Ausbesserungsarbeiten abgeschlossen und Proviant für drei Jahre geladen. Er unternahm ein paar kurze Ausflüge in die nähere Umgebung und stellte fest: »Die Eingeborenen begannen zur Zeit unseres Besuchs die Auswirkungen des Vertrags von Waitangi* schmerzlich zu spüren und drückten mit großer Bitterkeit ihre Enttäuschung aus ... Es war der peniblen Wachsamkeit der Häuptlinge nicht entgangen, dass die Zahl der Europäer rapide zunahm und somit die der Eingeborenen bald überträfe, was bedeutete, dass die Fremden bald in Besitz des ganzen Landes kämen.«

Am Neujahrstag 1842 befanden sich die *Erebus* und die *Terror* bereits 250 Meilen weit im Packeis, und der Feiertag wurde mit »verschiedenen kurzweiligen Spielen auf dem Eis« begangen, die in einem bizarren »Kostümfest von neuartigem und originellem Wesen« endeten, »bei dem alle Offiziere eine Rolle übernahmen«. Für die vielen Pinguine, die sie nun sichteten, standen die Dinge weniger gut. »Einige von ihnen wurden gefangen und lebend an Bord gebracht; es war in der Tat sehr schwierig, sie zu töten, zudem eine äußerst grausame Angelegenheit, bis wir zu Blausäure griffen, von der ein Teelöffel seinen Zweck in weniger als einer Minute erfolgreich erfüllte. Das Gewicht der riesigen Vögel lag zwischen sechzig und fünfundsiebzig Pfund ... Sie sind bemerkenswert dumm und

---

* Gilt als Gründungsdokument Neuseelands.

lassen es zu, dass man ihnen so nahe kommt, bis man ihnen mit einem Knüppel auf den Kopf schlagen kann.« Pinguine wurden erstmals auf der Reise von James Cook entdeckt, aber »wir hatten das Glück, die ersten makellosen Exemplare nach England bringen zu können. Einige von ihnen wurden in vollständigem Zustand in Fässern mit starker Salzlake konserviert, sodass der Physiologe und der Anatom die Gelegenheit erhalten würden, diese herrliche Kreatur in ihrer Gesamtheit zu studieren.« Ross ließ auch einige Robben fangen. »Sie existieren allerdings nicht in so großer Anzahl, dass unsere Kaufleute verlockt werden könnten, Jäger in dieses Gebiet zu entsenden.«

Das Hauptproblem, vor dem die Expedition nun stand, war das herandrängende Eis. Um einen Eisgürtel zu durchbrechen, »waren einige Stunden harter Arbeit mit Stangen und Trossen nötig«, zu allem Übel warfen Stürme die Schiffe gegen das Eis, und die Steuerruder wurden beschädigt. »Stunde um Stunde verging ohne die kleinste Milderung der fürchterlichen Umstände, in denen wir uns befanden. Es schien in der Tat nur wenig Aussicht zu bestehen, dass unsere Schiffe standhalten würden, so häufig und heftig waren die Stöße.«

Am nächsten Tag jedoch erwies sich der Schaden als nicht so groß wie zunächst befürchtet. »Das beschädigte Ruder wurde an Bord gehievt, und die Zimmermänner und ihre Gehilfen machten sich daran, es zu begradigen, die Splitter abzuschneiden und die abgerissenen Teile zu ersetzen, während die Schmiede an der Esse Bolzen und Reifen anfertigten, um alles fest miteinander zu verbinden. Durch die unermüdliche Arbeit der Offiziere und Handwerker war das Ruder der *Erebus* vor Mitternacht wieder zum Einsatz bereit.« Das Steuerruder der *Terror* war allerdings so vollständig zerstört, dass ein Ersatzruder angepasst werden musste.

Das nächste Problem war die Windflaute, aber getreu der gewissenhaften Frömmigkeit Ross' wurde Ihm Dank bezeigt, »der uns die

Schrecklichkeiten und Wunder des großen Abgrunds schauen ließ, der uns lehren möge, unsere eigene Schwachheit zu begreifen, und uns Seine Kraft sowie Seine Bereitschaft spüren ließ, allen, die Ihn anrufen und Ihm vertrauen, zu helfen«. Es war so kalt, dass Teile der Wellen gefroren und dieses Eis vom Bug geschlagen werden musste. »Ein kleiner Fisch fand sich in der Eismasse; er muss gegen das Schiff geprallt und umgehend erstarrt sein. Er wurde vorsichtig zu Konservierungszwecken entfernt, gezeichnet und von Dr. Robertson vermessen, aber unglücklicherweise wurde er dabei von einer Katze gepackt und verschlungen.«

Als die Schiffe endlich wieder in Gang kamen, drangen sie schnell in östlicher Richtung vorwärts und erreichten schließlich den Südatlantik; sie ankerten vor den Falklandinseln, gingen an Land und erwarben frisches Fleisch und Gemüse. Der Gouverneur der Falklandinseln erteilte ihnen die Erlaubnis, eine Jagdpartie zu unternehmen; zwölf Zentner Wildrindfleisch wurden anschließend verladen.

Am 8. September brach Ross zu seiner dritten Saison auf, in der Hoffnung, in der Nähe von Kap Hoorn eine Reihe von magnetischen Experimenten durchführen zu können. Er lief Feuerland an und fand die Einheimischen »die erbärmlichste und kläglichste der menschlichen Rassen«, ein Urteil, das er umgehend relativierte: »Sie sind vortreffliche Imitatoren und waren gern mit unseren Leuten zusammen, sangen und tanzten mit ihnen.« Zudem war ihr Benehmen »friedlich und gutartig, und ihre Fröhlichkeit und ihr gutmütiges Naturell machten uns ihre Gegenwart angenehm«. Ross schenkte ihnen Messer, Äxte, Sägen, Tischlerwerkzeuge, Angelschnüre, Haken und Ähnliches. Er gab zu, ihre Sprache nicht zu verstehen und keine Ahnung von ihren religiösen Vorstellungen zu haben, »aber hoffen wir, der Tag ist nicht mehr fern, an dem die Segnungen der Zivilisation und die freudvolle Botschaft des Evangeliums bis zu diesen niedrigsten aller Menschenwesen gebracht werden.« Diese kleine Vignette – die Verwirrung und die Veränderungen des Tonfalls, die schwankenden Sympathien –, die abwechselnd einfühlsam beobachtet oder hölzern beurteilt, ist ein typisches Beispiel für die Art und Weise, wie Viktorianer andere Rassen darstellten und beschrieben.

Im Februar 1843 gab Ross jeden Versuch, weiter vorzudringen, auf, da er befürchten musste, dass die Schiffe im Eis einfrieren würden. Am 4. April kehrte die Expedition zum dritten Mal nach Cape Point zurück, »ohne dass während der anstrengenden Einsätze ein einziger Teilnehmer auf der Krankenliste gestanden hätte«.

Sie traten schließlich die Heimreise an, und »die Ufer des alten England kamen um 5.20 Uhr morgens am 2. September in Sicht, und am 4. ankerten wir um Mitternacht vor Folkestone. Am nächsten Tag brachen wir umgehend zum Marineamt auf.«

Wie es bei den besten Expeditionen meist der Fall ist, wurde das eigentliche Ziel, die Eroberung des südlichen Magnetpols, nicht erreicht, aber viele magnetische Vermessungen waren vervollständigt worden (obwohl hinsichtlich der Datenqualität unterschiedliche Ansichten bestehen). Ross wurde mit der Goldmedaille der Royal Geographical Society ausgezeichnet, 1844 zum Ritter geschlagen und lebte nach seiner Heirat friedlich in Buckinghamshire. Er leitete die erste Suchexpedition nach Franklin, von der er mit leeren Händen zurückkehrte. Ross starb am 3. April 1862 in Aston Abbots, Buckinghamshire.

Im Eis gefangen: Francis McLintocks *Fox* auf der Suche nach der Nordwest-
passage, 1857.

Ein kühner Abenteurer

Francis McLintock auf der Suche nach John Franklin

Im Frühjahr 1845 brachen die beiden vom Eis ramponierten Schiffe *Erebus* und *Terror,* die ehemals von Sir James Ross befehligt worden waren, unter dem Kommando von Sir John Franklin zu einer offiziellen Expedition auf. Sie sollten die Nordwestpassage finden, das eisige Pendant zur viktorianischen Obsession, die Nilquelle zu lokalisieren: das große Ziel eines jeden Entdeckers. Nach Ross' Antarktisexpedition waren die beiden Schiffe besonders verstärkt und mit einer kleinen, von einer Schiffsschraube angetriebenen Dampfmaschine ausgestattet worden. Diese verhängnisvolle Expedition zur Beringstraße zog mehr als zwölf Jahre lang zahllose Versuche nach sich, die verschollenen Seeleute zu finden, denen es entweder nicht gelungen war, ihr Ziel zu erreichen, oder die an der Rückkehr gescheitert waren. Erst die Reise von Francis Leopold McLintock löste 1857 endlich das Rätsel.

Bei seiner Vorstellung von McLintocks Buch *The Voyage of the ›Fox‹ in Arctic Seas: A Narrative of the Discovery of the Fate of Sir John Franklin and His Companions* (1859) bezeichnete Sir Roderick Murchison den Bericht als »eine schlichte Geschichte, die erzählt, wie er und seine sorgfältig ausgewählten Begleiter mit einem kleinen Schiff von 170 Tonnen dieses große Rätsel aufklärten«. Die Ehefrau des Verschollenen, Lady Franklin, hatte eindrucksvoll bewiesen, »was eine treue englische Frau erreichen kann«, indem sie McLintock mit der Suche beauftragte, nachdem Premierminister Lord Palmerston beschlossen hatte, er könne die Kosten weiterer Suchexpeditionen schlicht und einfach nicht verantworten. Für Murchison war Franklin »*der erste wahre Entdecker der Nordwestpassage ...*

diese bedeutende Tatsache muss deshalb auf Franklins Denkmal eingraviert werden«.

Trotz des Auftriebs, den 1854 die Nachricht auslöste, eine Gruppe Eskimos habe im Frühjahr 1850 an der Mündung des Great Fish River ungefähr vierzig verhungerte Weiße gesichtet, wollte die Regierung keine weitere Reise unterstützen, also finanzierte Lady Franklin die Expedition selbst und erwarb für 2000 Pfund die Schraubenjacht *Fox*. McLintock übernahm begierig den Auftrag, das Schiff zu befehligen. »Ich konnte schlecht der Nachwelt die Ehre überlassen, die noch vorhandenen kleinen weißen Flecken auf unserer Landkarte auszufüllen.« Zunächst beaufsichtigte er die Überholung des Schiffes: »Der scharfkantige Vordersteven wurde mit Eisen verkleidet bis er einem hochkant gestellten schweren Meißel ähnelte.« Dann heuerte er eine fünfundzwanzigköpfige Mannschaft an, wobei siebzehn der Männer über Arktiserfahrung verfügten, und die Bewerbungsflut – selbst Landratten boten ihre Dienste an – bewies ihm, »dass uns die Stimmung im Land wohlgesinnt war und unter Engländern wie in alten Zeiten immer noch die inbrünstige Liebe zu kühnen Unternehmungen lodert«. Es war ein patriotisches Epos der besonderen Art: die kleine Gemeinschaft mutiger, lediglich mit dem Nötigsten ausgestatteter Briten. »Der ernsthafte Wunsch, eventuellen Überlebenden der unglückseligen Expedition Beistand zu leisten ... ihre heroischen Taten vor dem Vergessen zu retten, schien die natürliche Regung jedes rechtschaffenen englischen Herzens zu sein.«

McLintock (eigentlich ein in Dundalk geborener Ire) glaubte, »die ruhmvolle Aufgabe, die mir zuteil wurde, war in Wahrheit eine *große vaterländische Pflicht* ... und zählte zu den edelsten Aufgaben im Namen der Menschlichkeit, die je an eine Nation herangetragen wurden«. Eine Aufgabe, die angesichts eines »kleinen Schiffs, das nur fünfundzwanzig Mann beherbergte«, umso beeindruckender war. »Je geringer die Mittel, desto mühseliger war in meinen Augen die Ausführung.« Lady Franklin bestätigte diese Darstellung und lobte in einem Brief seine »kleine Heldentruppe«.

Die schneidige Truppe segelte am 1. Juli 1857 los, mit reichlich Proviant für eine achtundzwanzigtägige Reise ausgestattet, unter anderem »eingelegtes Gemüse, Zitronensaft und Essiggurken für den täglichen Verzehr, Pökelfleisch für jeden dritten Tag sowie so viel von Messrs Allsopps stärkstem Ale, wie wir unterbringen konnten«. Die Regierung bot an, Munition beizusteuern, das Marineamt lieferte 6682 Pfund Pemmikan. »Er besteht aus erstklassigem, in dünne Streifen geschnittenem Rindfleisch, das über einem Holzfeuer gedörrt, dann zerstampft und mit der gleichen Menge Rinderfett vermischt wird. Der Pemmikan wird dann in Behälter gefüllt, von denen jeder 42 Pfund fasst.« Das Marineamt stellte zudem Eisausrüstungen zur Verfügung.

Am 20. Juli erreichte die *Fox* Grönland. Dort luden sie ein krankes Besatzungsmitglied ab und trafen einige dänische Missionare, die den Inuit Lesen und Schreiben beibrachten. »Haben wir Engländer mehr oder ebenso viel für die Eingeborenen in einer unserer zahlreichen Kolonien getan, besonders für die Eskimos in unseren Hoheitsgebieten Labrador und Hudson Bay?«

Anfang August war das Schiff bereits bis in die zugefrorene Baffinbucht vorgedrungen, und am 12. des Monats sahen sie den sich über vierzig bis fünfzig Meilen erstreckenden »gewaltigen Gletscher« der Melvillebucht. Jeden Abend spielten die Männer auf dem Eis Schlagball. Die »Gefangenschaft« war jedoch frustrierend, und sie mussten Robben töten, um die Hunde füttern zu können. In der Bucht mussten 170 Meilen zugefrorene Eisfläche überwunden werden, und sie kamen, durch Eisberge behindert, lediglich neun Meilen die Woche voran. McLintock war bitterlich enttäuscht und folgerte: »Wir sind zu einem langen Winter der vollständigen Nutzlosigkeit, wenn nicht gar des Müßiggangs in ziemlicher Gefahr und Entbehrung verdammt ... Ein Tag gleicht dem anderen; wir haben mit deftiger Eintönigkeit zu kämpfen.« Die Lebensmittelversorgung stellte ein Problem dar; das Pökelfleisch wurde zum Aufquellen in ein Eisloch gehängt, und oftmals bediente sich ein Hai an dem dargebotenen Häppchen. Sie erlegten einen Bären, den sie an die Hunde verfütterten, und maßen ihr Vorankommen mittels zweier Eisberge, die neben ihnen hertrieben; ihre Positionen veränderten sich einen Monat lang kaum.

Am 5. November verbrannten sie auf dem Eis eine Guy-Fawkes-Puppe, und Anfang Dezember mussten sie Scott, den Ingenieur, beerdigen, der in eine Bodenluke gestürzt und dabei zu Tode gekommen war; sie gruben ein Loch ins Eis und ließen die Leiche hineinfallen. Im Dezember bewältigten sie siebenundsechzig Meilen durch die Baffinbucht Richtung Atlantik. Erst am 12. April 1858 trieben sie »unrühmlich aus der arktischen Region« und erreichten das Meer nach »unserem langen, langen Winter und der geheimnisvollen Eisdrift«, die 1194 Meilen und 242 Tage gedauert hatte, »die längste Drift, von der ich je gehört habe«.

Am 28. April ankerte die *Fox* vor dem grönländischen Holsteinborg, um neue Vorräte aufzunehmen und der Mannschaft eine Verschnaufpause zu gönnen, ehe am 8. Mai der Aufbruch erfolgte. »Der Sommer ist plötzlich ausgebrochen!«, bemerkte McLintock, ehe er die ein wenig überflüssige Bemerkung von sich gab: »Es gibt nichts Ungewisseres als die Schifffahrt im Eis, da sie so abhängig von Winden, Temperaturen und Strömungen ist.« Sie reisten den ganzen Sommer über weiter, entdeckten eine lebende Maus in einem Fass mit Keksen, das im Juni 1857 in Aberdeen versiegelt worden war, und bereiteten sich darauf vor, die Suche in mehreren Gruppen fortzusetzen. »Auf diese Weise werden wir, darauf vertraue ich, die Suche nach Franklin und die Entdeckung des arktischen Amerikas zu einem guten Abschluss bringen, beides Unternehmungen, die von den vorigen Expeditionen nicht vollendet werden konnten. Und so wird es uns wahrscheinlich gelingen, eine Spur, ein Überbleibsel zu finden oder gar auf wichtige Aufzeichnungen jener zu stoßen, deren geheimnisvolles Schicksal zu klären unser großes Ziel ist.« Dann wurden die Winterlager errichtet, ein weiteres Weihnachtsfest gefeiert. Auch wenn sie bei ihrer Suche nach Franklin wenig Fortschritte zu machen schienen, vervollständigten die verschiedenen Gruppen bei ihren Landgängen die Erforschung der Küstenlinie Kontinentalamerikas, 120 Meilen konnten den Karten hinzugefügt werden.

Bei einem Landausflug – sie schliefen in selbstgebauten Iglus – traf McLintock einige Inuit, die sagten, bisher habe keiner von ihnen »Weiße« gesehen, aber »ein Mann verkündete, er habe ihre Knochen auf der Insel entdeckt, auf der sie gestorben seien, einige der Männer seien aber begraben worden. Petersen meinte auch verstanden zu haben, dass das Schiff durch den Druck des Eises geborsten sei. Fast alle der Einheimischen hatten sich an der Plünderung beteiligt.« Er sprach mit verschiedenen Inuit, die behaupteten, eines der Schiffe sinken gesehen und das Wrack des anderen am Ufer eines Ortes entdeckt zu haben, den sie Ut-lu-lik nannten; das Holz des Wracks wurde von ihnen für ihre Zwecke weiterverwendet. Sie hatten gesehen, wie die Weißen mit einem Boot aufgebrochen waren, und im darauffolgenden Winter hätten sie ihre Knochen gefunden. McLintock schnappte weitere Berichte über das Wrack auf, und später entdeckte er ein Stück von einer Fleischkonservendose, Kupferstückchen und einen eisernen Fassbolzen.

Am 24. Mai, kurz nach Mitternacht, fanden sie ein menschliches Skelett mit einem gefrorenen Taschenbuch; der Kleidung nach handelte es sich um einen der Zahlmeister. Er befand sich in einer Position, die zeigte, dass er mit dem Gesicht voraus zu Boden gestürzt war, was die Berichte der Inuit bestätigte: »Sie stürzten und starben, während sie sich vorankämpften.« McLintock fand lediglich einen Steinhügel, den er Simpson's Cairn nannte, sonst nichts. »Ich kann nicht glauben, dass nicht wenigstens *irgendein Zeichen* von der Mannschaft hier zurückgelassen wurde oder vielleicht einige wertvolle Dokumente. Mit einem Gefühl tiefsten Bedauerns und großer Enttäuschung verließ ich diese Stelle ohne ein sicheres Zeichen dieser für den Ruhm ihres Landes gestorbenen Märtyrer.«

Am 24. Juni 1859 erreichte McLintock die Insel von Montreal und legte zu Fuß die Strecke zurück, die er für die einzig mögliche Nordwestpassage hielt. »Aber das ist nichts im Vergleich zu dem Interesse, das die von Hobson gefundenen *Franklin-Überbleibsel* erregen, die sich nun in meinem sicheren Gewahrsam befinden! Wir kennen nun das Schicksal der *Erebus* und der *Terror*. Das einzige Ziel unserer Reise ist endlich erreicht, und wir warten unruhig auf jenen Zeitpunkt, zu dem eine Flucht aus dieser freudlosen Gegend durchführbar sein wird.« In seinem Bericht kommt er recht unvermittelt auf diese bedeutsame Entdeckung zu sprechen. Sie wurde von seinem Kollegen Hobson bei Point Victory gemacht, der an der Nordwestküste der King-William-Insel liegt. Ein mit »John Franklin, Leiter der Expedition« unterschriebenes Dokument, mit den unterstrichenen Worten »alles gut« und dem Datum vom 28. Mai 1847, bat in verschiedenen Sprachen, wer immer es finden möge, »solle es an den Marineminister, London, weiterleiten, *mit der Angabe, wann und wo es gefunden wurde.*« Es war, schrieb McLintock, »ein trauriges und berührendes Überbleibsel unserer verschollenen Freunde«, denn auf dem Rand des Papiers befand sich die mit Tinte geschriebene Information, die beiden Schiffe seien am 25. April 1848 verlassen worden und Sir John Franklin am 11. Juni 1847 gestorben. »Nie wurde in so wenigen Worten eine traurigere Geschichte erzählt.«

Sie hatten ihre Aufgabe erfüllt, waren überzeugt, dass es keine weiteren Überreste zu finden gab, und so machte sich die *Fox* im August auf die Heimreise. Am 10. September feierten sie ihren letzten Blick auf einen Eisberg, und nach »zwei Jahren der Reise in den stillen Wassern des eisigen Nordens« erreichten sie am 20. September den Ärmelkanal, nur neunzehn Tage nachdem sie Grönland verlassen hatten.

ZU GUTER LETZT: EUROPA

FEDERATION.—MAP OF THE WORLD SHOWING THE EXTENT OF THE BRITISH EMPIRE IN 1886.

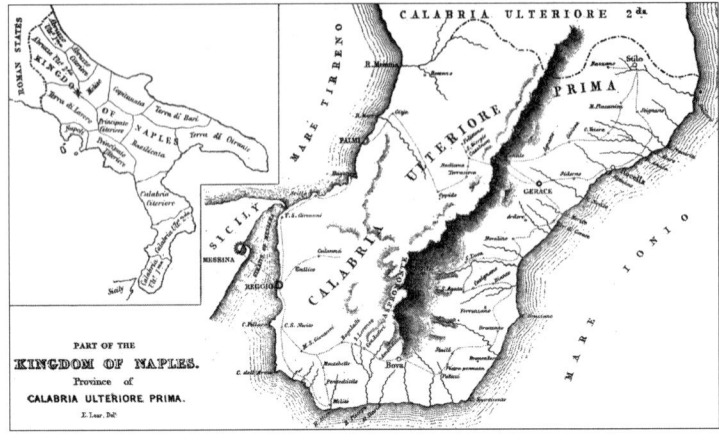

PART OF THE

KINGDOM OF NAPLES.

Province of

CALABRIA ULTERIORE PRIMA.

E. Lear, Del^t

Der Wandervogel

Edward Lear in Italien und Albanien

Dieses Buch beschreibt die europäischen Vorstöße des 19. Jahrhunderts in weit entfernte »seltsame Länder«, doch auch Südeuropa war in vielerlei Hinsicht für den viktorianischen Reisenden ein ebenso unzivilisiertes und herausforderndes Reiseziel wie nur irgendeines der von den Männern mit Tropenhut angesteuerten Gebiete. Für die durch Europa führende letzte Etappe scheint es deshalb passend, einen der einnehmendsten und ergötzlichsten viktorianischen Reisenden auszuwählen: Edward Lear. Er verbrüderte sich weder mit Alligatoren und Nilpferden, noch wurde er von einheimischen Trägern in einer weißen Hängematte durch den Dschungel transportiert, noch saß er schwankend hoch oben auf dem Rücken eines Kamels oder eines Elefanten. Seine *Journals of a Landscape Painter* (1851/52) waren nicht mehr und nicht weniger die Berichte eines gewöhnlichen englischen Reisenden auf der Suche nach dem Pittoresken.

»Die Art und Weise des Reisens, die ich und mein Mitwanderer pflegten«, vermerkte er über seine Reise durch Kalabrien, »war die einfachste und zugleich die preiswerteste – wir bestritten die gesamte Tour zu Fuß.«

Edward Lear brach am 25. Juli 1847 nach Südkalabrien auf – ein Jahr, nachdem sein gefeiertes *A Book of Nonsense* erschienen war – und war sich sehr wohl bewusst, wie er in seiner verspielt humorvollen Art formulierte, dass »schon der Name Kalabrien nicht wenig Romantik besitzt ... Sobald das Wort fällt, entsteht vor dem geistigen Auge eine neue Welt – Sturzbäche, Schlupfwinkel, die ganze Verschwendung der Berglandschaft – Höhlen, Räuber und Spitzhüte – Mrs. Radcliffe* und Salvator Rosa** – Schrecken und Herrlichkeit ohne Ende.« Doch trotz all dieser Reize habe »dieses Land, welches das Interesse von Malern und Dichtern weckt, nur wenige Entdecker angezogen«. Lear durchquerte die Straße von Messina nach Reggio di Calabria mit genügend Gepäck für vier bis sechs Wochen und »wohl ausgestattet mit Empfehlungsschreiben an jene Personen der kalabresischen Hauptstadt, die uns bei unserem Weg ins Landesinnere behilflich sein sollten«. In Reggio angekommen, überwanden er und sein Begleiter ohne größere Schwierigkeiten die Zoll- und Gesundheitsformalitäten, denn sie trugen auf herzoglichem Briefpapier »ein Empfehlungsschreiben an den *direttore,* nach dessen Adresse wir in ordentlich hochtrabendem Tonfall fragten«.

Am nächsten Morgen verließ Lear die Locanda Giordano. »Bei Sonnenaufgang brach ich zu einer Forschungsexpedition auf und sprang zwischen den endlosen Kaktus- und Aloewegen, Feigengärten und Orangenhainen hin und her, um den besten Blick auf Reggio zu erhaschen. Reggio ist in der Tat ein einziger großer Garten und zweifellos einer der lieblichsten Orte der Welt.« Dem Maler Lear war natürlich daran gelegen, schöne Ausblicke zu finden – seine oberste Reisepriorität. »Der Mensch wird bei einer Reise in einem so wenig besuchten Land wie diesem ziemlich oft vom Zufall geführt; die Regel, sich in der Nähe der Berge zu halten, ist vielleicht die beste. Wenn Sie von einer Stadt, einer Tracht oder einem antiken Werk hören, die in irgendeiner Weise bemerkenswert sind, und zur Besichtigung eilen, wie es die Neigung anraten mag, werden Sie manchmal für Ihre Mühen belohnt – und ebenso häufig nicht.«

---

* Ann Radcliffe (1764–1823), englische Schriftstellerin, die Schauerromane verfasste, u. a. *The Italian or the Confessional of the Black Penitents* (1797); die deutsche Übersetzung *Der Italiäner* erschien 1973.
** Italienischer Barockmaler (1615–1673).

Die beiden Freunde stellten für sechs Carlini pro Tag einen Maultiertreiber namens Ciccio an, brachten aber scherzhaft ihre Enttäuschung zum Ausdruck, dass er keinen Räuberhut, sondern nur eine blaue sizilianische Kappe mit langem Mützenbeutel trug. Ihre sehr spartanische Unterkunft bot ebenfalls Anlass für Witzeleien: »Ich hatte meinen Begleiter (der bisher mit diesen Regionen unbewandert war) vorgewarnt, dass er in ganz Kalabrien wahrscheinlich auf viel Naivität, viel Herzlichkeit und noch viel mehr Schmutz stoßen würde.«

Wie ein englischer Reisender des 18. Jahrhunderts auf der Suche nach der Idylle fühlte sich Lear zu der »Landschaft, die an die Gemälde Poussins★ erinnert«, hingezogen »und wäre gern geblieben, um diese zu zeichnen [hätte es nicht geregnet]«, oder zu den »malerischen Bauern« in Condufiri, die ihm im Vorübergehen Birnen anboten. In den Wäldern von Pietrapennata rief er wie aufs Stichwort: »Auf Schritt und Tritt erinnert hier alles an Claude und Salvator Rosa!« Reisen war schwere Arbeit, und am Ende des Tages wollten Lear und sein Begleiter nur noch schlafen, doch ihre Gastgeber hielten sie davon ab, und so befanden sie sich »ob dieser Qual in einem Zustand der Verzweiflung, zwischen Hunger, Morpheus und Höflichkeit hin- und hergerissen«.

In den 1850er Jahren war Südeuropa immer noch sehr urtümlich, und die Einheimischen waren ebenso wie die Wüstennomaden oder afrikanischen Stammesangehörigen von Fremden fasziniert. »Du kannst dir den Mund fusselig reden, aber du kannst sie nicht davon überzeugen, dass du kein politischer Agent bist, der das karge Land ausspionieren soll und die Absichten seiner Regierung unter dem dünnen Mäntelchen der Malerei verbirgt – eine Tätigkeit, die ihnen

---

★ Nicolas Poussin (1594–1665), französischer Maler, der seit 1624 in Italien, hauptsächlich in Rom, tätig war.

nicht neu ist und an deren Ergebnissen sie kein Vergnügen finden.«
Einmal verkündete ein alter Mann allen, sie seien im Aufklärungs-
auftrag der britischen Regierung unterwegs. »Eine Einbildung, über
die sich die Engländer im Allgemeinen lustig machen, dabei ist die
Sache keineswegs so absurd, wenn man bedenkt, dass der Eroberung vieler Länder durch Beobachtungen und Erkundungen Einzelner der Weg bereitet wurde.« Lear war sich bereits des fortschreiten-
den Tourismus bewusst, und er erkannte, dass das Bauernleben, das
er zeichnend einfing, nicht mehr lange »von Verkehrsstraßen und
den gleichmachenden Veränderungen der Zivilisation verschont«
bleiben würde. Den Aufenthalt im Kloster von Santa Maria di Polsi
erlebte er als »völligen Gegensatz zu dem Leben in unserem eigenen
zivilisierten und fernen Land«.

Lears Empfehlungsschreiben sorgten dafür, dass er sich nicht nur
auf die Gesellschaft von Bauern in farbenfrohen Trachten beschrän-
ken musste. Im Küstendorf Bovalino traf er den Conte Garrolo, einen redegewandten und offenkundig gelehrten Landbesitzer, der,
als er ihnen ihr Zimmer zeigte, »herumwuselte wie ein Gürteltier
im Käfig«, und in Rocella begegnete er Don Giuseppe Nanni, dem
Eigentümer eines alten Palazzos, der die Engländer wegen des Obst-
mangels in ihrem Land bemitleidete. Lear wies vorsichtig darauf hin,
dass es Stachelbeeren und Reineclauden gebe, aber das wurde von
Nanni heftig bestritten. Während des Aufenthalts bei einer kultivierten Familie in Stignano kam es zu einem Vorfall, der für den Autor des *Book of Nonsense* ein gefundenes Fressen gewesen sein muss.
Ein Kleinkind kletterte auf die Abendtafel und purzelte sofort in
eine Schüssel voller Makkaroni. »Auf Valentinskarten sieht man auf
Rosen oder in Vogelnester gebettete Putten, aber ein kaum beklei-
deter kalabresischer Dreikäsehoch, der inmitten einer dampfenden
Makkaronischüssel sitzt, scheint mir etwas vollständig Neues zu
sein.«

Als Lear tiefer ins Landesinnere Kalabriens vorstieß, hegte er die Vermutung, er sei der erste Ausländer, der in einige der kleinen Städte vorgedrungen sei, mit dem Erfolg, dass ihm manchmal bis zu hundert Menschen folgten, »aber stets mit vollkommener Freundlichkeit und Anstand«. Die entzückenden Zeichnungen, die seinen Bericht schmücken, vermitteln eindrucksvoll die raue Einsamkeit und die schroffe Berglandschaft. Lear spottete über den Cook-Touristen, der von all dem nichts sehe: »Die Naivität jener, die glauben, sie hätten Kalabrien gesehen, weil sie mit einer Kutsche von Neapel nach Reggio gefahren sind, ist offensichtlich. All die schönen Begebenheiten des Land- oder Berglebens, die ganze Romantik eines künstlerischen Wanderlebens werden sorgfältig vom rechten Weg, den der Tourist bereist, ferngehalten, sodass er sich höchstens rühmen kann, auf einer Anhöhe entlang des Weges einen guten Ausblick auf die Landschaft gehabt zu haben.« Eine Werbeanzeige auf der Rückseite des Buches ließ auf die Kluft schließen, die zwischen Lears unternehmungslustigen Reisen und dem Lesevergnügen des viktorianischen Publikums, das sich lediglich innerhalb Großbritanniens bewegte, bestand. Die Reklame stammte von Bentley's Shilling Railway Library, die folgende Titel anbot, um dem Reisenden die Zeit zu vertreiben: »Breites Grinsen aus China«, »Notizen über Nasen« (mit Illustrationen) und »Die lustige englische Grammatik«.

In der »seltsamen Felsenstadt« Pentedattilo hing »die ganze Einwohnerschar an Wänden und Fenstern«, um einen Blick auf »Mr. Lear« zu werfen. Die wenigen Frauen, die seiner ansichtig wurden, »schrien bei meinem Anblick laut auf und eilten in ihre felsigen Schlupfwinkel zurück«. Unglücklicherweise erfuhr Lears Reise durch die Nachricht über den Ausbruch der Revolution ein Ende. »Verzweiflung und Angst, Leblosigkeit und Schrecken haben Emsigkeit, Wohlstand, Sicherheit und Frieden ersetzt«; ihm blieb keine andere Wahl, als nach Neapel zurückzukehren. Am 5. September 1847 traf ein Dampfer aus Malta ein, und am selben Abend fuhren sie los. »Schwermut, Schwermut überschattet die Erinnerung an eine Reise, die so angenehm begann und die noch durch zwei weitere Provinzen hätte führen sollen.« Obwohl sich Italien »für eine erfolgreiche Kunstreise in einem zu unruhigen Zustand befand«, unternahm er in Neapel einige Ausflüge in die nähere Umgebung, doch dem Großteil der Landschaft »fehlte die Romantik Kalabriens«.

Im darauffolgenden Sommer reiste Lear durch »die europäische Türkei«, Albanien und Griechenland und verfasste im Anschluss *Journals of a Landscape Painter in Albania, Illyria &c* (1851). Er wies darauf hin, dass Albanien »ein Land in Sichtweite Italiens« sei, aber »unbekannter als das Innere Amerikas«. Obwohl frühere Reisende wie Leake oder Hobhouse einen Großteil der Region beschrieben hatten, »hält sich der Autor für den ersten Engländer, der darüber einen Bericht verfasst hat; und so spärlich und schmal dieser sein mag, ist es in diesen Zeiten befriedigend, das kleinste Scherflein zum Informationsuniversum des Reisenden beitragen zu können.« Er begutachtete die Empfehlungen der Reiseführer und folgerte: »Waffen und Munition, edle Gewänder, Geschenke für die Eingeborenen, all das ist Unsinn; Ihr Ziel sollte Schlichtheit sein.« Lear war krank gewesen und hatte sich sechs Wochen lang in der britischen Botschaft in Konstantinopel erholt, war aber bereit, am 9. September 1848 nach Thessaloniki zu reisen, an Bord eines österreichischen Raddampfers, der *Fernando*: »Vollgestopft mit Türken, Juden, Griechen, Bulgaren, so eng zusammengepfercht, dass ein Gravesend-Dampfer im Vergleich dazu leer ist; ein Heringsfass ist der einzig passende Vergleich für diese außergewöhnliche Ansammlung liegender Menschen.«

Lears Sinn für das Bildhafte verleiht vielen seiner Beschreibungen große Lebendigkeit. Bei der Ankunft in Thessaloniki bemerkte er das außergewöhnliche Farbspektrum bei den Kleidern der moslemischen Frauen. »Der vielfarbige Harem erhob sich und bewegte sich wie ein Tulpenbeet im sanften Wind.« Die große jüdische Gemeinde der Stadt schien das Monopol auf Trägerdienste zu besitzen; die Männer wateten hinaus ins Wasser und kämpften um das Vorrecht, sein Gepäck transportieren zu dürfen. »Aus Geschrei und Hin- und Herzerren wurde in wenigen Augenblicken eine echte Prügelei; die ganze Gemeinschaft zerrte einander aufs Heftigste an den Haaren, umklammerte Turbane, riss an Kleidern, bis das Gepäck vergessen und die ganze Gruppe in ein schreckliches Kampfgetümmel verwickelt war.« Dann traf die Polizei ein und prügelte mit Peitschen und Stöcken auf die Männer ein, sodass der weichherzige Lear bedrückt war, »der indirekte Grund für so viel Zwietracht zu sein«.

Doch eine Choleraepidemie in Thessaloniki und ein Sperrgürtel, der von den Mönchen des Berg Athos verhängt worden war, ließen Lear keine andere Wahl, als seine geplante Reise nach Griechenland aufzugeben und stattdessen die nordwestliche Route über die antike Via Egnatia durch Mazedonien in das illyrische Albanien zu wählen. »Was das Risiko betrifft, dadurch nun in fremde Orte und unter Unbekannte geworfen zu werden: ein Mann, der die unzivilisiertesten Teile Italiens durchwandert hat, sieht hier keine Gefahr drohen.« Vielmehr war er von der osmanischen Höflichkeit beeindruckt. Als er auf den Pfeifenkopf eines Türken trat und ihn dabei zerbrach, sagte der Mann: »Einen solchen Pfeifenkopf zu zerbrechen wäre unter gewöhnlichen Umständen sehr unerfreulich, aber jede Tat eines Freundes besitzt ihren Reiz.« Auch Giorgio, Lears »Dragoman, Koch, Diener, Dolmetscher und Führer«, ein Grieche aus Smyrna, der zehn Sprachen beherrschte, beschwichtigte ihn. »Das Antlitz meines Dieners gleicht einem jener seltsamen Köpfe, es mag ein Löwe oder Greif sein, die bei Türklopfern oder Urnenhenkeln anzutreffen sind, und der grimmige Schwung seines Unterkiefers vermittelt den Eindruck, als sei es nicht ratsam, seine Geduld zu sehr auf die Probe zu stellen.«

Wie in Kalabrien zogen auch hier Lears zeichnerische Aktivitäten die Aufmerksamkeit auf sich. »Ihre Lachsalven, als ich die Häuser konterfeite, waren mitreißend.« Bald machten ihm die Menschenmengen (und die wilden Hunde) die Arbeit unmöglich, und er hatte Schwierigkeiten mit den Behörden, doch die Schönheit der Umgebung entschädigte ihn. »Solch erhabene Landschaft löscht im Gedächtnis alle Erinnerung an die Ärgernisse des Reisens aus.« Zu den Ärgernissen zählte auch, dass er auf der Straße von Frauen und Kindern beworfen wurde und ein Schäfer ihn als *schaitan* oder Teufel beschimpfte.

Je tiefer Lear ins nördliche Albanien vordrang, desto häufiger stieß er auf Feindseligkeit. »Der Großteil der Meute steckte ihre Finger in den Mund und pfiff, in Manier der englischen Schlachtergesellen, wütend.« Später hört er sie sagen: »Der Franke ist Russe, und er wurde vom Sultan gesandt, um uns alle zu erfassen, ehe er uns an den russischen Zaren verkauft.« Bei der Ankunft im »ärmlichen und abscheulichen« Tirana hielt ihn »ein verrückter oder fanatischer Derwisch« davon ab, irgendeine der Moscheen zu zeichnen, aber immerhin war die Unterkunft im Palast von Ali Bey ein Trost. Der Würdenträger ließ zehn Diener auf ihn los, »die erwartungsvoll dastanden, bis sie bemerkten, dass ich dabei war, mir die Schuhe auszuziehen, und sich auf mich stürzten, wie es die Juden in Saloniki getan hatten«. Am Abend wurde er gebeten, das Geräusch eines Zuges und eines Dampfschiffes zu imitieren, um dem Bey diese neumodischen Transportmittel näherzubringen.

Lear wandte sich nun südwärts und bereiste die Ebene von Berat, wo ihn ein Beamter, während er zeichnete, gegen die Meute verteidigte; dieser *kawas* reichte, wenn ihm die Sache langweilig wurde, allerdings den Stock »an einen jungen Hering« weiter, »der es zutiefst genoss, seine vorübergehende Würde bis zum Äußersten auszunutzen, sehr zum Missfallen der Älteren, die sich nicht beschweren durften«. Er stellte fest, dass die Region Khimara »die romantischste und die ungewöhnlichste auf meinen (oder irgendjemandes) Streifzügen durch Albanien war.« Besonders die Gegend um Dukadhes war »eine der abgeschiedensten in Europa« und höchst malerisch: »Lasst einen Maler Akroceraunia besuchen – ehe er das nicht getan hat, kennt er die großartigste unzivilisierte und doch klassische Idylle nicht – mögen es Menschen oder Berge aus Illyrien oder Epirus sein.« Lear war jedoch sehr verärgert, als er herausfand, dass Frauen offenbar als Lasttiere benutzt wurden. »›Himmel!‹, sagte ich, überrascht aus meiner gewohnten Philosophie des Reisens herausgerissen, die besagte, über nichts laute Kommentare zu verlieren, ›wie können Sie Ihre Frauen nur derartig versklaven?‹« Sie erwiderten nüchtern, dass die Frauen nicht vollkommen zufriedenstellend arbeiten würden, aber es herrsche eben ein Mangel an Maultieren.

In der Hauptstadt der Region, die beide den Namen Khimara trugen, erfuhr Lear, er sei erst der zweite Engländer, der hier zu Besuch wäre (»angesichts der Landschaft kein Wunder«), und er zeichnete voller Eifer Pelikane, die er zuvor nur in der Menagerie von Lord Derby auf dessen Landsitz Knowsley in Liverpool gesehen hatte. Die Nachricht von der Flucht des Kaisers aus Wien löste bei seinen Gastgebern Anschuldigungen gegen jedermann, einschließlich der Engländer, aus, doch Lear, ein sehr englischer Reisender, der es für schlechte Manieren hielt, ein Thema anzuschneiden, das auch nur im Entferntesten mit Politik zu tun hatte, bat »ernsthaft darum, dass wir zukünftig über Pelikane oder Rotbarben oder was immer ihnen beliebte, sprechen sollten, solange wir die Politik mieden«.

Als Lear schließlich Albanien verließ und Epirus erreichte, wurde das Essen besser, und er stellte fest: »Truthähne und Zungen, Walnüsse und guter Wein sowie andere Annehmlichkeiten und Frivolitäten sind untypisch für eine Reise durch Albanien.« Der unbeschwerte Schöpfer von Limericks und Nonsensgedichten vergnügte sich mit einigen Dorfkindern in einem Ort, den er Episkop nannte. Als sie sahen, dass er zu Brot und Käse etwas Wasserkresse pflückte, tauchten die Kinder mit allen möglichen ulkigen Beiträgen für das Mittagessen des verrückten Fremden auf, zum Beispiel mit Disteln und einem dicken Grashüpfer. »Das Ganze spielte sich unter Lachstürmen ab, in die ich so laut wie nur irgendeiner einstimmte. Wir schieden als erstaunlich gute Freunde, und der Esprit Episkops wird dem Franken, der sich von Wasserunkraut ernährte, noch lange im Gedächtnis bleiben.« In Ioannina wohnte er, nach vielen primitiven und verlausten Unterkünften, im britischen Konsulat: »Nach den Khans und den Schrecken Oberalbaniens war es wunderbar, sich in den geräumigen und sauberen Zimmern des Vizekonsulats auszuruhen; Zeitungen und Briefe verbunden mit allem möglichen Komfort machten unvermittelt und in Fülle vergangene Mühen und Unannehmlichkeiten wett.«

Im folgenden Frühjahr – den Winter hatte er in Kairo und am Berg Sinai verbracht – kehrte Lear nach Griechenland zurück – mit einem anderen griechischen Dragoman, Andrea Vrindisi, den er in Patros aufgelesen hatte. Nach einem Aufenthalt beim Oberkommissar von Korfu segelten er und Vrindisi nach Asta und dachten an die turbulenten Geschehnisse, die sich in letzter Zeit in dieser Gegend abgespielt hatten. Jedes Fleckchen Landschaft rief »die Anstrengungen des heldenhaften Volkes« ins Gedächtnis, »das erst vor vierzig Jahren von seinem tyrannischen Feind ausgelöscht oder verbannt worden war. Jede Biegung des Passes, die ich beschreite, wurde durch eine Kriegslist oder durch eine Metzelei berühmt. Jede Zeile in den Annalen des letzten Souliotischen Krieges wurde mit Blut geschrieben.« Er kehrte nach Ioannina zurück, fuhr dort mit einem

Boot auf den See hinaus und zeichnete, von der einheimischen Bevölkerung weitgehend unbehelligt, die »traurigen Ruinen« des Palastes von Ali Pascha. Dann überquerte er auf dem Weg nach Thessalien das Pindosgebirge, und die albanischen Grenzsoldaten waren mit seinen offiziell aussehenden Unterlagen zufrieden, nicht ahnend, dass es sich dabei um »eine Rechnung von Mrs. Dunfords Hotel in Malta« handelte.

Er reiste weiter, um die Meteora-Klöster zu besichtigen, aber infolge einer Verletzung konnte er zu keinem der Klöster hinaufklettern. »Ich glaube nicht, jemals eine so erstaunliche und unglaubliche Gegend gesehen zu haben; diese riesigen, völlig senkrecht aus der Erde ragenden Pyramiden und die sich um ihren Fuß scharenden winzigen Häuschen des Dorfes ... viel malerischer, als ich vermutete ... ein Künstler sollte hier einen Monat verweilen. Keine Feder, kein Bleistift kann der Landschaft von Meteora gerecht werden.« Die Meteora-Klöster scheinen der Höhepunkt seiner Griechenlandreise gewesen zu sein. Regen und Wolken verdeckten den Olymp und das Tempetal (»jenen Ort in Griechenland, der mich am stärksten angezogen hatte«); der Anblick war etwas enttäuschend, da die Dichter die Erwartungen an die Schönheit dieser Stätte ins Unendliche getrieben hatten. Der Regen – verheerend für einen Landschaftsmaler – zwang ihn nun zur Rückreise, und Lear machte Bekanntschaft mit einem der ehernen Gesetze des Reisens: Die Improvisation ersetzt unweigerlich den Plan.

Am 9. Juni 1849 segelte Edward Lear, der unbezähmbare Wanderer, an Bord des maltesischen Dampfers Antelope durch das Ionische Meer nach Hause – »zum neunten Mal.«

Schlusswort

Ein Gedicht heißt es, ist nie vollendet, es wird lediglich beendet. Das Gleiche kann von einer Reise gesagt werden, bei der oftmals das Ende in einen Anfang übergeht; und die bei der Fiktion eines geradlinigen Berichts, eines logischen Schritts von A nach B, oftmals verschleiert, dass Reisen in seiner gelungensten Form wunderbar ziellos ist, chaotisch, eine Abfolge unerwarteter Zwischenfälle und Begegnungen (wenn wir Glück haben). Die Viktorianer reisten aus vielerlei Gründen, vornehmlich aus wissenschaftlichen, politischen und wirtschaftlichen. Aber sie reisten auch um des Abenteuers willen, um zu erleben, was Überraschendes geschehen, was hinter dem nächsten Hügel oder der nächsten Flussbiegung auftauchen würde. Sie reisten, weil fremde Orte stets verlockend sind und weil der Hang des Menschen umherzustreifen universell ist. Sie reisten also aus den gleichen Gründen wie wir, und auch wenn ihre »Einstellungen« uns manchmal ein kritisches Kopfschütteln entlocken, so können wir doch sicher sein, dass wir unsererseits von den Reisenden der nächsten Generationen ein Kopfschütteln ernten werden.

Das Glück liegt in der Ferne.

Claire Scobie
Wiedersehen in Lhasa
Die Geschichte einer außergewöhn-
lichen Freundschaft zweier Frauen

»Ein Reisebuch, das in äußere und
innere Welten entführt und den
ausgetretenen Pfaden der Klischees
traumwandlerisch ausweicht.«
DIE WELT

Andrew Stevenson
Mein Weg zum Mount Everest
Auf dem Trekking-Pfad durchs
Khumbu Himal

Eine bewegende Pilgerreise zu
den Orten und Menschen am Fuße
des Mount Everest und ein einfühl-
sames Porträt einer der beliebtesten
Trekking-Regionen der Welt.

Andrew Jackson
Das Buch des Lebens
Eine Reise zu den Ältesten der Welt

Eine Reise zu den ältesten
Menschen der Welt: als Hommage
an das Leben und an das Alter
als Lebensphase der Reife und der
Ernte.

Abenteuer Orient

Bruno Baumann
Abenteuer Seidenstraße
Auf den Spuren alter Karawanenwege

Entlang einer der geschichtsträchtigsten Handelsrouten der Welt: Bruno Baumann lädt uns ein zu einer großen Reise auf den verzweigten Pfaden der legendären Seidenstraße.

Oss Kröher
Das Morgenland ist weit
Die erste Motorradreise
vom Rhein zum Ganges

Zwei junge Pfälzer brechen 1951 mit dem Seitenwagen-Motorrad auf ins Ferne Indien: »ein Zeitdokument von großem Wert« (Elke Heidenreich), mitreißend erzählt und reich bebildert.

Philippe Valéry
Der verheißungsvolle Weg
Zu Fuß von Marseille bis nach Kaschgar

Philippe Valéry erliegt dem Zauber des Orients und wandert von Frankreich bis nach China: 2 Jahre, 10 000 Kilometer und zahllose unvergessliche Begegnungen und Erlebnisse.

MALIK ☐ NATIONAL GEOGRAPHIC

Magisches Indien

Tahir Shah
Der Zauberlehrling von Kalkutta
Reise durch das magische Indien

Je weiter der Zauberlehrling
Tahir Shah auf seiner Reise durch
Indien voranschreitet, umso deut-
licher wird, dass der Subkontinent
mit westlichem Wissen nicht zu
verstehen ist.

Tor Farovik
Indien und seine tausend Gesichter
Menschen, Mythen, Landschaften

Ein schillerndes Indienporträt,
»das vom Lesegefühl an einen
guten Roman herankommt« (FAZ),
geprägt von Erzählfreude, ech-
tem Respekt und Liebe zur indischen Gesellschaft.

Ilija Trojanow
Der Sadhu an der Teufelswand
Reportagen aus einem anderen Indien

In farbigen Reportagen führt
uns Ilija Trojanow die Vielfalt
Indiens vor Augen, lädt uns ein
zu ungewöhnlichen Festen
und Riten und erkundet die
brodelnde Metropole Bombay.

MALIK ☐ NATIONAL GEOGRAPHIC

10/1010/02/3s

Naturgewalten

Hauke Trinks
Leben im Eis
Tagebuch einer Forschungsreise
in die Polarnacht

Das einjährige Forschungsabenteuer
eines Physikers in der Polarnacht,
nur in der Gesellschaft zweier Hunde
– und zahlreicher Eisbären. So
spannend kann Wissenschaft sein.

William Stone/Barbara am Ende
Höhlenrausch
Eine spektakuläre Expedition
unter der Erde

Riskante Kletterpartien, gefährliche
Tauchgänge ins Ungewisse,
wochenlanges Leben unter der Erde
– die packende Erforschung einer
der größten Höhlen der Welt.

Carla Perrotti
Die Wüstenfrau
An den Grenzen des Lebens

Carla Perrotti durchwandert allein
die Kalahari und die größte Salz-
wüste der Erde in Bolivien und
findet unter den überwältigenden
Eindrücken der Natur zu sich
selbst.

MALIK ☐ NATIONAL GEOGRAPHIC

In der Stille der Wildnis

Konrad Gallei/Gaby Hermsdorf
Blockhaus-Leben
Ein Jahr in der Wildnis Kanadas

Mitten in der Wildnis Kanadas baut Konrad Gallei mit Freunden ein Blockhaus. Doch trotz sorgfältiger Planung fordert bald Unvorhergesehenes alle Phantasie und Kreativität.

Chris Czajkowski
Blockhaus am singenden Fluss
Eine Frau allein in der Wildnis Kanadas

Unerschrocken macht sich die Abenteurerin Chris Czajkowski auf und zimmert sich – ohne besondere Vorkenntnisse – ihr Traumhaus inmitten der Schönheit unberührter Natur.

Dieter Kreutzkamp
Husky-Trail
Mit Schlittenhunden durch Alaska

Zwei Winter lebt Dieter Kreutzkamp mit Familie in Blockhäusern am Tanana- und Yukon-River. Höhepunkt seines inspirierenden Ausstiegs auf Zeit: das berühmte Iditarod-Rennen.

MALIK ■ NATIONAL GEOGRAPHIC

10/1006/02/3s

Die Erkundung der Welt

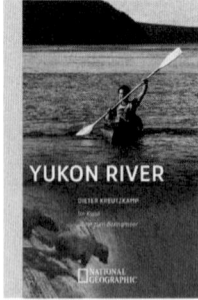

Dieter Kreutzkamp
Yukon River
Im Kajak allein zum Beringmeer

Yukon River – der Name weckt Erinnerungen an den Goldrausch und die Romane von Jack London. Über 3000 Kilometer legt der Abenteurer mit dem Kajak auf diesem reißenden Strom zurück.

Carmen Rohrbach
Im Reich der Königin von Saba
Auf Karawanenwegen im Jemen

Nach Erfahrungen auf allen Kontinenten beschließt Carmen Rohrbach, sich den großen Traum ihrer Kindheit zu erfüllen: Allein durch den geheimnisvollen Jemen, mit viel Intuition und wachem Blick.

Fergus Fleming / Annabel Merullo
Legendäre Expeditionen
50 Originalberichte

Die großen Entdecker der Geschichte in Originalberichten und -illustrationen: eine buntgemischte Gruppe aus Forschern, Seefahrern, Wanderern und Abenteurern, die Außerordentliches leisteten.

MALIK NATIONAL GEOGRAPHIC